대한민국 역대 정부

주요 정책과 국정운영

대한민국 역대 정부
주요 정책과 국정운영

3. 전두환 정부

한국행정연구원

도서출판 대영문화사

발 간 사

올해는 우리 민족이 일제로부터 해방된 지 70년이 된 해이며, 대한민국 초대 정부가 수립된 지 67년이 된 해입니다. 그동안 우리나라는 동북아의 작은 신생 국가에서 경제 규모 세계 13위권의 국가로 발전했습니다. 세계는 우리의 발전에 놀라워하고 있으며, 많은 개발도상국가들이 우리나라의 경험을 배우려 하고 있습니다.

이러한 놀라운 경제 성장의 배경에는 일차적으로 대한민국 역대 정부가 그 중심에 있었습니다. 1948년 이승만 정부가 수립된 이후 대한민국에서는 많은 정부가 들어섰으며, 이들 정부에 의해 다양한 정책과 국책사업이 추진됐습니다. 이들 정부의 정책과 국책사업으로 인해 대한민국은 전쟁의 상처를 극복하기도 했으며, 급속한 경제 성장과 민주화를 이루기도 했습니다.

물론 그동안 모든 정책이 크게 성공하여 국가 발전과 국민생활에 기여했던 것은 아닙니다. 일부 정책의 경우 기대한 성과에 미치지 못해 국민에게 실망을 안겨주기도 했습니다.

그러나 성공한 정책이든 혹은 실패한 정책이든 역대 정부의 정책들은 대한민국의 역사인 동시에 미래 정부의 정책결정과 집행에 반드시 참고해야 할 중요한 자료이기도 합니다. 따라서 과거 정부가 추진했던 정책과 국책사업들의 성공과 실패의 원인을 분석하고 미래 정책의 지표로 삼는 것은 당연하며 꼭 필요한 작업이라고 할 수 있습니다.

이에 한국행정연구원에서는 우리나라 역대 정부들이 어떤 정책을 어떤 배경에서 추진했으며, 어떤 성과를 냈는가를 재조명하기 위해 본 편찬사업을 계획하고 추진하여, 이번에 『대한민국 역대 정부: 주요 정책과 국정운영』이란 제목으로 전체 8권의 결과물을 발간하게 됐습니다.

2013년 말부터 계획 · 추진된 이 편찬사업에는 연구원 내외에서 총 78명의 학자가 참여하여 이승만 정부부터 이명박 정부까지 우리나라 역대 정부의 주요 정책과 국정운영의 현상들을 객관적이며 종합적인 안목에서 재조명하고 분석했습니다. 세부 주제는 한국행정연구원에서 선정했으나, 각 세부 주제의 집필 방향과 내용은 각 집필위원들의 분석 시각과 판단에 맡겼습니다.

한편 한국행정연구원은 이 편찬사업의 추진을 위해 7명의 전문가를 모시고 편집위원회를 구성했습니다. 2013년 말부터 활동했던 편집위원회에서는 연구에 담을 세부 주제를 선정해 주셨으며 그 주제에 적합한 집필자들도 추천해 주셨습니다. 또한 많은 집필자가 참여하는 사업인 만큼 연구의 통일성 유지 방안 등 여러 내용에 대해 논의, 결정했습니다. 특히 각 편집위원들께서는 연구의 중간 발표 및 최종 보고회 등 사업의 여러 과정을 주관해 주셨습니다.

편집위원회에 참여하여 수고를 아끼지 않으신 김성배 교수님(숭실대), 박양호 교수님(홍익대), 주재현 교수님(명지대), 이대희 교수님(광운대), 최흥석 교수님(고려대), 하미승 교수님(건국대), 한표환 교수님(충남대)께 깊은 감사를 드립니다.

또한 한국행정연구원은 편집위원회와는 별도로 자문위원회를 구성하여 이 편찬사업 전반에 대해 자문을 받았습니다. 자문위원회에서는 학술사업의 전반적 추진 방향을 비롯하여 국내외 편찬 사례, 연구 성과물 확산 방안 등 다양한 내용에 대해 자문을 해 주셨습니다. 자문위원의 역할을 기꺼이 맡아주신 정정길 울산대학교 재단이사장님(전 대통령실장), 안병만 전 교육과학부 장관님, 정형근 전 국회의원님, 김석준 안양대 총장님(전 국회의원), 이달곤 가천대 교수님(전 행정자치부 장관), 박영희 건국대 명예교수님, 윤정길 건국대 명예교수님께 깊은 감사의 말씀을 전합니다. 특히 안병만 전 장관님과 김석준 총장님께서는 본 연구사업의 서론과 결론 부분까지도 직접 집필해 주셨습니다.

이 『대한민국 역대 정부 주요 정책 및 국정운영』은 제1권 이승만/장면 정부부터 제8권 이명박 정부까지 총 8권으로 구성되어 있습니다. 과도 정부였던 허정 내각과 최규하 대통령 재임기를 제외한 대한민국 역대 정부의 주요 정책과 국책사업 그리고 정부개혁의 내용이 모두 수록되어 있습니다. 본 연구사업의 서론은 제1권 앞부분에, 결론은 제8권 뒷부분에 수록되어 있습니다.

재임 기간이 짧았던 장면 정부를 제외한 각 정부의 내용은 크게 3편으로 구성되어 있는데, 제1편은 정부의 출범과 국정운영의 기초에 대한 내용으로 각 정부에 대한 개괄적 소개(제1장)와 각 국정운영의 목표와 방향(제2장)에 대해 분석하고 있습니다. 제2편의 내용은 각 정부에서 추진됐던 주요 정책 및 국책사업에 대한 분석으로 각 정부별로 5장 또는 6장으로 구성되어 있습니다. 각 정부 2편 내용의 선정은 편집위원들께서 담당했는데, 각 정부에서 추진됐던 정책 및 국책사업들을 검토하여 그중 정부가 가장 역점을 두어 추진했다고 판단되는 정책들과 당시 정부에서 국민적 논란이 됐던 정책 또는 국책사업 위주로 선정했습니다. 제3편은 정부개혁에 대한 내용이며 모두 3장으로 되어 있습니다.

이미 언급한 바와 같이 한국행정연구원에서는 이 연구 성과물의 발간에 앞서 여러 차례의 발표회를 가졌으며, 지난 해 12월 2일에는 대규모의 학술토론회도 개최했습니다. 발표회에서는 집필자 발표 내용에 대한 토론과 함께 내용의 중복성 방지를 위한 방안, 편집 방안 등을 논의했고, 학술토론회에서는 각 정부에 대한 연구 결과 발표 외에도 향후 정부의 정책 운영 방안에 관한 다양한 논의가 있었습니다.

한국행정연구원은 이 편찬사업에 그치지 않고 2015년에는 본 연구의 결과를 요약하여 영문으로 번역하여 출판할 예정입니다. 출판된 영문 책자는 한국행정연구원과 국제관계를 맺고 있는 외국 기관들은 물론 주요 외교 기관들에도 배포될 것입니다. 아울러 우리 연구원은 국제행정협력센터를 설치하여 ODA 관련 사업을 적극 추진하고 있는 바, 이 책자는 아주 유용하게 사용될 것으로 생각합니다.

끝으로 한국행정연구원 편찬사업에 참여해 주신 많은 집필진 여러분과 편집위원님 그리고 자문위원님께 다시 한 번 감사를 드립니다. 그리고 이 학술사업을 총괄・책임지고 수행한 양현모 선임연구위원과 이 사업을 총괄 지원한 장지원 전문연구원, 그리고 각 정부별 집필위원들과 소통하면서 간사의 역할을 수행한 김영록, 조세현, 오윤경, 임성근, 윤종설, 최순영, 황혜신, 허준영 박사와 이 사업을 행정적으로 지원한 김두진 행정원을 비롯한 연구원 직원들에게도 감사의 말씀을 드립니다. 아울러 원고를 정성껏 교정・편집해서 8권의 책으로 발간해준 대영문화사 임춘환 사장님께도 감사의 마음을 전합니다. 이외에도 이 책이 나오기까지 수많은 분의 노고와 정성이 있었으나 일일이 거론하지 못해 죄송한 마음입니다.

아무쪼록 이 책들의 내용이 향후 국민들의 학습과 연구 자료로 사용되는 것은 물론 우리나라 정부 정책 과정에 도움이 되는 정책 자료로도 널리 활용되기를 기대해 봅니다.

감사합니다.

2014년 12월

한국행정연구원 원장 **이은재**

총 목 차(1~8권)

제2권 박정희 정부

제3권 전두환 정부

제 4 권 노태우 정부

제 5 권 김영삼 정부

제 6 권 김대중 정부

제7권 노무현 정부

제 8 권 이명박 정부

제 3 권

전두환 정부

목차

제1편 전두환 정부의 출범과 국정운영의 기초

제2편 전두환 정부의 주요 정책 및 국책사업

제 1 편

전두환 정부의 출범과 국정운영의 기초

제 1 장

전두환 정부의 출범 및 정부 소개

임혁백
고려대학교

제 1 절 전두환 정부 출범에 대한 역사적 · 환경적 분석

박정희 대통령의 사망은 유신체제의 종말을 가져왔다. 유신체제를 구축한 박정희 대통령이 없는 유신체제는 상상할 수 없었다. 그러나 박정희 이후의 한국 정치가 어디로 갈 것인가에 관해서는 유신체제의 지지자뿐 아니라 유신체제를 반대해 온 야당과 재야 인사 모두 알지 못했다. 고도의 불확실성이 박정희 이후의 한국 정치를 지배하고 있었다. 언론은 그 시기를 '안개정국'의 시기라고 불렀다.

재야 운동권과 야당은 그들이 저항했던 박정희 대통령이 비극적으로 살해됐음에도 불구하고 환호하지 않았다. 박정희 대통령의 장례 기간 그들은 침묵했고 야당지도자들은 공식적으로 조문을 했다. 그러나 그들의 침묵의 이면에는 박정희의 유신체제에 대한 이념적 승리감이 자리하고 있었다. 유신체제는 정당성이 없는 독재체제라는 사실이 역사적 검증을 받았다고 확신하고 있었던 것이다(김병국, 2005: 12). 반면에 박정희 대통령이 일군 '한강의 기적'의 수혜자들을 중심으로 형성돼 있던 유신체제의 지지자들에게 박정희 대통령의 사망은 청천벽력이었다.[1] 200만의 인파가 동작동 국립묘지로 향하는 박정희 대통령의 운구 행렬을 보기 위해 서울 거리로 나왔다. 박정희 대통령의 강권정치를 반대한 사람들도 많았지만 그를 지지한 사람도 많았다는 것이 박정희의 장례식과 운구 행렬에 모인 인파가 보여주었다.

박정희 대통령의 장례 기간 동안 침묵했던 모든 정치세력은 장례가 끝나자 박정희 대통령 사후 진공 상태가 된 권력공간을 선점하기 위해 경쟁했다. 민주화 세력은 박정희 대통령의 사망으로 유신체제에 대한 이념적 승리감을 맛보았지만 권력은 그들에게 자동적으로 넘어오지 않았다.[2] 김종필을 비롯한 민주공화당은 박정희 없는 유신체제를 더 이상 유지하기 어렵다는 것을 알고 있었고, 개량적 개혁(reforma)으로 권력을 계속 유지할 수 있는 방안을 암중모색하고 있었다. 그러나 계엄령 하에서 실세 권력은 군인들로 넘어갔다. 군을 장악하기 위한 계엄사령관 정승화 장군과 보안사령관 전두환 장군 간의 경쟁이 실질적인 권력 경쟁이었다. 그러는 와중에 발생한 12 · 12 군사반란은 전두환 장군과 '신군부'로 불리는 정치군인 집단이 직업장교 집단을 대표하는 정승화 계엄사령관을 체포함으로써 군벌정치(caudillismo)가 유신체제를 대체할 것이라는 불길한 예고를 했다.

그러나 '군사반란'의 시간과 함께 '서울의 봄'으로 불리는 자유화와 민주화라는 '비동시적 시간'이 동시에 존재하고 있었다(simultaneity of non-simultaneous).[3] 그러나 비동시적 시간들 간의 공존은 짧았고 군부와 민주화 세력은 1980년 5월의 서울의 거리와 광주에서 충돌했다. 전두환 장군이 이끄는 정치군인들과 민주화를 요구하는 광주시민들 간의 충돌은 비극적인 광주대학살이라는 참극으로 끝났고, 그와 함께 '서울의 봄'은 마감됐으며, 민주화의 열망은 절망으로 바뀌었고 정치화된 군인들이 발가벗은 군벌독재 체제가 복원됐다.

---

1) 최규하 대통령 권한대행의 조사 중에 나오는 "아흐레 전 천지가 진동하여 산천초목이 빛을 잃었고 경악과 비탄으로 온 국민의 가슴이 메어졌다"는 구절은 바로 박정희 대통령 지지자들의 심정을 대변하고 있다(김병국, 2005: 11).

2) 바이마르와 나치 역사 전문가인 스턴(Fritz Stern)은 바이마르의 몰락이 나치의 등장을 설명하지 못한다는 '스턴 원리(Stern Principle)'를 이야기했다(Stern, 1966). 스턴 원리를 권위주의 체제에 적용하면 권위주의 체제의 붕괴가 자동적으로 민주주의를 가져다주지 않는다고 이야기할 수 있다. 박정희 사후 민주주의가 회복되지 않고 다른 권위주의 체제가 복원된 사실은 스턴 원리가 1979~1980년의 한국에 잘 들어맞는다는 것을 보여준다.

3) 비동시성의 동시성(simultaneity of non-simultaneous) 개념은 바이마르(Weimar) 역사철학자 블로흐와 리테르(Bloch & Ritter, 1977)를 참조.

1. '서울의 봄'과 신군벌주의(neo-caudillismo)의 등장

박정희 대통령이 친구이자 측근인 김재규 중앙정보부장에 의해 피살된 후 1980년 초에 잠시 동안 '서울의 봄'이 왔으나 봄은 짧았고 보안사 사령관 전두환 장군이 이끄는 '신군부'가 박정희 대통령의 유신체제보다 더한 군벌독재 체제를 등장시켰다.

박정희 대통령의 장례식이 끝난 후 정치권, 군부, 야당 그리고 재야 민주화 운동세력은 정중동의 자세로 물밑에서 독재자 박정희의 사망으로 진공 상태가 된 정치권력 공간을 선점하기 위해 경쟁했다. 권력 경쟁에서 먼저 두각을 나타낸 자는 보안사사령관으로 계엄령 하에서 박정희 피살 합동수사본부장을 맡은 전두환 장군이었다. 전두환 장군이 박정희 대통령의 경호실 차장으로 일했던 경험이 있는 박정희 측근으로 알려지면서 정치군인들은 온건한 직업장교인 정승화 계엄사령관보다는 전두환 장군으로 몰려들었다. 특히 1963년에 전두환, 노태우, 정호용, 김복동 등 육사 11기생들의 주도로 비밀리에 결성된 '하나회' 출신 장교들이 대거 전두환 보안사령관을 중심으로 '신군부'로 불리는 군벌을 형성하면서 전두환 장군은 사실상 군의 핵심을 장악하게 됐다. 전두환 장군은 합동수사본부장이라는 지위를 이용하여 1979년 12월 12일 상관인 정승화 계엄사령관을 체포하려 했고, 정승화 계엄사령관 휘하의 공식 지휘 계통의 군인들과 전두환 장군의 신군부 간에 전투가 벌어졌으며, 그 결과 전두환 장군 측이 승리함으로써 전두환 장군과 신군부가 군권을 장악하게 됐다. 12 · 12 군사반란에서 승리함으로써 전두환 장군은 계엄령 체제 하에서 군권을 쥐게 됐고 사실상 박정희 대통령 이후의 권력 경쟁에서 유리한 고지를 선점하게 됐다.

그러나 모든 것이 전두환 장군과 신군부가 의도한 대로 돌아가지는 않았다. 경악과 비탄으로 온 국민이 가슴이 메어졌다고 조사를 했던 최규하 대통령 권한대행은 일주일만에 유신체제의 정당성을 부정하고 유신체제의 제도적 기반을 단계적으로 해체하는 자유화에 나섰고, 더 나아가 자신의 임기 내에 민주헌법을 제정하고 새 헌법 하에서 대통령 선거를 실시한다는 민주화의 비전까지 제시했다(김병국, 2005: 12).

1979년 11월 6일 최규하 권한대행은 유신 헌법에 따라 새 대통령을 선출하고 새 대통령이 빠른 시일 내에 헌법을 개정한다는 '시국에 관한 담화'를 발표함으로써 자신의 민주화 일정을 밝혔다(서중석, 2007: 159). 최규하 대통령 권한대행의 민주화 일정에 대해 '민주주의와 민족통일을 위한 국민연합'을 중심으로 재야 민주화 운동단체들이 즉각 유신 헌법에 따라 통일주체국민회의에서 대통령을 선출하는 방식에 반대했으나 최규하 권한대행은 묵살했고, 유신 헌법 방식에 따라 1979년 12월 6일 통일주체국민회의에서 대통령으로 선출됐으며 다음날 긴급조치 9호를 해제했다. 이틀 후에는 긴급조치 관련자 561명이 특별사면됐고, 1,330명이 석방됐으며, 제적학생 759명이 복학되고, 해직교수 19명이 복직됐다. 그리고 1980년 2월 최규하 대통령은 윤보선 전 대통령, 김대중 등 687명 반정부 정치인들을 복권시켰다 소위 '서울의 봄'이라는 자유화가 시작된 것이다. '서울의 봄' 기간 중에 전두환 장군과 신군부의 '군사반란의 시간'과 정치권과 시민사회의 '자유화의 시간'이라는 두 가지 비동시적 시간들이 평행을 달리고 있었다.

2. 유산된 민주화(aborted transition): 1979. 10~1980. 5[4)]

자유화로부터 시작된 '서울의 봄'은 민주화로 발전하지 못했다. 자유화 조치로 박정희 대통령에 의해 구금됐던 정치지도자들이 다시 열린 정치공간으로 복귀했으나 여전히 민주적 경쟁의 규칙이 헌법적으로, 제도적으로 보장되지 않은 가운데 서로 간에 아슬아슬한 경쟁을 하고 있었다. 더구나 12 · 12 군사반란 이후 실제 권력이 신군부의 손으로 들어가자 권력 블록 내에서 타협을 통한 민주화를 주장하는 목소리가 힘을 잃었다(임혁백, 1994: 267). 박정희 대통령 사후 여당인 민주공화당은 대통령 후보를 내지도 못하고 관료 출신인 최규하가 대통령으로 선출되는 것을 방관했고, 12 · 12 군사반란으로 실권이 신군부로 넘어가자 더 이상 국정을 책임지는 집권 여당으로 받아들여지지 않았다. 정부와 군을 모두 통제하지 못하는 민주공화당은 자체 분열(정풍운동과 역풍운동)과 지지세력의 이탈로 야당으로부터 유효한 대화 상대자(interlocutor)로 인정받지 못했다. 군을 장악한 신군부가 구 지배 블록에서 이탈한 관료와 대자본가들과의 연합을 통해 새로운 지배연합을 형성했다.

자유화는 얼어붙은 유신독재 하에서 단결했던 민주화 세력을 분열시켰다. 제도권 야당인 신민당은 헌법 개정과 제도개혁을 통한 민주화를 주장했다. 신민당 내부에서도 지도부를 구성하고 있는 김영삼파와 연금 상태에서 재야와 연합해 신민당을 장악하려 하고 있던 김대중파로 나뉘어 있었다. 재야 세력의 전국조직인 국민연합(민주주의와 민족통일을 위한 국민연합)도 제도개혁을 통한 민주화를 주장하는 '점진주의자'와 거리에서의 대중동원을 통한 민주화를 주장하는 '행동주의자'로 나뉘어 있었다. 학생운동 세력도

---

4) 임혁백(1994)에서 내용 상당 부분 참조.

'단계적' 투쟁론자들과 '전면적' 투쟁론자들로 나뉘어 있었다. 신민당 내부의 분열과 사회운동 세력의 분열로 민주화 세력은 신군부에 대항할 수 있는 일치된 전략을 수립하고 행동일치를 이룰 수 없었다.

12 · 12로 신군부가 사실상 권력을 장악하자 권력 블록 내에서 대화와 타협을 주장하는 온건파의 목소리가 사라져 버렸다. 강경파인 신군부는 민주화 연합세력의 전략에 상관없이 강경 탄압과 진압을 선택했다.[5] 신군부는 가두로 진출한 민주화 연합세력이 5월 15일 서울역 집회에서 심재철 당시 서울대 학생회장의 주도로 거리에서의 동원을 중단하고 학원으로의 회군('서울역 회군')을 결정했음에도 불구하고 민주화를 위한 타협에 들어가지 않고 공공연하게 군부 권위주의 독재로의 회귀를 선택했다. 신군부는 민주화 세력들을 자극해서 폭력적 대응을 유도하고 그들을 거리로 끌어냄으로써 전면적 대결 상황을 유도해 민주화 세력을 폭력적으로 진압해 군부 권위주의 독재를 복원하려 했다. 대결의 장소로 광주가 선택됐고 신군부는 시민들을 유혈적으로 진압, 학살해 마침내 군벌주의 독재정권을 수립했다.

서울역 집회에서 회군한 전국총학생회 회장단은 5월 16일 정상 수업을 받으며 당분간 시국을 관망하기로 결정했으나, 신군부는 학생들의 침묵을 역으로 이용해 5월 17일 24시에 비상계엄 전국 확대 조치를 단행하면서 전면적인 민주화운동 탄압에 나섰다. 5 · 16 군사 쿠데타, 10월 유신 쿠데타 이후 세 번째의 군사 쿠데타였다. 5월 17일 오전 신군부는 제주도를 포함한 전국에 계엄령을 선포했고, 여의도 국회의사당 등을 군 병력으로 점거해 폐쇄했으며, 김종필 · 김대중 등은 체포해 보안사로 연행했고, 김영삼 · 이철승 · 이민우 · 유치송을 가택연금시켰다. 신군부는 1,000만이 모여 사는 인구밀집 대도시인 서울이 아니라 광주를 민주화운동 세력과의 결전장으로 선택했다.[6]

광주에서 학생들과 시민들이 모여 전두환의 비상계엄 조치에 항의하는 시위를 하자 신군부는 과잉 진압으로 광주시민들을 자극했다. 이로써 내전에 버금가는 광주시민봉기가 일어났고 신군부가 전방에 있는 군대를 광주에 파견해 무력으로 진압함으로써 엄청난 인명 손실을 초래한 사건이다. 광주민중봉기는 '서울의 봄, 1980'을 마감하는 신군부의 마지막 일격이었다. 박정희 대통령 사후 한국 국민들에게 잠시 동안 희망을 보여주

---

5) 직업장교들로 구성된 '제도로서의 군대(military-as-institution)'와 정치장교로 구성된 '국가보안군집단(security community)'의 민주화에 대한 전략적 선택의 차이에 관해서는 스테판(Stepan, 1987) 참조.

6) "왜 광주였는가"에 대해 박현채(1990: 51)는 박정희 사후 권력을 찬탈하기 위해 신군부가 자신들의 힘을 과시하고 새로운 억압 체제를 확립하기 위한 절호의 장소로 광주를 선택했고, 그 결과 광주유혈 참사가 일어났다고 주장한다(김용철, 2001에서 재인용: 박현채, 1990: 40-57).

었던 민주화는 출산의 고통을 겪기도 전에 유산됐다.

3. 광주 민주화 항쟁[7)]

1980년 5월 17일 자정을 기해 신군부의 압력을 받은 최규하 대통령 권한대행은 비상계엄을 전국으로 확대했고, 신군부는 서울·부산·대구·광주 등 전국 대도시에 신속히 계엄군을 배치했다. 신군부의 무력 시위에 전국이 순간적으로 침묵을 지키고 있는 가운데 5월 18일 아침 광주 전남대학교 학생들이 교문 출입을 저지하는 공수부대원에 돌을 던지며 항의하기 시작했고, 이를 강제 해산시키려는 공수부대원과 충돌이 발생했다. 금남로로 이동한 학생들은 경찰과 충돌했다. 이에 신군부는 시위 진압을 위해 5월 18일 오후 4시 제7공수여단을 시내에 투입했고 제7공수여단은 학생이 아닌 일반 시민들에게도 무차별 폭력을 가했다. 학생들은 광주 도심으로 옮겨 시위를 했고 계엄군은 곤봉과 대검으로 학생과 일반 시민을 가리지 않고 살상했다. 5월 19일부터 대학생 중심이던 시위에 계엄군의 잔인한 폭력에 분노한 광주 시민과 고등학생들까지 거리로 뛰쳐나와 대학생들의 민주화 요구 시위에 합류하기 시작했고, 계엄군은 더욱 과격하고 가혹하게 시위대를 진압하려 했다. 보안사의 통제를 받던 언론이 '불순분자와 폭도들의 난동'으로 보도한 데 격분한 시위대는 광주 MBC 방송국을 방화했다. 20일 24시 계엄군은 광주역 앞에서 최초의 집단 발포를 가했다. 발포 이후 2군 사령부는 발포 금지와 실탄 배분 금지를 명령했으나 11공수여단은 이를 무시하고 다음날인 5월 21일에는 본격적으로 집단 발포했다.

5월 21일 오전 전남도청과 전남대 앞에서 계엄군과 시위대가 대치하고 있었고, 전남도지사는 헬기를 타고 확성기로 21일 정오까지 공수부대를 철수시키겠다는 발표를 했다. 그러나 공수부대 철수 약속은 지켜지지 않았고, 수세에 몰린 계엄군은 전남대와 전남도청 앞에서 시위대를 향해 무차별 발포를 했다. 집단 발포가 일어난 21일 오후부터 시민들은 계엄군의 폭력으로부터 자신들을 지키기 위해 무장을 하기 시작했다. 시민들은 전라남도 화순, 나주 지역에서 경찰서와 파출소의 예비군 무기고를 열어 총을 들고 무장해 시민군을 결성했다. 시민들은 광주의 유일한 자동차 공장인 아시아자동차로 몰

7) 1980년 5월 광주민주화운동에 관해서는 김용철(2001: 211-255); 전남사회운동협의회 편, 1985; 전남사회문제연구소 편, 1988; 한국현대사사료연구회 편, 1990; 한국현대사 사료연구소, 1996; 광주광역시 5·18사료편찬위원회, 1997을 참조.

려가 차량을 탈취했다. 일부 시민군은 260여 대의 차량을 몰고 나주와 화순 등으로 외부에 광주의 소식을 알리러 떠났다. 총과 실탄, 폭약 등 각지에서 탈취된 무기는 시민들에게 분배됐다. 21일 아침 10시 금남로에서 광주시민들은 공수부대와 근거리에서 대치했다. 금남로를 꽉 채우고 도청을 포위한 시위대는 무려 30만에 육박했다. 한 도시 인구 전체가 거의 빠짐없이 시위에 참가한 동서고금의 유례없는 장관이 펼쳐졌다(최정운, 1999: 145).

시민들이 무장을 하고 대들자 겁을 먹은 계엄군은 상부의 지시에 따라 광주시 외곽으로 퇴각했고, 21일 저녁 시민군은 계엄군이 물러난 전라남도 도청을 점령했다. 5월 21일 21시 30분 광주 외곽에 배치된 계엄군에 방어적 발포를 승인하는 자위권 발동이 고지되고, 실탄이 분배되기 시작하면서 광주 외곽 봉쇄작전이 실시됐다. 주남마을 미니버스 총격사건, 송암동 학살을 비롯한 시민 살상 행위가 광주 외곽 곳곳에서 이뤄졌다. 5월 22일 이후 광주는 군인들에 의해 완전 포위·봉쇄당했다. 광주는 철저하게 고립됐다. 시민군이 치안과 방위를 담당하는 가운데, 시민들은 자치질서를 찾아가고 있었다. 계엄군에 의해 외부와의 통신과 교통이 차단된 상황에서 이들은 계속해서 계엄의 해제와 자유 민주화 요구 인사 석방을 요구하면서 자유 민주화 시민군 대표를 조직해 계엄군과 협상에 나서는 한편, 시민군 자체적으로 무기를 회수하고 광주의 치안을 담당하고 질서를 유지했다. 광주는 '광주시민해방구' 또는 '해방광주'가 됐다. 1980년 5월의 광주에서 국가 폭력에 맞서 목숨을 걸고 싸우는 시민들이 만나 공포를 극복한 용기와 이성 있는 시민임을 인정하고 축하하고 결합한 '절대공동체'를 형성했다(최정운, 1999: 140). 광주 해방구의 절대공동체에서 개인과 공동체가 하나가 되고 전 광주시민이 하나가 되어 작은 국가 권력을 만들고 주권자로서 전쟁을 위해 총을 들었다(최정운, 1999: 153). 1980년 5월 21일 광주에서 '시민군'이 조직됐고 광주민주항쟁은 목숨을 건 무장투쟁으로 발전했다.

'해방광주'에서 광주 시민들은 수차례에 걸친 내부 대책회의와 협상 끝에 평화적 시위를 하되 계속 무장을 해야 된다는 쪽으로 가닥을 잡았다. 그러나 신군부는 광주의 결정과는 상관없이 상무충정작전으로 불리는 무력 진압작전의 시행에 들어갔다. 5월 27일 아침 광주 시내로 들어와 전라남도 도청에서 끝까지 남아 항전하던 시민군을 살상한 뒤 진압작전을 마무리했다.

5·18 광주 민주화운동은 200명이 넘는 사망자와 4,300여 명의 부상자를 내면서 대한민국 역사에 국군이 자국민을 학살한 오점을 남겼다. 틸리(Tilly, 1985)가 국가 건설은

대외적 경쟁자뿐 아니라 대내적 경쟁자를 제거하는 과정이라고 지적했듯이, 광주학살은 신군부가 대내적 경쟁자를 제거함으로써 신군부의 군벌국가(caudillo state)를 건설한 사건이다. 1980년 7월 4일 전두환과 신군부는 김대중 내란음모사건을 발표해 광주 민주화운동을 김대중의 사주에 의해 발생한 소요사태로 조작했다. 광주에서 민간인을 학살하고 이를 내부적 경쟁자의 제거에 이용했다. 내부의 잠재적 도전자를 제거한 뒤 신군부는 박정희의 국가재건최고위원회와 비슷한 군부의 집단적 독재위원회(junta)인 국가보위비상대책위원회(국보위)를 조직해 정치적 경쟁자들을 구속·연금하고, 정치활동을 금지시켰으며, '부패' 관료들을 숙정해 관료사회에 공포 분위기를 조성했다. '사회정화'라는 이름하에 대량의 정기간행물을 정리했고, 불량배 소탕이라는 이름하에 3만 여명을 체포하고 그중 많은 수를 '삼청교육대'라는 집단수용소로 보냈다. 신군부는 친북인사, 반체제 인사, 5·18 민주화운동 참가자, 범죄자, 깡패, 건달, 무직자, 노숙자 등을 잡아들여 삼청교육대로 보내 특수훈련을 시켰다. 삼청교육대에 연행된 대다수가 전과가 없거나 초범인데도 불구하고, 삼청교육대 특수훈련 과정에서 다수의 사망자가 발생해서 공포 분위기를 조성했다. '녹화사업'을 추진하면서 운동권 성향의 대학생들을 군으로 보내 '사상개조'를 했다. 이 모든 '공포와 테러'가 완료됐을 때 신군부는 최규하 대통령을 하야시키고 헌법을 개정하여 다시 '체육관 선거'를 통해 전두환 장군을 군벌독재국가의 대통령으로 옹립했다.

그러나 신군부의 광주대학살은 두고두고 전두환 장군과 신군부의 권력의 정통성을 위협하는 태생적 결함(birth defect)이 됐다. 광주민주화운동은 민주주의를 향한 광주 시민의 의지를 대내외에 드러냈고 반민주, 군부독재의 야만성을 세계에 폭로함으로써 군부독재를 고립시켰다. 그리고 광주민주화운동은 1980년의 민중민주운동의 출발점이 됐으며, 1987년 6월 민주화 항쟁의 기폭제가 됨으로써 찬란하게 부활했다.

제2절 선거 과정 및 결과

전두환과 신군부는 군사반란을 통해 군권을 장악하고 보호해야 할 자국의 시민들을 광주에서 학살한 뒤 국가 권력을 찬탈했다. 시민사회의 상당수가 사실상 암묵적으로 묵인했던 박정희의 5·16쿠데타와 10월 유신 쿠데타와는 달리 전두환은 유혈극을 치른 끝에 국민적 공포를 조성하여 5 · 18쿠데타를 성공시켰다. 전두환과 신군부는 동의가 전혀 없는 강제력에만 의존해 권력을 찬탈했다. 그래서 기술관료적 합리성을 갖춘 고도의 억압적인 근대적인 권위주의 체제인 유신체제와 비교해 볼 때, 전두환의 군부독재는 기술관료적 합리성도 없이, 동의가 없는 발가벗은 권력(Macht)에 의존하는 정당성을 갖추지 못한 권력에 굶주린 군벌들의 집단적 독재체제, 즉 전근대적인 신군벌주의(neo-caudillismo) 독재로 볼 수 있다. 5공화국 하에서 경제적 시간은 산업화가 심화(deepening) 단계로 접어든 성숙한(mature) 근대의 시간이었으나, 정치의 시간은 전근대적인 신군벌주의로 퇴행했다. 전두환과 신군부의 군벌주의 체제 내에서 비동시성(근대적 산업화와 전근대적 군벌주의)이 공존했다.

그러나 한국의 5공 신군부의 독재체제를 신군벌주의로 부르는 이유는 남미, 아프리카, 중동의 군벌주의와는 달리라는 선거라는 민주주의 핵심 제도를 없애지 않고 외양(facade)을 유지시킴으로써 태생적인 정통성의 결핍을 메우려 했다는 점이다. 그래서 유신체제보다 완화된 선거 민주주의 제도가 유지됐다. 그러나 전두환 정권이 존속시킨 선거 민주주의 제도는 자신의 발목을 잡는 아킬레스건이 됐고, 한국의 민주화 세력은 선거라는 광장을 이용해 1985년 총선에서 사실상 승리하고 1987년 민주화의 정초를 세웠다.

1. 신군벌주의와 선거

군벌주의(caudillismo)란 전근대적 인치주의적(personal) 가산주의 독재(patrimonialism)의 일종으로 술탄(토후)이 지배하는 술탄주의(sultanism), 지방 토호가 지배하는 토호주의(caciquismo)와 달리 군벌(military chieftains)이 지배하는 가산주의 독재다(Linz, 1975). 이 세 유형의 극단적인 형태의 가산주의 독재는 지배자의 유형이 다를 뿐 지배 방식은 유사하다. 군벌주의는 가산주의 독재의 기본 특성을 공유하고 있다. 지배자는 ① 두려움, 공포와 보상으로 협력자와 백성의 충성을 획득하려 하고, ② 제약을 받지 않고, 규칙, 이데올로기, 가치 체계에 구애받음이 없이 자의적으로 권력을 행사한다. 지배자의 자의적인 개인적 정책결정은 관료행정 체계의 규범과 관계에 구속받지 않는다. ③ 지배자의 스태프들은 흔히 자신의 가족이나 친구, 사업협력자 중에서 지배자가 직접 충원하는데 직업 경력과 능력은 중요한 고려 대상이 아니며 지배자에 대한 개인적인 복종과 충성이 고위직을 차지하는 중요한 관건이다. ④ 군벌주의는 후견주의(patronage), 정실주의

(cronyism), 그리고 그로 인한 부패로 특징지어진다. 그러나 만약 부패가 사회의 모든 수준에서 만연할 경우 군벌주의는 전통적, 법적, 합리적 그리고 이데올로기적 정당성의 취약성을 드러내게 된다. 그리고 ⑤ 개인적인 지배복종 관계를 특징으로 하고 있는 군벌주의는 계승에 관한 제도화된 수단과 절차가 결핍돼 있고, 계승을 둘러싼 정치 권력 경쟁에서 폭력을 사용하며, 따라서 지배자가 임기를 온전히 마치고 안전하게 귀가하는 것이 쉽지 않다(Chehabi & Linz, 1998: 3-7; Linz, 2000).

전두환 장군과 신군부는 박정희 대통령의 유신체제가 갖고 있던 최소한의 정통성마저도 민주화 항쟁에 나선 광주 시민들을 대량 학살함으로써 소진하고 말았다. 그야말로 정통성이 없이 국가 폭력만이 난무하는 발가벗은 '군벌주의' 독재(caudillismo)가 산업화 사회에 이미 진입해 있는 한국의 노동자와 시민들 그리고 중산층까지 억압했다.

전두환과 신군부가 지배한 5공화국을 군벌주의 독재체제로 보아야 하는 이유는 첫째, 공포와 두려움(fear)으로 정권을 출범시키고 유지하려 했기 때문이다. 전두환과 신군부는 광주 대학살, 깡패소탕작전, 삼청교육대라는 일련의 공포정치를 통해 국민들에 두려움을 심어놓음으로써 정통성 없는 정권을 출범시키는 군벌주의 방식을 채택했다. 5공화국의 출범 후에도 국가 권력을 정당화해주는 동의의 부분이 사라지고 발가벗은 폭력만이 남았다. 전두환 정권 하에서 국가 폭력에 의해 행해진 인권 침해와 인권 탄압의 백화점을 보게 된다. 사회의 불순분자는 삼청교육대로 보내져 청소됐으며, 저항하는 학생들은 강제 징집되거나 감옥으로 보내졌고, 언론은 통폐합됐고 보도지침이 내려졌으며, 이념 서적에 대한 출판 규제로 시민의 알 권리와 언론, 출판의 자유를 박탈했다. 학생운동, 통일운동, 빈민운동, 민중운동 등도 탄압됐다. 용공조작에 의해 '간첩 만들기'도 여전했다. 민주화를 위한 연대운동 결성은 대부분 급진좌경 세력에 의한 반국가단체 결성으로 매도돼 국가보안법으로 처벌받았다. 불법 연행, 구금, 연금, 가두검문, 연행, 대량 구속, 고문, 가혹행위 등의 인권 침해가 일반화됐다(김일수, 1994: 259). 일반 시국사범도 국가보안법 사범이 돼갔다. 노동자들의 집단행동은 유신체제 하에서보다 더 철저하게 탄압됐다. 전두환 정권은 가능한 모든 수단을 동원하여 노동자들의 조직화를 저지하려 했다. 노조의 설립을 행정적으로 억제했을 뿐만 아니라 구사대에 의한 폭력을 용인했고, 노동자들의 집단행동을 무자비하게 탄압했다.

그러면서 전두환은 군사반란과 군부 쿠데타에 참여한 하나회를 비롯한 정치장교집단에 충분한 물질적 보상(rewards)을 함으로써 그들의 충성을 확보했고, 민간인 엘리트들을 물질적 보상과 의회와 행정부의 자리를 제공함으로써 포섭했다. 두려움과 보상은 전두환 정권이 지배 엘리트의 충성을 확보하는 일관된 '당근과 채찍'이었다.

둘째, 전두환은 자의적으로 권력을 행사했다. 전두환은 유신군주 박정희에 못지않은 일인지배 체제를 구축했다. 그는 국가원수, 여당총재, 행정수반을 겸직했을 뿐 아니라 입법부와 사법부도 거의 자의적으로 통제했다. 그는 긴급조치권, 계엄선포권, 국회해산권, 정당해산권을 가지고 박정희에 못지않은 독재 권력을 자의적으로 행사할 수 있었다 (김호진, 1994: 102). 전국구 의석의 2/3를 집권 여당에 배분하도록 하는 5공헌법은 2/3유신체제로 불렸다. 이러한 제도적 권력 외에도 그는 친위 보안기구를 통해 군, 정부, 의회, 그리고 국민을 통제했다. 박정희 시대의 중앙정보부를 대신해서 보안사령부가 친위대의 핵심을 담당했다. 보안사령부는 언론통폐합, 공직자 숙청, 언론통폐합, 정계개편, 삼청교육대 등의 핵심적 사회통제정책을 기획하고 실행에 옮겼다. 중앙정보부의 후신인 안기부는 5공 초기에는 위축됐으나 전두환의 충복인 장세동이 안기부장직을 맡은 후 보안사와 더불어 억압정치와 공작정치의 견인차가 됐다(김호진, 1994: 103).

셋째, 5공화국의 지배 엘리트들은 철저히 전두환과 5공 정권에 대한 충성도를 기준으로 충원됐다. 전두환은 '박정희 없는 유신체제'를 계승하겠다고 공언하면서 박정희의 반대파들을 구속, 감금, 숙청, 정치활동 금지 조처를 통해 제거했다. 그러나 그는 박정희의 측근 인사들까지 숙청했다. 유신체제의 2인자 김종필을 체포해 재산을 몰수하고 정치활동을 금지시켰고, 박정희의 친위세력들을 정치활동 금지, 재산 몰수 등으로 지배 엘리트 집단에서 배제했다. 적어도 지배 엘리트 구성에서 유신체제와 5공화국은 연속성보다 단절이 지배했다. 전두환과 신군부는 '박정희 없는 유신체제'를 구축하겠다는 약속을 어기고 자신들이 권력을 장악하고 유지하기 위해 많은 경우 박정희가 구축한 제도, 문화, 관례도 부정했다. 군부독재정권을 수립한 뒤, 전두환과 신군부는 박정희를 계승하려하기보다는 박정희의 부정(negation)을 통해 그들의 권력의 정통성을 살리려 했다(김형아, 2005: 34-36).

전두환은 12 · 12 군사반란 세력을 중심으로 민주공화당을 해체하고 자신들의 집권여당인 민주정의당(민정당)을 결성했을 뿐 아니라 충성스런 관제 야당인 민주한국당(민한당)과 국민당까지 조직해주었다. 그래서 사람들은 5공화국의 세 정당을 1, 2, 3 중대라고 불렀다. 전두환과 신군부는 행정부와 의회뿐 아니라 공공부문의 요직을 자신들에 대해 충성하는 인사들을 앉혔다. 능력 위주로 충원된 공무원집단을 사회로부터 격리(insulate)시켜 관료적 합리성으로 국가를 운영한다는 베버(Max Weber)의 관료제 원칙은 적용되지 않고, 정실주의(croynism), 친인척주의(nepotism), 연고주의, 후원-수혜주의(patronclientelism)의 원리로 국가가 운영됐다.

넷째, 군벌주의의 중요한 특징인 구조적인 부패가 조직적으로 행해졌다. 전두환 대통령의 부정수뢰 규모는 민주화 이후 1997년 법원에서 확정 판결된 금액만 해도 2,205억 원이었다. 실제로는 그는 그보다 훨씬 많은 천문학적인 부패를 자행했을 것으로 추정된다. 그럼에도 불구하고 법적 환수 조치를 취하려는 검찰에 대해 당당히 29만 원밖에 재산이 없다고 밝혀 국민적인 실소를 자아내기도 했다. 전두환 대통령만 부패한 것이 아니었다. 정권 자체가 구조적으로 부패했다. 5공 기간 동안 여러 차례 권력형 비리사건이 발생했는데 전두환 부부의 친인척인 장영자와 이철희의 6,000억에 달하는 어음사기 부패사건은 대표적인 5공 부패사건으로 기록되고 있다. 이 밖에도 1983년에 발생한 명성그룹사건과 영동진흥개발사건도 대표적인 부패 사례였다. 전두환의 친동생인 새마을본부 중앙회장이었던 동생 전경환도 76억여 원의 공금 횡령 혐의로 구속됐으며, 사촌동생 전순환과 친형 전기환, 처남 이창석 등 거의 가족 전원이 친인척 비리를 저질렀다.

그럼에도 불구하고 전두환 대통령의 군벌주의 독재를 '신(neo)'군벌주의로 명명하는 이유는 박정희의 유신체제 하에서 확립된 근대적인 기술관료적 독재의 특성이 경로의존적으로 전두환 대통령의 군벌주의에 내장돼 있었고 유신체제 하에서 좀 더 선거의 역할이 더 확장됐기 때문이다. 전두환 정권은 박정희 대통령의 유신체제보다 더한 군벌주의 독재체제의 성격을 갖고 있음에도 불구하고 군벌주의로 보이지 않기 위해 선거 민주주의의 외양을 갖추기 위해 노력했다. 전두환 장군과 하나회 장교를 비롯한 정치군인들은 박정희와 5·16 군사 쿠데타 주역들이 한 것처럼 군복을 벗고 민간복으로 갈아입고(military in mufti) 선거정치에 참여했다. 쿠데타 주역들의 쿠데타 이후 행동 유형인 ① 군부 직접통치 연장, ② 병영 복귀와 민정이양, ③ 재민간화(recivilianization) 중 박정희 장군과 전두환 장군은 재민간화를 선택한 것이다. 그것은 민간통치의 얼굴을 한 군부통치였을 뿐이다. 그러나 재민간화는 필수적으로 민주주의의 핵심 제도인 선거와 정당을 유지해야 한다는 부담을 군사독재자에게 지어준다. 전두환 대통령과 신군부는 유신정우회를 폐지하고 비례대표의석의 2/3를 제1여당에 배분하는 장치를 갖춘 '2/3 유신헌법'으로 불리는 신헌법을 제정하고, 관제 야당을 보안사의 사전 조정 하에 조직해 유신체제 하에서보다 확장된 선거제도를 도입했다.

2. 1981년의 대통령 선거와 국회의원 선거

1) 제12대 대통령 선거와 결과

전두환 대통령과 신군부는 제5공화국 헌법을 마련하면서 국회의원 선거제도는 유신체제 하에서의 선거보다 좀 더 개방되고 민주적인 선거제도를 도입하면서도 군벌주의 독재의 최고 정점이면서 거의 절대적 권력을 행사하는 대통령을 선출하는 방식은 전혀 민주적이지 않은 유신체제의 통일주체국민회의 방식을 이름만 바꾼 채 거의 그대로 채택했다.

5공화국 헌법의 대통령 선출 방식은 변형된 통일주체국민회의 선출 방식인 '대통령 선거인단'에 의한 간접적 선거 방식을 유지했고, '7년 단임제'를 채택해 신군부 내의 핵심 세력에게 자신들도 권력을 장악할 수 있다는 희망을 주는 동시에 국민들에게는 유신체제에 대한 저항의 핵심인 '일인 영구집권'을 획책하지 않겠다는 개혁적 군주의 모습을 보여주려 했다. 그러면서 동시에 박정희와는 달리 전두환 대통령은 관제야당인 민주한국당(민한당)의 당수인 유치송의 출마를 허용해 복수의 정당 후보 간의 경쟁이라는 민주적 선거의 외양을 갖추려 했다.

그러나 이 모든 민주주의를 가장한 외피에도 불구하고 1981년 2월 25일 제12대 대통령 선거는 유신체제 하에서의 대통령 선거와 거의 유사하게 치러졌고, 민주정의당(민정당) 후보 전두환은 총 선거인단 5,278명 중 민정당 선거인단인 3,675명을 포함해 4,755명을 확보해 90%가 넘는 압도적 득표로 당선됐다. 반면 민한당 후보 유치송은 민한당 소속 선거인단 411명에도 못미치는 404명을 얻었을 뿐이다. 당시 한국 정당은 관제로 급조된 3중대 정당 체제라 했는데 3중대 정당 중 1중대는 집권 민정당, 2중대는 제1야당 민한당, 3중대는 한국국민당이었다. 전두환은 3중대인 한국국민당과 1,123명이나 되는 무소속 선거인단의 대부분의 지지를 받았다. '체육관' 대통령 선거는 계획한대로 시행됐다. 선거판은 기울어진 운동장에서의 경기였다. 우선 선거인단 입후자의 수에서 선거경쟁은 심하게 기울어진 '출발에서의 불평등'으로 특징지어지는 불공정 경쟁이었다. 민정당 출신 선거인단 후보는 전체 선거인단의 53.1%가 입후보하고 친여 무소속 선거인단 후보가 31.8%가 입후보한데 반해 민한당은 전체 선거인단의 12.5%에 불과한 1,165명만 입후보했다. 경쟁의 결과가 선거 전에 미리 확정돼 있다면 '경쟁 결과의 불확실성'을 특징으로 하는 민주적 선거의 기본적 요건을 충족시키지 못한다. 그러므로 1981년 대통령 선거는 국민의 선택이라고 부를 수 있는 최소한의 요건도 갖추지 못했다.

2) 제11대 국회의원 선거와 결과

제11대 대통령 선거 후 1개월 뒤 제5공화국의 권력구조를 완성하는 제11대 국회의원 선거(또는 총선)가 치러졌다. 전두환과 신군부는 의회 권력을 장악하기 위해 여러가지 제도적 사전 보장장치를 마련했다. 국회의원 의석 수의 2/3인 184석을 1구 2인의 중선거제를 통해 집권 민정당과 다수의 야당이 나눠 가지는 지역구 선거 방식과 의석 수의 1/3인 92석인 전국구 비례대표 의석을 지역구 정당 후보가 얻은 총득표 수로 나눠 가지는 배분 방식을 채택했다. 유신체제의 선거제는 비례대표 의석이라 할 수 있는 1/3 모두를 통일주체국민회의가 선출하지만 사실상 박정희가 임명한 데 반해, 전두환의 5공 헌법은 1/3의 92석 비례대표 의석 중 2/3인 61석을 배분하는 방식을 채택해 소위 '2/3 유신체제' 또는 완화된 유신선거 체제로 부른다.

제12대 대통령 선거와 제11대 국회의원 선거가 치러지기 전에 전두환과 신군부는 한편으로는 유신체제 하에서 집권 민주공화당의 지도자들과 야당인 신민당의 주요 지도자들을 정치활동금지법으로 선거에 출마하지 못하게 묶어놓고 다른 한편으로는 신군부의 권력 도구인 보안사를 중심으로 관제 야당 조직에 나섰다. 정치활동금지법에 묶이지 않은 구 신민당의 잔재 세력을 중심으로 민주한국당(민한당)을 조직하도록 지원했고, 구 민주공화당 잔재 세력을 중심으로 한국국민당을 조직하도록 지원했다. 그래서 당시 지하언론들은 그들을 1중대인 민정당을 지원하는 2중대, 3중대 정당으로 각각 호명했다. 11대 국회의원 선거 결과 지역구 선거에서 민정당은 90석, 민한당은 57석, 한국국민당 18석이었는데 민정당이 비례대표 의석의 2/3인 61석을 가져갔고, 민한당이 24석, 한국국민당이 7석을 나눠 가졌다. 결국 각당의 전체 의석 수는 민정당 151석, 민한당 81석, 민주국민당 25석이 됨으로써 민정당은 국회 총의석 276석의 절대 과반수를 13석 초과하는 안정적 과반수를 확보했다.

1981년의 양대 선거를 통해 전두환과 신군부는 군벌주의 독재 권력을 제도화되고 선거에 의해 제한적이나마 정통성을 가진 독재로 연성독재(dictablanda)로 바꾸는 데 성공했다. 그러나 선거 권위주의는 양날의 칼이다. 선거에 의해 권력의 정당성을 획득한다는 긍정적 측면이 있는가 하면, 그 선거가 그들의 권력을 정면으로 부인하고 국민들에게 선택 가능한 대안을 조직하는 공간을 제공하는 부정적 측면이 동시에 존재한다. 1985년에 치러진 제12대 총선은 권위주의 독재 하에서의 선거가 부정적 측면이 긍정적 측면을 압도하는 기능을 한다는 것을 보여주었다.

3. 1985년 제12대 총선: '선거를 통한 개방'

1) 권위주의 하에서의 선거: '선택이 없는 선거' 대 '선거를 통한 개방'

권위주의 하에서의 선거를 보는 두 가지 상반된 이론이 있다. 하나는 '선택이 없는 선거(elections without choice)' 이론이고, 다른 하나는 '선거를 통한 개방(opening through elections)' 이론이다.[8] 선택이 없는 선거이론은 권위주의 하에서의 선거는 국민들에게 정치적 대안에 대한 진정한 선택권을 부여하지 않고 따라서 기본적 권력구조에 의미 있는 변화를 가져올 수 없는 단순한 의례(ritual) 또는 의사(擬似) 민주주의적(pseudo democratic)인 겉치레(facade)에 지나지 않는다는 것이다. 이에 반해 선거를 통한 개방이론은 비록 권위주의 하에서의 선거가 권력의 소재지(locus of power)의 변경을 초래하지 않는다는 것을 인정한다 하더라도 선거는 권위주의에 반대하는 다양한 이질적인 사회운동집단들을 연결시키고 묶어줄 수 있는 귀중한 제도적 공간을 제공한다는 것이다. 집권세력의 사전적 보장 장치와 사후적 조작 때문에 선거의 결과가 권력의 변경을 초래하지는 않았다 하더라도, 반대 세력이 예상치 못한 성공을 거뒀을 때, 이는 정권의 허약성의 신호로 받아들여지면서 권력 블록 내에 분열을 초래하고 반대 세력들이 결집해 제도적 정치 공간(또는 정치사회) 내에 체제 반대 세력들의 정당을 조직하게 되는 계기를 마련해 준다는 것이다. 따라서 선거를 통한 개방이론은 권위주의 하에서의 선거가 형식적 민주주의의 겉치레로 권위주의 정권의 억압적 성격을 은폐하려는 의식 행사 이상의 기능을 한다고 주장하면서, 권위주의 하에서의 선거의 조작성에 초점을 맞추기보다 헌정적 연속성이 폐쇄적 권위주의 하에서 정치적 공간을 개방할 수 있는 가능성에 주목해야 한다는 것이다.

한국의 군부권위주의의 중요한 특징 중의 하나는 선거, 의회, 정당과 같은 형식적 민주주의의 외피를 완전히 벗어던지지 않았다는 것이다. 가장 억압적인 권위주의 정권인 유신체제 하에서도 선거의 외피는 존속됐다. 선거라는 정치적 외피는 권위주의 정권이 억압적인 본성을 감추면서 정권의 이미지를 개선하고 정통성을 높일 수 있는 가장 효과적인 의사(擬似)민주주의적인 장치로 간주됐던 것이다. 또한 선거가 권위주의정권이 의도한 결과를 낳았을 경우 선거는 자유화 확대 요구의 억압을 정당화할 수 있는 근거를 제공할 것으로 믿었다. 이 점에서 한국의 권위주의 정권담당자들은 선거가 권위주의 정

8) 선택이 없는 선거 이론에 관해서는 허멧(Hermet, 1978), 선거를 통한 개방 이론에 관해서는 라무니어(Lamounier, 1984; 1989)를 참조.

권에 가져다줄 비용과 역기능을 고려하지 않은 선택이 없는 선거 시각에 입각해 선거라는 헌정적 장치를 유지시켰던 것으로 보인다. 이에 더해 전두환 정권은 2·12총선을 1983년에 유치한 1988년 서울올림픽의 성공적인 개최를 위해 한국 정치를 자유화시키고 있다는 이미지를 국제사회에 심어주는 계기로 만들고 싶었을 것이다.

2) 12대 총선참여 논쟁: 선거를 통한 개방론의 승리

1985년의 총선이 가까워 오자 사회운동 세력들은 선거에 대한 전략을 둘러싸고 딜레마에 빠졌다. 사회운동 세력들에 주어진 선택은 선거 자체를 거부하느냐 아니면 선거 정치공간을 이용하느냐였다. 많은 사회운동가에게 선거 참여는 군부권위주의 지배를 정당화해주는 것 이외에는 아무것도 아니라는 인식이 퍼져 있었다. 그러나 선거를 단순히 포기하기에는 선거는 장외 운동권 세력들에게 너무도 소중한 제도적 정치공간이었다. 1984년 말 사회운동 세력 내부에서는 1985년 2월 12일로 예정된 선거에 참여할 것인가를 둘러싼 논쟁이 있었다. 선거거부론자들은 집권당의 승리가 사전에 보장돼 있는 선거에 참여한다는 것은 권위주의 정권의 지배를 정당화하는 데 기여할 뿐이며, 따라서 군부독재를 영구화하려는 도구에 지나지 않는 선거를 저지해야 한다고 주장했다. 이에 반해 선거참여론(선거활용론)자들은 권위주의 하에서 선거가 권력의 소재지의 변경을 가져올 수 없다는 것을 인정한다 하더라도, 민주화를 위한 민중의 역량을 동원 조직하고 정권의 파쇼적·독재적 본질을 폭로할 수 있는 공개적인 정치공간을 열어줄 수 있는 선거를 이용해야 한다는 '선거를 통한 개방론'을 주장했다.

1984년 말까지도 선택이 없는 선거이론에 기초한 선거거부론이 우세했으나 1984년 12월 이후 해금 정치인을 중심으로 진정한 자율적인 반대 정당을 조직하려는 움직임이 본격화되자 점차 선거참여론이 사회운동 세력 내에서 대세를 이루게 되었다. 그 후 사회운동 세력들은 해금된 보수 야당 정치인들의 조직인 민추협을 중심으로 결성된 신한민주당의 선거운동을 적극적으로 지원해 신당의 바람을 일으키는 데 결정적 역할을 했다. 1985년 2월 12일의 총선은 사회운동 세력들의 전략적 선택이 옳았음을 증명했다. 일단 선거유세가 시작되자마자 유세장은 정권에 의해 금기돼 왔던 언어가 분출하는 공간으로 화했다. 집권자의 광주학살 관련, 영부인의 금융 스캔들 관련 사실이 공개적으로 신당 후보의 입에서 튀어나왔고, 기존의 충성스러운 야당들은 1중대, 2중대, 3중대라는 언어로 비하됐다.[9] 선거공간은 반대 세력의 언술의 경계를 넓혀주었고 2.12총선을 개별 국회의원을 뽑는 것이 아니라 민주화에 대한 국민투표로 변모시켰다.

물론 2·12총선은 선택이 없는 선거이론에서 예견된 바와 같이 권력의 소재지의 변화는 일어나지 않았다. 집권당에 유리한 경기규칙과 선거자금, 국가 관료기구의 지원에 힘입어 민정당은 여전히 안정적 의회 다수를 유지할 수 있었다. 민정당은 11대 총선에서 얻은 의석보다 3석이 줄어든 148석(지역구 87석, 비례대표 61석)을 얻어 절대 과반을 넘는 안정적 다수를 유지했으나, 민한당은 35석(지역구 26석, 비례대표 9석)으로 참패해 제3당으로 추락했고, 신당 돌풍을 일으킨 김영삼과 김대중이 이끄는 신한민주당은 67석(지역국 50석, 비례대표 17석)을 얻어 당당히 제1야당으로 등극했다. 특히 신한민주당은 대도시 지역 선거에서 1당(동률 1당)이 됐다. 서울(신민당 14석 대 민정당 13석), 부산(신민당 6석 대 민정당 3석), 대구(신민당 2석 민정당 2석), 인천(신민당 2석 대 민정당 2석), 그리고 광주민주화운동이 일어난 광주와 전남(당시는 광주가 전남에서 분리되지 않았음)에서 신민당은 민정당과 같은 5석을 획득해 제1당이 됐다.

그러나 1985년 2·12총선의 의미는 의석 수보다 선거의 상징성에 있었다. 신당의 바람에서 나타난 바와 같이 한국민들은 2·12 총선을 통해 정권에 대한 불신임 투표를 던짐으로써 선거공간을 이용해 억눌려 왔던 민주화의 열망을 분출시킨 것이다. 2·12총선은 권력의 소재지를 변경시키지는 못했으나 민의의 소재지가 어디에 있는지를 분명히 밝혀줌으로써 권위주의 정권의 정통성에 치명타를 가했다. 2·12총선의 결과 창당한 지 한 달도 안 된 신민당은 기존의 충성스러운 야당들을 제치고 제1야당으로 부상했고, 재빨리 기존의 충성스러운 야당인 민한당을 사실상 흡수해 제도정치권 내에서 민주화연합 세력의 단일 교두보를 구축했다.

3) 1985년 12대 총선의 역사적 의의

한국 민주화 과정에서 1985년 2월 12일의 국회의원 총선거가 갖는 의미는 크다. 첫째, 무엇보다도 2·12총선으로 신민당이라는 민주화를 추진하려는 강력한 자율적 야당이 출현함으로써 대안 부재 상태에 있던 한국인들에게 정치적 대안을 제시해주었다. 민주화 과정은 권위주의 정권의 정통성 상실과 함께 자동적으로 일어나지 않는다. 많은 경우 권위주의 정권은 정통성의 부재에도 불구하고 건재한 이유는 민중들에게 다른 정치적 대안이 없었기 때문이다. 신민당의 등장으로 한국민들은 강력한 두 지도자(김영삼, 김대중)를 가진 조직을 제도정치권 내에서 갖게 된 것이다. 이제 그들에게 싫더라도 권

9) 충성스러운 야당의 성격을 나타내는 비슷한 표현은 군부 체제 하의 브라질에서 ARENA(여당)와 MDB(야당)를 "Yes" party(MDB)와 "Yes, Sir" party(ARENA)로 부른 데서 찾아볼 수 있다(Alves, 1985: 212).

위주의 하에서 살 수밖에 없었던 시기가 지나간 것이다.

둘째, 2 · 12총선은 제도권 내의 야당이 한국 민주화의 의제(agenda)를 설정하고 전략을 수립하는 데 주도권을 잡게 된 역사적 사건이다. 선거 참여를 결정한 뒤에도 사회운동 세력 내에서는 보수야당과 제휴해서 투쟁할 것인가(제휴투쟁론) 제휴하지 않고 독자적으로 투쟁할 것인가(제휴반대론)에 관한 논쟁이 있었으나 제휴투쟁론을 선택한 것은 선거참여론의 입장에서 보면 당연한 것이다. 왜냐하면 사회운동 세력들이 일반대중에게 대체 세력으로 인식되고 있지 않았고 따라서 독자적으로 참여한다는 것은 실현 가능한 대안이 아니었기 때문이다. 2 · 12총선에서 신민당은 대통령직선제 개헌안을 공약으로 내걸고 약진했다. 이는 차후의 민주화전략을 사회경제적인 구조적인 개혁을 건드리지 않고 정권 형태나 최고 권력의 제도화에 한정시키는 것을 의미한다(최장집, 1989: 225). 또한 대통령직선제 하에서 승리하려면 전국적 지도자가 후보가 되는 것이 전제돼야 하는데 사회운동 세력들은 제도권 내의 김영삼과 김대중과 같은 지도자를 갖고 있지 못했다. 이러한 제도권 야당의 민주화전략이 가져올 정치적 결과가 사회운동 세력이 추구하는 실질적 민주주의의 실현에 근접하고 있지 않음에도 불구하고 사회운동 세력들이 신민당의 선거운동에 적극 동참했다는 것은 제도권 야당이 추진하는 민주화방법론이 국민적 지지를 획득하고 있음을 의미한다.

셋째, 2 · 12총선에서 신민당의 급부상은 선거를 통한 민주화의 전략이 실현 가능하다는 희망을 국민들에게 심어주었다. 선거를 통한 민주화 전략은 표의 극대화, 즉 가능한 최대 다수의 형성이 지상과제가 되게 한다. 결국 민주화에 대해 이중적 태도를 지닌 중산층을 포섭하는 전략이 당위성을 획득하게 되고 민주화의 의제가 실질적 사회경제적 개혁보다 절차적 수준으로 하향 조정되며, 이를 위해 비폭력적인 온건한 수단이 동원된다. 신민당은 계급정당이 아닌 포괄정당(catch-all party)의 성격이 있었는데 이러한 신민당의 성격은 민주화를 위한 최대 연합의 형성에 긍정적으로 작용했다. 즉, 신민당은 계급, 직업, 지역의 경계를 넘어서 권위주의를 반대하는 모든 정치 세력이 결집할 수 있는 정치조직이 될 수 있었던 것이다.[10)]

마지막으로, 2 · 12총선에서 신민당의 표를 조직하고 동원하는 데 사회운동권의 도움

10) 비교 시각에서 볼 때, 브라질의 PMDB(또는 그 전신인 MDB)는 당의 성격이 모호하게 규정된 포괄정당의 성격을 가지고 있었기 때문에 다양한 이질적인 반정권 세력을 포용할 수 있는 우산조직(umbrella organization)이 될 수 있었으나. 오랜 기간 동안 계급적·이데올로기적으로 분화된 정당구조를 발전시켜 왔던 칠레에서는 발달된 정당구조가 반대 세력을 묶을 수 있는 합의적 전략을 수립하는 데 저해 요인이 됐다.

이 결정적 역할을 했다는 사실은 이후 신민당이 민주화전략을 마련하는 데 사회운동 세력의 입장을 고려하지 않을 수 없게 했다. 신민당은 표를 극대화해 선거에서 당선을 노리는 정치인들로 구성된 조직이다. 정치인들에게 최악의 결과는 선거에서의 패배다. 그런데 표의 조직, 동원에 사회운동 세력의 도움에 의존할 수밖에 없었다는 사실은 신민당으로 하여금 사회운동 세력이 위임한 한계를 넘어서는 타협적 전략을 수립할 수 없게 했다. 그 한계는 직선제 개헌이었고 이 원칙에 대한 타협은 국민들의 민주화 열망을 팔아넘긴 것(selling-out)으로 간주되는 것이다. 2 · 12총선에서 민한당의 참패는 신민당으로 하여금 선거적 위임을 배반했을 경우에 돌아올 파멸적 결과에 대해 생생한 교훈을 주었다. 따라서 2 · 12총선 이후 신민당은 정권과의 민주화 협상 과정에서 직선제 개헌의 원칙을 일관성 있게 고수했고 이것이 민주화운동에서 지도력을 유지시킨 요인으로 작용했다.

결론적으로 2 · 12총선은 한국민들이 제도권 야당을 중심으로 권위주의 정권과의 타협을 통해 선거를 통한 제도개혁이라는 민주화의 전략을 선택하게 하는 데 결정적 역할을 한 것으로 요약된다. 제도개혁의 핵심 과제는 직선제 개헌이었다.

제3절 대통령, 총리, 장관 등 주요 관료 소개

1. 전두환 대통령[11)]

공포와 위협으로 대통령의 자리에 오른 전두환 대통령은 국민들로부터 사랑받지도 못했고 그렇다고 공포의 대상이 되지도 못했다. 그는 노자(老子)와 마키아벨리(Niccolò Machiavelli)가 공통적으로 이야기하는 최악의 리더였다. 그는 법과 형벌로 다스리려고 했지만 국민들이 겁을 내지 않고 대들었고, 멸시하고 업신여기고 미워하고 조롱하면서 개그와 웃음거리로 삼아 대통령을 코미디언으로 만들었다. 전두환 대통령 치하에서 전두환 대통령과 아주 흡사하게 생긴 한 탤런트는 전두환 대통령과 매우 닮았다는 이유로 방송 출연 정지가 됐고 민주화 이후에야 다시 방송과 영화에 출연해 바로 그 전두환 역을 연출할 수 있었다.

---

11) 임혁백(2012: 122-132) 참조.

전두환 대통령과 신군부는 5공 정권을 희극으로 만들었다. 광주유혈극을 통해 집권한 전두환과 신군부는 실제 현실과 정반대되는 '정의구현사회'라는 구호를 내걸고 '민주정의당'이라는 당명을 가진 집권 정당을 창당해 군복을 민간복으로 갈아입고(soldiers in mufti) 권력을 찬탈했다. 광주대학살과 인권 탄압이라는 실제와는 정반대의 위치에 있는 '정의구현사회'라는 구호를 내세웠을 때 한국 국민들은 5공 정권의 희극성을 바로 간파할 수 있었다. 전두환은 페르시아 제국을 건설한 사이러스(Cyrus, 키루스 또는 고레스로도 불림) 대왕이 가진 관후인자(寬厚仁慈), 절제와 자제, 보상과 나눔(sharing), 포용과 관용, 신상필벌의 리더십 덕목과는 반대되는 공포, 위협, 국가를 사적 전리품으로 여기고 부하들과 나눠먹는 지대 분배(rent distribution), 민주인사, 민중, 부랑아들의 억압, 투옥, 강제징집, 삼청대교육대 보내기, 그리고 신상필벌이 아니라 친인척과 측근 부하들에만 논공행상하는 정실주의와 친인척주의가 결합한 군벌주의(caudillismo) 리더십 중에서도 최악의 리더십을 보여주었다.

전두환 대통령은 정치에 무식하면서도 자신이 정치를 잘 안다고 생각하고 '정치는 바르게 하는 것' 즉 '정의의 실현(政者正也)'이라는 공자(孔子)의 말을 따서 집권 여당의 이름을 5공화국의 실제와 정반대되는 민주정의당(民主正義黨)으로 지어서 국민들에게 웃음거리가 됐다. 그러면서도 정치의 요체는 역시 국민에게 회초리를 드는 것이라고 믿고 저항 세력들을 통제, 억압, 사찰해 국민들의 미움을 샀고, 마침내는 6월 민주화항쟁으로 불리는 국민적인 민주화 투쟁에 의해 강제로 쫓겨났다. 전두환 대통령은 광주 대학살을 통해 권력을 찬탈했다는 태생적 정통성의 결함을 극복하지 못하고 집권 기간 내내 국민의 신뢰를 받지 못했다. 국민들로부터 신뢰를 받지 못하자 전두환은 정통성의 결함을 해소하려 하기보다는 강권통치로 민심을 억누르려 했고 다시 국민으로부터 버림을 받는 악순환을 자초했다.

전두환은 "백성들이 정치를 신뢰하지 못하면 나라가 설 수 없기(民無信不立)" 때문에 튼튼한 국방(兵), 풍요로운 경제(食)보다 국민의 신뢰를 획득하는 것이 좋은 정치의 요체라고 한 공자의 가르침을 따르지 않았다(孔子, 論語, 顔淵 篇). 전두환 대통령과 국민 사이에는 원초적으로 신뢰가 형성돼 있지 않았고, 집권 기간 중에도 전두환 대통령은 국민의 신뢰를 쌓지 못하고 통치자와 피치자 간의 신뢰 회복에 역행하는 많은 희극적인 일을 저질렀다. 북한이 '금강산댐'을 건설해 서울을 수몰시킬 것이라고 하면서 금강산댐의 방류를 저지할 수 있는 통일댐을 반강제적인 국민성금으로 건설하게 했고, 사회정화라는 이름 아래 무고한 양민을 삼청교육대에 보내고 청송보호소에 감금했다. 국보위,

사회정화위원회와 같은 초법적 기구로 국민을 '무섭게' 통치하려 했으나 국민들은 조소했고 철권통치 하에서도 학생과 재야인사들이 민주화를 요구하는 시위를 벌였다. 한마디로, 근대화라는 시대적 화두를 선점하고 어느 정도의 정통성과 정당성을 가지고 철권통치를 했던 박정희와는 달리 전두환의 독재는 광주시민을 학살하면서 권력을 찬탈한 발가벗은 정통성이 전혀 없는 군부독재라는데서 국민이 무서워하기보다는 대들고 조롱하고 멸시했다.

전두환의 희극적 리더십에서 배우는 교훈은 국민의 신뢰를 얻지 못하면 자발적 팔로어십(willing obedience)은 기대하기 어렵고, 불신하는 국민들에 의해 몰락한다는 것이다. "가장 훌륭한 요새는 백성들의 미움을 받지 않는 것이다. 요새를 갖고 있어도 백성이 군주를 미워한다면 군주를 지켜줄 수 없다"는 마키아벨리의 날카로운 지적이 전두환과 5공 정권에 잘 들어맞는다(Machiavelli, 1977). 전두환이 1994년 말 유화 조치로 국민에 대한 억압의 고삐를 풀자마자 국민들은 전두환과 신군부의 군벌 독재에 저항하고 도전했다. 군부독재정권과 민주화 연합 세력은 장기적인 '밀고 당기기 전쟁(tug of war)' 끝에 마침내 전두환의 군벌독재정권을 굴복시키고 민주화를 이뤄냈다.

2. 국무총리

제5공화국은 유창순, 김상협, 진의종, 노신영, 이한기로 이어지는 5명의 국무총리와 진의종 국무총리가 신병으로 쓰러지면서 총리대행을 맡은 신병현 부총리 겸 국무총리 권한대행을 배출했다. 제3공화국 헌법이 대통령 중심제로 복귀하면서 대통령은 제왕적 대통령화한 반면 국무총리는 헌법상의 기구임에도 불구하고 헌법이 부여한 권력도 제대로 행사하지 못했다. 이러한 경향은 유신체제 하에서 더욱 강화돼 국무총리는 입법, 사법, 행정 3부 위에 군림하는 초(超)대통령(super presidency) 또는 제왕적 대통령의 방패막이가 되어주는 '방탄 총리,' '대독 총리'의 역할을 수행하는 위치로 전락했다. 대통령 책임제 하에서 권한은 없이 대통령의 과오를 대신 '책임(accountability)'지는 '책임 총리'(?)가 출현했다. 3부 위에 군림하는 제왕적 대통령은 5공화국 헌법 문구에서는 지워졌으나 전두환 대통령은 실제로 유신체제 하에서 박정희 대통령이 행사했던 제왕적 대통령의 권한과 권력을 비슷하게 행사했다. 자연히 국무총리는 유신체제 하에서와 마찬가지로 대통령을 대신해서 책임져주는 대독 총리, 방탄 총리라는 수동적이고 제한적인 역할만 수행할 수밖에 없었다.

3. 각부 장관과 대통령 비서관들

군 출신인 전두환 대통령은 정치는 자기가 제일 잘 안다고 생각해 자신의 부관들, 특히 3허(허화평, 허삼수, 허문도)와[12] 이학봉, 권정달, 장세동을 데리고 직접 정치를 챙겼으나, 강압일변도의 패권주의적 정치로 12 · 12 군사반란, 5 · 18광주대학살, 국가보위비상대책위원회 설립 등에서 보는 바와 같이 유혈적인 강경일변도의 대결정치를 밀어붙임으로써 민심을 얻지 못하고 제5공화국 전 기간을 국민과 전투를 벌이는 데 소모했다(정윤재, 2012: 348-351). 전쟁을 치르듯이 국민과 직접 대결하는 정치는 1985년 제12대 총선에서 사실상 신한민주당에 패배했음에도 불구하고 계속돼 1987년 4 · 13호헌 조치와 같은 강경 조치, 6월 민주화항쟁 기간 동안 전 국민과의 거리에서 대결을 선택했으나 집권층 내부의 분열과 미국과 최대 다수의 민주화 연합의 압력으로 6 · 29민주화 선언이라는 대국민 항복 선언을 받아들일 수밖에 없는 개인적 굴욕을 당했다.

전두환은 집권 기간 중 정치 분야에서는 강경일변도의 비타협적 대결 전략을 고수했다. 그럼에도 불구하고 그는 사회명망가, 최고 지식인, 이데올로그, 언론인 출신들을 장관, 비서실장, 청와대 수석 등에 기용해 광주대학살로 인해 각인된 피비린내 나는 정권의 이미지를 희석시키려 했다. 전두환 대통령은 정권 출범 때부터 안고 있던 태생적 정당성의 결핍을 메우고, 정권의 대국민적 이미지를 개선하며, 그리고 반지성적이고 지적이지 못하다는 평을 받는 군벌정권의 약점을 커버하기 위해 최고의 민간인 학자, 언론인, 이데올로그 출신을 장관과 청와대 비서관으로 기용했으나 그들에게 실권을 주지는 않았다. 많은 지식인이 전두환 정권의 고위직으로 초대됐으나 상당수는 전두환과 같이 피를 묻히기 싫어서 고사하거나 도피했다. 그럼에도 불구하고 상당수의 지식인이 자의반, 타의반으로 전두환 정권에 합류했다. 제왕적 대통령제 하에서 사실상 정권의 2인자인 비서실장에 하버드대학 정치학 박사인 김경원 교수, 하버드대 법학박사인 함병춘 교수, 독일 튀빙겐대학 철학박사 이규호 교수 등이 대통령 비서실장으로 기용돼 전두환의 반지성적 이미지를 분칠해주었다.

정권의 이데올로그에는 대학교수 출신과 언론인 등이 자천 타천으로 기용됐다. 정권 이데올르그 집단의 정점에는 3허 중 기자 출신인 허문도가 있었다. 허문도는 국보위, 사회정화위원회, 정무수석, 문화공보 장관을 거치면서 언론정화라는 명목으로 언론사 통폐합을 주도했다. 172종의 정기간행물을 무더기로 폐간시키고 870명의 언론인을 해

12) 이 중 허문도는 조선일보 기자 출신 이데올로그다.

직시켰다(김호진, 2006: 276). 허문도는 1980년과 1981년에 연속으로 여의도 광장에서 대규모로 개최된 '국풍 81' 행사로 대중을 탈정치화시키고 전두환 대통령의 이미지를 개선해주었다(김호진, 2006: 277). 허문도 외에 이규호, 김영작, 김형효, 이진희, 이원홍 등이 대학과 언론사에서 차출돼 전두환 정권의 이데올로그 역할을 자의반타의반으로 수행했다(한용원, 1993: 410).

전두환 행정부가 최초로 만든 특이한 부서는 체육부였다. 전두환 대통령은 국민을 탈정치화시키기 위해 국민들을 스포츠에 몰두하게 했다. 86아시아게임과 88올림픽을 유치하고 1982년 3월 프로야구단을 출범시켜 국민들을 운동장, 체육관, 그리고 스포츠 중계 TV앞으로 모여들게 했다. 이러한 스포츠 행사를 준비하고 국가 지원 아마추어 스포츠와 프로 스포츠를 육성하기 위해 스포츠를 담당하는 체육부 장관직을 신설했고, 노태우, 이원경, 이영호, 박세직, 이세기, 조상호 등 정권 실세들이 체육부 장관을 역임했다.

경제에는 무식하다고 스스로 자인하면서 경제정책을 실행하는 데 권한위임형 리더십을 발휘함으로써 박정희 말기에 유신체제 붕괴의 구조적 조건을 형성했던 경제위기를 극복하고 경제를 다시 고도 성장의 궤도로 올려놓았다. 군 출신인 전두환 대통령은 정치는 잘 안다고 생각했으나, 경제에는 무식하다고 생각하여 전문가에 일임해 역설적으로 성공했다(임혁백, 2012: 125-126).

경제문제에 관한 한 전두환은 위임형 리더십을 발휘했다. 이는 만기친람형(萬機親覽型)의 박정희 리더십과 대조적이다. 전두환 대통령은 박정희 대통령이 계속해 왔던 국가와 민간부문 간의 '심의적(deliberative)' 국가 운영을 거의 단절시켰다. 월간 경제동향회의를 일 년에 한두 번, 무역진흥회의는 1985년에 3번, 1986～1987년에는 한 번도 개최하지 않았다. 그는 경제문제를 기술관료에 위임함으로써 높은 경제적 업적을 이룰 수 있었다(임혁백, 2012: 125). 전두환은 경제정책에 관여하지 않고 기술관료에 위임했기 때문에 역설적으로 경제정책의 관료적 합리성을 높일 수 있었고, 적어도 경제 분야에서 뛰어난 업적을 이룰 수 있었다. 따라서 5공화국을 단순한 전근대적인 군벌주의(caudillismo)로 부르는 것보다 근대적인 관료적 합리성이 경제정책 분야에 작동하는 신군벌주의(neo-caudillismo)로 명명하는 것이 타당하다.

전두환 정권 초기에 경제정책의 기초를 세우고 방향을 잡은 뛰어난 관료는 김재익 경제수석이다. 전두환 장군은 1980년 9월 서울대 정치학과 출신으로 명문 캘리포니아대학 버클리에서 경제학박사를 받은 김재익을 등용했다. 김재익은 전두환 대통령의 경제 가정교사 역할을 했고 김재익의 능력을 간파한 전두환 대통령은 경제정책에 관한 한 김재익에 일임해 소신대로 정책을 밀고 나갈 수 있게 해주었다. 전두환 대통령은 "경제에 관해서는 당신이 대통령이야"라고 하면서(이장규, 2008), 김재익에게 경제정책 전반에 대한 절대적인 권한을 부여했다. 전두환 대통령의 신임을 받은 김재익은 박정희 말기의 중화학공업 과잉 투자로 발생한 한국 경제의 위기를 타개하기 위해 박정희의 국가주의적 발전모델을 시장순응적 권위주의(market-conforming authoritarianism) 모델로 변형했다. 경제기술관료 김재익은 경제자율화, 시장자유화, 개방화, 안정화 조치를 단행해 뛰는 물가를 잡고 경제를 다시 고도 성장의 궤도로 올려놓았다.[13] 김재익이 1983년 10월 9일 미얀마 랭군의 아웅산 국립묘지에서 북한의 테러에 의한 폭발로 서석준 부총리, 이범석 외무 장관, 김동휘 상공부 장관, 서상철 동자부 장관, 함병춘 대통령비서실장과 함께 순직한 뒤, 전두환의 경제 가정교사는 당시 산업연구원 원장이었던 사공일 박사로 교체됐고, 사공일 박사는 경제수석(1983.10～87.7), 재무부 장관(1987.5～88.2)을 역임하면서 김재익의 자유화, 안정화, 경제자율화, 산업구조 개편정책을 이어받아 지속적으로 추진했다. 김재익과 사공일 외에도 전두환 대통령은 서석준, 신병현, 김만제, 정인용 등 당시 최고의 경제관료를 기용하고 그들에게 경제를 맡겼다.

전두환 대통령은 경제 분야에서는 권한위임형 리더십을 발휘함으로써 박정희 말기부터 심화된 경제위기를 극복했고, 국제수지를 흑자로 돌아서게 했으며, 물가를 안정시켰다. 그리고 군 출신 대통령의 장점을 이용해 국방도 튼튼하게 만들었다. 전두환 정권의 신자유주의적 경제안정화정책은 1983년에 이르면 낮은 인플레이션 하의 고도 성장이라는 결실을 맺을 수 있었다. 전두환 정권은 1980년의 -5.2%의 마이너스 성장을 1981년, 6.6%, 1982년 5.4%의 성장으로 회복시킨데 이어 1983년에는 11.9%의 고도 성장을 이룩할 수 있었으며, 1980년 28.7%에 달했던 인플레를 1983년에는 3.4%로 진정시킬 수 있었다.

1) 국무총리

표 1-1-1 전두환 정부 국무총리

직위	대수	이름	임기
	14대	남덕우(南德祐)	1980년 9월 22일~1982년 1월 3일
	서리	유창순(劉彰順)	1982년 1월 4일~1982년 1월 22일
	15대		1982년 1월 23일~1982년 6월 24일

13) 김재익은 재정건전성을 유지하기 위해 모든 예산을 원점에서 검토하는 제로베이스(zero base) 예산제도를 도입하여 정부지출을 1981년의 GNP 대비 4.7%에서 1984년에는 1.4%로 감소시켰다(김충남, 2006: 371).

국무총리	서리	김상협(金相浹)	1982년 6월 25일~1982년 9월 20일
	16대		1982년 9월 21일~1983년 10월 14일
	서리	진의종(陳懿種)	1983년 10월 15일~1983년 10월 16일
	17대		1983년 10월 17일~1985년 2월 18일
	권한대행	신병현(申秉鉉)	1984년 11월 7일~1985년 2월 18일
	서리	노신영(盧信永)	1985년 2월 19일~1985년 5월 15일
	18대		1985년 5월 16일~1987년 5월 25일
	서리	이한기(李漢基)	1987년 5월 26일~1987년 7월 13일
	서리	김정렬(金貞烈)	1987년 7월 14일~1987년 8월 6일
	19대		1987년 8월 7일~1988년 2월 24일

2) 부총리 겸 경제기획원 장관

표 1-1-2 전두환 정부 부총리 겸 경제기획원 장관

직위	대수	이름	임기
부총리 겸 경제기획원 장관	16대	신병현(申秉鉉)	1980년 9월 2일~1982년 1월 4일
	17대	김준성(金埈成)	1982년 1월 4일~1983년 7월 7일
	18대	서석준(徐錫俊)	1983년 7월 7일~1983년 10월 7일
	19대	신병현(申秉鉉)	1983년 10월 15일~1986년 1월 8일
	20대	김만제(金滿堤)	1986년 1월 8일~1987년 5월 26일
	21대	정인용(鄭寅用)	1987년 5월 26일~1988년 2월 24일

3) 국토통일원 장관

표 1-1-3 전두환 정부 국토통일원 장관

직위	대수	이름	임기
국토통일원 장관	9대	이범석(李範錫)	1980년 9월 2일~1982년 1월 3일
	10대	손재식(孫在植)	1982년 1월 4일~1985년 2월 18일
	11대	이세기(李世基)	1985년 2월 19일~1985년 7월 31일
	12대	박동진(朴東鎭)	1985년 8월 1일~1986년 8월 26일
	13대	허문도(許文道)	1986년 8월 27일~1988년 2월 24일

4) 외무부 장관

표 1-1-4 전두환 정부 외무부 장관

직위	대수	이름	임기
외무부 장관	18대	노신영(盧信永)	1980년 9월 2일~1982년 6월 1일
	19대	이범석(李範錫)	1982년 6월 2일~1983년 10월 9일
	20대	이원경(李源京)	1983년 10월 15일~1986년 8월 26일
	21대	최광수(崔侊洙)	1986년 8월 26일~1988년 12월 5일

5) 내무부 장관

표 1-1-5 전두환 정부 내무부 장관

직위	대수	이름	임기
내무부 장관	40대	서정화(徐廷和)	1980년 9월 2일~1982년 4월 28일
	41대	노태우(盧泰愚)	1982년 4월 28일~1983년 7월 6일
	42대	주영복(周永福)	1983년 7월 6일~1985년 2월 18일
	43대	정석모(鄭石謨)	1985년 2월 18일~1986년 8월 26일
	44대	김종호(金宗鎬)	1986년 8월 26일~1987년 1월 21일
	45대	정호용(鄭鎬溶)	1987년 1월 21일~1987년 5월 26일
	46대	고 건(高 建)	1987년 5월 26일~1987년 7월 14일
	47대	정관용(鄭寬溶)	1987년 7월 14일~1987년 9월 14일
	48대	이상희(李相熙)	1987년 9월 14일~1988년 2월 24일

6) 재무부 장관

표 1-1-6 전두환 정부 재무부 장관

직위	대수	이름	임기
재무부 장관	28대	이승윤(李承潤)	1980년 5월 22일~1982년 1월 4일
	29대	나웅배(羅雄培)	1982년 1월 4일~1982년 6월 24일
	30대	강경식(姜慶植)	1982년 6월 24일~1983년 10월 15일
	31대	김만제(金滿堤)	1983년 10월 15일~1986년 1월 8일
	32대	정인용(鄭寅用)	1986년 1월 8일~1987년 5월 26일
	33대	사공일(司空壹)	1987년 5월 26일~1988년 12월 4일

7) 법무부 장관

표 1-1-7 전두환 정부 법무부 장관

직위	대수	이름	임기
법무부 장관	31대	이종원(李鐘元)	1981년 4월 10일~1982년 5월 20일
	32대	정치근(鄭致根)	1982년 5월 21일~1982년 6월 23일
	33대	배명인(裵命仁)	1982년 6월 24일~1985년 2월 18일
	34대	김석휘(金錫輝)	1985년 2월 19일~1985년 7월 15일
	35대	김성기(金聖基)	1985년 7월 16일~1987년 5월 25일
	36대	정해창(丁海昌)	1987년 5월 26일~1988년 2월 24일

8) 국방부 장관

표 1-1-8 전두환 정부 국방부 장관

직위	대수	이름	임기
국방부 장관	22대	주영복(周永福)	1979년 12월 14일~1982년 5월 21일
	23대	윤성민(尹誠敏)	1982년 5월 21일~1986년 1월 8일
	24대	이기백(李基百)	1986년 1월 8일~1987년 7월 14일
	25대	정호용(鄭鎬溶)	1987년 7월 14일~1988년 2월 25일

9) 문교부 장관

표 1-1-9 전두환 정부 문교부 장관

직위	대수	이름	임기
문교부 장관	25대	이규호(李奎浩)	1980년 5월 22일~1983년 10월 14일
	26대	권이혁(權彛赫)	1983년 10월 15일~1985년 2월 18일
	27대	손제석(孫製錫)	1985년 2월 19일~1987년 7월 13일
	28대	서명원(徐明源)	1987년 7월 14일~1988년 2월 24일

10) 체육부 장관

표 1-1-10 전두환 정부 체육부 장관

<table>
<tr><th>직위</th><th>대수</th><th>이름</th><th>임기</th></tr>
<tr><td rowspan="6">체육부 장관</td><td>초대</td><td>노태우(盧泰愚)</td><td>1982년 3월 20일~1982년 4월 28일</td></tr>
<tr><td>2대</td><td>이원경(李源京)</td><td>1982년 4월 28일~1983년 10월 15일</td></tr>
<tr><td>3대</td><td>이영호(李永鎬)</td><td>1983년 10월 15일~1986년 1월 8일</td></tr>
<tr><td>4대</td><td>박세직(朴世直)</td><td>1986년 1월 8일~1986년 8월 27일</td></tr>
<tr><td>5대</td><td>이세기(李世基)</td><td>1986년 8월 27일~1987년 7월 14일</td></tr>
<tr><td>6대</td><td>조상호(曺相鎬)</td><td>1987년 7월 14일~1988년 12월 4일</td></tr>
</table>

11) 농림수산부 장관

표 1-1-11 전두환 정부 농림수산부 장관

<table>
<tr><th>직위</th><th>대수</th><th>이름</th><th>임기</th></tr>
<tr><td rowspan="3">농수산부 장관</td><td>35대</td><td>고 건(高 建)</td><td>1981년 3월 10일~1982년 5월 20일</td></tr>
<tr><td>36대</td><td>박종문(朴鍾汶)</td><td>1982년 5월 21일~1985년 2월 15일</td></tr>
<tr><td rowspan="2">37대</td><td rowspan="2">황인성(黃寅性)</td><td>1985년 2월 19일~1986년 12월 31일</td></tr>
<tr><td rowspan="2">농림수산부 장관</td><td>1987년 1월 1일~1987년 5월 18일</td></tr>
<tr><td>38대</td><td>김주호(金周浩)</td><td>1987년 5월 19일~1988년 2월 24일</td></tr>
</table>

12) 상공부 장관

표 1-1-12 전두환 정부 상공부 장관

<table>
<tr><th>직위</th><th>대수</th><th>이름</th><th>임기</th></tr>
<tr><td rowspan="4">상공부 장관</td><td>29대</td><td>서석준(徐錫俊)</td><td>1980년 9월 2일~1982년 5월 21일</td></tr>
<tr><td>30대</td><td>김동휘(金東輝)</td><td>1982년 5월 21일~1983년 10월 9일</td></tr>
<tr><td>31대</td><td>금진호(琴震鎬)</td><td>1983년 10월 15일~1986년 8월 27일</td></tr>
<tr><td>32대</td><td>나웅배(羅雄培)</td><td>1986년 8월 27일~1988년 2월 25일</td></tr>
</table>

13) 동력자원부 장관

표 1-1-13 전두환 정부 동력자원부 장관

직위	대수	이름	임기
동력자원부 장관	4대	박봉환(朴鳳煥)	1980년 9월 2일~1982년 1월 3일
	5대	이선기(李宣基)	1982년 1월 4일~1982년 6월 23일
	6대	서상철(徐相喆)	1982년 6월 24일~1983년 10월 9일
	7대	최동규(崔東奎)	1983년 10월 15일~1986년 1월 7일
	8대	최창락(崔昌洛)	1986년 1월 8일~1988년 2월 24일

14) 건설부 장관

표 1-1-14 전두환 정부 건설부 장관

직위	대수	이름	임기
건설부 장관	15대	김주남(金周南)	1980년 9월 2일~1982년 1월 4일
	16대	김종호(金宗鎬)	1982년 1월 4일~1983년 10월 15일
	17대	김성배(金聖培)	1983년 10월 15일~1986년 1월 8일
	18대	이규효(李圭孝)	1986년 1월 8일~1987년 12월 15일
	19대	최동섭(崔同燮)	1987년 12월 15일~1988년 12월 5일

15) 보건사회부 장관

표 1-1-15 전두환 정부 보건사회부 장관

직위	대수	이름	임기
보건사회부 장관	19대	천명기(千命基)	1980년 9월 2일~1982년 5월 21일
	20대	김정례(金正禮)	1982년 5월 21일~1985년 2월 19일
	21대	이해원(李海元)	1985년 2월 19일~1988년 2월 25일

16) 노동부 장관

표 1-1-16 전두환 정부 노동부 장관

직위	대수	이름	임기
노동부 장관	초대	권중동(權重東)	1981년 4월 8일~1982년 5월 21일
	2대	정한주(鄭漢株)	1982년 5월 21일~1985년 2월 19일
	3대	조철권(趙澈權)	1985년 2월 19일~1986년 8월 27일
	4대	이헌기(李憲琦)	1986년 8월 27일~1988년 2월 24일

17) 교통부 장관

표 1-1-17 전두환 정부 교통부 장관

직위	대수	이름	임기
교통부 장관	28대	윤자중(尹子重)	1981년 3월 10일~1982년 5월 21일
	29대	이희성(李熺性)	1982년 5월 21일~1983년 10월 15일
	30대	손수익(孫守益)	1983년 10월 15일~1986년 8월 27일
	31대	차규헌(車圭憲)	1986년 8월 27일~1988년 2월 24일

18) 체신부 장관

표 1-1-18 전두환 정부 체신부 장관

직위	대수	이름	임기
체신부 장관	31대	최광수(崔侊洙)	1981년 3월 10일~1982년 5월 20일
	32대	최순달(崔順達)	1982년 5월 21일~1983년 10월 14일
	33대	김성진(金聖鎭)	1983년 10월 15일~1985년 2월 18일
	34대	이자헌(李慈憲)	1985년 2월 19일~1986년 8월 26일
	35대	이대순(李大淳)	1986년 8월 27일~1987년 7월 13일
	36대	오 명(吳 明)	1987년 7월 14일~1988년 12월 4일

19) 문화공보부 장관

표 1-1-19 전두환 정부 문화공보부 장관

직위	대수	이름	임기
문화공보부 장관	13대	이광표(李光杓)	1980년 5월 22일~1982년 5월 20일
	14대	이진희(李振羲)	1982년 5월 21일~1985년 2월 18일
	권한대행	허문도(許文道)	1983년 5월 4일~1983년 5월 20일
	15대	이원홍(李元洪)	1985년 2월 19일~1986년 8월 26일
	16대	이웅희(李雄熙)	1986년 8월 27일~1988년 2월 24일

20) 총무처 장관

표 1-1-20 전두환 정부 총무처 장관

직위	대수	이름	임기
총무처 장관	17대	김용휴(金容烋)	1979년 12월 14일~1982년 5월 20일
	18대	박찬긍(朴贊兢)	1982년 5월 21일~1985년 2월 18일
	19대	박세직(朴世直)	1985년 2월 19일~1986년 1월 7일
	20대	정관용(鄭寬溶)	1986년 1월 8일~1987년 7월 13일
	21대	장기오(張基梧)	1987년 7월 14일~1988년 2월 24일

21) 과학기술처 장관

표 1-1-21 전두환 정부 과학기술처 장관

직위	대수	이름	임기
과학기술처 장관	5대	이정오(李正五)	1980년 9월 1일~1985년 2월 18일
	6대	김성진(金聖鎭)	1985년 2월 19일~1986년 1월 7일
	7대	전학제(全學濟)	1986년 1월 8일~1986년 8월 26일
	8대	이태섭(李台燮)	1986년 8월 27일~1987년 7월 13일
	9대	박긍식(朴肯植)	1987년 7월 14일~1988년 2월 24일

제4절 정부조직 체계

제5공화국의 정부조직 체계는 대체로 유신체제 하의 정부조직 체계를 유지했으나 몇 가지 변화가 있었다. 환경문제에 관한 점증하는 행정 수요에 대응하기 위해 환경청을 보건사회부 외청으로 신설했고, 1981년 4월에는 노동청을 노동부로 승격시켰다. 1980년 8월에는 김재익 수석이 추진하는 중화학공업 구조조정의 일환으로 상공부와 유사 기능을 수행하던 중화학공업추진위원회를 폐지했다. 10월에는 사회정화작업이라는 명목으로 사회악을 일소할 뿐 아니라 정권 반대 또는 저항 세력을 억압하기 위한 '억압적 국가기구(repressive state apparatus)'로 사회정와위원회를 신설해 5공 출범 이전에 국보위가 담당하던 기능을 이어받게 했다. 전술한 바와 같이 1982년에는 86아시안게임과

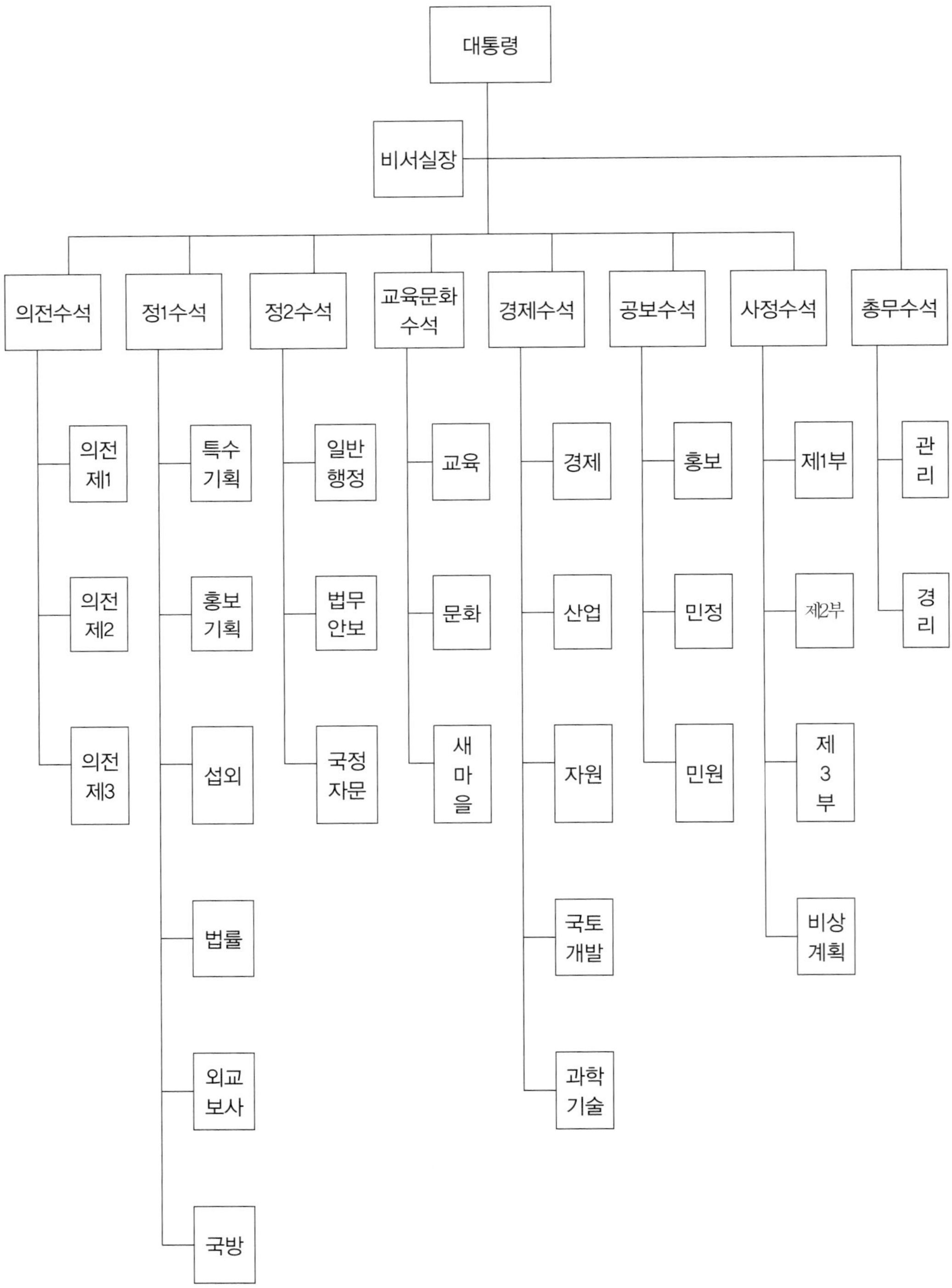

그림 1-1-1 제5공화국 대통령비서실

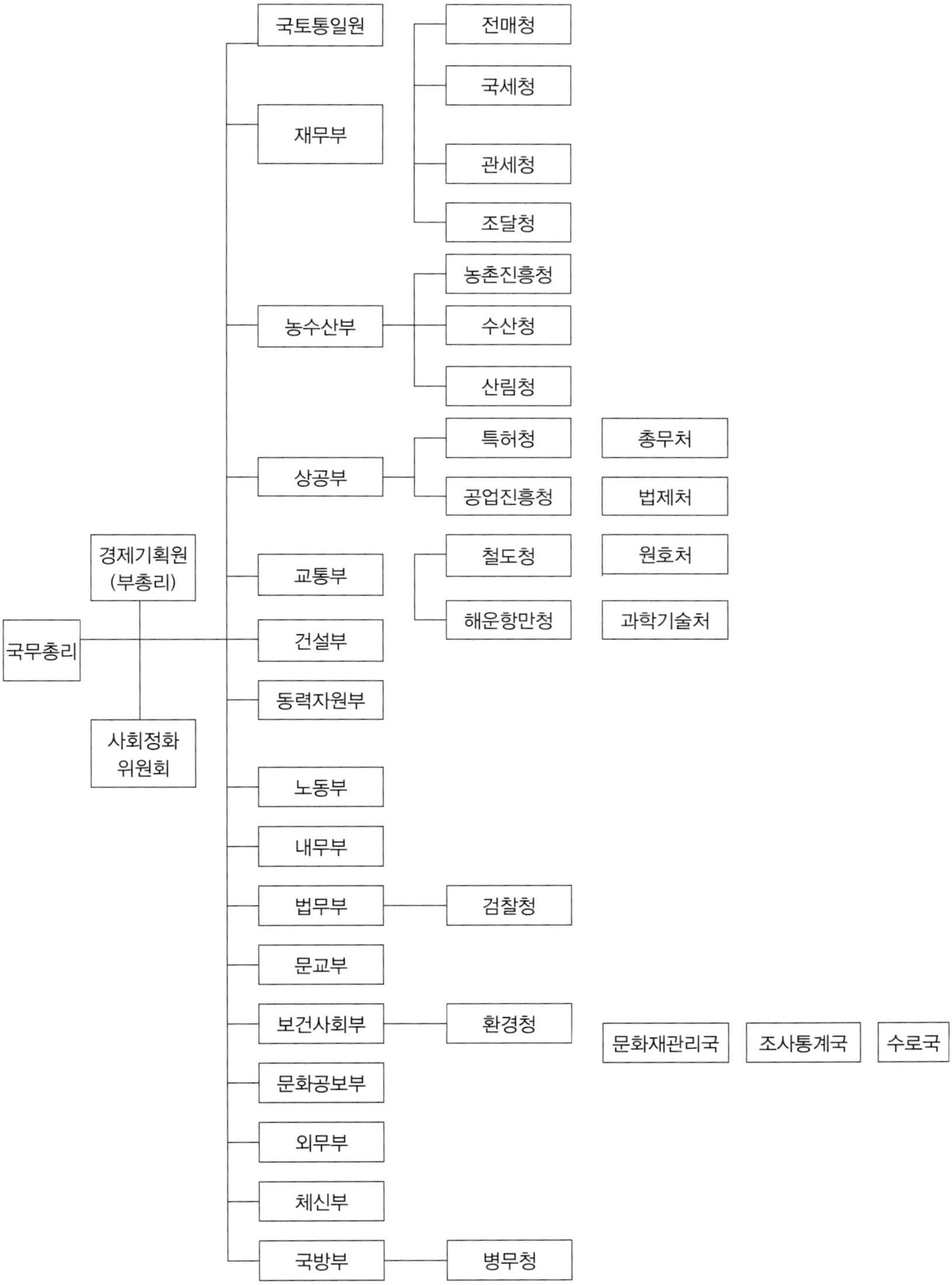

그림 1-1-2 제5공화국 정부조직 체계

88서울올림픽 준비와 프로 스포츠 육성, 스포츠 산업 개발을 위해 체육부를 신설했다.

정부조직에서 제5공화국이 달성한 긍정적 실적은 박정희의 개발연대에 지속적으로 팽창해 왔던 정부 조직을 처음으로 축소함으로써 행정조직의 확대일변도 경향을 중단시켰다는 것이다. 전두환 정부는 1981년 10월 15일 행정개혁을 단행해 중앙행정기관의 하위조직을 대국대과(大局大課)의 원칙에 따라 통합·조정했고, 중복되는 기능을 통폐합했다. 그에 따라 인원의 감축 및 직급의 하향 조정이 이뤄져, 그간 줄곧 증가돼 오던 공무원 수가 처음으로 감소하게 됐다(대한민국 정부, 2008년도 정부조직개편 백서). 행정구조 개혁을 통해 4급(중앙부처 과장급) 이상의 중고위직 530여 개를 없앴고, 3개 청(廳), 41개 국(局), 135개 과(課)를 없앴다(김충남, 2006: 353).

전두환 정부의 작은 정부를 지향하는 행정개혁은 김재익 수석이 추진한 제로베이스 예산제도와 맞물려 시너지 효과를 내면서 정부에 의한 낭비를 줄이고, 예산의 효과적 배정과 정부 사업의 효율성을 높일 수 있었다.

제5절 입법부 및 사법부와의 관계

1. 입법부와의 관계

군벌주의 독재는 기본적으로 자유 민주주의의 기본적 특징인 권력 간의 견제와 균형을 허용하지 않으며 권력을 독점하고, 사유화하려 하며, 세습하려 하는 가산주의(patrimonialism) 독재의 특징을 보여준다는 것이다. 가산주의 독재 하에서 발견되는 의회와 사법부의 가신화와 시녀화, 친인척주의(nepotism), 가족주의, 연고주의, 세습주의가 군벌주의 독재인 전두환 정권 하에서 만연했다.

전두환 군벌독재는 먼저 의회를 자신의 시녀이자 충성스러운 가신으로 만들려 했다. 그는 광주민주화운동에서 5공화국 출범으로 가는 과도기에 기존의 정당을 해산하고 여당과 야당의 구별이 없는 충성스러운 1, 2, 3 중대 정당을 급조했다. 전두환은 계엄 하에서 정당을 해산하고 국회를 폐쇄시켰으며, 1980년 10월 28일 국가보위입법회의를 발족시켜 국회 기능을 대체하게 했다. 국보위 입법회의를 통해 국가보안법, 정당법, 선거법, 집시법, 언론기본법, 사회보호법, 국회법 등 215개의 법률을 개정 또는 제정했고, 정치풍토쇄신법, 정치정화법을 제정해 567명의 정치인의 정치활동을 금지했고, 사회안전법을 제정해 정권 도전 세력을 억압할 수 있는 법적 장치를 마련했다(김호진, 1994: 99).

이러한 사전 정지작업을 거친 끝에 보안사 주도로 구 정치인, 정치적 군장교 출신, 신진 정치인을 모아 집권 여당인 민주정의당(민정당)을 1981년 1월 15일 창당했고, 뒤이어 2중대인 민주한국당(민한당)과 한국국민당이 창당돼 전두환의 '충성스러운 야당'이 돼주었다. 헨더슨(Gregory Henderson)은 "이런 인위적인 정당 창조는 세계 여러 나라의 정치사를 훑어보아도 그 규모 면에서 유일무이한 것"이라고 한탄했다(헨더슨, 이종삼·박해웅 역, 2013: 366). 이렇게 정권에 의해 만들어진 정당구도 하에서 치러진 1981년 11대 총선에서 집권 민주당은 재적 의석(276석)의 54.7%인 151석을 획득해 무소불위로 법안과 예산을 정권이 원하는 대로 처리해주었다. 의회 권력은 명목뿐이었고 의회 전체가 전두환과 5공 행정부의 시녀가 됐다.

5공화국 하에서 의회가 대통령과 행정부를 견제하는 본래의 역할을 수행하지 못하고 정권의 시녀가 됨으로써 군벌주의 독재에 내재한 다양한 부정부패, 권력의 사유화와 독점 현상이 나타났다.[14] 군벌주의 하에서 부정부패는 권력의 사유화와 친인척주의와 밀접한 연관 관계를 갖고 있다. 1982년 5월에 일어난 장영자 금융비리 사건, 명성사건, 영동개발진흥사건, 새마을비리, 심장재단, 일해재단 비리 사건 등은 전두환 대통령 본인, 영부인, 동생, 친인척과 직접 관련된 부정부패사건이었다. 전두환의 동생 전경환은 유신체제 하에서 관 주도로 진행됐던 새마을운동이 민간 주도로 바뀌면서 사실상 새마을운동의 최고지도자로 군림하면서 각종 비리와 부정을 저질렀다. 새마을운동은 본부 직원 1,700명에 전국 회원 1,000만 명에 이르는 거대한 관료조직이 됐고, 예산도 1984년 795억 200만 원으로 당시 국토통일원 예산 56억 원의 15배를 쓰는 거대 조직이 됐는데, 전경환은 이 거대한 조직 예산을 정부 또는 지방자치단체로부터의 기증이라는 명목의 국민세금, 기업체들로부터의 정경유착 또는 반강제성의 성금, 그리고 '새마을 국민성금'이라는 명목으로 국민들로부터 반강제적으로 징수한 성금으로 구성돼 있었다(이효선, 1994: 155-156). 전두환 정권 하에서 새마을운동은 반관반민의 '약탈국가(predatory state)' 조직이었고, 친인척 비리, 이권개입 정치, 정경유착, 권력의 사유화 정치의 온상이었다.

14) 5공화국 하에서 공권력에 의해 직접 자행된 부정부패와 비리는 기본적으로 독립된 의회 권력에 의한 대통령과 행정부의 견제의 부재에 기인하지만 상당 부분은 언론통폐합과 언론정화를 통해 독립된 언론인들을 축출하고 자율적인 언론기관들을 무력화시켜 철저히 정권에 순종하고 복종하는 언론으로 순치시킨 언론통제정책에도 기인한다(이효선, 1994: 151-152).

2. 사법부의 시녀화와 인권의 사각지대화

제5공화국 하에서 한국의 사법부는 부끄러운 세월을 보내야 했다. 사법부는 인권 보장의 최후 보루다. 한국 역사상 최악의 인권 침해, 인권 파괴 정권으로 전 세계가 인정하는 5공화국 하에서 사법부는 1980년의 광주에서의 계엄군에 의해 폭력적으로 체포된 시민들을 폭도라고 판결하는 데 동조했고, 5공화국의 군벌정권을 세우기 위해 초헌법적으로 제정된 국민의 자유와 인권을 제약하고 억압하는 악법들을 실정법이라는 미명하에 5공의 폭압정권에 저항하는 시민과 학생들에 적용하여 대량의 양심수를 양산했다(김일수, 1994: 264-265).

전두환 정권은 5공화국을 출범시키기 전 계엄 하에서 국회를 해산하고 국가보위입법회의 같은 초헌법적 기구를 통해 개정 국가보안법, 사회보호법, 개정 집시법, 언론기본법, 정치풍토쇄신법, 안기부법 등 전두환 집권 세력의 유지 강화를 목적으로 하는 반민주적 반법치국가적 악법을 제정했다. 5공화국의 사법부는 이러한 실정법적 불법과 악법에 저항하는 용기와 양심을 표현하기는커녕 오히려 실정법적 불법을 법으로 적용했고, 전두환 정권의 안보를 위해 법률을 편의, 편파적으로 왜곡, 적용함으로써 법의 이름을 빌린 국가 폭력을 재판이라는 요식행위를 통해 합리화·공식화시키는 부끄러운 역할을 담당했다(김일수, 1994: 365).

국민들은 5공화국의 사법부를 악법의 수호자, 권력의 시녀로 보았다. 고문에 의한 자백을 근거로 유죄를 인정함으로써 고문을 방조했고, 대량 구속을 야기하는 영장을 남발해 인권의 탄압기구라는 오명을 쓰게 됐다. 김근태 사건, 서노련 사건, 부천서 성고문 사건, 건대 사건 등에서 사법부는 고문에 의한 자백을 근거로 유죄 판결을 내려 정권의 인권 탄압에 공조했다. 5공화국 하의 사법부는 인권의 최후 보루가 아니라 군벌독재의 동조자로서 독재와 인권 탄압을 정당화하는 전두환 체제 유지의 최후 보루로 전락함으로써 국민들로부터 신뢰를 상실하고 많은 재판 거부사태를 불러일으켰다(김일수, 1994: 266).

참고 문헌

孔子. 論語. 顔淵 篇.
광주광역시 5·18사료편찬위원회(1997). 5·18광주민중항쟁. 광주: 도서출판 고령.
김병국(2005). 추천의 글, 김형아 편, 유신과 중화학공업화: 박정희의 양날의 선택. 서울: 일조각.

김용철 (2001). 광주항쟁과 한국정치의 민주화: 탈군부정치의 역사결정적 국면의 원천으로서 광주항쟁. 민주주의와 인권, 1(1): 211-255.

김일수 (1994). 5공의 인권과 사법부, 동아일보사 편, 5공평가 대토론: 현대사를 어떻게 볼 것인가 6. 서울: 동아일보사.

김충남 (2006). 대통령과 국가경영: 이승만에서 김대중까지. 서울대학교출판부.

김형아 (2005). 유신과 중화학공업화: 박정희의 양날의 선택. 서울: 일조각.

김호진 (1994). 제5공화국의 정권적 성격, 동아일보사 편, 5공평가 대토론: 현대사를 어떻게 볼 것인가 6. 서울: 동아일보사.

______(2006). 대통령과 리더십. 서울: 청림출판.

대한민국 정부 (2009). 2008년도 정부조직개편 백서.

박현채 (1990). 80년대 민족민중운동에서 5·18 광주민중항쟁의 의의와 역할. 역사와 현장 1(5월): 40-57.

서중석 (2007). 한국현대사 60년. 서울: 역사비평사.

이장규 (2008). 경제는 당신이 대통령이야: 전두환시대 경제비사. 서울: 올림.

이효선 (1994). 5공 비리의 그 구조적 특성, 동아일보사 편, 5공평가 대토론: 현대사를 어떻게 볼 것인가 6. 서울: 동아일보사.

임혁백 (1994). 한국에서의 민주화 과정분석, 시장, 국가, 민주주의. 서울: 나남.

______(2012). 대선 2012: 어떤 리더십이 선택될 것인가. 서울: 인텔리겐찌아.

전남사회문제연구소 편 (1988). 5·18광주민중항쟁 자료집. 광주: 도서출판 광주.

전남사회운동협의회 편 (1985). 죽음을 넘어 시대의 어둠을 넘어: 광주5월민중항쟁의 기록. 서울: 풀빛.

정윤재 (2012). 정치리더십과 한국민주주의: 한국 대통령 리더십 연구. 서울: 나남.

최장집 (1989). 군부권위주의 체제의 내부모순과 변화의 동학, 1972~1986, 한국현대정치의 구조와 변화. 서울: 까치.

최정운 (1999). 오월의 사회과학. 서울: 풀빛.

한국현대사 사료연구소 (1996). 5·18, 그 삶과 죽음의 기록. 서울: 풀빛.

한국현대사 사료연구회 편 (1990). 광주오월민중항쟁사료전집. 서울: 풀빛.

한용원 (1993). 한국의 군부정치. 서울: 대왕사.

헨더슨, 그레고리(이종삼·박해웅 역) (2013). 소용돌이의 한국정치. 파주: 한울.

Alves, Melena Moreira (1985). *State and Opposition in Military Brazil*. Austin: University of Texas Press.

Bloch, Ernst & Mark Ritter (1977). Nonsyncronism and the Obligation of Its Dialectics, *New German Critique*, 11: 22-38.

Chehabi, H. E. & Juan J. Linz (1998). *Sultanistic Regimes*. Baltimore: Johns Hopkins University Press.

Hermet, Guy, Richard Rose, & Alain Rouquie eds.(1978). *Elections without Choice*. London: MacMillan.

Lamounier, Bolivar (1984). Will the Brazilian Case Become a Paradigm? *Government and Opposition*, 19(2): 167-177.

______ (1989). Authoritarian Brazil Revisited: The Impact of Elections on the Abertura, in Alfred Stepan (ed.), *Democratizing Brazil: Problems of Transition and Consolidation*. Oxford: Oxford University Press.

Linz, Juan (1975). Authoritarianism and Totalitarianism, *Handbook of Political Science*, Vol 3. Reading. Mass.: Addison-Wesley Pub. Co.

______(2000). *Totalitarian and Authoritarian Regimes*. London: Lynne Rienner.

Machiavelli, Niccoló (1977). trans. and ed. by Robert M. Adams, *The Prince*. New York: W.W. Norton.

Marx, Karl (1963/1852). *Eighteenth Brumaire of Louis Bonaparte*. New York: International Publishers.

Stepan, Alfred (1987). *Rethinking Military Politics*. Princeton: Princeton University Press.

Stern, Fritz (1966). *The Path to Dictatorship: 1918-1933*. New York: Anchor Books.

Tilly, Charles (1985). War Making and State Making as Organized Crime, in Peter Evans, Dietrich Rueschemeyer, Theda Skocpol (eds.), *Bringing the State Back In*. Cambridge: University of Cambridge Press.

제2장

전두환 정부 국정운영의 목표 및 방향

권용수
건국대학교

제1절 국정운영의 비전 및 목표

제5공화국은 전두환 대통령의 제11대 및 제12대 대통령 재임 기간인 1980년 9월 1일부터 1988년 2월 24일까지의 기간으로 본다. 1979년 10 · 26사건으로 대통령이 유고되고 정부 핵심부의 공백 상태가 초래됐다. 이에, 10 · 26사건의 수사를 위해 설치된 합동수사본부의 본부장이었던 전두환 보안사령관과 그의 추종 세력들은 12월 12일에 군부 내 주도권과 정치적 실권을 장악하기 위해 하극상의 군사 쿠데타적 사태를 일으켰다. 당시 최규하 정부는 전국적으로 확산되고 있는 정치 · 사회 혼란을 적절하게 수습하고 국정 안정을 확보할 능력을 발휘하지 못했다. 그러한 상황 속에서 1980년 5월 17일에 군부의 압력 하에 개최된 국무회의에서 참석자들은 계엄령 전국 확대, 야당 지도자와 과격분자의 체포, 국회 폐쇄 등의 조치들을 포함하는 소위 5 · 17비상조치를 결의했다(한배호, 2005: 12). 이 시기에는 권력을 찬탈한 군부세력에게 특별한 정치적 경쟁자가 없었으며, 뚜렷한 국정운영의 비전이나 목표가 제시되지 않았다. 1980년 5 · 17조치 이후에 군부세력은 '국가보위비상대책위원회'를 설치했으며, 통일주체국민회의의 간접선거를 통해 제11대 전두환 대통령을 선출했다. 그 후 전두환은 1981년 2월 25일에 신헌법을 통해 구성된 새로운 대통령선거인단에 의해 제12대 대통령으로 재선출됐다.

제5공화국의 국정운영의 목표와 방향은 1980년 9월 2일의 제11대 전두환 대통령 취임사에서 구체적으로 제시됐다. 전두환 대통령은 취임사에서 민주주의의 토착화, 복지사회의 건설, 정의사회의 구현, 교육혁신과 문화 창달의 4대 국정지표를 제시했다. 제5공화국 전두환 정부가 제시한 4대 국정지표를 구체적으로 살펴보면 다음과 같다.

첫째, 전두환 정부는 민주주의의 토착화를 첫 번째 국정지표로 제시했다. 민주주의의 토착화를 제시함에 있어서 민주주의는 개인의 자유와 국가의 존립 그리고 안보에 바탕을 두고 능률적인 헌법의 도입, 부정·부조리·음모·분파주의·비합리성·선동을 극복하는 정치풍토의 개선, 그리고 평화적인 정권 교체를 통해 이룩할 수 있다는 점을 강조했다. 또한, 민주사회에 이르는 기초로서 전 시민의 공공도덕성을 강조했다(홍득표, 1993: 133). 이러한 국정지표는 정권 수립 과정에서의 정당성·도덕성의 한계를 민주주의의 토착화라는 논리로 국민들을 설득·통제하고자 한 것으로 평가되고 있다. 특히, 전두환 정부의 '민주주의 토착화' 개념은 개인의 자유와 인권이 우선되기보다는 국가의 안보와 안정을 우선시해 국가에 대한 국민들의 순응을 요구하고 있다는 점에서 반민주적인 국정지표로 평가되기도 했다.

둘째, 전두환 정부가 제시한 '복지사회의 건설' 국정지표는 이전의 박정희 정부의 성장 주도형 국가발전정책과의 차별성을 보여준다. 박정희 정부는 수출 주도적인 산업화 정책과 고도 성장 원칙에 바탕을 둔 발전 지향적 국가 발전에 집중했다. 그러나 박정희 정부는 국민복지·문화에 대한 정책 노력은 등외시함으로써 국민들의 균형적 삶을 제고하는 데는 한계가 있었다. 반면에, 전두환 정부는 민간 주도의 시장경제 원리 확대와 물가 안정에 기반을 둔 안정적인 경제 성장을 도모하는 동시에 국민생활의 보편적 안정과, 범국민들을 대상으로 한 복지·문화에 대한 정책적 노력을 기울였다. 전두환 정부에 들어서서 '문화복지'의 개념이 본격적으로 적용된 것이 대표적인 사례다.

셋째, 정의사회의 건설은 국민 상호 간의 신뢰를 형성하고 공무원의 부정부패를 척결하는 데 초점을 두었다. 이는 1970년대 경제 성장과 장기독재 체제를 거치면서 만들어진 국민들 간의 정치·사회·경제적 격차를 제거하고자 하는 의지를 보여준 것이다. 하지만, 다른 한편으로 제5공화국 출범 과정에서 보여준 정권의 비정통성과 비도덕성은 전두환 정부 집권 기간 내내 정부의 정통성에 대한 불신과 민주화 의지가 확산됐다. 이에 전두환 정부는 정권에 대한 국민 불신을 해소하는 동시에 재야 세력을 포함한 민주화 세력에 대한 통제를 강화하기 위한 수단으로 '정의사회의 건설'이라는 국정지표를 통해 사회질서를 유지하고자 했다. 대표적인 사례는 사회정화위원회의 설치 · 운영이다. 사회정화위원회는 사회악을 일소한다는 명분 아래 공직자의 기강 확립, 사회 기강 확립을 위한 폭력을 비롯한 유해환경 척결, 범국민적 질서확립운동 등을 전개했다. 전두환 정부가 사회질서를 확립하고자 하는 통제 방식을 통해 국민들의 일체감 형성 및 국정지도력 확보를 도모하려는 의지를 반영한 것으로 이해할 수 있다.

넷째, 교육개혁과 문화의 창달은 국민들의 자유로운 문화생활 및 인재 양성을 도모하는 데 초점을 두었다. 이와 관련해, 교육개혁의 일환으로 대학 입학시험의 폐지, 교복 · 두발 자유화, 과외 금지 등을 시행했으며, 문화정책 분야에서는 국민들의 문화활동 확대 및 문화 창달을 위한 컬러TV방송 개시, 야간 통행 금지의 폐지, 스포츠 육성, 예술의 전당 건립 등을 적극적으로 시행했다. 교육개혁정책은 그동안 획일적이고 통제 중심의 교육 방식에서 청소년들의 자유로운 교육활동을 확대하고자 하는 데 의의가 있었다. 문화정책 분야에서는 야간 통행 금지의 해제를 통해 국민들의 야간활동 자유가 확대되면서 다양한 문화매체의 발달을 유도했다. 문화예술활동의 장을 확대하고자 예술의 전당 건립을 포함한 다양한 시설의 확충과 지원 프로그램들을 추진했다. 또한, 86 아시안게임과 88 올림픽 유치와 더불어 프로야구 시대의 개막 등을 통해 우리나라 스포츠 분야의 본격적인 활성화를 추진했다.

한배호(2005)는 제11대 전두환 대통령의 취임사에서 제시된 국정운영의 목표를 정치, 경제, 사회복지, 통일, 외교 · 국제관계, 국방 · 안보 등으로 구분해 〈표 1-2-1〉과 같이 제시했다. 먼저, 정치 목표로는 민주주의의 성장 기간 강화, 공정한 자유경쟁을 통한 선거 실시, 정치풍토의 개선과 세대 교체, 정치 운영의 능률적 제도장치 마련, 책임정치의 구현, 평화적 정권 교체의 확립을 주요 내용으로 제시했다. 그러나 전두환 정부 기간 동안에 추진된 정치풍토의 개선과 세대 교체, 정치 운영의 능률적 제도 장치 마련 등은 정치적 혼란을 해소하는 동시에 전두환 정부의 집권력을 높이는 수단으로 활용됐다는 점에서 상당한 비판을 받았다. 또한, 평화적 정권 교체에 대한 전두환 정부의 의지에 대한 국민 불신이 확산되고 민주화운동이 가속화되는 결과를 가져왔다.

경제 목표로는 자유경쟁 하의 고도 경제 발전, 노동조건의 향상, 수출 진흥 및 금융질서 확립, 물가 안정 및 민생 안정, 기업활동의 보장, 외국인의 국내 경제활동 적극 유치 등을 주요 내용으로 포함했다. 전두환 정부의 경제자유화, 금융질서 개편과 외국 자본의

표 1-2-1 11대 전두환 대통령 취임사에 나타난 국정운영 목표

영역	취임사 세부 내용
정치 목표	민주주의의 성장 기반 강화
	공정한 자유경쟁을 통한 선거 실시
	정치풍토의 개선, 세대 교체
	정치 운영의 능률적 제도장치 마련
	책임정치 구현
	평화적 정권 교체 확립
경제 목표	자유경쟁 하의 고도 경제 발전
	노동조건의 향상
	수출 진흥, 금융질서 확립
	물가 안정, 민생 안정
	기업활동의 보장
	외국인의 국내 경제활동 적극 유치
사회복지 목표	민주시민으로서 윤리관 정립
	정의사회 구현
	민주 전통과 문화 배경에 합치된 사회
	부강한 복지국가 건설
	민주복지국가 건설
	고용 기회의 확대
	정직, 질서, 창조의 생활화 교육
	교육혁신
	대학의 연구자유 최대 보장
통일 목표	남북대화 추진
	평화적 방법에 의한 통일 달성
외교 국제 관계 목표	개방 체제 유지
	우방들과 긴밀한 우호 협력
국방안보 목표	북한 공산당 집단의 침략에 대비
	자주국방 강화
	대학인들의 안보 파괴행위 불허
	투철한 안보의식 확립

자료: 한배호(2005: 313).

적극적 유치, 물가 안정 정책 등은 박정희 정부 말기에 초래된 국제유가 급등을 비롯한 대외 경제 여건의 악화를 극복하고 안정적인 경제 성장을 유지하기 위한 적극적 정책 추진으로 평가되고 있다. 그러나 경제 안정을 추진하는 과정에서 노동임금 인상의 억제, 노동법의 개정을 통한 노동계통제 강화 등을 추진함으로써 노동조건의 향상에 대한 정부의 정책 의지에 대해서는 부정적인 평가가 제시되고 있다.

사회복지 목표로는 민주시민으로서의 윤리관 정립, 정의사회 구현, 민주 전통과 문화 배경에 합치된 사회, 부강한 복지국가 건설, 민주복지국가 건설, 고용 기회의 확대, 정직・질서・창조의 생활화 교육, 교육혁신, 대학의 연구자유 최대 보장 등을 주요 내용으로 포함했다. 전두환 정부는 사회・복지・문화 분야에서 이전의 박정희 정부와는 차별화되는 정책 내용들을 적극적으로 제시한 점이 두드러진다. 그러나 전두환 정부가 추진한 여러 사회정책은 정권 유지를 위한 수단으로 활용됐다는 점과 복지정책의 대부분이 경제 안정에 우선순위가 밀려 구체적으로 실현되지 못한 것으로 평가받고 있다.

통일 목표로는 남북대화의 추진과 평화적 통일을 주요 내용을 담았다. 전두환 정부는 출범 초기부터 남북한 정상회담의 개최 의지를 표명했으며, 민족화합민주통일방안을 구체적으로 제시하는 등 남북관계 개선을 위한 정책적 노력을 보여주었으며, 1985년부터는 88서울올림픽에서의 남북한 단일팀 구성을 위한 회담을 진행하기 시작했다. 아울러, 전두환 정부는 동맹국과의 협력 강화 및 전력증강계획을 통해 대북한 군사억제력의 강화도 동시에 추진했다. 전두환 정부 기간은 온 국민의 분노를 가져온 북한의 테러들이 발생했다는 점에서 남국한 간의 대결 국면이라고 볼 수 있다. 주요 사례로는, 1983년 미얀마 랑군 폭탄테러를 통해 남한의 주요 각료들이 희생됐으며, 1987년 대한항공 858편 폭파사건으로 인해 수많은 민간인이 희생되는 아픔을 겪었다.

외교・국제관계 목표로는 개방 체제의 유지와 우방과의 긴밀한 우호협력 강화를 주요 내용으로 설정했다. 전두환 정부는 박정희 정부 말기에 다소 약화된 한미관계를 우호적인 협력 관계로 회복하는 데 중점을 두었다. 전두환 정부는 전통적인 협력 관계에 있던 미국, 일본, 서독 등의 우방국가들과 관계 증진을 통해 지역안보 여건 개선 및 경제 성장을 지속하고자 했다. 전두환 정부의 적극적인 우방외교는 정권 출범 과정에서의 비정당성・비도덕성을 대외적으로 극복하고자 하는 노력으로 평가되기도 한다. 전두환 정부는 중동국가들과 사회주의국가들과의 관계 개선을 적극적으로 도모했다. 이러한 적극적 대외정책은 대외경제권의 확대와 국가 위상 제고에 기여한 것으로 평가받고 있다.

국방・안보 목표는 북한공산당 집단의 침략에 대비, 자주국방 강화, 대학인들의 안보파괴행위 불허, 투철한 안보의식 확립을 주요 내용으로 하고 있다. 특히, 자주국방을 강화하는 노력으로 전력증강계획을 수립·추진하는 동시에 국민 안보의식 확립을 위한 범정부적 교육·홍보를 강화했다(정정길, 1994: 55-63). 또한, 전두환 정부는 대학생·종교인·재야 세력의 대북 교류 및 통일 활동을 안보 파괴행위로 간주해 일체의 대북 교류활동을 불허했다. 이러한 점에서 전두환 정부는 북한에 대한 강력한 국민안보의식을 토대로 정권의 정체성·안정성 확립을 도모했으며, 대외적으로 남북대화를 포함한 남북관계 개선 방안을 제시함으로써 통일외교에 대한 정당성 확보를 도모한 것으로 볼 수 있다.

제2절 국정기조 및 국정과제

1. 국정기조

제5공화국 전두환 정부는 2000년대를 지향하는 기본 이념으로 민주, 복지, 정의의 구현을 제시했으며, 이를 위해 인간적 가치의 추구, 창조적 삶과 배분적 정의의 실현, 자유로운 인격화의 실현 등을 주요 국정운영 방향으로 제시했다(현대사회연구소, 1986: 5). 전두환 정부는 이를 위한 구체적인 국정과제들로 경제 안정 및 경제자유화, 행정 개선, 사회악 정화, 안보외교 강화, 문화·복지정책 확대 등의 국정과제들을 추진했다. 이러한 국정기조는 경제적 측면에서의 국가경제의 안정적 성장, 사회적 측면에서는 사회질서의 유지 및 시민윤리의 확립을, 정치적 측면에서는 정치 운영의 능률성과 책임성의 구현, 문화복지적 측면에서는 복지국가의 지향과 선진문화의 창출을 표방하는 것이었다.

전두환 정부는 경제적 측면에서 1970년대 후반의 대외 경제 여건의 악화 상황을 극복하고, 급속한 경제 성장 과정에서 누적된 정책 부문 및 사회계층 간 불균형을 해소하며, 국제적 경쟁력의 제고하고자 전력을 기울임으로써 경제 안정을 적극적으로 추진한 것으로 평가된다. 그러나 정권 창출 과정에서 5·18광주민주화운동에 대한 비인륜적 진압으로 초래한 비정당성·비도덕성 논란을 정치·사회적 통제와 문화·복지적 활성화를 통해 벗어나고자 한 것으로 평가되기도 한다. 특히, 정치·사회·경제적 측면에서 위협적인 국민통제, 노동 탄압과 임금 억제, 민주화운동에 대한 탄압 등이 지속됐다는 점에서 민주주의에 역행하는 국정운영을 추진한 것으로 평가되기도 한다.

2. 국정과제

1) 경제 안정 및 경제자유화

전두환 정부는 정부 출범 시 최대의 경제정책 목표로 물가 안정을 설정했다. 이를 위한 정책과제로 금융재정 수단을 통한 총수요관리, 임금·가격관리에 의한 소득정책, 국민들의 인플레이션 기대심리를 추방하기 위한 국민교육 및 부동산 투기 규제 등을 추진했다. 첫째, 총수요관리정책은 금융정책과 재정정책이 추진됐다. 금융정책은 총수요의 억제 및 금융산업의 발전을 목표로 총통화량을 규제하고 이자율과 지불준비율 조절을 추진하고, 금융자율화 시책을 추진했다. 재정정책 측면에서는 예산 규모의 조절을 통해 경제 안정을 도모하고자 했다. 둘째, 소득정책은 비공식적으로 공무원 봉급 인상 억제 및 민간기업의 노사 협의를 통해 임금 인상을 적극적으로 억제했다. 또한, 가격관리 측면에서는 적극적으로 농수산물 가격 인상 억제와 독과점 품목의 가격 변동을 점검했다. 셋째로, 전두환 정부는 정부 출범 초기에는 경기 침체를 극복하고자 주택경기 활성화 조치를 시행했으나, 1982년 이후 경제활성화에 따른 투기 조짐이 나타나자 강력한 부동산 투기억제책을 시행했다. 1985년의 토지거래허가제 실시가 대표적인 사례다(현대사회연구소, 1986: 113). 또한, 전두환 정부는 경제자유화를 통해 대외경쟁력 및 신뢰도 강화, 사업구조의 질적 고도화 등을 도모하고자 했다. 경제자유화정책은 은행민영화, 수입자유화, 금융자율화, 공업발전법을 통한 산업경쟁력 강화 등을 포함했다.

2) 행정 개선

전두환 정부는 1980년 11월에 정의사회 구현의 이념을 실천하기 위한 방안의 하나로 총무처 산하에 '정부합동민원실'을 설치·운영함으로써 민원행정의 질적 개선을 추진했다. 전두환 정부는 정부합동민원실을 통해 국민의 민원을 좀 더 효율적으로 처리함으로써 국민의 불만과 사회 갈등을 감소시켜 국민통합을 확보하고자 하는 데 의의를 두었다. 이러한 방안은 '행정개혁위원회'의 주관으로 마련된 행정발전 방안이었다. 정부합동민원실은 2급 실장, 3개 과(민원행정과, 민원처리과, 지도감사과), 10개 운영반(노동임금반, 보건농수산반, 건축도시계획반, 재정세무반, 수도전기반, 교통통신반, 민형사반, 호병적반, 교육인사행정반, 총괄반)으로 구성됐다. 전두환 정부의 1981년도 정부합동민원실의 사업 추진 실적은 1978년도 정부민원상담실의 민원접수 건수인 2,507건에 비해 약 30배에 달하는 80,374건이었으며, 이는 행정의 대응성을 높인 것으로 평가되고 있다(현대사회연구소, 1986: 49).

3) 사회악 정화

전두환 대통령은 제5공화국 출범 전인 1980년 5월31일에 대통령 자문・보좌기관으로 설치된 국가보위비상대책위원회의 상임위원장을 맡아 사회악 일소를 통한 국가기강 확립을 추진했다. 전두환 정부 출범 이후에는 1980년 11월 발족한 '사회정화위원회'를 통해 강력한 사회악 정화정책을 시행했다. 사회악 정화정책은 공직사회의 기강 확립, 사회 기강 확립, 국민질서 확립 및 의식개혁 등의 정책과제들을 포함했다. 이러한 사회악 정화정책은 국민들의 대정부 불신을 없애기 위한 노력으로 권력형 부정축재자에 대한 재산 몰수, 비리 및 부패행위를 한 고위공직자 숙청 등을 포함했다. 사회정화위원회의 활동은 공무원을 포함한 각계 사회인사의 자격 박탈과 재산 몰수, 절차를 무시한 사법적 처리와 폭력적 수단을 포함하는 초법적 처벌 등을 행사함으로써 사회적 정당성을 확보하지 못했다. 따라서 전두환 정부의 사회악 정화정책은 정의사회의 구현을 위한 사회개혁 과제로 평가되기도 하지만 다른 한편으로 군사정부의 비정통성 및 비도덕성에 대한 반발 세력을 억압하고 국민의 사회질서 순응을 강제하는 통제 수단으로 활용됐다는 부정적 인식이 높았다.

4) 안보외교

전두환 정부는 한미관계의 긴밀화, 대외통상에서의 첫 흑자 기록, 남북한 관계에서의 교환 방문 성취, 올림픽 개최의 유치, 사회주의 국가와의 관계 개선 등을 성공적으로 추진한 것으로 평가되고 있다. 전두환 정부의 안보 및 외교정책은 박정희 정부 말기에 소원해진 한미관계를 개선하고, 대북한 군사적 억제력을 강화하고, 국제사회에서 한국의 외교 및 경제적 위상을 높이는 데 초점을 두었다. 구체적인 외교안보 정책과제로는 ① 주요 우방국과의 군사 협력을 포함한 유대 강화, ② 한반도 평화 정착 및 긴장 완화를 위한 주요 적대국과의 관계 개선, ③ 제3세계 국가와의 외교 및 통상 관계 확대 등을 추진했다(강성학, 1993: 49-50). 이를 통해 우리나라의 대외적 위상 강화 및 대북 억제력을 동시에 확보하고자 했다. 이러한 전두환 정부의 적극적인 안보외교는 정부 기간 동안에 미·소 간 냉전의 확대, 북한의 테러 도발 등과 어느 정도 관련이 있다고 볼 수 있다.

5) 문화·복지정책 확대

전두환 정부는 복지사회 건설과 문화 창달을 실현하고자 하는 데 정책적 관심을 기울였다. 특히, 전두환 정부의 복지정책은 제5공화국 헌법 제32조에 구체적으로 제시되고 있는 바, ① 모든 국민은 인간다운 생활을 할 권리를 가진다. ② 국가는 사회보장·사회복지의 증진에 노력할 의무를 진다. ③ 생활 능력이 없는 국민은 법률이 정하는 바에 의해 국가의 보호를 받는다라고 규정해 기존 정부들보다 사회복지 사회보장에 대한 국가의 의무를 강조했다(현대사회연구소, 1986: 218). 이러한 복지·문화정책에 대한 전두환 정부의 관심은 이전의 박정희 정부의 산업화정책에 밀려 사회적 격차가 발생한 복지·문화 분야에 대한 정책적 고려로 이해할 수 있다.

또한, 전두환 정부는 1981년에 복지·문화를 통한 인간적 가치의 추구와 창조적 삶, 배분적 정의의 실현을 도모하고자 하는 '새문화정책'을 제시했다. 또한, 전두환 정부는 복지사회 건설의 목표를 '전 국민에게 최저한의 생활을 보장하는 사회보장 실현'으로 설정했다. 전두환 정부의 복지정책은 이전 정부들과는 차별화된 선진 복지사회의 실현을 위한 국가의 의무를 강화했다는 점에서 의의가 있었다. 구제적인 국정과제들로는 국민연금제, 전 국민 의료보험화, 최저임금제 등이다. 그러나 전두환 정부의 주요 복지정책 과제들은 경제적 재정 부담으로 인해 현실화되지는 못했다.

제3절 전두환 정부 시기 정치적·사회적 이슈와 이에 대한 정부의 대응

1. 민주화운동

전두환 정부는 정당성과 도덕성 측면에서 한계를 가졌다. 10·26사태 이후 12·12사태와 5·17전국비상계엄 확대조치에 이어 5·18광주민주화운동의 폭압적 유혈 진압을 거치면서 권력 기반을 확충한 전두환을 중심으로 한 신군부 세력은 국가보위입법회의를 구성해 국회의 기능을 박탈한 상태에서 헌법을 개정했다. 또한, 신군부 세력은 구정치인들의 정치활동을 금지시키고, 언론사를 통폐합함으로써 집권을 위한 여건을 완벽하게 조성한 상태에서 1981년 1월 15일에 민주정의당을 창당해 이를 발판으로 자신들에게 우호적인 인사들로 구성된 선거인단의 간접선거를 통해 집권했다. 이러한 점에서 정권의 정당성과 도덕성은 완전히 결여됐던 것이다.

1979년 10·26사태 이후 전두환 정부가 공식적으로 출범하기까지 12·12사건을 통해 군부를 장악한 정권 주도 세력은 1980년 5월의 광주민주항쟁을 통해 정권의 비민주성을 보여주었다. 광주민주항쟁은 신군부의 권위주의에 반대하는 대중항쟁의 연장선상에 위치하고 있었다. 이런 의미에서 광주민주항쟁은 당시 군부독재에 저항하고 민주주의를 지향하는 민주화운동의 상징이었다. 광주민주항쟁은 이제까지의 민주화운동과 일정한 차별성을 지니고 있다. 그것은 광주민주항쟁은 신군부에 의해 진압됐지만 1980년대의 아래로부터의 민주화운동을 끊임없이 추구하는 역사적 에너지원으로 작동했다. 또한, 집권 후반기에 들어서 민주화 세력은 전두환 정부의 광범위한 탄압에도 불구하고 김근태 고문사건, 부천경찰서 성고문사건, 박종철 고문치사사건 등을 통해 정권의 비도덕성을 부각시켰다.

정통성 위기를 안고 출범한 전두환 정부는 집권 기간 내내 민주화운동과의 대결 국면을 유지했다. 전두환 정부는 재야 세력, 야당, 노동계, 대학가 등을 중심으로 확장되는 민주화운동에 대응하기 위해 군, 검찰, 경찰, 정보기관 그리고 관료집단을 총체적으로 장악한 가운데 억압과 공포 등 국가공권력을 통치 수단으로 활용했다. 대표적인 사례로는 사회 전반에 대한 대응책으로 사회악 척결을 명분으로 한 사회정화위원회 운영과 노동통제를 강화하는 노동법 개정을 들 수 있다. 대학가를 대상으로는 강력한 사회적 반발로 인해 비록 입법에는 실패했으나 반정부 시위 주도자들을 대상으로 순화교육대 입교를 골자로 하는 학원안정법의 입법을 추진했다. 그 밖에, 정치적 대응책으로 「집회 및 시위에 관한 법률」, 「정치풍토쇄신 특별조치법」, 「국가보안법」 등의 개·제정을 통해 야당 창당의 방해, 야당 인사의 활동 제한, 언론을 통한 야당과 재야 세력에 대한 부정적 이미지 확산 등을 추진했다.

2. 국제안보 여건의 변화와 남북관계

제5공화국의 출범을 전후해 국제 외교안보 상황은 급변하고 있었다. 1979년 소련의 아프가니스탄 무력 개입 및 친소 정부 수립으로 인해 미국・소련 간 대결 국면이 전개되고 있었다. 또한, 소련은 북한과의 관계 증진을 통해 미국과 한국에 대한 대결 국면을 확대했다. 반면에, 미국은 전통적 우방인 일본과의 협력을 강화하는 한편, 중국과 국교 정상화 이후 지속적인 관계 개선을 도모하고 있었다. 이러한 동북아시아 국제 관계의 변화는 한국의 국제 외교안보정책에도 결정적인 영향을 미쳤다. 특히, 1979년까지만 해도 한국과 미국 간에 주한미군 철수계획이 언급될 정도로 의견 차이가 있었으나, 동북아 국제 정세의 변화로 인해 미국과 한국은 전통적 협력 관계를 강화했다.

한편, 북한은 소련과의 동맹 상태를 유지하면서 한국에 대한 긴장 국면을 지속적으로 유지해 왔다. 대표적인 사례로, 1983년 11월의 미국 레이건 대통령의 방한을 2개월 앞두고 발생한 소련 전투기의 KAL기 격추사건, 1983년 미얀마 랑군에서의 한국 국가외교사절단에 대한 북한 폭탄테러사건, 1987년 11월에 북한 공작원에 의한 대한항공 858편 폭파사건 등을 꼽을 수 있다.

제5공화국은 안보외교, 경제외교, 평화통일 기반 조성 외교, 문화외교를 주요 외교기조로 삼았다. 제5공화국은 출범하자마자 무엇보다도 대(對)북한 군사억제력을 강화하는 차원에서 미국과의 안보경제 협력 관계를 강화했다. 또한, 일본・서독 등의 전통적인 우방국가와의 협력 관계 유지・증진 및 제3세계와의 관계 강화를 외교정책의 기조로 삼았다.

3. 대외경제 여건의 악화

제5공화국 이전의 박정희 정부 기간 동안에는 대외 차관 및 원조를 통해 급속한 경제 성장을 도모할 수 있었다. 그러나 1970년대 후반에 이란 이슬람혁명은 OPEC 석유 감산으로 연결됐고, 이로 인한 제2차 오일쇼크가 한국 경제를 강타했다. 이로 인해 한국 경제는 수입물가의 상승으로 인해 심각한 불황을 겪게 됐다. 제5공화국이 출범한 1980년의 경제성장률은 -4%로 10% 이상 후퇴했고, 유가는 50% 이상 급등했으며, 물가는 40% 가까이 폭등했다. 또한, 1980년대 초에 나타난 한국 경제의 부진을 극복하는 과정에서 1980년대 중반까지 대외채무의 대량 도입이 지속됐고, 이로 인한 외채 상환 압력이 가중됐다. 1978년 148억 1천 1백만 달러였던 대외채무가 1984년 말 431억 달러로 급증했다(최의현, 1997: 380).

제5공화국은 이러한 경제위기를 극복하기 위해 박정희 정부 이래 추진돼 온 고성장

정책에서 물가 안정을 바탕으로 한 안정정책으로 경제정책 기조를 전환했다. 제5공화국은 무엇보다도 물가 안정을 위해 예선을 전년 대비 동결시켰고, 통화량 관리에 중점을 기울였다. 또한, 제5공화국은 민간기업들에 대한 경제자유화 확대, 개방자율화를 통한 외국인 투자의 적극적 유치, 부실기업의 조정 등을 적극적으로 추진했다. 제5공화국은 이러한 경제정책과 함께 국제유가의 안정, 낮은 노동임금, 일본 · 대만 · 서독의 통화가치 상승 등으로 인한 수출 여건 호조에 힘입어 집권 후반기인 1986년부터 1988년에 이르기까지 연평균 12%의 고속 경제 성장과 290억 달러의 경상수지 흑자를 실현했다(최희연, 1997: 381).

전두환 정부의 집권 후반기인 1986년부터 1988년에 이르기까지 경제 호황을 맞이한 이유에 대해서는 몇 가지 원인이 제시되고 있다. 첫째, 국제금리가 낮고 외채 공급이 충분해 자본 조달이 용이했다는 점이다. 둘째, 경제 생산 수단의 하나인 국제유가가 1986년에 배럴당 15달러 정도로 하락해 1985년의 절반 수준이었다. 셋째, 우리나라 노동임금이 선진국의 1/5~1/9 수준으로 낮아서 노동생산비 면에서 매우 유리했다는 점이다. 넷째, 일본 엔화와 서독의 마르크화가 1985년 9월 G5 합의 이후에 70% 이상 올랐고, 대만의 원화가 40% 이상 올랐다는 점에서 수출경쟁력이 높아졌다는 점이다(현대사회연구소, 1986: 382). 이러한 한국 경제의 호황은 대외적인 호조 요인들이 사라지기 시작하는 1988년 2월까지 지속됐다. 그러나 제6공화국이 출범한 1988년 이후부터는 금리 · 유가 · 임금의 3저 효과가 소멸되고, 외환시장에서의 원화 절상, 노사분규와 임금 상승 등으로 인해 수출경쟁력이 하락하고 경제 성장이 위축되기 시작했다.

제4절 정부 정책기조 및 추진체계

1. 경제 분야

우리나라는 1981년 이전까지 4차에 걸친 경제개발계획을 추진하면서 고속 경제 성장을 거듭했으며 경제 규모 확대와 경제구조의 고도화를 추진해 왔다. 그러나 일부 경제구조의 왜곡과 경제부문 간 불균형, 국민계층 간 격차 확대, 비경제 분야에 대한 소홀 등의 문제점들이 심화돼 왔었다. 전두환 정부에서 1982년부터 추진된 제5차 경제사회발전 5개년계획은 제2의 국가 도약의 기틀을 마련하는 데 중점을 두었으며, 경제 안정과 능률 간의 균형을 정책기조로 설정했다(현대사회연구소, 1986: 373). 제5차 경제사회발전 5개년계획은 계획 기간 중의 연평균 경제성장률을 7.6%로 설정했으며, 외채 증가를 억제하기 위해 해외 저축률을 1980년의 9.8%에서 1986년에는 2.9%로 줄이는 한편 국내 저축률을 1980년의 21.6%에서 1986년에 29.6%로 끌어올리는 목표를 설정했다.

제5공화국은 기존의 대기업 위주의 수출 중심 경제성장정책을 유지하는 한편, 경제 안정정책을 최우선으로 하여 물가 안정, 통화량관리, 부동산 투기 억제 등을 강력하게 추진했다. 기본적으로는 수출 주도형 산업화정책을 지속했으나, 성장일변도의 정책에서 안정 기조를 중시하는 정책으로 전환하고 물가 안정에 주력하는 한편 은행민영화, 수입자유화 등의 정책 전환을 시도했다. 정부는 경제 안정 기반을 강화하기 위해 정부재정의 팽창 억제와 재정건전성 유지 등을 통해 긴축경제 기조를 유지했다. 이를 통해 한자리 숫자의 물가인상률을 유지했으며, 인플레이션을 억제하기 위한 임금안정정책을 유지했다. 또한, 제5공화국은 경제자유화정책을 무역자유화부터 금융자유화에 이르기까지 단계적으로 시행했다.

1) 경제자유화정책

1980년대에 들면서 선진국의 자국산업 보호를 위한 수입규제 강화, 상대국에 대한 수입 개방 요구 등이 증폭됐다. 정부는 이에 대한 대응 방안으로 수입자유화 조치를 시행했다. 이러한 경제자유화 조치는 과거 안보와 경제 성장이라는 국가 이념 하에서 경제에 대한 직접적인 정부 개입의 결과로 빚어진 경제의 불안정을 근본적으로 치유하고자 하는 목적에서 추진됐다(최병선, 1989: 27-49). 정부는 경제자유화를 통해 대외경쟁력의 강화, 사업구조의 질적 고도화 추진 등을 도모하고자 했다.

전두환 정부는 대외경쟁의 유도를 통해 산업의 국제경쟁력을 강화하고자 했다. 이러한 측면에서 수입자유화를 점진적으로 확대하는 정책을 지속했다. 수입자유화는 관세율을 조정하는 관세장벽 완화와 수량 규제를 완화하는 비관세장벽 완화의 방식으로 시행됐다. 1980년대 이후의 관세율 변화를 살펴보면, 평균 관세율이 1982년의 23.7%에서 1988년에는 18.1%로 하락했다. 또한, 수입자유화 품목의 비율을 지속적으로 확대해 1980년의 68.6%에서 1988년의 95.4%로 수입자유화율을 상향시켰다.

1980년대에 진행된 금융자율화는 은행의 자율권 신장, 이자율의 점진적인 자유화, 금융기관의 업무 영역 확장, 새로운 금융기관 설립의 규제 완화 등의 정책을 포함했다.

1982년 12월에 발표된 '금융자율화 · 민영화 · 국제화의 기본 방향'은 금융의 자율성과 기업성을 제고하는 데 초점을 두었다. 이를 통해 상업은행의 민영화, 이자율 제한 철폐, 양도성예금증서(CD) 발행 허가, 한미은행과 신한은행과 같은 외국자본의 은행 설립 등이 허용됐다. 전두환 정부는 금융자율화의 구체적 추진 사례로 5개 시중은행을 민영화했으며, 통화관리 방식을 과거의 직접 규제에서 공개시장 조작을 통한 간접규제 방식으로 전환했다. 금융시장 진입 제한과 점포 증설 규제를 완화했으며, 다양한 저축상품의 개발을 통한 저축활성화를 유도했다는 점에서 금융 체질 개선을 도모한 것으로 평가할 수 있다.

또한, 제5공화국에서는 경제 운용에서 정부실패를 줄이고자 경제안정화 조치를 강력히 추진함과 동시에 시장 기능의 효율성을 증진시키고자 노력했다. 정부는 시장경제의 효율성을 높이고자 1981년 4월에 「독점규제 및 공정거래에 관한 법률」을 제정하고, 1981년에는 경제기획원 내에 공정거래위원회를 발족시켰다. 이 법의 목적은 "사업자의 시장 지배적 지위의 남용과 과도한 경쟁력의 집중을 방지하고 부당한 고용행위 및 불공정거래행위를 규제해 공정하고 자유로운 경쟁을 촉진함으로써 창의적인 기업활동을 조장하고 소비자를 보호함과 아울러 국민경제의 균형있는 발전을 도모"하는 데 있다고 규정하고 있다. 전두환 정부는 1987년에 이르러서는 대기업으로의 경제력 집중을 억제하기 위한 대기업의 상호출자 금지, 출자 총액 제한 등의 제도적 장치들을 마련했다.

2) 산업자원

전두환 정부는 산업정책의 기본 방향을 시장질서의 활성화에 두고 산업의 경쟁력 강화를 위해 공정거래제도, 금융의 자율화, 수입자율화, 공업발전법 제정 등의 산업경쟁력 강화를 위한 제도적 기반을 마련했다(현대사회연구소, 1986: xii). 특히, 제5공화국 산업자원정책은 1970년대의 대기업 중심, 중화학공업 위주의 산업정책으로 야기된 각종 불균형을 구조적으로 개선하기 위한 산업구조 조정정책의 성격이 강했다. 제5공화국에서는 사양사업에 대한 구조조정, 중소기업 지원 확대, 미래 산업의 적극적 개발 등에 초점을 두었다. 먼저, 경쟁력을 갖추지 못한 산업에 대한 산업구조조정정책은 공업발전법을 통해 추진했다. 공업발전법은 각종 규제 철폐 및 자유경쟁의 원리 도입, 산업합리화 지정제도, 특정 산업 지원의 원칙적 지양과 기능별 지원 체제 확립, 산업정책 결정 과정에 대한 민간 참여의 제도화 및 실질화를 주요 내용으로 포함했다. 공업발전법에 따르면, 공업 분야에 대한 합리화계획을 수립 · 시행하는 데 있어서 합리화 업종을 경쟁력 보완 분야와 경쟁력 상실 분야로 구분해 보완 분야에 대해서는 각종 금융, 세제, 기술 지원을 제공하는 한편, 상실 분야에 대해서는 산업합리화 권고 또는 조정을 시행할 수 있도록 했다.

전두환 정부는 또한 중소기업 관계 법률을 개정・보완해 중소기업의 구조고도화 사업, 유망 중소기업에 대한 지원 확대 등을 적극적으로 시행했다. 아울러, 정부는 성장・유망 미래 산업의 대한 적극적 지원을 추진했다. 제5공화국은 대기업과 중소기업 간의 불균형을 시정하기 위해 중소기업 육성에 관심을 기울인 정부로 평가될 수 있다. 전두환 정부의 대표적인 중소기업 장기 플랜은 1982년부터 1991년까지 계획된 중소기업진흥장기 10개년계획이었다(이남영, 1995). 그 결과, 중소기업 업체 수는 1980년에 3,1446개에서 1985년에는 44,803개로, 고용 비중은 1980년 49.4%에서 1985년 55.9%로 증가했다.

전두환 정부는 미래를 위한 산업으로 전자산업과 정보통신사업을 육성했다는 점에서 오늘날의 IT산업의 초석을 마련했다고 볼 수 있다. 제5공화국 당시 전두환 대통령의 관심과 김재익 경제수석과 오명 장관의 정책 추진으로 전자와 통신사업 육성이 이뤄졌다. 이를 통해 브라운관 산업, 유선전화용 교환기, 통신케이블, 전자교환기, 광통신인프라 등의 산업 분야는 비약적으로 성장을 했다. 한 예로, 1981년 전기통신사업법을 고쳐 모든 통신사업자는 수입의 3%를 의무적으로 연구개발비에 쓰도록 법제화해서 연간 700~800억 원이 통신사업개발비로 투자됐다.

3) 노동정책

1979년의 10・26사태로 유신체제가 붕괴되자 정치적 공백 상태에서 노동자들은 억눌렸던 욕구를 일시에 분출시키면서 신규 노조 결성, 임금 및 근로조건 개선, 휴폐업 반대, 노동조합 민주화, 해고자 복직 등을 요구하며 격렬한 노동운동을 일으켰다. 그리고 비합법적인 과격하고 폭력적인 사북탄광 노동쟁의(1980.4)가 일어났고, 뒤이어 인천제철, 동국제강 등의 노동쟁의가 일어났다.

제5공화국의 전두환 정부는 노동통제를 강화하는 차원에서 1980년 12월 노동법을 개정했다. 이 노동조합법 개정의 내용은 유니온숍제의 불인정, 기업 단위 노동조합 체제로의 전환, 단체교섭 위임 금지, 제3자 개입 금지, 노동조합 결성 요건의 강화, 단체협약 유효 기간의 연장, 임원의 자격 제한 등이었다. 또한, 사회정화운동을 통해 노동계 인사의 축출, 지역지부의 해산 등을 통한 노조의 탄압, 1980년 말 노동법 개정에 의한 산업

별의 기업별 노동조합 체제로의 전환 등 전반적인 노동통제를 지속적으로 추진했다. 이러한 노동통제로 인해 제5공화국 중반 이후에 들면서 비합법적인 민주노동운동이 적극적으로 조직화됐다. 또한, 전두환 정부 기간의 노동 여건은 국제적으로 매우 열악한 수준에 머물렀다. 국제노동기구(ILO)의 1986년 말 현재 조사 결과, 한국이 주당 55시간 노동, 대만이 48시간, 미국과 일본이 45시간이었으며 프랑스는 주당 39시간이었다(현대사회연구소, 1986: 385).

제5공화국은 1981년 4월 정부조직법의 개정을 통해 기존의 노동청을 노동부로 승격시켜 노동행정력을 강화했으며, 제5차 경제사회개발 5개년계획의 노동부문 계획에 산업수요에 부응하는 인력양성 활용, 노사협조 체제 구축 등의 내용을 포함시켰다. 제5공화국 출범 초기에는 강력한 노동통제정책으로 인해 노동쟁의가 정부 출범기인 1980년에 407건이던 것이 1981년에 186건, 1982년에 88건으로 감소했다. 그 이후에, 노동쟁의는 국제수지가 흑자로 돌아서고 민주화 열기가 시작되던 1986년에 276건이 됐다. 대표적인 노동쟁의로는 1980년대 전반기의 청계피복노조 복구 및 합법성 쟁취 투쟁을 중심으로 한 민주노조 결성운동, 대구, 부산택시기사 파업 농성, 대우자동차 파업, 구로지역 동맹파업, 그리고 1986년의 서울·인천·안양 등 일부 사업장의 임금 인상 투쟁 등을 들 수 있다.

2. 사회, 문화, 복지 분야

전두환 정부는 우리나라 사회·문화·복지 분야에서 많은 새로운 변화와 갈등이 혼재한 시기로 평가될 수 있다. 전두환 대통령은 제11대 대통령 취임사에서 밝혔듯이 복지사회의 건설, 정의사회의 구현, 교육혁신과 문화 창달을 국정지표에 포함했다. 이와 관련해, 제5공화국은 정권의 정당성을 만회하고자 정권 초기에 각종 사회·문화·복지 정책을 입안·시행했다(이상엽·김병식, 2001: 210). 전두환 정부는 복지사회 구현이라는 국정 목표 아래 급속한 경제 성장 과정에서 소외되거나 왜곡된 사회·경제적 계층구조를 개선하고자 하는 처방적 사회복지정책들을 제시했다. 대표적인 사례로 전 국민 의료보험화, 국민연금제, 중학의무교육제, 무주택가구 해소, 실업고용보험 및 최저임금제 실시 등의 정책들이다. 그러나 제5공화국 후반에 들어서 복지사회 건설이라는 국정 목표와 관련한 법률의 제정은 거의 없고 복지비의 지출도 감소했다는 점에서 실질적인 복지사회의 건설을 추진하지는 못한 것으로 평가할 수 있다(박범종, 2005: 11). 이는 경제 안정을 실현하기 위한 임금과 노동권 통제를 추진함으로써 실질적인 복지사회 건설을 위한 노력들이 제약됐다고 볼 수 있다. 한편으로, 제5공화국은 적극적인 문화산업의 성장과 스포츠 활성화를 통해 국민들의 삶의 방식에 변화를 가져왔다. 야간 통행 금지 해제와 더불어, 컬러TV 시대의 개막, 각종 문화매체의 활성화, 올림픽 · 아시안게임 유치, 프로야구 출범 등을 통해 우리 사회가 이전에 경험하지 못한 대중문화 시대를 열었다고 할 수 있다. 그러나 전두환 정부는 사회악 근절을 위한 사회정화위원회의 운영, 강제적인 언론통폐합, 노동통제 차원의 노동정책 등의 시행으로 인해 노동 · 인권 투쟁이 확대되는 결과를 가져오기도 했다.

1) 사회악 정화정책

전두환 정부는 1980년 11월 1일 발족한 국무총리 소속의 '사회정화위원회'를 통해 사회악 정화정책을 추진했다. 사회정화작업의 시초는 국가보위비상대책위원회가 1980년 8월 발표한 '사회악 일소 특별조치'에서 찾을 수 있다. 이 조치를 통해 같은 해 연말까지 총 5만 7,561명의 '사회악 사범'이 검거돼, 3,000여 명은 일반 · 군사 재판에 회부되고 3만여 명은 '삼청교육대'로 통칭되는 군부대에 수용되어 순화교육을 받았다. 사회정화위원회의 활동은 크게 나눠 첫째, '공직사회의 기강 확립'으로서 무사안일주의 · 기회주의 · 보신주의 추방에 초점을 맞췄으며, 둘째, '사회기강 확립' 차원에서 학교 주변의 폭력 · 유해환경 및 불법과외 단속 등을 추진했고, 셋째, '국민운동' 수준에서 질서확립운동 및 부정심리 추방 등 의식개혁운동을 전개했다. 그러나 사회정화위원회는 제5공화국 집권 세력의 취약한 정치적 · 도덕적 정당성을 위장하기 위해 수단으로 평가받고 있다. 특히, 사회정화위원회의 활동은 공무원을 포함한 각계 사회인사의 자격 박탈, 재산 몰수, 절차를 무시한 사법적 처리, 초법적 처벌 등과 같은 폭력적인 수단을 사용함으로써 사회적 정당성을 확보하지 못했다.

2) 문화정책

전두환 정부는 문화정책을 통해 정치적 반감과 민주화의 욕구를 상쇄시키고자 노력했다. 1981년 정부가 발표한 '새문화정책'을 시작으로 문화복지 개념이 등장해 문화복지 정책의 태동기라고 할 수 있다. 제5공화국은 국민의 문화활동의 확대 및 문화 창달을 위해 컬러 TV방송 개시, 야간 통행 금지의 폐지, 스포츠 육성, 예술의 전당 건립 등을 적극적으로 시행했다. 또한, 제5공화국은 스포츠 육성정책에 적극적인 지원을 아끼지 않았다. 1981년에는 88올림픽 유치, 1982년에는 프로야구 창설과 세계 야구선수권 대회 우승, 1983년에는 세계 청소년 축구 4강 진출과 프로축구 창설, 1984년에는 로스앤젤레스 올림픽 사상 첫 10위 달성, 1986년에는 멕시코 월드컵 32년 만의 진출과 서울아시안게임 개최 등 한국이 세계 스포츠 10대 강국으로 발돋움하게 된 것이 제5공화국 기간이었다.

한편, 전두환 정부는 출범 초기인 1980년 11월에 언론의 공익성과 사회적 책임성을 강조하며 기존 언론매체의 난립과 지방주재 기자제도의 부정적 폐해를 명분으로 언론사 통폐합 조치를 추진했다. 이러한 조치는 전두환 정부에 대한 정치적 반감과 민주화운동의 언로(言路)를 통제하고 정권의 안정적 유지 및 원활한 국정운영을 위한 비민주적 조치로 평가되고 있다.

3) 복지정책

전두환 정부는 복지사회 건설을 국정지표로 삼고 복지를 중요한 정치 목표로 삼았다. 특히, 이전 정부들과 달리 사회복지정책의 대상을 취약계층에서 전 국민으로 확대해 전 국민이 최저한의 생활을 보장하는 사회보장을 목표로 한 점이 특징이다. 제5공화국 헌법 제32조에 "모든 국민은 인간다운 생활을 할 권리를 가진다. 국가는 사회보장·사회복지의 증진에 노력할 의무를 진다. 생활 능력이 없는 국민은 법률이 정하는 바에 의하여 국가의 보호를 받는다"고 규정함으로써 사회복지에 대한 국가의 의무를 강화했다.

전두환 정부는 제5차 경제사회개발 5개년계획에 복지정책의 세부 목표를 전 국민 의료보험화, 국민연금제, 중학의무교육제, 무주택가구 해소, 실업고용보험 및 최저임금제 실시, 사회복지 전달체계의 확립 등으로 설정했다. 이러한 정책과제들은 실질적인 복지사회의 실천 의지를 명확히 표명했다는 점에서 의의가 높았다고 볼 수 있다. 그러나 전두환 정부가 강력히 추진한 경제안정정책의 성공적 실행, 국가 경제 여건의 고려, 정부 재정 부담의 최소화 논리에 의해 계획된 복지정책들의 실현이 충실히 이뤄지지 못했다. 이에 전두환 정부는 1986년 9월에 복지사회 건설의 노력이 미흡했음을 인정하고 이를 반영하는 국민복지 증진대책을 발표했다. 이 대책에서는 의료보험제도 전 국민 적용, 국민연금제, 최저임금제 등을 1988년에 시작되는 제6차 경제사회개발 5개년계획에 실시한다는 내용이 포함됐다.

3. 교육, 과학, 인적자원 분야

전두환 정부는 4대 국정지표 중 하나인 '교육혁신'을 실현하기 위해 국민정신교육, 과학기술교육, 전인교육, 평생교육을 주요 국정과제로 추진했다. 전두환 대통령은 1983년 1월의 국정연설에서 "우리 교육정책의 기본 목표는 지속적인 교육혁신을 통하여 국가와 사회의 발전에 기여하는 자주적이고 창의적인 국민성을 함양하는 데 있다. 따라서 정부는 국민 정신교육의 강화와 고도산업사회에 부응하는 과학기술교육의 진흥, 그리고 전인교육과 평생교육 체제의 확립에 중점을 두어 새해 시책을 펴나갈 것이다"라고 발표했다. 이러한 내용을 주요 골자로 하는 제5공화국의 교육정책은 국가 발전에 있어서 교육의 중요성을 국민들에게 재인식시켰으며, 다양한 형태의 교육발전전략을 마련한 것으로 평가할 수 있다. 또한, 제5공화국 헌법에 평생교육의 이념을 구체적으로 명문화한 점에서 전두환 정부의 교육개혁 의지를 파악할 수 있다.

제5공화국은 출범 직전인 1980년 7월30일에 정부는 '교육정상화 및 과열 과외 해소 방안(7·30조치)'을 발표했다. 7·30조치는 대학 본고사 폐지와 고교 내신성적의 반영, 초·중등 교육과정의 축소 조정, 대학입학정원 확대 및 대학졸업정원제 실시, 전일 수업제 대학의 운영, 방송통신교육의 강화, 4년제 교육대학으로의 개편을 통한 수업연한 연장, 범국민적 과열 과외 추방 캠페인 등의 내용을 포함했다. 신현석·김준문(1998)은 제5공화국 교육개혁의 내용을 미시적·거시적 차원에서, 그리고 기술적·정치적 차원에서

표 1-2-2 제5공화국의 교육개혁정책

개혁 유형	교육개혁 내용
미시적·기술적 개혁	• 새로운 교과목 도입(인구, 경제, 성교육) • 교사의 재교육(국민 정신교육, 해외연수) • 컴퓨터 교육의 강화
거시적·기술적 개혁	• 개방학급 • 교육공학(TV 교육방송, 방송통신대학 개편) • 진로교육 • 기초교육 • 교육재정 배분 방식의 변화
미시적·정치적 개혁	• 학교경영협의회 조직·운영
거시적·정치적 개혁	• 입시제도 개혁(본고사 폐지)

자료: 신현석·김준문(1998: 177).

분류해 〈표 1-2-2〉와 같이 제시했다. 첫째, 미시적·거시적 차원에서는 민주시민의 소양 증진을 위한 인구, 경제, 성교육 등의 새로운 교과목을 도입했으며 미래 사회를 대비한 컴퓨터교육의 강화를 추진했다. 또한, 교사들을 대상으로 한 국민 정신교육을 강화하고 해외연수를 확대함으로써 교사들의 소양 증진을 도모하고자 했다. 둘째, 거시적·기술적 차원에서는 국민기초교육과 진로교육을 확대하고 개방 학급을 확대하고자 했다. 또한, 전두환 정부의 교육개혁은 TV교육방송의 확대, 방송통신대학의 개편 등을 포함하는 교육공학의 발전을 적극적으로 추진했다. 그 밖에도 교육재정의 배분 방식을 개편함으로써 교육재정의 효율적 사용을 추구했다. 셋째, 미시적·정치적 차원에서 학교경영협의회의 조직·운영을 통해 학교교육의 활성화를 도모했다. 넷째, 거시적·정치적 차원에서는 대학입시제도의 개편을 통해 본고사를 폐지하고 졸업정원제를 도입함으로써 과열 입시경쟁을 해소하고자 했다.

1985년 3월에는 대통령 직속기구로 '교육개혁심의회'를 설치해 총 42개의 교육개혁 정책과제를 설정해 구체적인 개혁 방안들을 연구·심의했으며, 그 결과로 10대 교육개혁을 제시했다. 10대 교육개혁 과제는 학제의 개편, 과학두뇌의 개발, 대학교육의 수월성 추구, 평생교육 체제의 확립, 교육행정의 자율화, 교육 투자의 획기적 증대 등이다(신현석·김준문, 1998: 175). 교육개혁심의회에서는 과학강국 및 평생교육사회의 실현이라는 교육개혁의 목표를 실현하기 위한 과학 인재의 양성과 대학 교육과정의 질적 향상, 평생교육의 확충 등을 강조했다는 점에서 우리나라 인재 육성의 지속성을 제고했다고 할 수 있다.

4. 외교, 통일, 국방 분야

1) 외교정책

전두환 정부는 정부 출범 시기부터 적극적 대외정책을 추진한 것으로 평가된다. 무엇보다도, 미국과의 동맹을 더욱 강화하는 방향으로 대외정책을 추진하는 동시에, 일본, 중동 국가, 유럽 국가와의 외교관계 증진에도 관심을 기울였다. 전두환 대통령은 1981년 신년사에서 독자적 외교와 자체 방위 능력의 필요성을 언급했으나 실제적으로는 대미동맹을 강화하는 데 가장 중점을 두었다. 대표적인 사례로는 레이건(Ronald Reagan) 대통령의 취임 일주일 후의 한미정상회담 개최다. 한미정상회담에서는 한반도와 동북아시아에서의 평화 유지의 중요성을 확인하고, 이 지역에서의 안보와 평화 보장을 위한 구체적인 협력 사안들을 확인했다. 또한, 제5공화국은 대일관계 개선, 중동 국가와의 관계 증진, 유럽 국가들과의 관계 증진, 사회주의 국가들과의 관계 개선 등을 적극적으로 시도했다. 1983년 1월 일본 총리 나카소네 야스히로(中曾根康弘)가 방한했으며, 중국 등의 사회주의 국가들과도 관계 개선을 시도했다. 이러한 외교관계의 확장과 연계해 스포츠 외교 분야에서는 1981년 9월과 11월에 '1988년 서울올림픽대회'와 '1986년 서울아시안게임'의 유치에 성공했다.

전두환 정부는 집권 초기부터 비적성 공산국가와의 관계 개선을 적극적으로 모색했다. 특히, 1981년에 88서울올림픽 유치가 결정된 이후부터 본격적으로 동구 공산권과의 관계 개선이 추진돼 1983년에는 동구 공산국가 7개국과 교역관계를 맺었으며, 점차 소련 · 중국 · 동독 등의 공산국가와의 경제교역을 확대했다. 또한, 전두환 정부는 1981년부터 제3세계 국가에 대한 외교에서 북한과의 경쟁 과정에 있는 개발도상국들에 대한 무상원조를 시작해 연도별로 그 규모를 점차 확대해 갔다.

2) 통일 · 대북정책

한편, 전두환 정부의 통일 · 대북정책은 크게 ① 정상회담의 의지 표명 및 제의 기간, ② 남북대화의 준비기, ③ 남북대화의 시기로 구분해 살펴볼 수 있다(백학순, 2014: 142-145). 첫째, 정상회담의 의지 표명 및 제의 기간(1981.1~1981.12)을 살펴보면 전 대통령은 1981년 1월 12일 북한한 당국의 최고책임자 상호 방문을 제의했고, 그 해 6월 5일에는 북한에게 정상회담의 수용을 촉구하면서 정상회담이 개최되면 북한의 연방제 통일방안 등에 대해 논의를 수용하겠다는 의사를 표명했다.

두 번째, 남북대화의 준비기(1982.1~1984.8)는 무엇보다도 '민족화 합민주통일방안'이 구체적으로 발표된 시기다. 당시까지의 역대 정부의 통일정책 중에서 가장 체계적이고 현실적인 이 통일방안은 통일의 원칙, 민족통일협의회 구성, 7개 항으로 이뤄진 남북한 기본 관계에 관한 잠정협정 체결 제의를 포함하고 있었다. '민족화합민주통일방안'은 진정한 평화 통일에 이르는 가장 합리적인 방법으로 통일헌법을 채택할 것을 제의하면서, 민족통일협의회를 쌍방 대표로 구성해 민족주의, 민주주의, 자유, 개인, 복지를 기본으로 통일헌법을 채택할 것을 제시했다. 또한, 통일을 이룩할 때까지의 실천 조치를 담은 '남북한 기본 관계에 관한 잠정협정'은 호혜 평등, 평화적 방법, 내정 불간섭, 휴전체제 유지, 상호교류, 각기 체결한 국제조약과 협정의 존중, 서울과 평양에 상주연락대표부 설치를 내용으로 포함했다.

세 번째 시기인 남북대화의 시대(1984.9~1985.12)는 여러 종류의 회담이 활발히 추진된 시기였다. 전두환 대통령은 이 시기에 매년 반복해서 북한으로 하여금 남북한당국 최고책임자회담을 수용하도록 재촉구했다. 1984년 8월 20일에 남한이 북한과의 대화 및 경제교류를 제안한 데 대해 북한은 9월 8일에 남한의 수재민에 대한 구호물자 제공을 역제의했으며, 남한 정부는 9월 14일에 북한의 제안에 대한 수락 통보를 했다. 이러한 남북한 간의 제안 수락 과정에서 남북한 간 예술공연단 교환 방문이 성사됐다. 그리고 남・북한은 1985년 2월부터 IOC 중재하의 88서울올림픽에서의 단일팀 구성을 위한 로잔 회담을 시작했다. 그러나 북한은 1986년 1월 한미군사합동훈련을 이유로 남북한 간 회담을 중단시켰다.

한편, 제5공화국은 국방정책에서 대북한 군사적 억제력을 강화하는 데 초점을 맞췄다. 제5공화국 기간 동안에 북한과 북한의 동맹관계에 있던 소련은 안보위기를 고조시키는 사건들을 발생시켰다. 대표적인 사례로, 1983년 11월의 미국 레이건 대통령의 방한을 2개월 앞두고 발생한 소련 전투기의 KAL기 격추사건, 1983년 미얀마 랑군에서의 한국 국가외교사절단에 대한 북한 폭탄테러사건, 1987년 11월에 북한 공작원에 의한 대한항공 858편 폭파사건 등을 꼽을 수 있다. 제5공화국은 제2의 냉전이라는 국제안보 정세에 대응해 미국과의 결속을 강화하는 한편 제2차 전력증강 5개년계획(1982~1986년)을 수립했다. 이를 통해 미국과의 협력 하에 최신예 F-16전투기를 도입하는 등 국방전력의 현대화를 추진했다(강성학, 1993: 50).

참고 문헌

강성학 (1993). 역대 정권의 안보정책: 그 특징과 변화 및 문제점. 한국전략문제연구소 연구보고서.
박범종 (2005). 한국 사회복지정책의 정치・경제적 요인에 관한 연구: 제4공화국에서 국민의 정부까지. 한국민족문화, 제25권.
백학순 (2014). 박정희 정부와 전두환정부의 통일 대북정책비교. 경기: 세종연구소.
사득환 (1997). 한국 환경정책의 이해. 서울: 비봉출판사.
신현석・김준문 (1998). 교육개혁 정책의 유형분석 연구. 교육정치학연구, 제5권 제1호.
이남영 (1995). 전두환・노태우 정권의 성격과 리더십, 한국정치학회 편. 한국현대정치사. 서울: 법문사.
이상엽・김병식 (2001). 역대 정부의 사회복지정책의 변화 분석: 정권의 수단성과 사회적 요구를 중심으로. 한국정책과학학회보, 제5권 제1호.
정정길 (1994). 대통령의 리더십. 서울: 한국경제신문사.
최병선 (1989). 정치경제체제의 전환과 국가능력. 한국정치학회보, 제23집 2호.
최희연 (1997). 제5공화국. 신한국문화사.
한배호 (2005). 한국현대정치론. 서울: 오름.
현대사회연구소 (1986). 정치변동과 국가발전: 제5공화국 정책평가를 중심으로. 연구보고서.
홍득표 (1993). 한국정치분석론. 인하대학교출판부.

제 2 편

전두환 정부의 주요 정책 및 국책사업

제 1 장

자율화(두발·교복 자율화, 통금 해제) 정책

오재록
전주대학교

제 1 절 정책의 추진 배경

전두환 정부는 1979년 12·12 쿠데타 이후 헌법 개정을 통해 탄생한 정부다. 1979년 10·26 사건 이후 새롭게 등장한 '신군부' 세력은 1980년 비상계엄 조치에 항거한 광주 시민들을 유혈 진압하고 국민들의 민주화 요구를 묵살했다. 이로 인해 전두환 정부는 정치적 정통성과 지배의 정당성에 심각한 문제를 드러낼 수밖에 없었고, 이를 "정의사회 구현, 복지사회 건설" 등과 같은 슬로건으로 애써 극복하고자 했다. 두발 및 교복 자율화, 그리고 통금 해제 등은 전두환 정부가 태생적으로 안고 있었던 정치적 정통성 및 지배의 정당성 결여 문제를 희석시키기 위한 유화 조치의 일환으로 추진된 측면이 강하다.

제5공화국의 출범은 절차상의 합법성을 상실하고 직·간접적인 무력에 의존해 이뤄진 측면이 컸기 때문에 임기 내내 정통성의 위기에 직면해 있었다(Finer, 1975: 127-148; 홍득표, 1993: 101-102). 12·12 쿠데타와 5·18 광주민주화운동의 유혈 진압 등은 정통성 없는 정권 창출 과정을 대표하는 단적인 사례들이다. 정상적인 절차와 과정을 비틀어 국정을 인위적으로 운영해 나가고자 했던 전두환 정부는 겉으로는 민주주의 방식을 취했지만 비정상적・비민주적인 국정운영 방식(정치인의 구속과 정치활동 금지 조치, 공직자의 대량 숙청 등)을 노정할 수밖에 없었다. 이로 인한 거센 국민적 비판은 필연적인 수순이었을 것이다. 그러나 이 점을 정권 핵심부는 직시하지 못했다. 예컨대, 전두환 정부는 국가안전기획부(안기부)를 동원해 진성 야당 인사들의 정치활동을 묶어놓고 관제 야당을 아예 만들어주고 야당 참여자들까지 미리 선별했을 뿐 아니라, 운영비 일부를 보조하고 국회의원 전국구 후보들의 당비 헌금 한도액(1억)까지 정해주었다. 정치규제자의 친인척, 김대중의 측근, 해직 언론인 등은 공천에서 제외되도록 세심하게 통제했음은 물론이다. '눈 가리고 아웅' 하는 식의 이러한 정국 운영은 정권 핵심부가 (형식적이나마) 민주주의를 표방한 이상, 만고불변 통용되기는 어려웠다.

국민들의 표면적인 복종은 전두환 정권을 자발적으로 지지한 데서 생긴 것이 아니라 제재와 보복에 대한 두려움 때문에 생긴 것이었다. 평화적이고 합법적인 절차를 밟지 않고 초법적이고 탈법적인 방법으로 정권을 창출시킨 것에 대해 다수 국민은 불만을 갖고 있었지만, 총칼의 위협 앞에 이를 대놓고 표출하기 어려웠을 뿐이다. 전두환 정부 핵심부는 저간의 이러한 사정의 일단은 눈치채고 있었기 때문에 상황을 호도하고 물을 타기 위한 술수들을 총동원하지 않을 수 없었다. 그것은 정권 안보를 위한 필연적인 수순일 수밖에 없었다. 사활을 건 유화 조치를 동원하지 않고서는 원만한 통치가 힘들었던 것, 그것이 바로 전두환 정부의 본질적 숙명이었을지도 모른다. 그만큼 정통성 위기에 대한 대가(반대급부)는 크고 무거웠다고 할 수 있다.

제5공화국 정부는 국민적 불만과 비판을 달래고 정권의 정통성 위기를 극복하기 위해 사회적 유화 조치를 적극 강구함으로써 궁색한 처지에서 벗어나고 국민의 환심을 사려고 했다. 두발 자율화, 교복 자율화, 통금 해제는 물론, '3S(우민화) 정책'으로 불리는 프로야구, 프로축구, 프로씨름 등 스포츠(Sports) 및 영화(Screen) 산업의 활성화, 유흥(Sex) 산업의 묵인・방조(허용)에는 그러한 저간의 사정이 깔려 있었다는 것이 오늘날의 대체적인 평가라고 할 수 있다.

한편, 전두환 정부는 부족한 지배의 정당성을 확충하기 위해 이전 정부인 박정희 시대를 부정과 부패, 비리의 '앙시앙 레짐(ancien régime)'으로 규정하며 이전 시대와의 차별화에 진력했다. 자신들은 구시대의 적폐를 일소하고 새로운 시대를 열어갈 혁신적 주체임을 표방함으로써 부족한 지배의 정당성을 메우고자 했던 것이다. '정의사회 구현'이라는 슬로건의 제시나 형식상의 민주주의 절차 준수 모양새도 그러한 맥락에서 나온 측면이 컸다. 그러나 제5공화국이 아무리 위장하려고 애써도 독재국가(dictatorship)로서의 실질적인 면모까지 완전히 감추기에는 여러모로 역부족이었다(Sartori, 1987). 전두환 정부 당시 주요 야권 인사들의 정치활동 금지, 민주한국당(민한당), 한국국민당(국민당) 등 이른바 '관제 야당' 동원, 그리고 정당정치의 형식화 등은 제5공화국이 독재국가였음을 증명하는 뚜렷한 증거들이다(위키백과, 2014.5.21). 박정희 유신 시대와 별로 다를 바 없었던 독재정권이 종전 독재정권과의 단절을 꿈꾼 것은 어쩌면 자기기만이었을지 모른다. 그럼에도 전두환 정부 핵심부는 그러한 모순적 상황이 통제되고 관리될 수 있다는 도취적 환상에 빠져 상황을 크게 낙관했던 것으로 보인다.

이러한 관점에서 종합적으로 볼 때 1982년의 시작은 전두환 정부에 남다른 것이었을 수 있다. 1982년 1월 4일, 새해 벽두에 국무총리와 5부 장관을 전격 교체하는 개각을 발표하는 것으로 1982년의 일련의 조치들은 시작됐다. 새 국무총리서리에 유창순 무역협회장, 부총리 겸 경제기획원 장관에 김준성 한국은행 총재, 재무부 장관에 나웅배 민정당 전국구 국회의원, 동자부 장관에 이선기 민정당 총재비서실장, 건설부 장관에 김종호 전남지사, 통일원 장관 겸 평통사무총장에 손재식 내무부 차관이 임명됐고, 김경원 대통령비서실장 후임에 이범석 통일원 장관 겸 평통사무총장이 기용됐다. 경제 각료의 무더기 퇴임과 새로운 인물의 기용으로 특징지어지는 개각이었다(한국편집기자회, 1982: 566).

'새 시대 건설'을 구호로 내세웠던 1980년 9월 2일 첫 조각에서 구시대(박정희 시대)의 10년 장관 남덕우를 국무총리로 일시 기용해 1970년대 한국 경제를 이끌어온 자에게 결자해지의 임무를 부여한 의미가 있었다면, 1982년 새해 벽두 단행된 16개월 만의 개각은 유창순 무역협회장이 국무총리로 임명되면서 유신정책과 무관한 인물의 기용으로 전두환 정부 이전의 이미지를 씻고 새로운 이미지를 대내외에 부각시키려는 의미가 강했다고 할 수 있다(한국편집기자회, 1982: 566). 전두환 대통령은 박정희 시대를 부정과 부패, 비리의 '구시대'로 규정해 박정희 정부와의 단절을 이렇게 직접적으로 표방한 것이다. 즉, 1982년은 정권 교체 이후 안정감과 자신감을 찾은 제5공화국 핵심부가 과감하게 독자 노선(My Way)을 표방한 원년이라고 할 수 있다. 즉, 1982년 새해 벽두의 개각은 제5공화국 출범 이후 두 차례에 걸친 보각(소폭 교체)을 넘어서는 중폭 개편의 성격을 띠고 있었고, 경제활성화를 비롯한 선명한 변화를 추구함으로써 민심에 부응하면서 새해를 맞아 새로운 출발을 다짐하려는 의미가 짙게 배어 있었던 것이다(한국편집기자회, 1982: 566). 그리고 그 이면에는 부정과 부패, 비리의 '앙시앙 레짐'으로 규정된 박정희 시대를 끝장내고 새 시대, 새 해, 새로운 출발을 여망했던 제5공화국 핵심부의 의도가 숨어 있었다.

그러한 점에서 1982년 1월 4일 개각 발표 직후 이뤄진 1982년 1월 5일 밤(6일 자정)부터의 야간 통행 금지 해제, 그리고 중고생의 두발 및 교복 자율화 조치의 전격 발표는 그 의도와 배경이 명확하다고 할 수 있다. 이들 자율화 조치는 전두환 정부가 박정희 정부와 단절하고 새로운 시대를 열겠다는 의지의 표명, 그리고 이를 위한 분위기 쇄신용 정치 이벤트의 일환이었음이 명약관화해지는 것이다. 국민들의 자유와 행복 그리고 프라이버시 확대를 위한 순수한 국리민복 정책으로서의 성격을 지닌 것이 아니라, 정권 핵심부의 정치적 필요에 의해 전격적으로 동원된 정치적 도구에 불과했던 셈이다. 그러므로 이 조치들은 정권 핵심부 차원에서 기획되고 추진될 수밖에 없는 구조적인 특징을 지닐 수밖에 없었다.

두발 및 교복 자율화, 그리고 통금 해제는 제5공화국 집권 2년차 국정운영에서 상당히 중요한 비중을 차지하는 대대적인 정치 이벤트였다. 한국편집기자회(1982)에 따르면, 이 조치들이 발표된 1982년에 제5공화국은 경제의 안정 기반 확대, 사회 전 부문의 자율과 개방, 정상외교 강화 등을 주요 정책 방향으로 삼았다. 전두환 대통령은 1982년의 국정 중점 방향을 부패 심리, 물가오름세 심리, 무질서 심리 등 3대 부정 심리의 추방에 두고 통금 해제와 교복 및 두발 자율화 조치를 전격 단행한 측면이 있다. 당시 동시에 전격적으로 취해진 해외여행의 자율화 폭 확대 등 전향적 자유화 및 개방정책 등은 모두 유사한 의미를 지닌다(노철용, 1987b: 91; 노철용, 1987c: 77-78).[1)]

1) 이러한 기조는 1984년 대통령 국정연설에도 반영되어 있다. 문화공보부(1984: 55-56)는 이에 대해 다음과 같이 부연 설명하고 있다. "전 대통령은 정의사회 구현의 저해 요인을 강력히 제거함과 아울러, 자율의 토대를 더욱 넓게, 그리고 화합의 기반을 더욱 튼튼하게 해나겠다고 밝혔다. 사실 제5공화국 정부의 괄목할 만한 성과이며 특징의 하나가 자율 분위기의 조성에 있다고 할 수 있다. 그동안 제5공화국 정부는 82년 정초의 야간 통행 금지 해제 조치를 비롯, 해외여행 자유화, 중·고교생들의 두발 및 교복의 자유화 등 일련의 획기적인 개방 조치를 취하는 가운데 자율적인 사회 분위기 조성에 힘을 기울여 왔다. 이와 같은 자율, 개방정책은 우리 사회에서 전근대적인 굴레를 제거하고, 자율적인 여건을 조성하여 선진적인 개방사회를 이룩하고자 하는 전 대통령의 일대 정치적 결단에서 비롯되었던 것이다. 전 대통령은 이번에도 '사회의 모든 분야에서 폭력이 아닌 대화로 문제가 해결되고 법과 상식에 의해서 권익이 보장되는 진정한 자율의 기풍이야말로 사회적 측면에서 선진국을 이룩하기 위한 선결과제'라고 말함으로써 자율·개발정책의 확충 의지를 분명히 했다. 따라서 앞으로 우리 사회에서는 모든 분야에 걸쳐 폭력의 배제와 함께 건전하고 자율적인 분위기가 더욱 진작되어 나갈 것이며, 그러할 때 올림픽 개최국으로서, 참다운 선진국으로서의 면모가 갖추어질 것이며, 국민의식 또한 차원 높게 성숙되어 가는 가운데 폭넓은 개방성과 창의성이 발휘될 것이다."

1. 두발 자율화

두발 제한은 개인의 머리 모양과 길이 등에 규정을 두어 제한하는 것을 말하며, 군대, 학교, 교도소 등 특수한 집단에 이러한 규정이 존재하는 경우가 많다. 한국에서는 유교적인 풍습에 따라 머리를 깎지 않는 전통이 있었으나, 조선 후기(1895년) 일본에 의해 단발령이 시행되면서 그러한 전통이 약화됐다. 대한민국에서는 1970년대에 풍기 단속을 명목으로 남자의 장발을 제한한 적이 있으며 1980년대 들어 장발 단속은 사라졌다. 중고등학교 학생들의 짧은 머리에 대한 논란은 1960년대부터 꾸준히 제기됐다(위키백과, 2014.5.21).

전두환 정부의 문교부는 1982년 1월 4일 중고생 두발 자율화 조치 시행을 발표했다. 문교부는 두발 자율화 정책의 추진 배경과 필요성에 대해 다음과 같이 구체적인 설명을 내놓았다(한국편집기자회, 1982: 568).

> 학생들이 그동안 두발 등의 자율화를 열망해 왔고 학생 개인의 개성을 신장시키고 심미안을 길러 보다 창의적인 인간으로 성장토록 하기 위해 자율화를 하게 된 것이다. 해방 이후 사회 곳곳에서 일제의 식민지 잔재를 청산하기 위한 노력이 있었고, 미국식 교육 체제가 확립되었지만 유독 학생들의 머리형과 교복에 대해서만 변화가 없었다. 우리에게 근대식 교육을 시키고 제복을 강요했던 일본인들마저 지금은 머리를 기르고 옛 교복을 없애버린 판에 우리가 그 잔재를 고집해온 것은 아이러니다. 또한 세계가 1일 생활권으로 외국인의 왕래가 증가했고 88 서울올림픽과 86 아시안게임 개최 등으로 우리의 생활문화가 내외에 널리 알려지게 되므로 이를 의식하지 않을 수 없다.

문교부의 설명대로 두발 자율화는 학생들의 주체성을 함양하고 책임감 있고 창의적인 인간을 육성하기 위한 차원에서 실시된 측면이 없지 않다. 학생 자신의 생활과 가장 가까운 복장부터 자기 개성에 맞게 자율적으로 관리하도록 맡김으로써 독립성과 능동성을 기르고, 이를 통해 길러지는 자율의식이 점차 학습 활동과 일상생활에까지 파급되도록 하자는 취지가 분명 있었던 것이다(생활지도장학관실, 1984: 26-29). 종래부터 중·고등학교 학생들의 삭발 머리 스타일이 일제의 잔재라는 비판이 끊임없이 제기되어 왔고, 군사문화의 유산이라는 부정적 인식도 팽배했던 상황이었기 때문에 충분히 타당한 추진 배경이 될 수 있었다(임영태, 1998: 208-210). 헤어스타일을 자유롭게 선택하도록 해야 한다는 필요성과 공감대도 사회적으로 널리 확산되고 있었기 때문에 자연스러운 시대적 흐름이었다고 할 수 있다.

그러나 두발 자율화 조치의 가장 큰 배경에는 앞에서 설명한 바와 같은 정치적 이유와 필요성이 더 크게 작용했다고 보는 것이 타당하다. 정권의 정치적 정통성 위기와 지배의 정당성 부족 문제를 극복하고자 했던 전두환 정부는 국민적 저항을 완화시키고 사회적 불만을 달래기 위한 돌파구로, 또 구시대로 지목된 박정희 정부와의 단절을 부각시킬 수 있는 이벤트로 이러한 자율화 조치를 강구했던 것이다. 국민들의 불만을 정치 이외의 다른 곳으로 분출·배설시켜 독재정부의 강권통치를 원활하게 하고 일반 국민들의 정치에 대한 관심을 다른 곳으로 돌리려는 저의도 밑바탕에 깔려 있었다고 할 수 있다.

전두환 정부의 교육정책의 본질적 특성은 정권 안보를 목표로 다양한 방식으로 이념적·제도적 통제를 강화하는 데 있었다(임영태, 1998: 214-217). 사회정화운동이나 국민정신교육, 그리고 사회주의 이념의 확산에 대응한 체제 이념 교육 등 '지배 이데올로기'를 끊임없이 주입하고 민주화운동 세력을 좌경 불순분자들로 매도하는 교육은 전두환 정부가 역량을 집중한 요소 가운데 하나였다. 1982년 사회교육법 제정은 제도권 밖의 비정규 교육활동에 대한 철저한 통제를 목표로 한 것이었고, 1983년 야학연합회 사건, 아람회 사건(1981), 『민중교육』지 사건(1985) 등 교원 통제 사건도 대체로 이러한 맥락에서 등장했던 것이라고 볼 수 있다.

그러나 전두환 정부 교육정책은 이러한 강경일변도의 통제정책에만 한정되지는 않았고 일정 부분 숨통을 틔워 주었다는 데 명민함이 있다. 제5공화국 핵심부는 통제정책과 더불어 저항 세력을 체제 안으로 끌어들이려는 유화적인 정책들과 조치들을 병행하는 기민함을 보여주었다. 정권의 안위나 체제의 안정에 직접적으로 관련이 없는 부분들에 대해서는 과감하게 유화 조치를 도입, 단행했던 것이다. 1980년 7·30 교육개혁 조치(과외 전면 금지, 대학입시 본고사 폐지, 졸업정원제 실시), 1982년 개방대학 설치와 방송통신대학 확대 등은 그러한 유화정책의 대표적 사례들이다(임영태, 1998: 216). 1982년 중·고등학교 학생들의 두발 자율화 조치도 그러한 조치의 연장선상에 있음은 두말 할 나위 없다.

따라서 두발 자율화 조치가 학생들의 주체성을 함양하고 책임감 있고 창의적인 인간을 육성하기 위한 차원에서 실시됐다는 문교부의 정책 추진 배경 설명은 표면적·형식적 이유에 불과하다고밖에 볼 수 없다. 실제로도 두발 자율화 조치는 헤어스타일의 완전 자율화까지 허용한 것이 아니라, 머리카락 길이를 상대적으로 조금 더 길게 할 수 있는 정도의 제한적 자율화에 그쳤던 점은 이를 방증한다. 한마디로 '무늬만 자율'이었던 셈이다. 두발 자율화가 순수하게 학생들의 주체성과 창의성을 길러주기 위한 차원에서 실시됐다는 문교부의 주장은 무색한 것이라고 할 수 있으며, 아주 일부분의 측면에 해당하는 부분적 명분에 불과한 것이라고 할 수 있다.

2. 교복 자율화

교복을 언제부터 입었는지에 대해서는 여러 가지 견해가 있지만, 세계적으로 나폴레옹이 유사시를 대비해 학생들에게 군사 훈련을 시키면서 통일된 복장을 입힌 것이 교복의 시초라고 보는 시각이 있는가 하면, 교복 개념이 영국의 헨리 8세 때부터 있었고 이튼 칼리지가 시초이며 이후 대부분의 사립학교에서 교복을 채택하게 됐다는 설도 있다. 나폴레옹의 교복은 엄밀히 말하면 군복에 가까운 것이지 교복이라고 하기는 어렵다는 것이다(위키백과, 2014.5.21).

한반도 교복의 역사는 1904년 이화학당으로 거슬러 올라간다. 이때 최초로 채택된 교복에는 속곳, 고쟁이, 버선까지도 포함됐고, 겉옷은 러시아산 무명으로 만든 다홍색 치마저고리였다. 3년 후인 1907년에는 숙명여학교에서 자주색 원피스와 분홍색 교모로 구성된 서양식 교복을 처음으로 입었다. 이후로 1919년까지 쭉 교복이 한복 차림이었다가 1920년에 모든 교복이 양복으로 바뀌었다. 일제강점기부터 1983년까지 한국의 학생들은 서울과 지방 할 것 없이 배지와 이름표(명찰)를 부착한 교복을 입고 머리를 짧게 깎은 채 학교에 다니다가 1983년부터 교복·두발 자유화 조치로 인해 잠시 폐지됐다. 교복 자율화 직전에는 전국의 모든 중·고등학교가 학생들로 하여금 동일한 형태의 교복을 입게 하고 있었다. 이로 인해 획일화된 교복 착용 문화가 학생 개개인의 개성과 자율성을 무시한다는 지적이 일었고, 일제의 잔재를 청산하지 못하고 있다는 자성의 목소리도 끊임없이 흘러나오고 있었다(위키백과, 2014.5.21).

대한민국 교복의 역사를 배재학당(도포 차림)으로 보는 관점도 있다. 1904년 한성중학교가 개교하면서 순 한국식 검은색 두루마기에 검은색 띠를 두른 교복 형태가 등장한 것이 시초라는 시각이다. 그러다 1939년 일본이 남자들에게 국방색 국민복을 입히기 시작하면서 학업과 일상 훈련까지 겸할 수 있는 국민복이 등장했고, 이러한 형태의 교복이 광복 뒤에도 계속 이어졌다는 것이다. 이후 1969년 중학교 평준화 시책이 시행되면서 시·도별로 획일화되고 균일화된 교복이 등장했고, 학교별 특성을 없애기 위해 삭발에 검은 양복과 양철 단추, 이름표, 학교 배지와 학년 마크를 단 일정한 교복 형태가

1982년까지 유지됐다는 관점이다(네이버지식백과, 2014.5.21).

전두환 정부 문교부는 1982년 1월 4일 중·고등학생의 두발 자율화와 함께 교복 자율화 조치도 함께 발표했다. 문교부가 밝힌 교복 자율화 정책의 추진 배경과 필요성은 다음과 같다(한국편집기자회, 1982: 568).

> 학생들이 그동안 교복 등의 자율화를 열망해 왔고 학생 개인의 개성을 신장시키고 심미안을 길러 보다 창의적인 인간으로 성장토록 하기 위해 자율화를 하게 된 것이다. 생활 수준의 향상으로 대부분의 학생들이 교복 외에 한두 벌의 사복은 갖고 있으며, 자유복을 착용케 할 경우에 졸업 후에도 계속 입을 수 있어 경제적이고, 학생들이 교복의 압박에서 벗어나기 위해 사복을 입고 비행을 저지르는 폐단도 많았던 점을 고려하여 자율화가 불가피하게 된 것이다. 해방 이후 사회 곳곳에서 일제의 식민지 잔재를 청산하기 위한 노력이 있었고, 미국식 교육 체제가 확립되었지만 유독 학생들의 교복과 머리형에 대해서만 변화가 없었다. 우리에게 근대식 교육을 시키고 제복을 강요했던 일본인들마저 지금은 머리를 기르고 옛 교복을 없애버린 판에 우리가 그 잔재를 고집해온 것은 아이러니다. 또한 세계가 1일 생활권으로 외국인의 왕래가 증가했고 88 서울올림픽과 86 아시안게임 개최 등으로 우리의 생활문화가 내외에 널리 알려지게 되었으며, 교복을 착용하고 있는 나라는 아시아 지역 5, 6개국에 불과한 실정이다.

교복 자율화 역시 두발 자율화와 마찬가지로 학생들의 주체성을 함양하고 책임감 있고 창의적인 인간을 육성하기 위한 차원에서 실시된 측면이 일부 있다. 학생 자신의 생활과 가장 가까운 복장부터 자기 개성에 맞게 자율적으로 관리하도록 맡김으로써 독립성과 능동성을 기르고, 이를 통해 길러지는 자율의식이 점차 학습활동과 일상생활에까지 파급되도록 하자는 취지가 있었던 것이다(생활지도장학관실, 1984: 26-29). 1982년 통금해제와 두발 자유화에 이어 1983년 교복 자율화가 순차적으로 시행되면서, 심리적·신체적·사회적 발달 단계에 있는 청소년들의 심리적 위축감과 소외감을 해소하고 개성신장과 민주의식 함양 등을 통해 책임감을 심어주는 효과가 어느 정도 있었던 것은 부정할 수 없다(네이버지식백과, 2014.05.21).

그러나 이 역시 그 본질은 두발 자율화와 마찬가지로 국민의 불만을 달래고 정치에 대한 관심을 다른 곳으로 돌리고자 했던 제5공화국 핵심부의 정치 이벤트로서의 성격이 훨씬 더 강했다고 할 수 있겠다. 교복 자율화는 표면적 명분에 불과했을 뿐, '강요된 자율', '무늬만 자율'이 그 본질이었다고 할 수 있다. 1985년 이후 사복 구입 부담 등을 이유로 교복이 곧바로 다시 부활한 것은 이를 반증한다. 1986년 3월 학교장 재량으로 교복 착용 여부를 결정할 수 있도록 조치를 변경한 것은, 1982년 교복 자율화 조치가 정치적 분위기 쇄신용으로 급조된 조치였음을 말해주는 결정적 증거라고 할 수 있다.

3. 통금 해제

야간 통행 금지는 1945년 9월, 미국의 군정사령관 하지(John R. Hodge) 중장의 '미 군정 포고 1호'가 발동되면서 시작된 이래, 빈곤 속에서 횡행하는 범죄를 줄이는 등 일부 순기능에도 불구하고, 국민의 야간생활 통제는 물론 인신(人身)을 구속하는 수단 등으로 활용되는 부작용 등이 나타남으로써 순기능보다 역기능이 더 컸다. 이 때문에 야간 통행 금지 해제 요구가 끊임없이 제기되고 있었고 급속한 경제 발전의 와중에서 야간 통행 금지는 사회적·경제적으로 큰 부담이 되고 있었던 것이 사실이다. 특히 야간 통행 금지는 일제강점기인 1920년대부터 존속한 군국주의의 산물이자 전시사회 및 통제사회의 부산물로서, 이승만 정부와 박정희 정권의 국민통제 수단으로 널리 악용되는 등 국민의 기본권 제한 논란을 불러일으키는 핵심 원인 가운데 하나로 인식되고 있었다(네이버지식백과, 2014.5.21).

전 국민에 대한 야간 통행 금지는 한국전쟁 이후 전국으로 확대되어 계속되다가 1955년 경범죄 처벌법의 제정으로 내무부 장관이 통금을 실시하는 것으로 제도화돼 있었다. 모든 국민을 대상으로 한 야간 통행 금지는 1982년 1월 5일에 폐지될 때까지 총 36년 4개월 동안 실시됐다. 1961년부터는 밤 12시부터 오전 4시까지로 완화됐다. 통금 시간은 자연재해, 어떤 사회 불안 요인이나 정변이 있을 때 등 특수한 경우와 일몰·일출 시간에 따라 조정될 수 있도록 되어 있었다. 이 기간 동안 오후 11시~12시에는 귀가를 위해 대중교통이 북새통을 이뤘고, 밤 12시 사이렌이 울린 이후에 통행하는 사람은 경찰서에서 대기하다가 오전 4시에 통행할 수 있었다. 이 기간 동안 학원도 교습 시간을 줄여야 했고, 김포국제공항과 김해국제공항에 착륙하지 못한 국제선 비행기는 일본이나 홍콩, 타이완, 하와이, 알래스카 등으로 회항하는 경우도 많았다(위키백과, 2014.5.21).

야간 통행 금지는 국민생활에 무수한 불편을 초래했다. 부처님 오신 날과 크리스마스, 그리고 연말연시인 12월 31일 자정부터 1월 1일 새벽 4시까지는 예외적으로 통행을 금지하지 않았는데, 이때 시민들이 느낀 해방감과 만끽된 자유는 야간 통행 금지로 인한 시민 불편을 그대로 반증하는 것이었다. 이 때문에 해방 이후 한국전쟁과 권위주의 시대를 거치면서 30여 년간 지속된 야간 통행 금지의 해제 필요성은 크게 힘을 얻고 있었다.

야간 통행 금지 폐지 문제는 1982년 이전부터 여러 차례 논의가 이뤄져 왔다. 특히 국민의 기본권을 침해한다는 문제 제기가 무엇보다 컸다. 제5공화국의 이른바 '3S 정책'과 더불어 1981년 초에는 '88서울올림픽에 대비해 대한민국의 치안 안정과 안보 확보를 대외적으로 알리기 위해 여당인 민주정의당(민정당)을 중심으로 통행 금지 폐지가 적극적으로 검토됐고, 국회에서 만장일치로 폐지를 결정했다. 그리하여 1982년 1월 5일부터 일부 지역을 제외한 전국에서 야간 통행 금지는 폐지되기에 이르렀다. 1988년 1월 1일에는 1982년에 제외됐던 나머지 지역도 통금이 해제되면서 통금은 완전히 해제됐다(위키백과, 2014.5.21).

제 2 절 정책의 추진체계

1. 두발 자율화

전두환 정부의 문교부는 1982년 1월 4일 전두환 대통령의 지시에 따라 전국 중·고등학교의 남녀 학생의 머리 모양(두발)을 1982학년도 1학기부터 자율화한다고 발표했다. 중·고등학교 학생들에 대한 두발 자유화 조치는 전두환 대통령이 1981년 12월 초 문교부에 연구·검토를 지시한 데 따른 것이다(매일경제, 1982.1.4). 문교부는 그 실시 시기를 이와 같이 결정하면서 각 시도교육위원회에 두발 자율화의 구체적인 지침을 시달하기로 했다(한국편집기자회, 1982: 568-569). 이에 따라 각 학교에서는 지침의 범위 내에서 학생들의 두발 제한을 1982년 1학기부터 완화하게 됐다.

따라서 두발 자율화 정책의 추진체계는 "대통령비서실(허화평) 검토·보고 → 대통령 결재·지시 → 문교부 발표, 지침 시달 → 시도교육위원회의 각 학교 통보 → 학교장 시행" 과정으로 비교적 간명하게 이뤄졌다고 하겠다.

이 과정에서 핵심 포인트는 대통령의 결심에 있었으며 이를 이끌어낸 대통령비서실, 그중에서도 허화평의 역할은 결정적이었다. 이 조치의 발표가 문교부 공보관이 아니라 청와대 대변인을 통해 이뤄졌다는 점은 이 조치의 정치적 성격을 잘 보여준다. 전두환 대통령은 1981년 12월 문교부에 지시를 내리면서 "중·고등학생의 교복 자율화와 자유형 두발의 조기 실시가 바람직하다", "자라나는 청소년들의 색상과 미에 대한 감각을 억제해서는 안 된다"고 언급했다(매일경제, 1982.1.4). 대통령의 적극적인 관심이 상당히 적극적·구체적으로 표명된 사안이었다.

다음의 학원안정법 파동 당시의 상황은 이와 잘 견주어질 수 있다. 학원안정법 파동은 제5공화국 내부의 교육정책이 어떻게 성안되고 무엇을 위해 추진됐는지 적나라하게 보여주는 사례로, 자율화 정책의 추진체계가 기록으로 제대로 남아 있지 않은 상황에서 중요한 방증 자료로 삼을 만하다.

허화평과 허삼수가 1982년 말 장영자 사건 처리 문제로 갈등을 빚다 물러난 후 '3허(許)'를 구성하던 허문도 역시 정권 핵심으로부터 밀려났다. 권력의 속성을 잘 파악하고 있던 허문도는 1985년 정무1수석으로 복귀하는 데 성공한다. 1982년 12월 허화평 정무1수석의 퇴진 이후 통치 이념을 정책적으로 뒷받침할 핵심 참모로 등장한 허문도는 독특한 논리를 앞세워 1985년 여름 「학원안정법」을 대통령에게 설득시키는 데 성공한다(박보균, 1994: 333-344). 정치참모 1인의 독선적 판단과 저돌성이 대통령을 설득시킬 경우 간단히 정책이 추진되던 시절이다.

1985년 정국은 학원·노사문제가 심상치 않은 국면으로 치닫고 있었다. 7월 15일 미문화원 농성사건 공판에서 피고인들의 집단 구호와 노래로 재판이 연기되는 뜻밖의 사건이 발생했다. 대통령은 다음 날 법무부 장관을 경질하고 서울대 총장을 해임했다. 정국과 사회 분위기가 급랭했다. 삼민투위 사건도 연이어 터졌다. 5공 핵심부는 학원의 정치적 영향력을 차단하지 않고는 시국이 조용해질 수 없다고 판단했다. 정권에 정면 도전하는 운동권 세력을 분쇄하지 않으면 시국관리가 불가능하다고 결론지었다. 이때 허문도 수석은 특유의 이론으로 누구보다 앞서 전두환 대통령에게 대안을 제시했다. 일본 전문가였던 그는 "학원 사태가 체제 부정적 단계에 이르렀다. 대학 내 좌경의식화 세력을 방치할 경우 국가안보에 위협이 된다. 기존의 법과 정책적 접근으로 학원 소요를 종식시키는 데 실패했다. 집권 후반기 정국 안정과 권력관리에 있어 학원문제가 장애가 되지 않도록 새로운 발상의 장치가 필요하다. 문제 학생을 보안법으로 처벌해 전과자로 만들지 않고 대신 일정 장소에 격리하여 선도 교육을 시켜 학원으로 되돌려 보내는 방법이 있다"고 제안했다(박보균, 1994: 341-342).

이와 같은 착상에서 학원안정법은 나왔다. 동경대에서 유학하고 일본 특파원을 지낸 그의 머릿속에는 일본이 1960년 말 대학 분쟁 해결을 위해 한시법으로 운영한 「대학운영에 관한 임시조치법」이 떠올랐던 것이다. 1985년 5월 미문화원 농성 사건 이후 전두환 대통령도 그의 진단과 처방에 솔깃했다. 대통령은 장세동 안기부장과 이 문제를 협의해 보라고 지시했다. 학원 문제로 곤혹스러움을 겪고 있던 장세동 부장도 허문도 수석의 아이디어에 잠시 마음이 끌렸다. 장세동 부장은 정책결정의 관리자로서 대통령의 비서실장 역할을 사실상 겸하고 있던 때였다(박보균, 1994: 333-344).

성취욕이 남달리 강한 허문도 수석은 당장 당과 정부 실력자들을 대상으로 정책 세일즈에 나섰다. 그는 먼저 정부와 여당(민정당)에 이 법안의 추진이 대통령의 뜻임을 풍겨 기선을 제압했다. 그런데 허문도 수석의 7월 22일 노태우 민정당 대표 방문 이후 학원안정법 추진 기사가 보도되자 야당이 '학원탄압법'이라고 강력 반대하고 나섰다. 2·12 총선에서 재야 운동권의 공세에 혼쭐이 났던 이종찬 민정당 총무도 이에 가세했다. "학원 소요의 새로운 불씨를 낳을 수 있다"고 제동을 걸었다. 허문도 수석과 동경대 유학을 함께 한 김영작 이념실장도 일본과 한국의 차이를 열거하며 반대 논리를 제공했다. 허문도 수석은 민정당의 반대를 꺾어야 한다며 대통령을 움직여 이종찬 총무를 이세기 의원으로 교체하고 이한동 사무총장을 정순덕 의원으로 바꾸는 데 성공했다. 여당 내 반대 목소리가 일시에 사라졌다. 그러나 대통령은 이 순간부터 허문도 수석의 아이디어에 의심을 품기 시작했다. 학원안정법이 안고 있는 위헌 시비 문제, 정국 긴장 고조, 시위 방지의 효율성 측면에서의 실질적인 효과성 문제 등 부정적 보고를 여러 차례 청취한 뒤였다. 장세동 안기부장도 입장을 바꿨다. 이후 전두환 대통령은 장세동 부장과 모의하여 야당 총재들과의 연쇄 영수회담 등 정치적 이벤트를 꾸며 여론을 수렴하는 형식을 취하면서 학원안정법을 간단히 철회하고 말았다(박보균, 1994: 333-344).

학원안정법 파동에서 우리가 알 수 있는 것은, 두발 자율화 정책은 대통령의 결심이 확보되지 않고는 불가능한 조치였으며, 대통령의 최종 결심을 이끌어내고 끝까지 이를 유지케 한 허화평 정무1수석의 역할이 결정적이었다는 점이다. 허화평 정무 1수석이 추진했던 두발 자율화 정책은 대통령에게 영향력이 컸던 한 정치참모(허화평)가 대통령의 확실한 지지를 등에 업고 추진했던 정권 차원의 조치, 그 이상도 그 이하도 아니었다. 더욱이 여당이나 야당 등 정치권의 반대도 없었고 집권 세력 안에서도 누구도 반대하지 않았던 정책이었다. 국민적 여론도 긍정적으로 환기돼 있었다. 이러한 점들은 학원안정법에 비해 매우 유리한 정책환경으로 작용했다고 볼 수 있다.

2. 교복 자율화

전두환 정부의 문교부는 1982년 1월 4일 전두환 대통령의 지시에 따라 전국 중·고등학교 학생들의 교복을 1983학년도 신입생부터 자율화한다고 발표했다. 중·고등학교 학생들에 대한 교복 자유화 조치는 전두환 대통령이 1981년 12월 초 문교부에 연구·검토를 지시한 데 따른 것이다(매일경제, 1982.1.4). 문교부는 그 실시 시기를 이와 같이 결정하면서 각 시도교육위원회에 두발 자율화의 구체적인 지침을 시달했다(한국편집기자회, 1982: 568).

교복 자율화 정책의 추진체계는 두발 자율화 정책과 마찬가지로 "대통령비서실(허화평) 검토·보고 → 대통령 결재·지시 → 문교부 발표, 지침 시달 → 시도교육위원회의 각 학교 통보 → 학교장 시행" 과정으로 비교적 간명하게 이뤄졌다고 하겠다.

이 과정에서 가장 중요한 포인트는 대통령의 결심이었으며 이를 이끌어낸 대통령비서실, 그중에서도 허화평의 역할은 결정적이었다. 특히, 이와 같은 조치의 발표가 문교부 공보관이 아니라 청와대 대변인을 통해 이뤄졌다는 점은 이것이 정권 차원의 조치였음을 증명한다. 실제로 전두환 대통령은 1981년 12월 문교부에 지시를 내리면서 "중·고등학생의 교복 자율화와 자유형 두발의 조기 실시가 바람직하다", "자라나는 청소년들의 색상과 미에 대한 감각을 억제해서는 안 된다"고 말했을 정도로 적극적인 관심을 표명한 바 있다(매일경제, 1982.1.4).

허화평 정무1수석이 추진했던 교복 자율화 정책은 두발 자율화 정책과 마찬가지로 대통령에 대한 신뢰와 지지가 두터웠던 시절, 한 명의 정치참모가 대통령을 등에 업고 추진했던 정권 차원의 정치적 이벤트였기에 복잡한 추진체계를 필요로 하지 않았다고 할 수 있다. 여당이나 야당 등 정치권의 반대도 없었고 집권 세력 누구도 반대하지 않았으며, 국민적 여론도 환기된 상황이었다. 아무리 유리한 정책환경이었다고 해도 대통령의 최종 결심을 이끌어내고 이를 끝까지 유지시킨 대통령비서실, 그중에서도 허화평 정무1수석의 역할은 결정적으로 컸다고 할 수 있다.

3. 통금 해제

전두환 대통령은 1982년 1월 1일 "5일 열리는 국무회의에 야간 통금해제 안을 상정, 당일 밤부터 통금을 해제하도록 모든 준비를 갖추라"고 관계 수석비서관들을 통해 내무부 등 관계 부처에 지시했다. 또 "야간 통금 해제 문제는 국회에서 만장일치로 결의안을 통과시켰고 정부로서도 그동안 준비를 해왔으며, 특히 크리스마스, 연말연시의 통금 해제 기간 동안 모든 지역이 조용했던 것으로 보아 통금은 오늘 3일 밤부터라도 연속적으로 해제하는 것이 좋겠으나 행정절차상 요건을 갖춰야 하기 때문에 5일 국무회에서 의결되는 대로 당일부터 실시토록 하라"고 했다고 이웅희 청와대 대변인이 발표했다(한국편집기자회, 1982: 567).

1982년 1월 5일 밤(6일 자정)부터 전방 접적지역과 일부 해안 취약지역을 제외한 전국의 야간 통행 금지가 37년 만에 해제됐다. 이 조치는 1982년 1월 1일 전두환 대통령이 같은 달 5일 열리는 국무회의에 통금 해제 문제를 상정하여 당일 밤부터 통금을 해제하도록 모든 준비를 갖출 것을 내무부 등 관계 부처에 지시한 데 따라 이뤄진 것이다(한국편집기자회, 1982: 567).

그러나 그 실질적인 입안자는 허화평이었다. 그는 제5공화국 출범 직후 연좌제 폐지, 학생 두발·교복 자율화, 불법과외 금지, 야간 통행금지령(통금령) 폐지를 기획, 성사시킨 주인공이었다. 야간 통행 금지 해제는 박정희 시대의 고리를 끊고 새 시대, 새로운 분위기를 만들어가고자 했던 '신군부' 세력에게는 중요한 정치적 도구로 여겨졌기에 허화평의 검토와 기안을 거쳐 대통령 지시 사항으로 국무회의에 올려졌고 내무부 등 관계 부처가 이를 받아 관련 조치를 취하게 된 것이다.

허화평은 정치권을 움직였다. 1981년 초부터 여당인 민주정의당(민정당)은 1988년 서울올림픽을 앞두고 대한민국의 치안 확보와 안보 확립을 대외적으로 알릴 필요가 있다며 통금 해제 논의를 적극적으로 펼쳐나갔다. 제5공화국 정부는 비정상적인 정권 탈취에 따른 국민의 비판을 무마시키려는 속내를 감춘 채 통금 해제 계획을 진행할 필요가 있었다. 정부와 여당의 이해가 일치했던 것이다. 거기에 여당의 거수기나 다름없었던 민주한국당과 국민당 등 야당도 찬성했다. 이에 따라 여야 3당의 3역은 1981년 10월 19일 회동을 갖고 통금해제 안을 제108회 정기국회에서 처리하기로 합의했다. 이후 국회는 12월 15일 본회의에서 이미 국민당이 제안해놓았던 '야간 통행금지 해제에 관한 건의안'을 만장일치로 통과시켜 정부로 이송했다(한국편집기자회, 1982: 567).

당초 국민당의 결의문 안에는 실시 시기를 "1982년 1월 1일부터"로 명기했으나 국회가 채택한 건의안은 정부의 준비 기간을 고려해 "조속한 시일 내"로 여유를 두었으며, 시실에 따르는 여러 준비 관계상 실시 시기는 1982년 봄 이후가 될 것으로 관측됐다. 그런데 전두환 대통령의 전격 지시로 그 실시 시기가 통상의 관측보다 조금 앞당겨지게 된 것이다(한국편집기자회, 1982: 567).

제3절 정책의 추진 과정 및 내용

1. 두발 자율화

1) 추진 과정

두발 자율화 정책은 대통령비서실, 그중에서도 허화평 정무1수석이 주도해 실시됐다(일요시사, 2013.7.15). 그는 전두환 대통령의 사조직인 '하나회'의 중간 보스이기도 했는데, 허화평, 장세동, 김진영은 팀플레이에 능한 신군부 트리오였다. 전두환은 장악력이 강한 리더였고 장악력을 기초로 각종 정책을 추진했다. 그 장악력 때문에 독재자 전두환의 밑에 있던 2인자 그룹은 대체로 더 철저한 순종형인 경우가 많았다(박보균, 1994: 페이지 표기 없음). 그리고 이들은 제5공화국 초기 권력의 핵심 지렛대로 기능했다.

두발 자율화, 교복 자율화, 통금 해제 등 일련의 자율화 정책은 그 트리오 중 하나였던 허화평에 의해 내밀하게 기획되고 실행된 측면이 컸다(일요시사, 2013.7.15). 허화평은 제5공화국 초기의 프로그래머였다. 스스로를 그 시대의 '키 플레이어'라고 표현했듯이 그는 나름의 논리를 갖고 있는 인물이었다(박보균, 1994). 허화평은 1981년 12월 24일 대통령비서실 정무1수석비서관으로 임명됐으며, 청와대 본관에서 근무하며 전두환 대통령의 지근거리에서 권력의 2인자로 각광받았다(위키백과, 2014.5.21). 그랬기 때문에 제5공화국 출범 직후 연좌제 폐지, 불법과외 금지, 두발 자율화, 교복 자율화, 통금 해제를 기획하고 성사시킬 수 있었다.

2) 내용

1982년 1월 4일, 문교부가 각 시도교육위원회에 시달한 두발 자율화의 구체적인 지침은 다음과 같다(한국편집기자회, 1982: 568).

> 첫째, 중고등학교 학생의 머리 모양은 자율화하되, 추진 방안은 학교장에게 일임한다.
> 둘째, 교모는 착용하지 않도록 한다.

셋째, 여학생의 머리 모양은 파마나 염색을 해서는 안 되고, 남학생은 옆머리가 귀를 덮거나 뒷머리가 옷깃에 닿는 정도의 장발은 허용되지 않는다.

넷째, 남녀 학생의 머리 모양은 삭발을 없앤다는 전제 아래 자율화한다.

두발 자율화 정책은 커트를 제외한 염색, 파마 등 인공적으로 두발 내외에 변화를 준 행위를 금지하는 선에서 두발 모양을 자기 스스로의 뜻과 원칙에 따라 자유롭게 선택할 수 있도록 하는 조치였던 것이다(위키백과, 2014.5.21). 실제로 1982학년도 1학기부터 두발 자유화가 실시됐는데, 이는 종전의 기준을 조금 완화한 것으로 여전히 두발의 모양이나 길이에 대해 제한은 유지됐다. 따라서 당시 자율화 조치의 내용은 완전 자율화가 아니라 제한적 · 상대적 자율화에 불과했던 셈이다.

2. 교복 자율화

1) 추진 과정

교복 자율화 정책 역시 대통령비서실, 그중에서도 허화평 정무1수석이 주도해 실시됐다(일요시사, 2013.7.15). 제5공화국 초기의 프로그래머, 그 시대의 '키 플레이어', 권력의 2인자 등으로 각광 받았기에, 연좌제 폐지, 불법과외 금지, 두발 자율화, 교복 자율화, 통금 해제를 기획하고 성사시킬 수 있었다.

2) 내용

1982년 1월 4일, 문교부가 각 시도교육위원회에 시달한 교복 자율화의 구체적인 지침은 다음과 같다(한국편집기자회, 1982: 568).

첫째, 중고등학교 학생의 교복은 자율화하되, 추진 방안은 학교장에게 일임한다.

둘째, 교모는 착용하지 않도록 한다.

셋째, 남자 고등학교의 교련 시간에는 교련복과 함께 교모를 착용토록 하며, 철도고, 해양고 등 특수 목적으로 설립된 학교는 학교별 교복을 착용할 수 있도록 한다.

넷째, 체육복, 실습복 등은 학교 실정에 따라 학교장이 정한다.

다섯째, 신발은 하이힐, 부츠, 사치스러운 구두(에나멜화, 라커화 등)는 엄격히 규제한다.

여섯째, 교복의 자율화로 배지, 명찰, 가방 등도 모두 자율화한다.

일곱째, 1982학년도에는 시범적으로 한 주에 한번(주로 토요일) 사복을 입을 수 있도록 한다.

문교부는 교복 자율화의 구체적인 지침에 대해 다음과 같이 부연 설명했다. "지금까지는 교복의 전제로 자율화를 인정해 왔으나, 앞으로는 학교별로 통일된 유니폼을 없앤다는 원칙 아래 자율화하기로 한 것이며, 학교장은 다만 학생들의 개인별 목장 자율화를 전제로 학교 나름대로 학부모들의 의견을 들어 일정한 기준을 정하게 될 것이고, 머리 모양도 지금까지의 삭발을 없앤다는 전제 아래 자율화하는 것이다"(한국편집기자회, 1982: 568).

3. 통금 해제

1) 추진 과정

두발 자율화, 교복 자율화, 통금 해제 등 일련의 자율화 정책은 대통령비서실 허화평 정무1수석이 주도했다(일요시사, 2013.7.15). '하나회' 중간 보스로 허화평, 장세동, 김진영은 팀플레이에 능한 신군부 트리오였다. 전두환은 장악력이 강한 리더였고 장악력을 기초로 각종 정책을 추진했다. 그 장악력 때문에 독재자 전두환의 밑에 있던 2인자 그룹은 대체로 더 철저한 순종형인 경우가 많았다(박보균, 1994: 333-344). 그리고 이들은 제5공화국 초기 권력의 핵심부를 구성했다.

두발 자율화, 교복 자율화, 통금 해제 등 일련의 자율화 정책은 그 트리오 중 하나였던 허화평에 의해 내밀하게 기획되고 실행됐다. 허화평은 1981년 12월 24일, 대통령비서실 보좌관에서 정무1 수석비서관으로 기용됐으며, 청와대 본관에서 근무하며 전두환 대통령의 지근거리에서 권력의 2인자로서 연좌제 폐지, 불법과외 금지, 두발 자율화, 교복 자율화, 통금 해제를 기획하고 성사시켰다(박보균, 1994: 333-344).

물론 그 이전부터 통금 해제 문제는 꾸준히 논란이 되어 왔던 사안이었다. 국민의 기본권을 침해한다는 비판이 많았고, 제주도는 이미 1964년에, 충청북도는 1965년에 해제된 전례가 있기도 했다. 1966년에는 수출산업과 관련된 수송 수단과 일부 관광지도 추가로 해제됐다(동아일보, 1982.1.4). 통금 해제가 전국적으로 전면 실시돼야 한다는 주장이 점차 힘을 잃어가고 있던 터였다.

허화평은 저간의 이러한 사정을 충분히 활용해 정치권을 움직였고, 결정적으로 대통령의 결심을 이끌어낼 수 있었다. 1981년 초부터 여당(민정당)은 1988년 서울올림픽을 앞두고 대한민국의 치안 확보와 안보 확립을 대외적으로 알릴 필요가 있다면서 통금 해제 논의를 적극적으로 전개해나갔다. 전두환 정부는 비정상적 정권 탈취에 따른 국민의 비판을 무마시키려는 속내를 감춘 채 통금 해제 계획을 진행할 필요를 느끼고 있었다. 정부와 여당의 이해가 일치한 순간이었다. 거기에 관제 야당인 민주한국당(민한당)과 한국국민당(국민당) 등도 찬성했기에 더할 나위 없었다. 이에 따라 여야 3당 3역들은 1981년 10월 19일 회동을 갖고 통금해제 안을 제108회 정기국회에서 처리하기로 합의했다. 이후 국회는 12월 15일 본회의에서 이미 국민당이 제안해놓았던 '야간 통행금지 해제에 관한 건의안'을 만장일치로 통과시켜 정부로 이송했다(한국편집기자회, 1982: 567).

전두환 대통령은 1982년 1월 1일 "5일 열리는 국무회의에 야간 통금해제 안을 상정, 당일 밤부터 통금을 해제하도록 모든 준비를 갖추라"고 관계 부처에 지시했다. "야간 통금 해제 문제는 국회에서 만장일치로 결의안을 통과시켰고 정부로서도 그동안 준비를 해왔으며, 특히 크리스마스, 연말연시의 통금 해제 기간 동안 모든 지역이 조용했던 것으로 보아 통금은 오늘 3일 밤부터라도 연속적으로 해제하는 것이 좋겠으나 행정절차상 요건을 갖춰야 하기 때문에 5일 국무회에서 의결되는 대로 당일부터 실시토록 하라"고 말했다(한국편집기자회, 1982). 마침내 1982년 1월 5일 밤(6일 자정)부터 전방 접적지역과 일부 해안 취약지역을 제외한 전국에서 야간 통행 금지가 전격 해제됐다.

2) 내용

당초 국민당의 결의문 안에는 실시 시기를 "1982년 1월 1일부터"로 명기했으나 국회가 채택한 건의안은 정부의 준비 기간을 고려해 "조속한 시일 내"로 여유를 두었으며, 실시에 따르는 여러 준비 관계상 실시 시기는 1982년 봄 이후가 될 것으로 관측됐다. 그런데 전두환 대통령의 전격 지시로 그 실시 시기가 통상의 관측보다 조금 앞당겨졌다(한국편집기자회, 1982: 567).

그러나 전방 접적지역과 해안 취약지역 등 전국 52개 군의 292개 읍 · 면 지역은 안보, 치안상의 특수 여건을 이유로 통금이 해제되지 않았다. 해제 조치에서 제외돼 통금이 계속된 지역은 전방 접적지역인 경기도와 강원도 내의 10개 군 71개 읍 · 면 지역과 후방의 해안지역인 42개 군 221개 읍 · 면이었다. 해안지역으로부터 3해리 이내 해상도 포함해 해안지역일지라도 시 지역은 모두 통금이 해제됐으며, 인천직할시 소속 2개 도서와 경기도의 252개(유인도서 58개)는 모두 해제지역에서 제외됐고, 충남을 포함한 다른 시 · 도의 도서는 모두 해제됐다(한국편집기자회, 1982: 567).[2)]

제4절 성과 및 평가

5·16 군사 쿠데타 이후 역대 군사정권은 국민들을 설득하고 통치함에 있어 민주적 선거절차에 의해 국민들로부터 통치권을 위임받은 정부가 아니라 정당성이 결여된 정치 집단이라는 부담을 안은 채 출발할 수밖에 없는 숙명을 갖게 된다. 따라서 정권 안보와 국민 설득을 위한 명분과 수단으로 당근과 채찍의 행동주의적 수법이 번갈아 구사되는 특징을 보인다. 박정희의 5·16 군사 쿠데타 이후 전두환 정부까지 역대 정권들의 사회 정책에는 이러한 집권 세력의 처지와 위상이 녹아들 수밖에 없었다. 1960년대 초부터의 고등교육 통제정책이 채찍에 해당한다면, 1960년대 말 중학교 입시제도 개혁정책은 당근에 해당할 것이다. 또 1970년대 휴교령 남발과 반(反)정부 교수 및 학생 제재정책이 채찍이었다면, 실험대학 정책 및 그 속에서의 졸업학점 감축 조치는 당근에 해당할 것이다(김인회, 1994: 298-317).

전두환 정부 출범 직후 실시된 7·30 교육개혁의 내용은 집권 과정에서의 정당성을 의심받은 정권이 고심 끝에 내놓은 대(對)국민 무마용 당근책으로서의 성격이 강하다. 5공은 교육에 대해 커다란 당근 정책을 사용한 것과는 대조적으로 그해 11월 언론에 대해서는 언론 통폐합이라는 채찍 정책을 썼다. 1980년 11월 5공 초기에 발족된 사회정화위원회 활동, 1982년 벽두에 발표된 중·고교생의 교복 및 두발 자율화 조치와 이데올로기 관련 금서 해제 조치 등은 5공의 교육정책이 과거보다 한 차원 넓어진 것이라고 볼 여지도 있지만, 정책적 차원 이전에 정권의 정당성 결여라고 하는 원천적 문제로 인해 5공의 교육정책 중 금서 해제, 두발 및 교복 자율화와 같은 당근 정책은 소기의 목적을 달성했다기보다 훨씬 큰 정도로 5공의 교육정책 전반을 혼란으로 몰고가는 원인이 됐다고 할 수 있다(김인회, 1994: 298-317).

그럼에도 불구하고 야간 통행 금지의 해제, 중고생 복장 자율화, 두발 자율화 등의 조치는 해외여행 및 해외유학의 자유화, 반한 활동 해외교포들의 입국 허가, 공산권 거주 교포의 자유로운 모국 방문 보장, 제3세계 친북 국가 및 공산국가 인사들의 방문 개방, 연좌제 폐지, 경제 운영상의 민간 주도 방식으로의 전환, 국영기업 및 은행의 민영

2) 1988년 1월 1일, 제외됐던 나머지 지역까지 모두 해제됐다(동아일보, 1988.2.9).

화, 대학 자율화 등 여러 가지 자율화 및 개방화 조치와 함께 당시 획기적인 조치였던 것만은 사실이다. 이러한 조치들은 한국 사회에서 자율 영역을 확대하는 데 기여했고 사회 분위기의 개방성을 진작시키는 데 많은 도움을 주었다. 이는 국민의 자발적인 발전 노력과 국제화 시대에 부응하는 의미가 있었고, 무엇보다 국민의 의식 수준을 고도화하고 자신과 의욕에 찬 국민생활을 유도하는 순기능을 담당한 측면이 있다. 자율적인 행동, 이에 따르는 사고의 융통성은 경직화 일로에 있던 당시 숨죽였던 사회를 여유와 유연성의 풍토를 조장하는 단계로 격상시키는 데 일조한 측면이 충분히 있다(노철용, 1987a: 469-474). 그리고 그것은 어쩌면 독재정권을 몰락시킨 1987년 민주화 대투쟁의 실질적인 자양분으로 기능했을 가능성이 크다. 제한적인 자율화 정책은 제아무리 제약이 따른다 해도 언젠가는 완전 자율을 향해 나아갈 수밖에 없는 자연적 속성을 지니고 있다고 할 수 있기 때문이다.

1. 두발 자율화

당시 두발 자율화 조치 발표에 대한 시민들의 반응은 '놀람, 기대, 환상, 걱정' 등 갖가지 반응이었다고 한다. 37년간 계속된 두발 제한 시대의 마감은 당사자인 학생들뿐만 아니라 사회의 흐름에도 큰 영향을 미치는 '빅 이벤트'가 아닐 수 없었다(매일경제, 1982.1.9). 기대 반, 우려 반으로 시작된 두발 자율화 조치의 공과를 정리하면 다음과 같다.

1) 긍정적 성과

두발 자율화는 1982년 문교부의 발표대로 학생들의 주체성을 함양하고 책임감 있고 창의적인 인간을 육성하는 데 기여한 측면이 있다. 학생 자신의 생활과 가장 가까운 복장부터 자기 개성에 맞게 자율적으로 관리하게 됨으로써 학생들의 독립성과 능동성 그리고 자율성이 길러지고, 이를 통해 길러지는 자율의식이 점차 학습 활동과 일상생활에까지 파급돼 긍정적인 성과를 나타낸 측면이 있다(생활지도장학관실, 1984: 26-29).

또 중·고등학교 학생들의 삭발 머리 스타일이 일제의 잔재라는 비판이 종래부터 끊임없이 제기돼 왔었고, 군사문화의 유산이라는 부정적 인식도 많았던 터였기 때문에(임영태, 1998: 208-210), 헤어스타일을 자유롭게 선택하도록 함으로써 과거의 적폐를 청산하고 일제의 잔재와 군사문화의 유산으로부터 탈피하는 효과도 거둘 수 있었다.

무엇보다 학생의 자기결정권·인격권 등 자유권적 기본권을 침해할 수 있는 소지를 차단했다는 점에서 진일보한 측면도 있다. 2009년 12월, 경기도교육청에서는 학생인권 조례 초안을 발표했는데 이 중 두발 길이를 제한하는 조항을 폐지한다는 내용이 포함되어 있었다(동아일보, 2009.12.18). 2010년 3월에는 이 초안에서 일부 내용이 수정돼 입법예고됐고, 이후 경기도는 두발 완전 자율화를 포함하는 학생인권조례를 시행했다(오마이뉴스, 2010.3.24). 1982년의 두발 자율화 정책은 최근의 두발 완전 자율화 조치를 선도했다는 의미에서 국민의 권리 증진 역사에서 중요한 전기로 기록될 수 있다.

2) 부정적 효과

두발 자율화는 경제 성장의 정도나 세계적인 추세로 보아 당연한 시대적 흐름이라는 데 공감을 얻었으나, 문제의 중요성으로 보아 그 결정 과정이 각계의 의견을 수렴하는 절차가 생략된 채 너무 전격이고 일방적으로 추진됐다는 비판도 적지 않았다(동아일보, 1882.1.4). 학생들의 짧은 머리 혹은 두발 자율화의 당부(當否) 논란은 1982년 두발 자율화 조치 전후로 아직까지 끝나지 않고 계속되고 있을 정도로 간단한 문제가 아니다. 1982년 조치에도 불구하고 중·고등학생의 두발 자율화는 현재까지 완전한 형태로 실시되지는 않고 있으며, 학교별 두발 제한 규정은 여전히 존재한다. 결국 1982년의 두발 자율화 조치는 변죽만 울리는 것이었을 뿐, 학생들의 기본권 신장에는 큰 도움을 주지는 못했다는 근본적인 비판으로부터 자유로울 수 없다.

반면, 그와 정반대의 이유로 부정적 평가를 내리는 입장도 상당하다. 질풍노도의 시기에 있는 중·고등학교 사춘기 학생들에 대한 생활지도를 학교와 정부가 사실상 '포기'한 것이나 다름없다는 비판이 그것이다. 학생들의 머리 모양을 자율화함으로써 학생들이 사복을 입고 시내에 나가면 일반인과 구별하기 어려운 경우가 많고 각종 범죄의 온상에 쉽게 노출되어 학생들에게 오히려 부정적인 파급 효과가 더 크게 나타났다는 주장이다.

2. 교복 자율화

당시 교복 자율화 조치 발표에 대한 시민들의 반응은 '놀람, 기대, 환상, 걱정' 등 갖가지 반응이었다고 한다. 37년간 계속된 교복 시대의 퇴장은 당사자인 학생들뿐만 아니라 사회의 흐름에도 큰 영향을 미치는 '빅 이벤트'가 아닐 수 없었다(매일경제, 1982.1.9).

기대 반, 우려 반으로 시작된 교복 자율화 조치의 공과를 정리하면 다음과 같다.

1) 긍정적 성과

교복 자율화 조치는 심리적·신체적·사회적 발달 단계에 있는 청소년들의 심리적 위축감과 소외감을 해소하고, 개성 신장과 민주의식 함양 등을 통해 책임감을 심어주는 성과가 있었다. 교복 자율화는 개성과 다양성을 존중하고 책임의식을 길러주는 등 교육적인 효과가 상당했다는 평가다. 특히, 1983년 이후 3년간의 교복 자율화 기간을 통해 학생들의 개성과 자율성이 중시된 것은 가장 큰 성과라고 할 수 있다(네이버지식백과, 2014.05.21).

교복 자율화 조치 이전까지 여학생들은 흰색 블라우스에 검정색 치마(일명 '세라복'), 남학생들은 군복을 떠올리게 하는 엄격한 느낌의 일제식 교복에 각 잡힌 모자를 획일적으로 착용하고 다니던 것이, 5공 정권의 파격적인 정책으로 자율화된 날, 일종의 해방감에 들뜬 학생들은 환영 일색이었다. 한 학생은 "자율화가 돼 가지고 우선 저희들의 몸에 제한을 적게 받기 때문에 저희가 마음까지 자유롭게 돼 가지고 훨씬 나은 것 같습니다."(대한뉴스, 1983.3.2)라고 소감을 밝히기도 했다(OBS News, 2014.2.16).

이날 새 학기를 맞은 중고등학교는 여느 때와는 달리 생기가 넘쳤고, 다소 우중충하게 느껴지던 획일화된 교복 대신 각양각색으로 차려입은 옷에서 풍겨나는 산뜻함이 생기를 돌게 했다. 교복은 일제 시대와 군사독재를 거치고 중고교 평준화 시책의 영향으로 획일화되고 균일화됐는데, 이 과정에서 교복에는 부정적인 이미지가 상당 부분 녹아들어 있었다. 교복자율화 조치는 이런 '획일', '몰개성', '일제 잔재'의 상징처럼 여겨지던 교복으로부터 중·고등학교 학생들을 자유롭게 해주었다. 그 직전 등장한 컬러TV와 함께 교복 자율화는 '색채 혁명'을 주도한 의미도 동시에 갖는다(blog.naver.com/ mmotheredu, 2014.5.27).

2) 부정적 효과

교복 자율화는 경제 성장의 정도나 세계적인 추세로 보아 당연한 시대적 흐름이라는 데 공감을 얻었으나, 문제의 중요성으로 보아 그 결정 과정이 각계의 의견을 수렴하는 절차가 생략된 채 너무 전격이고 일방적으로 추진됐다는 비판도 적지 않았다(동아일보, 1882.1.4). 1982년 조치에도 불구하고 중·고등학생의 교복 자율화는 얼마 가지 않아 학교별 복장 제한 규정으로 환원됐다. 결국 1982년의 교복 자율화 조치 발표는 변죽만 울리는 것이었을 뿐, 학생들의 기본권 신장에는 큰 도움을 주지는 못했다는 근본적인 비판으로부터 자유로울 수 없다.

중·고등학교 학생들이 사복(私服)을 입음으로써 유해 환경에 쉽게 노출되고 그 여파로 인한 탈선 증가, 교외 지도의 어려움, 빈부 격차로 인한 위화감 조성, 사복 구입에 따른 가계 부담 증가 등의 부정적 파급 효과도 만만치 않게 발생했다. 특히, 사복 착용으로 인해 교사들의 학생지도가 어려워지고, 학부모들의 사복 구입비용이 초래하는 경제적 부담과 복장에 따른 학생 간 빈부 격차 유발 등 여러 가지 발생한 문제점들은 한국사회가 감내하기 힘든 수준의 부정적 효과를 야기한 측면이 있었다(네이버지식백과, 2014.05.21).

실제로 이와 같은 부정적 여론이 팽배하자 당시 여당인 민정당은 1984년 초 교복 자율화 조치가 중·고등학생 복장의 방만을 초래해 청소년 선도에 어려움을 제기하고 있다는 여론을 들어 교복 자율화 조치를 부분적으로 수정하는 방안을 검토·추진했다(동아일보, 1984.4.1). 그리고 제5공화국 정부는 1986년 3월부터 복장 선택을 학교장 재량에 따르도록 정책을 선회했다(동아일보, 1985.10.16). 이후 일부 학교가 교복 착용을 다시 선택했고, 그 수는 점차 늘어 1989년에는 전체 학교의 13%가량, 1991년에는 74%, 1993년에는 83%가량이 교복을 다시 착용하는 쪽으로 선회했다(동아일보, 1990.8.15). 이때 새롭게 등장한 교복들은 종래처럼 디자인에 제한을 두지 않아 학교별로 모양이 다양해지고 세련된 형태로 진화했으나, 업체 사이의 경쟁으로 고급화되면서 학부모의 부담을 덜어주려는 취지와는 달리 고가(高價)의 교복으로 인한 문제가 사회적 문제로 심각하게 대두되기에 이르렀다(연합뉴스, 2007.1.22).

3. 통금 해제

1) 긍정적 성과

1982년 1월 5일 새벽 4시를 기해 1945년 9월부터 37년간 계속된 야간 통행 금지 조치가 일부 전방의 접적지역과 후방 해안지역을 제외한 전국에서 일제히 해제됨으로써 그동안 유보됐던 국민의 권리가 회복됐고, 인신 자유의 구속 수단이 줄어들었으며, 한국사회는 군사정권의 획일적이고 억압적인 사회에서 다양화 사회로 나아갈 수 있는 첫걸음의 발판을 마련했다. 야간 통행 금지의 상징이었던, 서대문 로터리를 가로막았던 육중한 바리케이드가 걷히고, 연이어 중고교생의 두발 자율화와 교복 자율화가 시행됨으로써 자유화 · 대중화 시대의 바람이 일어 인적이 끊어졌던 한밤의 거리가 인파로 넘치고, 중 · 고교생들의 장발이 늘어나는 등 새로운 사회 풍속도가 나타났다(네이버지식백과, 2014.05.21). 그리고 그것은 국민들 마음속에 자율과 민주에 대한 열망을 무럭무럭 자라나게 한 측면이 있다.

야간 통행 금지의 폐지는 국민의 기본권 보장과 국가안보와 치안 확보에 대한 자신감을 대외적으로 과시하는 효과가 있었고, 실제적으로는 24시간 조업이 가능한 환경이 마련돼 경제활동이 활성화되고, 농 · 수산물의 이른 시간의 경매가 가능해진 긍정적 성과가 있었다(경향신문, 1982.1.4; 경향신문, 1982.1.5). 경제활동 시간이 늘어나 생산성이 향상되고 고용 기회도 늘었다. 수출 또한 증대하는 등 생활의 여유가 증가했다(한국편집기자회, 1982: 568).

금지된 시간이 문화의 시간으로 탈바꿈되면서 '잃어버리고 지냈던 밤의 4시간'이 국민들 품으로 되돌아왔다. 매일 밤 당연하기만 하듯 서두르기만 하고 각박하게 시간에 쫓겨 허둥대야 했던 마음이 여유로워졌다. 사람들은 밤의 낭만과 포근함을 즐기고 호기롭게 외쳐도 보며 달리고 싶은 자유의 기분을 누리게 됐다. 종전 37년 동안 지루하게 매일 겪어야 했던 제약에서 벗어나 완전한 하루를 사는 것 같은 충만감을 갖게 했다. 심야의 거리에서는 '귀가 전쟁'이 사라졌고, 쫓기듯 술을 마시거나, 지방에서 밤기차나 고속버스를 타고 뒤늦게 도착해 서둘러 집에 가느라 허둥대던 시민들은 한결 느긋해져 더 이상 차 잡기 전쟁에 시달리지 않아도 됐다(한국편집기자회, 1982: 568).

종전까지 항상 '금지된 시간'을 절망과 체념으로 받아들여 위축됐던 문학과 연극 등 예술 분야도 신비의 밤을 마음껏 활용하며 그 활동 영역을 크게 넓힐 수 있었다. 스포츠 야간경기가 활발해졌고, 각 종목 '프로화'의 급진전으로 경기의 질적 향상도 기할 수 있게 됐다(한국편집기자회, 1982: 568).

2) 부정적 효과

야간 통금 해제의 부정적 효과도 나타났다. 에너지 사용량이 증가하고 유흥업소의 영업시간 연장으로 향락적인 사회환경이 조성됐으며, 유흥비를 마련하기 위한 청소년 범죄가 발생해 또 다른 사회적 문제가 초래되기도 했다(동아일보, 1982.1.8; 경향신문, 1983.4.18). 이에 따라 2008년에는 야간 통행금지 제도 부활론이 일기도 했다(연합뉴스, 2008.12.8).

통금 해제 초기 경찰서 보호실에는 통금 위반자 대신 음주 소란 행태로 붙잡혀 온 사람들이 대신했고, 야음을 틈탄 범죄도 늘었다. 경찰은 통금 해제로 "당면한 경찰력 부족만도 최소한 1만 6천명 선"이라고 밝혔다. 범죄 심리학자들은 "통금 해제가 주는 갑작스런 해방감과 일탈심리로 야간범죄가 10~20%선까지 상승"하고 "범죄 수범과 유형도 통금 시대와는 다른 양상"을 띨 수 있음을 예측했다. 또 텔레비전과 라디오의 심야 오락프로가 더욱 개발되고 특별히 '성인용'도 선보일 것이며, 이와 함께 어떻게 자녀들을 이와 같은 프로그램으로부터 떼어놓느냐 하는 고민도 부모들에게 새롭게 생길 것이라고 예측했다(한국편집기자회, 1982: 568).

참고 문헌

김광경 (1995). 실록! 5공청문회(제15호). 서울: 한경원.

김성익 (1992). 전두환 육성 증언. 서울: 조선일보사.

김인회 (1994). 5공과 교육. 5공평가 대토론. 서울: 동아일보사: 298-317.

노철용 (1987a). 실록 제5공화국 ④: 교육·문화·사회·체육편. 서울: 경향신문사.

______(1987b). 실록 제5공화국 ⑥: 대통령편. 서울: 경향신문사.

______(1987c). 실록 제5공화국 ⑦: 일지·자료편. 서울: 경향신문사.

문화공보부 (1984). 평화와 정의를 위한 헌신: 전두환 대통령 1984년 국정연설. 서울: 고려서적.

박보균 (1994). 청와대 비서실 ③: 전두환 시대 5년의 실상과 허상을 파헤친 5공 정치권력비사. 서울: 중앙일보사.

생활지도장학관실 (1984). 두발·복장 자율화와 생활지도. 문교시책 구현과 장학지도. 서울: 문교부.

임영태 (1998). 대한민국 50년사 2. 서울: 도서출판 들녘.

하 원 (1985). 청와대 24시. 서울: 정음사.

한국편집기자회 (1982). 역사의 현장: 기자가 본 '광복에서 제5공화국까지'. 서울: 나라기획.

홍득표 (1993). 한국정치분석론: 제5공화국의 위기와 변동. 인천: 인하대학교출판부.

Finer, S. E. (1975). *The Man on Horseback*. Baltimore: Penguin Books.

Sartori, Giovanni (1987). *The Theory of Democracy Revisited*. New York: Chatham House.

네이버 지식백과(검색일 2014.05.21).

blog.naver.com/mmotheredu(검색일 2014.5.27).

위키백과(ko.wikipedia.org)(검색일 2014.5.21),

경향신문, 1982.1.4.
경향신문, 1982.1.5.
경향신문, 1983.4.18.
경향신문, 1995.8.25.
대한뉴스, 1983.3.2.
동아일보, 1982.1.4.
동아일보, 1982.1.8.
동아일보, 1984.4.1.
동아일보, 1988.2.9.
동아일보, 1990.8.15.
동아일보, 1995.7.9.
동아일보, 2009.12.18.
매일경제, 1982.1.4.
매일경제, 1982.1.9.
연합뉴스, 2005.11.12.
연합뉴스, 2007.1.22.
연합뉴스, 2008.12.8.
오마이뉴스, 2010.3.24.
일요시사, 2013.7.15.
파리지성, 2010.2.22.
BBC News, 2006.10.4.
LA중앙일보, 2009.11.17.
OBS News, 2014.2.16.
SBS뉴스, 2008.9.15.

제 2 장

사회악 정화정책

박치성
중앙대학교

제 1 절 정책의 추진 배경

사회악 정화정책은 정권의 정당성이 부재했던 신군부 세력이 정권 정당성 확보를 위해 구축한 사회정화운동정책의 일부로 볼 수 있다. 사회악 정화에만 한정해 살펴보면, 당시 사회악을 폭력, 사기, 밀수, 마약 밀매 등으로 규정하고, 이를 근본적으로 뿌리 뽑음으로써 사회 정의를 실현한다는 명목 아래 실시된 정책이라고 할 수 있다. 사회악 정화정책 추진 배경을 구체적으로 살펴보면 다음과 같다.

군사 쿠데타를 기반으로 만들어진 제5공화국은 태생상 정통성 및 정당성의 부재라는 문제를 안고 있었으며, 이러한 문제를 해결하기 위한 정책 목표로서, 가부장적이며 매우 권위적인 국가 체제를 바탕으로 국가 기강의 확립을 내세웠다. 이러한 권위주의적 성격을 바탕으로 신군부 세력은 국가 기강 확립의 정책 목표로 안보 체제 강화, 경제난국 타개, 정치 발전, 사회악 일소 등 네 가지를 제시했고, 이 네 가지 정책 중 당시 사회적으로 매우 큰 문제를 야기했던 정책이 바로 사회악 정화정책이라고 볼 수 있다. 이 네 가지 주요 정책 중 이 장에서는 정당성 부재를 감추기 위한 제5공화국의 주요 정책이었던 사회악 정화정책에 초점을 맞춰 논의를 한다.

사회악 정화정책 추진 배경을 이해하기 위해서는 명목상 이유와 실제적 이유로 구분해 살펴보아야 한다. 먼저 사회악 정화를 위한 명목상 이유는 다음과 같다. 당시 우리나라는 해방 이후 남북분단, 경제 발전 등을 이룩했지만, 정신문화에서 지배적인 규범 체계의 아노미 상태에 이르렀기 때문에, 새역사 · 새사회 건설을 위한 구국의 사명을 띠고 국가 · 사회 전반에 걸친 개혁을 실시함으로써 단기적으로는 엄격한 단속과 폭넓은 계몽을 통해 국민정신 개혁을 위한 기초작업을 실시하고, 궁극적으로는 민주복지사회 건설을 위한 국민 모두의 정신혁명이자 정의사회 구현을 이룩하자는 것이 신군부 세력이 내세운 명목상 추진 이유였다(김충남, 1981: 50; 정화, 1981: 32). 이러한 측면에서 제5공화국의 출범에 대한 정당성 부여를 위해 전두환 정권은 박정희 정권을 철저하게 부정했다. 즉, "박정희와의 차별성을 부각하기 위해 그는 헌법 개정 과정에서 '5 · 16 혁명정신'에 관련된 사항을 삭제했다. 또한 하나회 계열에 부정적인 공화당 실세들을 권력형 비리 혐의로 엮어서 제거하면서 박정희의 시대를 부정과 부패, 비리의 시대로 규정하고, 제5공화국은 '정의사회 구현'을 추구한다고 선언했다"(전재호, 2000: 112-113).

그러나 사회악 정화정책은 표면적으로 사회악이라고 명명된 대상들을 척결함으로써 정의사회를 만든다는 기만적 명목으로 대(對)국민 정당성 획득하는 것이었지만, 실제 사회악 정책 추진 배경으로 파악될 수 있는 것은 정권의 정당성을 인정하지 않는 사회적 부문들을 숙정(肅正) 또는 정화(淨化), 그리고 공포정치를 통한 국민들의 민주적 열망의 억압 등을 통한 반동적 정책적 목표로부터 기인한다고 볼 수 있다(정해구, 2011: 78). 즉, 정권 자체에 목적이 있었던 신군부 세력은 당시 박정희 군사정권의 몰락에 따라 민주화에 대한 국민들의 열망이 컸던 당시의 분위기에서는, 권력 창출 과정에서 민주적인 과정을 통한 정권 창출이 어렵다는 것을 알았기 때문에 군사 쿠데타를 통해 정권을 차지할 수밖에 없었다. 이에 따라 민주적 정당성이 없는 새로운 정권에 대한 대(對)국민적 명분을 확보하기 위해 탄생된 것이 사회악 일소 특별 조치다(삼청교육대인권운동연합, 2002).

제2절 정책의 추진체계

앞서 논의됐듯이, 국가기강 확립을 위한 네 가지 정책 목표 중 마지막 목표인 사회악 일소를 위한 정책 추진은 사회정화운동이라는 커다란 밑그림의 일부로 나타나게 됐다. 이에 따라 여기에서는 우선 사회정화운동이 무엇인가에 대해 알아보고, 이어서 사회정화운동이 구체화돼 나타난 사회악 일소를 위한 정책 추진체계에 대해 논의한다.

이 절의 논의 대상인 사회악 정화정책을 좁은 범위로 이해하자면, 사회악 일소는 계엄포고령 제19호 삼청계획 5호에서 구체적으로 기술된 폭력, 사기, 밀수, 마약 밀매 등에 한정된 것으로 볼 수 있다. 그러나 사회악 일소 또는 정화는 전두환 신군부 세력이 정권을 장악하기 위해 개발 및 집행했던 중장기적 정책인 사회정화운동의 일부로 보는 것이 타당하다. 따라서 여기에서는 첫째, 사회정화운동의 목표, 이념 체계 및 추진 방향 등을 논의한다. 둘째, 이러한 사회정화운동의 논의를 바탕으로, 사회악 정화정책이 사회정화운동에서 어떠한 위치를 가지고, 또한 어떠한 역할을 하는가에 대해 살펴본다.

1. 사회정화운동

먼저 신군부에서 주장하는 사회정화운동은 조선 시대 이래 우리 사회에 뿌리 깊게 고착돼 있는 불의, 부정, 부패, 무질서 등 각종 비리와 폐습을 제거하여 국민 상호신뢰 증진 및 규범/질서 유지를 도모하여 창의성이 존중받는 사회를 이룩하려는 범국민적 정신혁명운동을 의미한다(조부근, 1981: 99). 사회정화운동 및 삼청계획을 계획한 것은 신군부 세력이 정권을 차지하기 위해 설립했던 국가보위비상대책위원회이며, 사업 실시를 전담한 기관은 국가보위비상대책위원회 산하 사회정화분과위원회다.

사회정화운동은 신군부가 정책 목표로 제시한 정의사회 구현을 최종 목표로 하여, ① 가식적, 외형적 부정・부패 및 비리의 획기적 개선, ② 불합리한 제도 및 환경의 개선, 그리고 ③ 궁극적으로 국민의식 개혁, 그리고, 장기적 의식개혁 운동을 통해 질서 확립 등으로 정리될 수 있다. 여기서 다시 한 번 생각해 보아야 할 점은 과연 누구를 위한 정의사회 구현이었는가에 대한 것이다.

아래의 [그림 2-2-1]에서와 같이 도식화돼 정리된 사회정화운동의 목표를 보면, 전혀 문제점이 없다고까지 말할 수 있다. 그러나 당시 정당성이 없는 주체(신군부), 즉 정의롭지 못한 주체가 정의사회를 구현한다는 정책목표를 제시했기에, 실제 정책 목표인 정의사회 구현이 국민을 위한 것인지, 아니면 기만적으로 정당성 없는 정권 창출에 이용됐던 것인지는 쉽게 이해할 수 있는 사실이다.

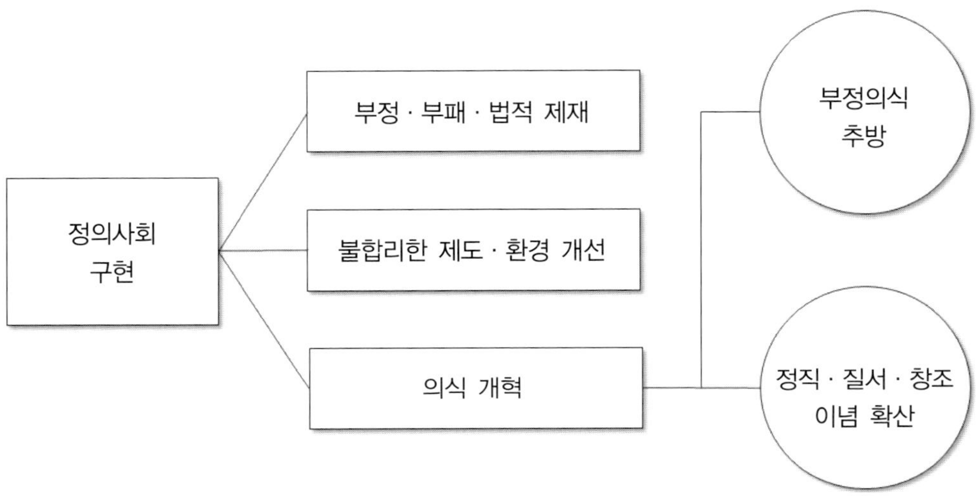

그림 2-2-1 사회정화운동의 개요(목표)

자료: 사정비서실(1982).

둘째, 사회정화운동을 추진하기 위해 제시된 3대 이념적 지표는 정직, 질서, 창조였다. 이는 위에서 제시된 사회정화운동의 목표인 사회개혁 및 정신혁명을 이룩하기 위한 세 가지 수단적 성격을 가지는 것으로 파악될 수 있다. 즉, 신뢰사회 구축 및 도덕적 윤리 · 가치 체계의 방향 정립을 위한 수단적 이념으로서 정직을 제시했고, 개인 · 사회 · 국가 차원에서 가치 체계의 조직화를 위한 수단적 이념으로서 질서, 그리고 이렇게 조직화된 가치 체계의 활성화를 위한 수단적 이념으로서 창조를 제시했다.

이상의 세 가지 이념적 수단의 성취를 통해 사회개혁 및 정신혁명을 이룩할 수 있고, 궁극적으로 정의사회 건설을 이룩할 수 있다는 것이 바로 사회정화운동이 추구하는 바다. 일견 이러한 이념 체계는 타당해 보일 수 있으나, 실제로 신군부가 원하는 질서 체계로의 개편이 사회정화운동의 실제 주요 목표였다는 점에서 사회정화운동의 이념 체계 해석에는 그 시대(군사 쿠데타)의 맥락에 따른 해석이 있어야 된다.

이러한 사회정화운동의 이념 체계는 [그림 2-2-2]와 같이 정리될 수 있다.

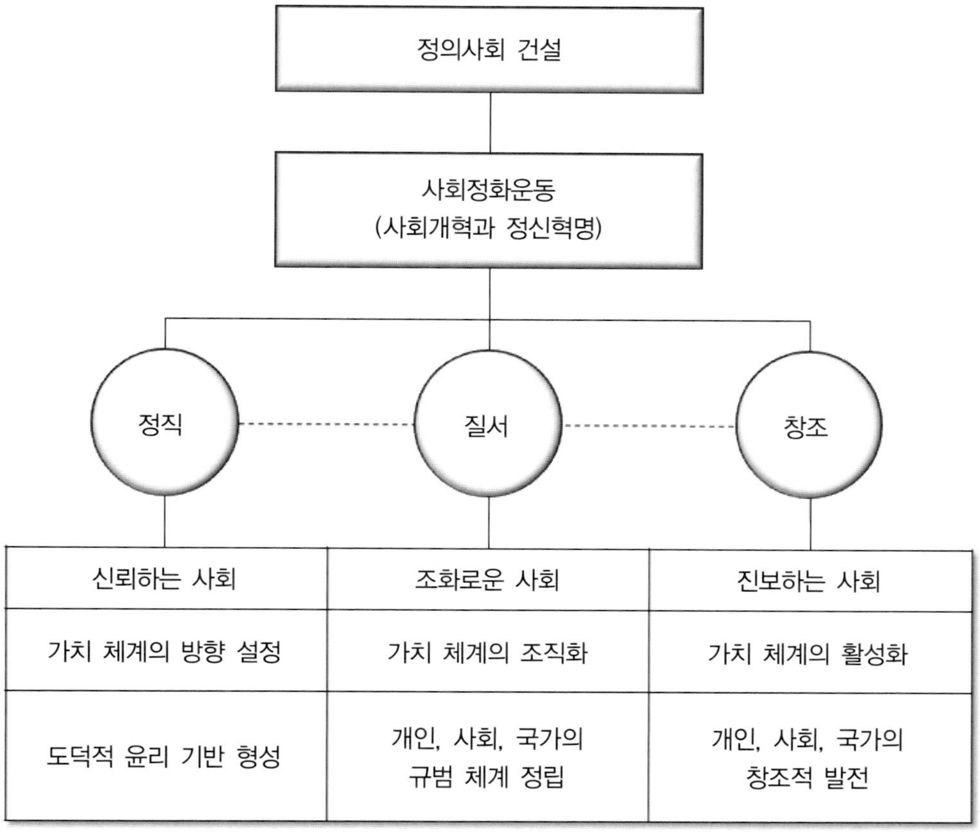

그림 2-2-2 사회정화운동의 이념 체계

자료: 조부근(1981: 100).

사회정화운동 정책집행을 위한 구체적인 3대 수단으로 교육혁신, 환경 및 제도 개선, 물리적 척결이 제시됐다. 이 3대 수단은 사회정화 대상에 따른 분류로 볼 수 있다.

먼저 환경 및 제도 개선이란 정치, 경제, 사회의 주요 분야를 대상으로 진행되며, 교육혁신은 청소년들을 대상으로 이들의 행동규범과 가치관 재정립을 목적으로 하고, 마지막으로 물리적 척결이란 불의, 불법에 대한 법적 제재를 의미한다. 이 중 법적 제재를 통한 물리적 척결은 개혁 초기인 1980년에서 1981년까지 시기에 집중적으로 시행된 사업이었다([그림 2-2-3] 참조). 이러한 사업을 사회악 일소라는 명목 하에 가시화해 실시한 것이 바로 삼청계획, 그중에서도 삼청교육대라고 할 수 있다.

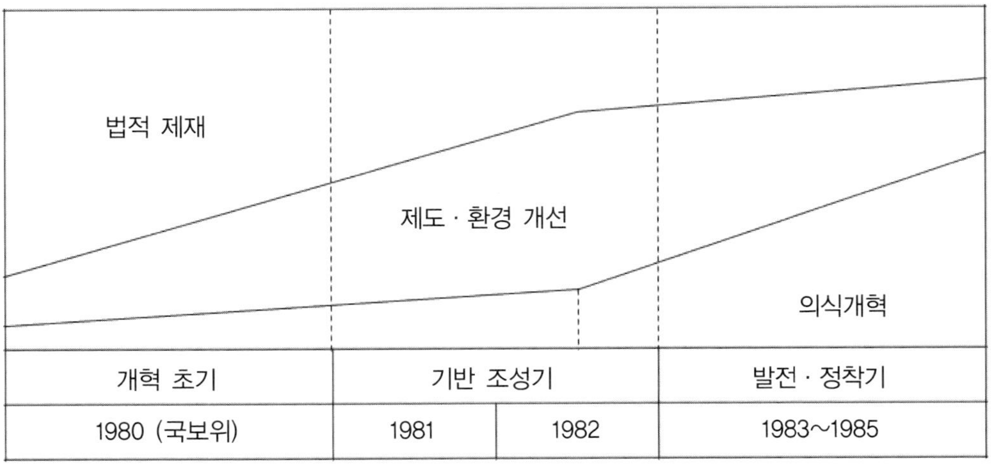

그림 2-2-3 3대 수단에 따른 단계별 사회정화운동

자료: 사정비서실(1982).

이러한 3대 수단의 구체적인 중 · 장기적 추진 계획을 살펴보면 다음과 같다. 즉, 사회정화운동의 추진은 체계적 · 장기적 계획으로 지속적인 추진을 목표로 하며, 이를 위한 1981년부터 1985년까지 초중기별 추진 방향은 〈표 2-2-1〉과 같이 5단계로 정리할 수 있다.

표 2-2-1 사회정화운동 추진 방향

탐색작업(1981)	기반 확립(1982)	활성화(1983)	의식 전환(1984)	생활화(1985)
• 시급한 과제부터 착수 • 의식개혁의 필연성 인식 계기 마련	• 쉽게 해결되는 과제부터 착수 • 이론 및 방향 체계화	• 핵심 요원을 통한 저변 확산 • 전 사회에 공감대 형성	• 대다수 국민의식 변화 이룩	• 정직 · 질서 · 창조 이념 정착

자료: 사정비서실(1982).

이상의 5단계 추진 방향에서 구체적으로 추진된 것은 1년차 추진 방향인 시급한 문제 해결 착수 및 2년차 추진 방향인 이론 및 방향 체계화, 그리고 3년차 활성화(핵심 요원을 통한 저변 확대)에 한정됐다고 볼 수 있다.[1)]

1) 실제로 국민들로부터 공감대 형성에는 실패했다고 볼 수 있으며, 4단계와 5단계 역시 제5공화국 정권 차원에서는 지속적으로 실시하려 했고, 당시 자체평가에 따르면 상당한 성과를 가져왔다고 했으나(예를 들면 전두환 대통령

먼저, 사회정화 정책이 사회악 일소와 만나는 지점이 바로 개혁 초기([그림 2-2-3]) 또는 탐색작업 단계(〈표 2-2-1〉)다. 이 단계에서 당시 한국 사회에서 시급히 해결해야 하는 문제로서, 불량배 등의 사회악 일소가 강조됐고, 이는 [그림 2-2-3]에 나타나는 바와 같이, 시기적으로 살펴보면, 개혁 초기인 1980년부터 1981년까지에 초점이 맞춰진 것으로서 법적 제재를 통한 '물리적 힘에 의한 비리의 제거 및 억제'라는 정책 수단에 의해 신속히 진행됐다. 여기서 제5공화국 정부에서 작성한 사회정화 업무 기본 계획에서 제시된 사회정화위원회의 중점 업무로 제시된 것에는 불량배 소탕, 과외 금지, 허례허식 추방운동 등이 있었으며(삼청교육대인권운동연합, 2001: 152-153), 이 중 법적 제재를 통한 사회악의 물리적 척결에 대한 대표적인 사례가 1980년 8월부터 실시돼 1981년 초까지 시행된 삼청교육대이며, 이는 아래 사회악 정화 추진체계 및 내용에서 자세히 논의될 것이다.

둘째, 사회정화운동의 기반 확립을 위한 이론 및 방향 체계화는 정부의 상향식 방식으로 이뤄졌다. 대표적인 예로서 사회정화위원회에서 간행한 「정화」라는 간행물을 들 수 있다. 이 「정화」에는 학자, 공무원, 군인 등 다양한 분야에서 사회정화운동의 이론적 정당성을 부여하기 위한 글들이 기고됐다. 또한 1982년 4월 청와대 사정비서실에서 작성한 「정의사회 구현을 위한 의식개혁 지침: 사회정화운동을 주축으로」에 사회정화운동의 개요, 의식개혁의 필요성, 추진 방향 등이 제시됐다. 이 문건에서 제시되고 있는 내용은 김충남(1981), 조부근(1981) 등 「정화」 지에 기고됐던 내용들을 바탕으로 재정리한 것이다. 이어 이러한 내용을 다시 재생산하는 방식으로 , 기업체정화추진 중앙위원회(1982)의 「사회정의 구현을 위한 의식개혁운동 지침서」 등에서 구체적 방향성 제시가 나타나고 있다.

여기에 덧붙여 이론 체계화를 위해 위에서 제시된 사정비서실의 문건을 바탕으로 하여 법조계, 학계 등에서 사회정화운동의 이론적 정당화를 위한 논문을 발간했다.[2)]

이상에서 설명된 사회정화운동을 실시하기 위한 관 주도 조직으로서 사회정화분과위원회가 대통령령 제10054호에 따라 1980년 10월 28일 사회정화위원회설치령으로 입법화돼 국무총리 산하 중앙행정기관으로 설치됐다. 그러나 사회정화위원회는 정책 업무 성격에서 지속적인 중앙행정기관이라기보다, 당시 정권의 필요에 의한 한시적 성격을

의 사회정화운동 치사(1984년 11월 20일)), 실제로는 대다수 국민의 의식 변화를 가져왔다고 평가하기는 힘들다.

2) 「정화」 지를 포함해 일반 학술지에도 사회정화운동의 이론, 방향성 체계화를 위한 글들이 상당히 있었다(예를 들어 고연규, 1984; 박근호, 1984; 정세욱, 1981 등).

가지는 기구로 볼 수 있다. 또한 행정부 내부통제라는 측면에서 감사원의 기능과 중복됐으며, 실제 조직 운영은 군 및 검찰 출신 인사들이 각 부서장에 임명돼, 실질적으로 각 부서별 사업 집행을 계층제적으로 실시했다는 점에서 수평적 구조인 위원회라고 보기는 힘들다고 할 수 있다(김진구, 1990).

사회정화위원회의 공식적 업무 목표는 사회정화 업무에 대한 연구 및 기획, 정화운동 관련 기관의 조정 및 통제, 정화운동 추진을 위한 교육 및 홍보, 기타 사회정화에 관한 수명 사항이었다(김진구, 1990: 16). 여기서 사회정화위원회가 어떠한 업무를 할 것인가에 대한 구체적인 조항인 제3조 직무[3]를 보면 사회정화 대상으로서 공공 영역에 대한 내용은 있지만 그 외 구체적으로 사회정화운동의 대상 및 목표가 불분명하다. 즉, 제4항에 있는 기타 사회정화에 관한 수명 사항에 따라 자의적으로 해석해 남용될 소지가 농후하다는 것을 알 수 있다.

사회정화위원회는 차관급 위원장 1인과 6~8인의 위원으로 구성되며, 10~15인의 전문위원 및 10~20인의 자문위원 및 고문으로 구성됐다(사회정화위원회설치령 제2조). 사

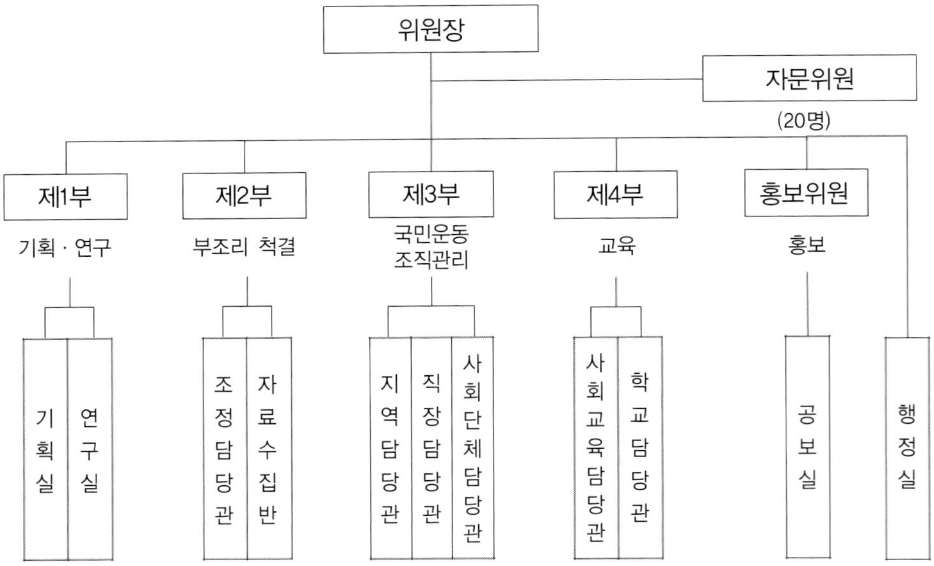

그림 2-2-4 사회정화위원회 조직도

자료: 사회정화위원회(1988: 256).

3) 1. 사회정화 업무에 관한 연구 및 기획 2. 대통령 및 국무총리의 명에 의한 사회정화 업무에 관한 관계행정기관 · 공공단체 및 그 산하단체에 대한 조정과 통제 3. 사회정화운동 추진을 위한 교육 및 홍보 4. 기타 사회정화에 관한 수명 사항

회정화위원회는 업무에 따라 다섯 개의 부서로 구성됐다. 즉 기획 및 연구부서, 사회정화운동 관련 자료의 수집 및 관리, 그리고 업무조정 업무를 담당하는 부조리 척결 부서, 지역, 직장, 그리고 사회적 하부조직 구축 및 관리를 위한 국민운동 조직관리부서, 각 학교별 하부조직 구축 및 관리를 위한 교육부서 등 네 개의 부와 1개의 사회정화운동의 홍보를 담당하는 홍보위원으로 구성되어 있었다. [그림 2-2-4]는 사회정화위원회의 조직도, 〈표 2-2-2〉는 사회정화위원회의 인원 현황이다.

표 2-2-2 사회정화위원회 조직 인원

(단위: 명)

구분	위원장	위원(부장)	전문위원	행정요원	소계	기능·고용원	합계
정원	1	5	8	52	66	39	105
현원	1	5	7	45	58	36	94

자료: 사회정화위원회(1988: 256).

한편 제 5공화국은 사회정화운동을 범국민적 운동으로 확산시키기 위해 사회정화위원회가 주체가 되어 내무부, 문교부, 서울시 등의 지원을 받아 행정구역별 지역 단위 조직, 기업체 중심의 직장조직, 그리고 유치원, 초등, 중등, 고등학교 및 대학교 등 학교

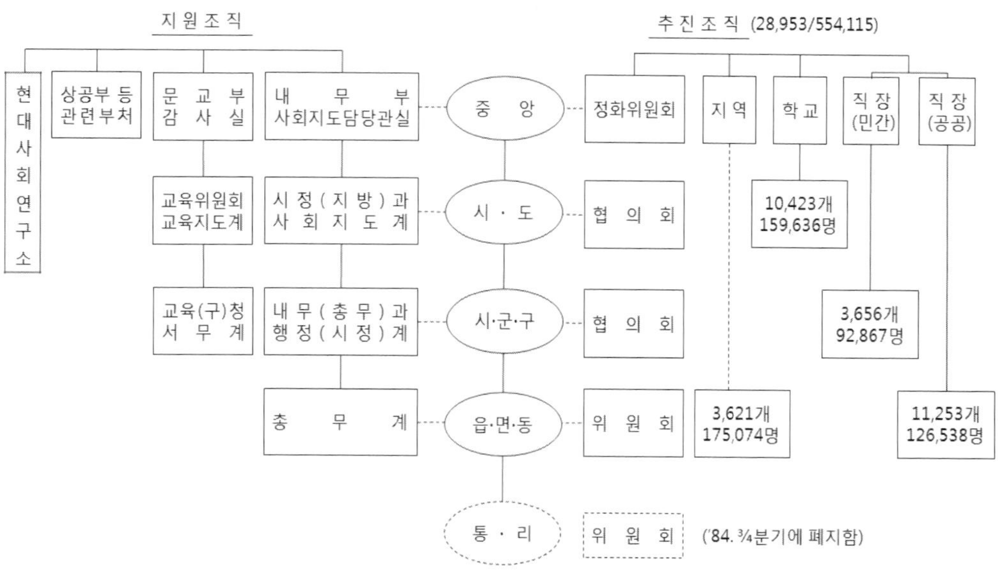

그림 2-2-5 사회정화운동 추진 조직(위원회 수/위원 수)

자료: 현대사회연구소(1986: 30).

별 조직을 설치했다. 그 결과 군부 통제 하에 단기간에 걸쳐 전국적 조직이 동원됐으며, 1980년 9월 30일 현재 지역 조직은 총 67,567개(위원 수 1,131,051명), 직장조직은 21,612개(위원 수 240,375명), 학교조직은 231,307개(위원 수 4,137,058명)로 조직 체계를 만들어냈다(김진구, 1990: 19).

또한 사회정화운동에 대한 사회정화 및 국민의식 개혁과 관련된 조사연구 및 개발을 목적으로 1981년 8월 민간연구기관으로서 현대사회연구소가 설립됐다. 이 기관은 관변단체로서 제5공화국의 사회정화와 관련된 정책자료 제공 등의 역할을 했다. 이러한 관주도 조직화를 바탕으로 한 사회정화운동의 지원 및 추진체계를 도식화하면 [그림 2-2-5]와 같다.

2. 사회악 정화정책 추진체계

여기서는 앞서 기술됐던 사회정화운동 중 사회악 정화 또는 일소 정책에 한정해 정책 추진체계를 살펴본다. 이를 위해 여기에서는 다음과 같이 크게 두 가지 측면에서 접근한다. 먼저 사회악 정화 추진의 주체인 국가보위비상대책위원회의 조직 구성 및 사회악 정화정책의 구체적 추진정책인 삼청계획에 대해 논의한다. 둘째, 다양한 사회정화 대상 중 사회악이라고 구체적으로 명명된 삼청계획 5호(불량배 소탕계획)에 한정해 추진계획을 살펴본다.

1) 국가보위비상대책위원회 및 삼청계획

사회악 정화정책의 추진체계를 파악하기 위해 첫째로 살펴보아야 할 것은 국가보위비상대책위원회다. 왜냐하면 국가보위비상대책위원회는 전두환을 정점으로 하는 신군부 세력이 광주항쟁을 무력으로 진압한 후 정권을 장악하기 위해 1980년 5월 31일 출범시킨 임시적 조직이며, 이 조직의 주요 목표가 바로 사회정화운동 및 삼청계획사업이기 때문이다.

먼저 국가보위비상대책위원회의 구성원을 살펴보면 다음과 같다. 국가보위비상대책위원회는 대통령을 의장으로, 10명의 임명직과 당연직 16명 등 총 26명의 위원으로 구성됐으며 이 중 8명이 정부각료였고, 14명이 군장성이었다. 국가보위비상대책위원회는 산하에 실질적 권한을 가지는 상임위원회를 설치했는데, 이는 전두환(당연직 위원 겸임)을 위원장으로 당연직 14명, 임명직 16명 등 총 30명(이 중 18명이 현역 군장성)으로 구성됐다. 이 상임위원회 산하에 다시 13개의 분과위원회[4]를 설치한 조직구조를 가지고 있었다(정해구, 2011: 78; 위키백과: 국가보위비상대책위원회).

국가보위비상대책위원회의 설치 목적은 "국가의 위기에 대처하여 국가보위의 임무를 충실히 수행하고 계엄당국과 행정부 간의 긴밀한 협조를" 위한 것이었다(국가보위비상대책위원회, 1980: 9, 정해구, 2011: 78 재인용). 이러한 목적 아래에서 국가보위비상대책위원회의 실제적 업무는 당시 대한민국 정치, 사회에 부정부패, 내란선동, 불량배 등으로 분류됐던 사회반대 세력을 정화하거나 또는 사회악 일소라는 명목 아래에서 이들에 대한 숙정조치를 취하는 활동이었다. 사회악 정화는 그 대상에 따라 다섯 가지 종류의 대상으로 분류됐으며, 이들에 대한 숙정계획은 삼청계획 1호부터 삼청계획 5호로 구체화됐다.

삼청계획 1호는 권력형 부정축재자를 대상으로 하는 계획으로서, 실제 김종필, 이후락 등 전 정권의 주요 인사들을 부정축재자로 정의해 척결한 것이며, 삼청계획 2호의 경우 박정희 정권 당시 공화당 의원들을 포함한 정치인들을 정치비리자로 규정해 이들을 대상으로 척결하는 계획이었다. 삼청계획 3호는 입법·사법·행정부의 고급공무원을 대상으로 부정부패한 고위공무원으로 총 8,601명을 숙정했다. 삼청계획 4호는 삼청계획 3호의 대상인 고위공무원을 제외한 3급 이하 공무원들을 대상으로 부정부패한 공무원을 찾아내어 이들을 숙정하는 계획이었다.

마지막으로 사회악 정화정책의 주요 대상인 불량배 등 사회악 일소를 위한 법적 기반으로 국가보위비상대책위원회에서 공표된 삼청계획 5호가 있었으며, 이는 사회정화, 특히 불법, 불의에 대한 사회정화를 통해 국민적 기대와 신뢰를 구축한다는 명목 아래에서 신군부 초기에 실시된 정책이었다. 삼청계획 5호는 5·16 군사 쿠데타 직후 설치됐던 국토건설단을 참고해, 1980년 7월 10일경부터 국가보위비상대책위원회 사회정화분과위원장인 김만기가 주관하고, 실무간사 서완수 등이 기안해 최종적으로 순화교육인 삼청교육대 및 취로사업이라는 형태로 추진하게 됐다.

2) 사회악 일소 사업 추진 방법: 삼청계획 5호 불량배 소탕계획

사회악 정화정책 추진 방법을 구체적으로 제시한 것은 국가보위비상대책위원회에서 1980년 7월 29일 공포한 삼청계획 5호 '불량배 소탕계획'이다. 이 계획에 나타나 있는

---

4) 상임위원회 당연직 위원들이 13개 분과위원장을 겸임했다. 여기서 13개 분과는 국방, 법사, 외무, 내무, 경과, 재무, 문공, 농수산, 보사, 교통, 건설, 상공자원, 그리고 사회정화위원회였다.

삼청계획 5호의 목적은 "상습, 조직적인 폭력배를 위시한 각종 불량배를 소탕하고, 이러한 불량배가 기생할 수 없는 밝고 정의로운 사회 구현에 기여"하는 것이었다.

이를 위한 구체적인 정책 추진체계로서 ① 시행방침, ② (불량배) 검거 및 분류 방식, ③ 순화교육, ④ 취로사업, ⑤ 지역추진위원회 편성 운영, ⑥ 업무 시행 일정, ⑦ 부서별 업무 분담에 대해 기술하면 다음과 같다.[5)]

첫째, 삼청교육 5호의 기본 시행방침은 크게 일곱 가지로 나뉘어 있었고, 이를 구체적으로 살펴보면 다음과 같다.

① 삼청계획 5호의 사업 범위: 사업 범위는 범국가적, 범국민적 차원으로 상당히 광범위하며, 계획의 사업 주체는 군, 민, 관 합동으로 실시하는 것으로 되어 있었다.

② 단속 및 검거: 군과 경찰 합동으로 삼청계획 5호 공포 당시까지 파악된 불량배들을 전국적으로 동시 일제 단속하고, 이를 통해 일제 검거하는 것이 두 번째 시행방침이었다.

③ 자수 기간 및 홍보: 또한 불량배에게 반성 및 회개의 기회를 부여하기 위해 불량배 자수 기간을 설정하고, 이와 병행해 강력한 홍보활동을 통해 주민들의 신고를 적극 권장해 불량배의 완전 색출(불량배 신고센터 설치 운용)하는 것이 세 번째 시행방침이었다.

④ 검거 불량배에 대한 조치: 색출 검거된 불량배는 공정한 심사(합심)를 통해 일벌백계 강력한 제제 조치(군재회부, 취로사업 종사) 및 순화교육 실시를 하는 것이 네 번째 시행방침이었다.

⑤ 위와 같은 사업 시행을 위한 강력 조치의 합법화를 위해 필요한 법률적 조치를 강구하는 것이 다섯 번째 시행방침이었다.

⑥ 사후 관리책: 교육 후 적절한 사후 관리책을 마련해 사회에 적응, 순화할 수 있는 선도책 강구(전과 말소, 직업보도, 후견인제도 등 검토)하는 것이 여섯 번째 시행방침이었다.

⑦ 국민들의 적극적 참여 유도: 마지막으로 중, 장기적 사회정화운동의 성공을 위해 하부 행정 단위까지 업무추진위원회(가칭)를 군, 관, 민 합동으로 편성해 각 부서별 업무를 조정, 통제하고 사회정화의 기풍을 범국민적 차원으로 승화, 발전시켜 영속, 토착화하도록 하는 시행방침이 있었다. 이를 위해 군, 관, 민 특히 대의원,

---

5) 이하에서 기술되는 것은 국가보위비상대책위원회에서 1980년 7월 29일 공포한 삼청계획 5호 불량배 소탕계획(초안)에 있는 내용이다(자료: 삼청교육대인권운동연합, 2001: 77-80).

새마을 지도자, 기타 지역사회 유지 참여를 적극 유도했다.

둘째, 불량배의 검거 주체, 분류 기준 및 검거자 송치 등에 대한 기준 및 내용은 다음과 같다. 먼저 불량배 검거는 각 지역 단위의 업무 추진위원회 통제 하에 경찰이 담당하며 필요 시 군병력 지원을 통해 신속한 검거를 추진하도록 명시돼 있었다. 최초 일제 단속을 통해 검거된 불량배(명부 등재)는 경찰 책임 하에 순화교육 장소로 지정된 군 시설로 최단 시간 내에 후송해 즉각적인 순화교육과 병행해서 비행 사실을 심문 수사해 〈표 2-2-3〉과 같이 네 등급으로 분류하고, 분류에 따라 조치를 하도록 되어 있었다.

표 2-2-3 검거자 분류 기준 및 조치 사항

	정의	조치
A급	조직 폭력배, 공갈, 치기배의 수괴 또는 중간급 간부, 상습 폭력배 중 폭력 실형 전과 2범 이상, 기타 흉기 소지 극악한 자	입건 구속 송치 및 군사재판
B급	조직 폭력, 공갈, 치기배의 행동대원, 기타 경제·정치 폭력배, 상습 도박, 사기꾼, 폭력우범자, 강도·절도·밀수·마약 전과자로서 재범의 위험이 있는 자	4주 순화교육 후 취로사업 종사
C급	폭력 사실이 경미하고 우발적인 범죄자와 B급 해당자 중에서 정상이 참작된 자	4주 순화교육 후 사회복귀
D급	초범으로 극히 사안이 경미하고 정상적인 학생 및 소년으로 직업과 주거가 일정하여 개전의 정이 뚜렷한 자	훈방교육 후 사회복귀

일제검거가 아닌 자수 및 주민신고를 통해 색출된 불량배는 군 단위 추진위원회의 일차 심사를 통해 일차 분류(불문, 검거훈방, 군부대 후송) 조치하고, 이 중 B, C급으로 분류되어 순화교육 이상이 필요한 것으로 판단돼 군부대에 후송된 인원에 대해서는 수사적 차원에서 〈표 2-2-3〉에 의한 심문 수사 분류를 실시하도록 되어 있었다.

셋째, 검거 후 B, C 등급으로 분류된 불량배들에 대해 실시될 순화교육의 지침은 다음과 같다. 먼저 불량배 순화교육은 계엄사령관 책임 하에 군부대에서 실시하는 것으로 계획됐었다. 실제로 순화교육의 경우 1단계 순화교육에서는 1,2,3군 휘하 25개 군부대에서 실시됐고 10차에 걸친 2단계 순화교육의 경우 11공수, 13공수, 38사단, 2군 휘하 6개 부대에서 실시됐다. 또한 보호감호의 경우 1군 소속 8개 부대와 3군 소속 12개 부대에서 실시됐다(삼청교육대인권운동연합, 2002: 54, 71).

또한 분류(A~D급)를 위한 심문과 순화교육 병행 실시할 것이 명시돼 있었으며, 순화교육은 육체적 훈련과 정신교육을 병행 실시하되 육체적 훈련에 중점을 두고 자성과 사회질서 유지를 습성화하도록 실시될 것이라고 계획돼 있었다. 정신교육의 경우, 개과천선한 불량배의 경험담과 불량배 스스로의 반성, 비판에 중점을 두면서 종교계 · 학계의 지도급 인사의 정신훈화도 포함하는 것으로 명시돼 있었다.

순화교육의 기간은 4주간을 원칙으로 하되, 순화교육으로 사회 복귀되는 불량배(C급)에 대해서는 죄질 및 개과천선 가능성, 교육 열의를 참작해 지역 단위 추진위원회의 심의에 의거 2주간 범위 내에서 단축 조기 퇴소 가능하도록 되어 있었고, B급(취로사업 종사)에 대해서는 훈련 열의에 따라 위와 같은 절차에 따라 그 분류를 감면 가능하도록 되어 있었다. 마지막으로 순화교육만으로 사회 복귀되는 불량배(C급)의 경우 앞으로는 개과천선하겠다는 선서(궐기대회)를 하고 퇴소하도록 되어 있었다.

넷째, B급으로 분류된 불량배들에 대한 취로사업(근로봉사) 실시에 대한 세부적 내용은 다음과 같다.

먼저 취로사업의 실시 주체는 계엄사령관이며, 취로사업의 실시는 계엄사령관의 책임 하에 이뤄지는 것이 원칙이었다. 취로사업의 목적은 불량배의 과거 죄과의 반성, 국민과 국가에 대한 봉사, 순화교육이었다. 취로사업의 주대상자는 최초 검거 시 B급으로 분류된 불량배였다. 이러한 B급 불량배의 경우, 죄질이 높기에 그 효과를 달성할 수 있는 1년 이상의 비교적 장기간에 걸쳐 실시할 것으로 기간을 정해놓고 있었다.

취로사업의 사업지는 전방지역 혹은 산간 벽촌, 도서지역을 원칙으로 하고 사업 내용은 도로 개설 등의 비교적 단순작업을 원칙으로 한다고 되어 있었다. 그러나 실제로는 군부대를 중심으로, 1단계에서는 20여 개 부대에서 실시됐고, 2단계에서는 18개 군부대에서 실시됐다(삼청교육대인권운동연합, 2002: 60). 마지막으로 취로사업 종사 중 본인의 회개 정도, 작업 성과 등을 참작해 작업 기간을 일부 단축할 수 있다는 조항도 있었다.

다섯째, 앞서 사회정화 추진체계에서 언급됐던 지역 단위 사회정화위원회 조직의 목적, 편성 및 운영에 관한 세부적 지침 사항은 다음과 같다.

먼저, 지역 단위 사회정화위원회의 목적은 ① 지역별 불량배의 소탕, 순화 및 ② 맑은 고장 건설에 기여라고 명시돼 있었다. 그리고 지역 단위 사회정화위원회는 계엄군 소장 책임 하에 편성하되, 다만 계엄군 소장이 없는 지역단위 위원회는 행정관 서장 책임 하에 편성하도록 되어 있었다.

지역 단위 사회정화위원회에 참여하는 구성원은 구체적으로 계엄지휘관, 행정기관장, 지방유지(통대위원, 새마을지도자, 예비군 중대장, 기타 종교, 언론, 학계지도자) 등 필요한 인원 등으로 명시돼 있었으며, 이들의 임무는 ① 지역별 불량배 소탕, 순화 외 조정 통제, ② 검거 대상자 첩보 수집 협조, ③ 검거자 일차적 분류 심사, ④ 복귀 귀향자 선도 사후관리 등이었다.

여섯째, 삼청계획 5호 업무 시행 일정은 세부적으로 준비 단계에서부터, 일제 및 개별 검거, 순화교육, 취로사업 등의 순서를 거쳐 장기적으로 범국민운동으로 승화를 목표로 했다. 구체적으로 삼청계획 5호의 시행 내용은 〈표 2-2-4〉와 같이 주별로 계획되었다.

여기서 실제 삼청교육대 순화교육은 4주에 걸쳐 각 군부대에서 실시되며, 순화교육이 끝나고 재분류된 사람들(주로 최초 B급으로 분류됐던 사람들)에 대해 실시되는 취로사업의 경우 1년에 걸쳐 실시됐다.

표 2-2-4 업무 시행 일정

구분 \ 기간	1주	2주	3주	4주	5주	6주	7주	8주 →	
준비	■								
일제검거		■							
자수 기간 설정		■	■						
주민신고 및 개별 검거		■	■	■	■	■	■	■	■
순화교육			■	■	■	■	■	■	
취로사업							■	■	■
홍보활동		■	■	■	■	■	■	■	■
범국민운동으로 승화		■	■	■	■	■	■	■	■

자료: 국가보위비상대책위원회(1980.7.29). 불량배 소탕계획(초안). 삼청교육대인권연합(2002: 80) 재인용.

일곱째, 정책의 규모를 파악하는 간접적 증거로서 사회악 정책의 관할 및 집행과 관련된 정부부처의 참여를 살펴보면 다음과 같다. 사회악 정화정책 집행에 동원된 정부부처들은 상당히 광범위했으며, 구체적으로 내무, 법사, 건설, 보사, 문공부 등 기존의 부처를 포함해 계엄사 및 정화위원회(지역 단위 포함) 등이 포함됐고, 이들에 대한 책임 및 협조 사항이 구체적으로 명시돼 있었다. 즉, 〈표 2-2-4〉에서 나타난 바와 같이 각 부서별 책임과 협조 사항 등 업무 분담이 구체적이었다. 이러한 점으로 미뤄보아 삼청계획 5호의 실질적 집행 체제는 사회정화위원회(및 산하 지역 단위 위원회)에만 국한된

표 2-2-5 각 부서별 업무 분담

부서	업무 분담	
	책임	협조
계엄사	• 지역 단위 추진위원회 편성 운영 • 불량배 순화교육 • 불량배 취로사업 • 군재 회부된 불량배 엄벌 조치 • 합법화 조치	• 불량배 검거 • 사후관리 • 홍보대책
내무	• 불량배 첩보 수집 • 불량배 검거 • 신고 및 자수 권유 조치 • 사후관리	• 지역 단위 추진위원회 편성 운용 • 순화교육, 취로사업 • 홍보대책
법사	• 제반 조치의 합법화 방안 • 재판 회부자의 엄벌 조치 • 기타 법률적 문제	• 불량배의 분류
건설, 보사		• 취로사업, 예산문제
문공	• 홍보대책	• 순화교육
경과	• 예산	
정화위	• 전반적 업무를 조정 통제(특별 소위원회 편성, 운용)	
지역 단위 업무추진위원회	• 지역단위 각 부서별 업무 조정 통제 • 범국민운동으로 승화, 발전 토착화	

자료: 국가보위비상대책위원회(1980.7.29). 불량배 소탕계획(초안), 삼청교육대인권연합(2002: 80) 재인용.

업무가 아니라 다양한 부처가 동원되는 상당한 규모의 정책이었음을 알 수 있다.

제3절 정책의 추진 과정 및 내용

여기에서는 넓은 의미에서 사회악으로 규정됐던 사회정화운동 대상을 모두 포괄하지 않고, 당시 삼청계획 제5호 사회악 일소 특별조치에 의해 명시적으로 지목됐던 소위 '불량배' 소탕을 통한 사회악 일소에 초점을 맞춘 삼청교육대 정책에 한정해 정책의 추진 과정 및 내용에 대해 논의한다.

사회악 정화정책 추진 과정의 측면에서 살펴보면 삼청교육대를 중심으로 하는 사회악 정화정책은 원래 계획돼 있었던 삼청교육대(기본 순화교육) 및 근로봉사대로만 끝나지 않고, 이후 새로이 보호감호라는 제도를 만들어내어, 군부대감호소 및 청송감호소 순서로 변화되며 진행됐다. 사회악 정화정책의 구체적인 추진 과정을 최초 비상계엄이 확대된 시점부터 보호감호를 가능하게 했던 사회보호법 적용 시기까지 약 8개월간의 정책 추진 경과를 일정별로 정리하면 〈표 2-2-6〉과 같다.

표 2-2-6 사회악 정화정책 추진 경과

날짜	내용
1980. 5. 17	비상계엄 확대
1980. 5. 31	국가보위비상대책위원회 구성
1980. 6. 12	최규하 대통령 국가 기강 확립에 관한 담화 발표
1980. 7. 29	삼청계획 5호(불량배 소탕계획) 수립
1980. 7. 30	계엄사령부 전군의 예하부대에 '불량배 소탕 및 정화 계획' 공문 발송
1980. 8. 4	전두환 국보위 상임위원장 명의로 '사회악 일소 특별조치' 발표 계엄 사령관 이희성 계엄포고령 13호(불량배 일제 검거령) 발표
1980. 8~12	삼청 5호 작전으로 전국적으로 총 60,755명 검거
1980. 11. 21	사회보호법 국무회의 통과
1980. 12. 28	사회보호법 입법회의 통과, 발효
1981. 1. 14	법무부 사회보호위원회 발족
1981. 1. 24	비상계엄령 해제
1981. 1. 26	서정화 내무 장관, 사회보호법 적용 발표

자료: 삼청교육대인권운동연합(2001: 40-42).

1. 정책 대상

1980년 8월 4일 '사회악 일소를 위한 특별 조치'를 발표하고, 계엄포고령 제19호에 의한 삼청계획 5호에 따라 폭력배 등을 재교육시켜서 갱생시키는 것을 목적으로 하는 삼청교육대를 설치했다. 이러한 사회갱생 대상이 되는 집단은 구체적으로 계엄포고문과 국가보위비상위원회에서 1980년 7월 29일 발표한 불량배 소탕계획에 나타나 있다. 계엄포고문에 따르면 삼청교육대 대상자는 ① 폭력사범(강도 · 절도 · 치기배 포함), ② 공갈 및 사기사범(서민 착취배 포함), ③ 사회풍토 문란사범(밀수 · 마약 · 상습도박 포함), 이상

세 가지다. 또한 국가보위비상위원회에서 1980년 7월 29일 발표한 불량배 소탕계획에 따른 소탕 대상 기준은 현행범과 재범 우려자로서, 개전의 정 없이 주민의 지탄을 받는 자, 불건전한 생활 영위자 등이 주요 대상자였다. 검거 및 교육 대상으로서 구체적으로 네 가지 기준이 제시됐다(불량배 소탕계획(초안), 삼청교육대인권운동연합, 2002: 76).

첫 번째 대상은 조직 및 상습 폭력사범으로서 구체적으로 강도 및 절도를 포함하는 일반폭력배, 경제폭력배, 정치폭력배 등이다. 두 번째 대상은 사회 풍토 문란 사범으로서, 구체적으로 기관원 사칭 및 사이비 기자를 포함하는 공갈 사기배, 상습 도박 행위자 및 상습적 밀수 및 마약사범이 여기에 해당된다. 세 번째 대상은 서민 착취 사범으로서, 구체적으로 중간착취 사범과 상습 사건브로커(특히 법원 주변)가 여기에 해당된다. 마지막으로 네 번째 대상은 광범위하게 규정돼 있는 기타 사회질서 저해사범이었다.

이러한 삼청교육대 순화교육 대상 기준에 따라 군경은 우선 전과자 및 폭력배 목록을 만들었다. 이에 따라 1차로 20,022명이라는 검거 목표 숫자가 정해졌고, 군경 병력 연 80여만 명이 동원되어 이들을 검거했다. 1982년 국방부 자료에 따르면, 총 60,755명이 검거돼 최초 목표보다 약 3배가 넘는 인원이 검거됐다.

지역별로 살펴보면, 서울에서 가장 많은 25,534명이 검거됐고, 이어 부산(7,702명), 경기(6,411명) 등의 순이었으며, 충북(1,407명)과 전북(1,795명)에서 상대적으로 적게 검거됐다. 혐의별로 보았을 때, 폭력이 압도적으로 높은 비중(약 81%)을 나타냈다(삼청교육대인권운동연합, 2001: 46). 그러나 단순 시비 또는 우발적 사건 등 검거 대상으로 지목된 폭력사범(조직 및 상습)과 관련이 적은 다수의 일반 시민이 검거됐다는 보고도 있다(삼청교육대인권운동연합, 2001; 의문사진상규명위원회, 2003).

연령별 검거자 현황을 보면, 최연소 14세부터 최고령 73세까지 광범위한 연령대에서 검거가 실시됐으며, 20세 미만의 청소년층의 검거자의 약 1/4(24.8%)를 차지했고, 또한 전과가 없는 일반 시민이 전체 검거자의 약 36%나 됐다(삼청교육대인권운동연합, 2002: 46-47). 이러한 사실에 기초해 보았을 때, 당시 검거된 모든 사람이 조직 및 상습 폭력사범에 해당된다고 보기 힘들고, 오히려 사회악이라고 보기 힘든 상당수의 일반 시민이 검거됐음을 알 수 있다.

2. 삼청교육대 순화교육

실제 삼청교육대의 순화교육을 위해 신군부는 총 60,755명을 검거했다. 앞서 제시됐던 〈표 2-2-2〉의 분류 기준에 따라 검거 현황을 살펴보면 총 60,755명 중 A급은 3,252명, B급으로 17,872명, C급으로 22,475명, D급으로서 17,156명 등으로 구분해 검거됐고(〈표 2-2-7〉 참조), 이들은 각기 검거 분류급에 따라 재판, 순화교육, 훈방 등이 부여됐다.

표 2-2-7 **검거자 분류 현황**

검거자 총계	A급			B급	C급	D급
	소계	군재	검찰			
60,755	3,252	464	2,788	17,872	22,475	17,156

자료: 삼청교육대인권운동연합(2002: 52).

D급 분류자 17,156명을 제외한 나머지 인원 중 환자 605명을 제외하고 전후방 25개 군부대에 설치된 소위 삼청교육대라고 일컬어지는 순화교육장으로 배치됐다. 순화교육은 〈표 2-2-8〉과 같이 총 11차에 걸쳐 실시됐다.

표 2-2-8 **순화교육 실시 현황**

교육주기		인원	1980년					1981년	교육 장소
			8월	9월	10월	11월	12월	1월	
1단계		23,810	4~30일						1,2,3군 휘하 25개 부대
		여자 319	12~	20일					11공수
2단계	1차	1,759		8~	4일				11공수
	2차	1,429		15~	11일				13공수
	3차 (학생)	625		22~	18일				11공수
	4차	669			6~	1일			13공수
	5차	1,143			13~	8일			11공수
	6차	831			27~	22일			38사단
	7차	187				3~29일			38사단
	9차	2,939						5~23일	2군 휘하 6개부대
	10차	1,861						5~23일	11공수, 38사단
계		39,736							

자료: 국방부(1982: 592), 삼청교육대인권운동연합 재인용(2002: 54).

삼청교육대 순화교육은 [그림 2-2-6]과 같은 군대식 조직 구성에 의해 실시됐으며, 순화교육 일과 역시 〈표 2-2-9〉와 같이 군대식 교육 또는 훈련과 다를 바 없었다.

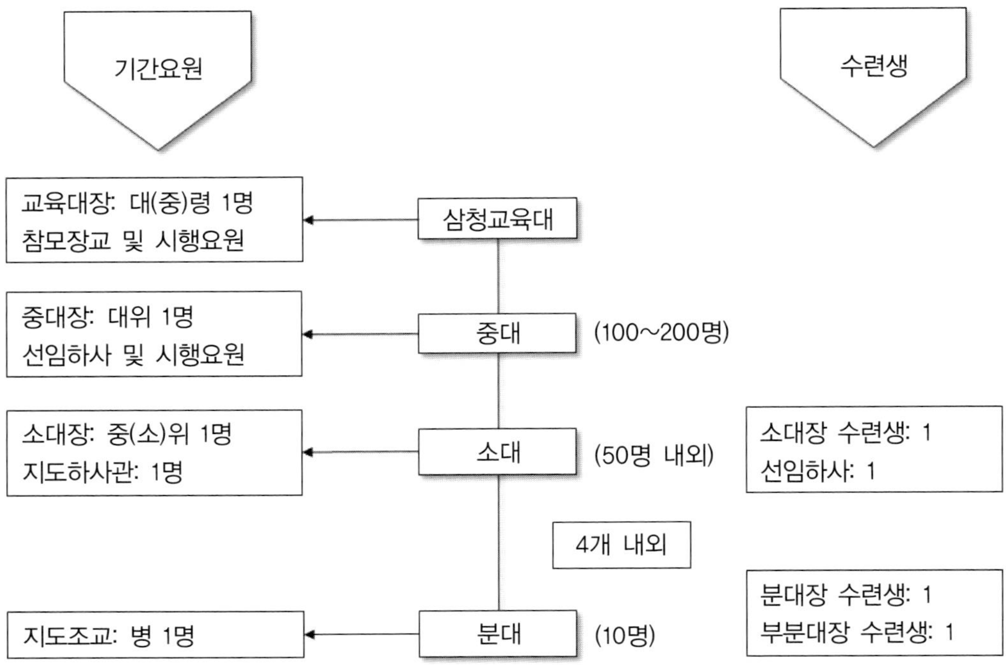

그림 2-2-6 삼청교육대 구성도

자료: 삼청교육대인권운동연합(2002: 54).

표 2-2-9 순화교육 일과

오전		오후	
6시	기상 및 청소	1~5시	연병장 훈련
7시	아침식사	5시	청소 및 노래
8~12시	연병장 훈련	6시	저녁식사
12시	점심식사	7~8시	반성문 작성(수양록)
		8~10시	노래, 내무반 검열, 취침 점호
		10시	취침

자료: 삼청교육대인권운동연합(2002: 55-56).

3. 근로봉사

삼청계획에 있었던 대로, 4주의 순화교육이 끝나자 퇴소자를 대상으로 재분류를 실시했고, 재분류 결과 다시 B급으로 분류된 사람들은 그 다음 단계인 근로봉사에 투입됐다. 이렇게 B급으로 재분류된 사람은 총 10,016명에 이르렀으며, 이들은 다양한 군부대에 재배치되어 전차 기동 진지 구축, 전투 진지공사, 전술 도로 건설, 광장 건설, 통신선 시설 건설 등 군부대 전투시설 건설작업에 동원됐다.

표 2-2-10 순화교육 후 재분류 현황

(단위: 명)

순화교육 총입소 인원	재분류				기타
	A급(군재)	B급(노동봉사)	C급(순화교육 후 퇴소)	D급(조기 퇴소)	
39,736	3,170	10,016	9,730	16,779	41

자료: 삼청교육대인권운동연합(2002: 60).

표 2-2-11 근로봉사 인원 및 군 배치 현황(1980.9.8~1981.1.3)

구분	배치 일자	인원 수	투입 부대
최초	1980. 9. 8	5,766	1, 2, 3, 4, 5, 6, 7, 8, 9, 10, 11, 12, 15, 21, 25, 26, 27, 28사단, 수기사, 2기갑, 1공병, 동해경비사 등 20개 부대
1차	1980. 10. 6	690	2, 12, 21 사단, 동해경비사 등 4개 부대
2차	1980. 10. 13	532	2기갑, 1공병 등 2개 부대
3차	1980. 10. 23	596	7, 15, 27 사단 등 3개 부대
4차	1980. 11. 3	600	9, 25사단 등 2개 부대
5차	1980. 11. 10	153	1사단 등 1개 부대
6차	1980. 11. 24	334	6, 28사단 등 2개 부대
7차	1980. 12. 1	64	5사단 등 1개 부대
8차	1981. 1. 3	1,281	3, 6, 8, 26 사단, 수기사 등 5개 부대
계		10,016	

자료: 삼청교육대인권운동연합(2002: 60).

위와 같이 근로봉사에 투입된 인원들에 대해서는 노동에 대한 대가로 일당 3,000원을 지급했다. 그러나 이러한 노임은 본인의 식대 및 개인용품을 사는 데 사용돼야 했기에 실제로 정당한 노동의 대가를 지불했다고 보기는 힘들다.

4. 보호감호

최초 사회악 정화정책의 기준이 됐던 계엄포고령에 의한 삼청계획 5호에는 순화교육 및 근로봉사(취로사업)만이 사업 범위로 지정돼 있었기 때문에 1981년 1월 25일 비상계엄령이 해제된 이후에는, 계엄포고령에 의한 근로봉사는 더 이상 효력이 없어졌다. 그러나 신군부 정권은 이를 연장시키기 위해 1980년 12월 18일 사회보호법을 공포하고, 이에 근거해 법무부 차관이 위원장을 하는 사회보호위원회를 발족시켰다. 즉, 사회보호위원회가 주체가 되어 근로봉사를 마친 사람들에 대한 재분류를 다시 실시하고, 이들을 대상으로 보호감호라는 이름으로 정책을 연장시켜 나갔다. [그림 2-2-7]은 당시 사회보호위원회의 구성원을 포함한 구성도다.

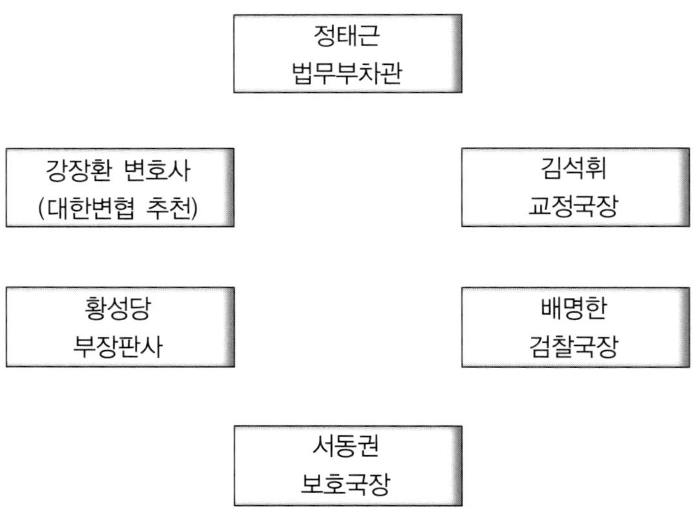

그림 2-2-7 사회보호위원회 구성도

자료: 삼청교육대인권운동연합(2002: 74).

사회보호위원회는 동법 부칙 제5조 1항에 근거하여 근로봉사를 하던 인원들을 재수감하게 됐다. 즉, 이들을 다시 특급, 가, 나, 다, 라 등 등급으로 재분류했고, 그 결과 대부분 인원에 대해 보호감호라는 명분으로 사회보호법상 최대 7년까지(실제로는 5년)

다시 노동봉사를 하게 했다. 이러한 과정을 거쳐 1981년 1월 20일 10,288명에 대해 보호감호 처분이 결정이 내려졌다. 〈표 2-2-12〉는 이러한 보호감호 재분류 현황이다.

표 2-2-12 보호감호 처분 결정 기준 및 결정 사항

등급별	결정 기준	인원	보호 기간
계		10,288명	
특급	실형 전과 3범 이상, 형기 합계 5년 이상 재범 위험성 특히 농후	171	5년
가급	실형 전과 2회 이상, 형기 합계 5년 이상 재범 위험성 농후	865	3년
나급	실형 전과자로서 재범 위험성 농후	2,488	2년
다급	동급 특, 가, 나급의 우범자	4,054	1년
라급	충분히 교화되고 개전의 정이 현저한 자	2,710	퇴소

자료: 국방부(1982: 6042), 삼청교육대인권운동연합(2002: 69) 재인용.

이상의 보호감호 재분류에 의해 라급 및 환자·구속·탈영·사망 등(100명)을 제외한 총 7,478명이 우선적으로 다시 군부대에 우선적으로 수용됐고(국방부, 1982: 614), 이후 경상북도 청송에 건설된 청송보호감호시설로 최종적으로 7,487명이 1981년 말 이감돼, 1983년 말경 대부분 출소하고, 나머지 7명은 교도소에 그대로 복역했다(동아일보, 1988). 그러나 나머지 삼청교육 이수자들 역시 퇴소 이후 1987년까지 전두환 정권 아래 특별 관리 대상이 되는 등 이들에 대한 지속적인 감시가 이어졌다.

제 4 절 성과 및 평가

지금까지 전두환 정권의 사회악 정화정책의 추진 배경, 체계, 과정, 내용 등에 대해 살펴보았다. 이 절에서는 이러한 정책이 가져왔던 성과가 무엇인지에 대해 간단히 논하고, 사회악 정화정책 역시 정권의 정당성 결여에서 파생된 정당성이 부재하는 정책이었음에 대해 논의한다.

1. 성과

사회악 정화정책에 대한 성과 및 평가는 정책집행 당시의 평가, 즉 제5공화국 시절의 평가와 제5공화국 이후의 평가로 나눠 살펴볼 수 있다.

먼저, 사회정화운동 및 사회악 일소운동에 대한 당시 성과 및 이에 대한 평가는 상당히 정권 편향적이었다고 볼 수 있다. 1982년 발간된 사회정화운동 지침서에 따르면, 1981년 기간 동안 사회정화운동(더 정확히는 삼청교육대로 볼 수 있음)의 성과에 대해 다음과 같은 기록이 있다.

> 초기에는 가시적 부정을 물리적으로 제거하는 법적 제재에 중점을 두어 추진하여… 과거 우리 사회의 고질적 비리와 폐습의 강력한 척결로 가시적·외형적 부정·비리는 획기적으로 개선되었으며, 제5공화국 출범 이후 각종 제도와 환경 개선으로 부정·비리의 사전 예방은 물론, 부조리의 근원적 소지 제거에도 괄목한 만한 성과를 거두었습니다(기업체정화추진중앙위원회, 1982: 11).

제5공화국이 수립된 이후에는, 사회악에 대한 물리적 척결의 성공이 이미 이룩되었고, 이를 넘어서는 국민의식 개혁으로 발전하고 있다는 자화자찬 식의 성과를 당시 대통령이었던 전두환 대통령이 직접 발표하고 있었다.

> …사회정화운동은 그동안 국민 여러분의 적극적인 호응과 참여 속에 많은 열매를 거두어 우리의 생활 주변은 4년 전에 비해 눈에 띄게 쇄신되었습니다. 사회 각 분야에 구석구석까지 퍼져 있던 부정과 불법 등 각종 부조리 현상이 현저하게 줄어들었을 뿐만 아니라, 우리의 의식 속에 뿌리깊이 심어져 있던 부정적 심리가 점차 사라지고 있어 사회정화운동은 이제 각종 비리를 물리적으로 척결하는 단계를 넘어 의식개혁운동으로 착실히 발전되고 있습니다(전두환, 1984).

그러나 전두환 정권 이후 삼청교육대 성과에 대한 평가는 제5공화국 시절 자화자찬 식의 평가와는 사뭇 다르다. 우선 앞에서도 잠깐 언급했듯이 검거된 시민들 중 실제로 '사회악' 또는 '불량배'로 보기 힘든 경우가 상당히 많았었고, 이는 이후 상당히 많은 수의 증언에 의해 확증됐고(예를 들어 의문사진상규명위원회, 2003), 정책집행 과정에서 위법적인 요소가 매우 많았다는 증거가 많이 나타났다(삼청교육대인권운동연합, 2001). 또한 제5공화국의 몰락 이후 공식적으로 제출된 국회보고서에서도 최소한 삼청계획 5호에 의한 사회악 일소 정책이 인권 유린이라는 점 역시 인정됐다(삼청교육대인권운동연합,

2001: 51). 이러한 부정적 정책 결과를 놓고 보았을 때, 과연 정책 성과라는 것을 어떻게 파악해야 하는 문제에 대해, 이어지는 정책문제 정의에 따른 평가와 정책의 정당성 차원에서의 평가 등을 통해 정책평가를 실시한다.

2. 평가

1) 정책정당성 측면에서의 평가

사회악 정책을 평가하기 위해 선행돼야 할 것은 사회악 정책의 정책 목표가 무엇이었는가다. 여기서 우선적으로 파악돼야 하는 것은 사회악이란 무엇이며, 그 당시 대한민국 사회에 사회악으로서 반드시 치유돼야 하는 것을 대상으로 사회악 정책 대상을 삼았는지에 대한 논의가 필요하다.

국립국어원 표준국어대사전에 따르면 사회악이라는 개념은 "사회적 모순으로 생기는 해악(害惡). 도박, 매춘, 빈곤, 범죄 따위"라는 정의로써 일반적으로 정의될 수 있지만, 세부적인 사항에 대해서는 특정 장소와 시기에 처해 있는 사회가 요구하는 것으로 볼 수 있다. 일례로 1925년 간디(Mahatma Gandhi)가 제시했던 사회악은 일곱 가지로서, 원칙 없는 정치(politics without principle), 노동 없는 부(wealth without work), 양심 없는 쾌락(pleasure without conscience), 인격 없는 지식(knowledge without character), 도덕성 없는 상업(commerce without morality), 인간성 없는 과학(science without humanity), 희생 없는 예배(worship without sacrifice) 등이 있다.

또한 영국의 비버리지 보고서에 나타난 사회악은 전후 영국 사회의 재건을 위한 사회보장 정책을 달성하기 위한 방향성을 제시하는 역할을 했다. 즉, 궁핍, 질병, 무지, 불결, 태만 등 다섯 가지를 인간생활의 안정을 위협하는 원인으로서 사회악으로 규정했다. 이러한 사회악에 대한 논의는 특정 시기에 시급한 사회문제로 대두돼 해결해야 된다는 공감대가 형성된 것이라고 볼 수 있다.

그러나 제5공화국에서 내건 사회악 근절운동은 1980년 당시 대한민국에서 치유가 필요한 사회악을 규정하는 대신, 사회정화 정책의 일환으로서 사회악 일소라는 명제 아래, 앞서 정책 대상에서 나타난 바와 같이 '불량배'라는 정의를 내렸고, 실제로 정책집행 수단으로는 1980년 8월 1일부터 1981년 1월 25일까지 실시된 삼청교육대가 이용됐다. 여기서 문제가 되는 것은 과연 이러한 사회악이 당시 우리나라 사회가 가장 시급히 해결해야 하는 문제이었는가에 대한 의문이다. 실제적으로 사회악 정책의 상위 목표가 있었다고 볼 수 있다. 즉, 사회악 정책 자체가 정책 목표라고 판단되기보다는 정당성이 없는 정권이 정당성을 확보하기 위한 수단으로 사용됐다고 보는 것이 더 옳기 때문이다.

이러한 문제에 대한 답은 정당성의 측면에서 사회악 정화정책의 평가를 통해 파악될 수 있다.

먼저 제5공화국의 주도 세력인 신군부 정권 자체의 정당성에 대한 문제다. 정권의 정당성이란 "기존의 정치제도가 사회에 가장 적합한 것이라는 믿음을 지속하고 재생산할 수 있는 체제의 능력(Legitimacy involves the capacity of the system to engender and maintain the belief that the existing political institutions are the most appropriate ones for the society)"이라고 정의될 수 있다(Lipset, 1960: 77). 즉, 정권의 정당성이란 정권이 주창하는 가치 체계가 얼마나 국민들에게 공감대를 형성하고, 이에 따라 사회통합의 효과를 가져오는가로 판단될 수 있다.

이러한 측면에서 볼 때, 제5공화국은 근본 출발부터 정당성을 가지지 못한 정권이었다. 박정희 대통령이 사망한 후 곧바로 전두환을 포함한 신군부 세력이 1980년 12 · 12 쿠데타로 실권을 장악했고, 이러한 쿠데타의 일환으로 1980년 5월 비상계엄 전국확대 조치 및 5 · 18 민주화운동을 무력으로 진압하고, 국가보위비상대책위원회를 설치함으로써 실질적으로 정권을 장악했다. 이러한 사실에 기반해 볼 때 제5공화국은 정권의 정당성 자체가 담보되지 않았기에, 이러한 정권의 정당성을 강제적 수단을 통해 일방적으로 획득하기 위해 계엄이라는 국가위기 상황을 만들어냈고, 국민들을 공포 상황에 내몰기 위한 수단으로서 사회악 일소라는 정책을 만들어낸 것이다. 즉, 당시 신군부가 만들어낸 소위 삼청계획 5호 또는 삼청교육대는 정권의 정당성이 부족한 상태에서 "집권 기반을 다지기 위해 의도적으로 추진한 '추악한 전쟁'"으로 평가될 수 있다(김성이, 2002: 307).

구체적으로, 사회악 정화정책에 한정해 정책정당성을 살펴보기 위해 투입지향 정당성(input-oriented legitimacy)과 산출지향 정당성(output-oriented legitimacy)의 측면(Scharpf, 1997)에서 평가하면 다음과 같다.

투입지향 정당성이란 정책결정 과정에 국민의 의견이나 선호가 얼마나 민주적으로 투영됐는가를 의미하는 것이다. 이러한 측면에서 사회악 정화정책에 대해 국민들이 신군부가 주창한 사회악 척결에 대해 당시 시급히 해결해야 하는 정책으로 인식하고 동의했다기보다, 신군부의 필요에 의해 국민의 의사와 관계없이 일방적으로 만들어진 정책이라는 측면에서 정책의 투입지향 정당성이 부재하다고 할 수 있다.

산출지향 정당성이란 정책이 민주적 절차에 따라 집행되며, 이러한 정책집행에 따라 얼마나 효과적인 정책결과물을 산출해냈는가, 즉 정책 대상인 국민들이 얼마나 정책집행에 대해 만족했는가를 의미한다. 산출 지향의 측면에서 볼 때, 먼저 사회악 정화 정책 도구였던 삼청계획 5호의 실제 집행 과정에서, 즉 삼청교육대에 입소하는 사람들의 선별 과정, 교육과정, 그리고 원래 계획에 없었던 보호감호를 급조하는 등, 국민의 의사와 전혀 관계없이 정책이 집행됐을 뿐만 아니라, 실제 집행 과정에서 인권이 침해되는 사례가 상당히 많다는 점에서 이 정책의 산출 정책 정당성 역시 부재하다고 볼 수 있다. 또한 사회악 정화정책이 끝난 후, 즉 제5공화국이 끝난 후의 평가를 보면 부정적인 평가 외에 긍정적인 평가를 찾기 힘들다는 점에서 국민들이 이 정책에 만족했다고 보기 힘들다. 따라서 사회악 정화정책의 산출지향 정당성 역시 부재했다고 볼 수 있다.

2) 정책문제 정의 측면에서의 평가

정책문제가 발생한 이유를 제대로 찾지 못한 채 정책 수단을 선택한 경우, 소위 제3종 오류(type III error)가 발생할 수밖에 없으며, 이러한 정책문제의 오류는 잘못된 정책 집행 결과를 가져올 수밖에 없다(Dunn, 1994). 정책문제를 제대로 설정하지 못하는 경우는 크게 두 가지로 볼 수 있는데, 첫째, 정책과 관련된 경쟁 가설들을 제대로 검증하지 않은 경우, 둘째, 의도적으로 정책문제를 왜곡하는 경우다. 이 장에서 논의한 사회악 정책의 경우 후자에 속한다.

신군부 세력의 사회악 정화정책은 권위주의적이며 비민주적인 성격을 가지는 정권의 특성상 정책 목표 달성을 위한 잘못된 수단이 합리화됐던 대표적인 정책으로 볼 수 있다. 이러한 잘못된 수단이 합리화될 수 있었던 가장 큰 이유는 '사회악 정화'라는 정책문제 정의가 잘못됐기 때문이다. 즉, 정책 목표가 실제 사회악을 뿌리 뽑는 것에 있기보다는, 국민들에게 정당성 없는 정권이 정당성이 있다는 것을 선전하기 위한 수단으로서 정책 목표가 결정됐고, 이에 따라 사회악을 뿌리 뽑기 위해 얼마만큼의 사회악을 검거해야 한다는 정책 목표치가 제시되는 전형적인 비민주적 정책문제로 변질된 것이다.

또한 단기간에 정권이 사회악을 뿌리 뽑는다는 것(원래 정책 목표)을 국민에게 선전하기 위해 현실과 괴리된 목표 수치(20,022명 검거)를 제시하고, 이의 달성에만 매달렸기 때문에 상당수 무고한 시민들까지 검거하는 정책 목표와 정책 수단의 전도 현상이 발생했던 것으로 볼 수 있다. 즉, 정책 목표치를 달성하기 위한 정책 수단으로서 비민주적인 검거가 정당화됐으며, 이러한 목표와 수단의 전도 현상의 피해는 고스란히 국민에게 전가됐다고 볼 수 있다.

참고 문헌

고연규 (1984). 국민정신 고취를 위한 새마을운동과 사회정화운동의 연계성에 관한 연구. 국민윤리연구, 특집호: 35-74.

국방부 (1982). 계엄사.

기업체정화추진 중앙위원회 (1982). 정의사회 구현 위한 의식개혁운동: 사회정화운동을 주축으로 한 지침.

김성이 (2002). 사회복지의 발달과 사상. 서울: 이화여자대학교출판부.

김진구 (1990). 기관형성의 관점에서 본 사회정화운동. 고려대학교 석사학위 논문.

김충남 (1981). 사회정화운동의 단계와 추진 방향. 정화. 창간호, 50-53. 사회정화위원회.

동아일보 (1988). 추적 삼청교육대 4. 1988.10.6.

박근호 (1984). 사회정화운동과 의식개혁교육의 발전 방향. 행정논집, 14: 63-89.

사정비서실 (1982). 정의사회 구현을 위한 의식개혁 지침: 사회정화운동을 주축으로. 1982. 4. 청와대 문건.

사회정화위원회 (1988). 사회정화운동사.

삼청교육대인권운동연합 (2001). 삼청교육대백서(상).

______ (2002). 삼청교육대백서(하).

의문사진상규명위원회 (2003). 의문사진상규명위원회 보고서. 국가기록원.

전두환 (1984). 사회정화운동시도대회 대통령각하 치사. 1984.11.20.

전재호 (2000). 반동적 근대주의자 박정희. 서울: 책세상.

정세욱 (1981). 사회정화운동과 국민성개조론. 정화. 1987. 11월호.

정해구 (2011). 전두환과 80년대 민주화운동. 서울: 역사비평사.

조부근 (1981). 사회정화운동의 이념과 방향.

정화(논설) (1981). 사회정화는 어디까지 왔나. 정화. 창간호, 32-34. 사회정화위원회.

현대사회연구소 (1986). 사회정화운동의 발전적 전환과 새로운 국민운동의 전개.

Dunn, W.N. (1994). *Public Policy Analysis: An Introduction*. Englewood Cliffs, N.J.: Prentice Hall,

Lipset, S.M. (1960). *Political Man: The Social Bases of Politics*. Garden City, NY: Doubleday.

Scharpf, F.W. (1997). *Games Real Actors Play. Actor-centered Institutionalism in Policy Research*. Boulder, CO: Westview Press.

위키백과. 국가보위비상대책위원회 http://ko.wikipedia.org/wiki/국가보위비상대책위원회(검색일: 2014. 05.16).

제 3 장

사교육 금지정책

강일규
한국직업능력개발원

제 1 절 정책의 추진 배경

한국 교육의 특성을 잘 표현해주는 단어는 높은 교육열이다. 우리나라는 높은 교육열을 바탕으로 교육의 성장을 비롯해 경제의 성장까지 가능하게 됐지만 과한 교육열은 부작용도 가져왔다. 우리나라의 교육은 종종 '과잉 교육열', '왜곡된 교육열', '이기적 교육열'로 표현되고 있고, 이는 학부모들이 자녀가 일류대학에 입학하기를 바라는 열망이 원인이 되는 경우가 많아 사교육비의 과도한 지출이 사회문제가 되고 있다(교육50년사편찬위원회, 1998: 778).

우리나라의 교육 발전 과정에서 정부는 교육의 평등을 실현하기 위한 지속적인 노력을 기울여 왔다. 그러나 이러한 노력에도 불구하고 사교육 문제는 해결되지 않고 오히려 더욱 확대돼온 모습을 보여왔으며, 사교육은 해결이 어려운 문제로 인식되고 있다. 사교육은 그 발생 원인이 정치 · 경제 · 사회 · 문화 · 교육의 제반 요인과 복합적으로 연관돼 장기간의 과정 속에서 야기된 문제(서남수, 1997: 361-370)라서 정권이 바뀔 때마다 여러 정책적 시도가 있었지만, 큰 성공을 거두지 못했다. 그럼에도 불구하고 사교육 문제에 대한 국민적 관심과 교육 당국의 개선 방안은 계속되고 있으며, 각 시대의 여건과 환경에 따라 변화되고 있다.

사교육(과외)은 학교 내의 낮은 학업 성취도를 보완하고, 다른 교과목을 공부하기 위한 학교 교육의 보완적 역할을 하는 보조 교육이다. 하지만 상급학교 진학을 위해 입시 경쟁이 치열해지면서 과외 수업의 역할이 변질되기 시작했다. 과외는 더 좋은 상급학교에 진학하기 위한 수단이 됐고, 일류학교 입학을 위한 입시 준비에 초점을 맞춘 과외는 점점 과열됐다. 이에 따라 과열 과외는 입시경쟁을 더욱 악화시켰고, 과열 과외와 과열 입시경쟁은 악순환을 하게 됐다(윤웅섭, 2000: 32-35). 과외는 상급학교 진학을 위해 학교에서 배우는 것과 같은 내용을 별도의 수단을 통해 학습하는 것을 의미한다(교육50년사, 1998: 780).

표 2-3-1 사교육 대책의 변천

시기 구분	주요 사교육 대책	
입학시험의 폐지 (1960~1980)	1968. 7. 15.	입시개혁안
	1973. 2. 28.	고교평준화 정책
사교육 금지 시기 (1980~1981)	1980. 7. 30.	7·30교육개혁 조치
사교육 금지 조치의 변경·보완 시기 (1981~2000)	1987. 12. 31.	10대 교육개혁
	1997. 5. 12.	과열 과외 완화 및 과외비 경감 대책
사교육 전면 허용기 (2000년대 이후)	2000. 6.	과열 과외 예방 및 공교육 내실화 방안
	2004. 2. 17.	공교육 정상화를 통한 사교육비 경감 대책
	2007. 3. 20.	사교육 실태 및 대책

자료: 이종재·장효민(2008: 181).

우리나라는 1960년대 후반 과열 과외 현상으로 과외 망국론이 대두된 이래 역대 정부마다 소위 사교육이라 할 수 있는 과외문제 해결을 교육정책에서 중요한 정책 의제로 설정하고, 사교육 문제 해결을 위한 노력을 지속적으로 추진해 왔다. 1980년대 우리나라 정부는 사설강습소와 과외를 사교육에 포함시켜 그에 대한 규제와 제한[1]을 두었다.

---

1) 외국의 경우 사교육에 대한 정책 반향이 다르게 추진되고 있다. 예컨대 모리셔스와 프랑스의 경우다. 모리셔스의

사설강습소는 학교, 도서관, 공장·사업장의 직원 교육을 제외한 시설로서 30일 이상 지식이나 기술을 교습하는 시설을 말한다. 과외는 법률(사설강습소에 관한 법률)에서 제시한 경우를 제외하고, 재학생들에게 기술·예능·체육을 교습하는 행위를 말한다(사설강습소에 관한 법률).

1980년대 제5공화국이 사교육 금지정책을 시행하게 된 것은 20여 년간 동안 사교육, 즉 과외문제가 계속해서 악화돼 왔기 때문이다. 1980년 국가보위비상대책위원회는 7·30 교육조치로서 '교육정상화 및 과열과외 해소 방안'을 발표했다. 이러한 조치는 무엇보다도 당시의 과열 과외를 포함한 제반 교육문제를 해결하기 위해 단행한 것이라고 할 수 있다.[2] 당시 연구에 따르면 전국의 초등학생 12.9%, 중학생 15.3%, 인문고교생 15.3%, 실업고교생 15.1%가 과외수업을 받은 것으로 조사됐다(김영철, 1981: 19-20). 그러나 이러한 조사 결과도 과소 추정됐다는 평가를 받을 정도로 당시는 과외가 심하게 이뤄지고 있었다.

이러한 문제점은 1960년대 말부터 중학교 입학을 위한 시험 스트레스 때문에 대한민국 학생들은 '입시지옥'을 경험하고 있었다. 이화여자대학교 교육학과는 초등학교 고학년은 과반수 이상, 특히 6학년 학생들은 약90%가 과외를 받는다는 것을 밝혀냈고(중앙일보, 1966.7.21. 6면), 이러한 과열 과외 현상을 해결하고자 박정희 정부는 '1968년 7월 15일 입시개혁안'을 통해 '중학교 무시험 진학제도'를 실행했다(이종재, 2008: 175). 중학교 입시를 위한 시험을 없앤 정책은 중학교 입시전쟁을 완화하는 데 도움이 됐다. 하지만 중학교 무시험 진학제도 때문에 중학생들의 고등학교 진학 기회는 더 많아졌지만, 고등학교, 특히 명문 고등학교에 입학하려는 경쟁이 더 늘어나게 됐다. 이에 따라, 고등학교 진학을 위한 과외가 크게 늘었고, 사교육은 계속해서 사회문제가 됐다. 조선일보에

교육은 매우 경쟁적이다. 일류 학교 입학을 위한 경쟁과 유학을 위한 장학금 경쟁이 심하며, 이에 따라 경쟁력을 얻기 위한 도구인 사교육 문제가 대두됐다. 또한, 교사의 급여가 낮아 사교육에 대한 공급을 촉진하며, 사교육에 대한 수요가 매우 강하다. 이에 대해 모리셔스는 사교육 문제를 해결하고자 노력했으나 이를 쉽게 바꿀 수 없는 것을 인정하고 있는 추세다. 프랑스는 한국과 모리셔스와는 다르게 정부가 사교육을 촉진해 왔다. 정부는 가정 과외 교습을 장려하기 위해 세금 혜택을 주었을 뿐 아니라, 사교육 기업에 50%의 소득세 공제 또한 허용했다. 프랑스 정부는 사교육을 통해 나라의 교육적 성취 수준이 향상되기를 바랐다(마크 브레이, 2010: 39-64).

2) 그런데 이 조치는 당시의 정치 경제적 상황과 밀접한 관계 속에서 취해졌다는 견해도 있다. 이에 따르면 제5공화국 정부는 정치적 정당성이 결핍된 권위주의적 체제의 속성을 가지고 있었기 때문에 정권 주체의 정당성을 창출하는 것이 시급한 과제로 등장했다. 그래서 제5공화국 정부는 정치적 정당성을 창출하기 위한 계층적 위화감 해소 정책으로서 바로 계층간 위화감을 조장하는 과외를 금지시키는 제안이 나왔다는 것이다. 그런 의미에서 당시 과외금지 조치는 정치적 통제 수단으로서의 역할까지도 동시에 하고 있었다는 평가도 나오고 있다(윤종혁, 2008: 2-3). 사교육정책의 결정과 사교육 확산 현상을 정치의 시각에서 분석한 연구 참조(황규성, 2013).

따르면, 서울의 중학생 70% 이상이 과외를 받고 있는 과열 과외 현상이 지속됐고(이종재, 2008: 175; 조선일보, 1971.6.15), 중학생의 27%가 정서 불안을 겪는 '중3병'이 심각한 문제가 됐다(이종재, 2008: 176; 동아일보, 2002.3.11). 또한, 명문 고등학교 입학을 위해 수많은 인구가 도시에 몰리기 시작했다(위키백과, '고등학교 평준화 정책'). 정부는 도시의 인구집중과 과열 과외로 가계에 주어진 부담을 해결하고자 지역 간 고등학교 수준의 차이를 완화하려는 대책을 마련했다. 이에 따라 정부는 1973년 2월 23일에 '고등학교 평준화 정책'을 발표했고, 1974년부터 정책을 시행했다. 하지만 이에 따라 고등학교 진학률이 높아지면서 대학입시가 치열해졌고, 학력에 따른 지나친 임금 격차 때문에 일류대학을 향한 갈망과 입시 경쟁이 1980년대에 여전히 남아 있었다. 따라서 소위 일류대학에 입학을 하기 위해 과외가 팽배했고, 과열 과외는 계속해서 없어지지 않는 사회문제로 남아 있었다(이종재, 2008: 194; 위키백과, '고등학교 평준화 정책'; 교육개혁위원회, 1998).

1960년대와 1970년대에 시행된 정부의 개입에도 불구하고, 사교육 문제는 점점 악화됐다. 과열 과외는 여러 가지 사회적 병폐를 야기했는데, 이는 다음과 같이 크게 다섯 가지의 문제점으로 나눌 수 있다(서정화, 1988: 37-38; 이정미, 1994: 22-24). 첫째, 학생의 전인적 발달에 방해가 된다. 대학입시를 위한 준비에 치중하는 암기식 교육은 고등 정신 능력 개발을 저해할 뿐 아니라 위에 '중3병'과 같이 정서적 문제를 야기할 수 있다. 또한, 입시 경쟁으로 인한 긴장감으로 인해 충분한 휴식이 불가능해 신체적 발달 또한 저해할 수 있다. 둘째, 과열 과외로 인한 학부모의 경제적 부담감이 늘어났다. 더 좋은 과외 교습을 위해 거액을 과외에 소비하게 되고, 경제적으로 이가 힘든 가정들 또한 부모의 의무감으로 가계에 적자가 생김에도 불구하고 과외를 계속했다. 셋째, 사회 통합성을 저하시킨다. 과외, 특히 양질의 고액 과외는 경제적으로 부유한 집안의 전유물이 되고 있었을 뿐 아니라 도시와 농촌, 그리고 우수 학생과 열등 학생의 격차를 넓히는 작용을 함으로써 교육을 통한 사회적 이동이 힘들어지는 역할을 했다. 이는 공동체 의식에도 부정적인 영향을 미치게 됐다. 넷째, 학교 교육의 질을 변질시켰다. 학교도 대학입시를 위한 교육과정으로 점차 변질되어 예체능이 경시되고, 국・영・수 중심의 수업을 진행했으며, 심지어 이중 시간표를 운영하기까지 이르렀다. 즉, 학교에서조차 대학 진학률을 높이기 위한 교육에만 치중했다. 다섯째, 교사의 권위가 실추되고 교사의 사기를 저하시켰다. 입시 위주의 교육과 과열 과외는 대학입시에 중요한 과목을 담당한 교사들과 대학 합격률을 높이는 것이 교사의 능력을 재는 잣대가 됐다(서정화 외, 1988: 37-38; 이정미, 1994: 22-24).

이러한 문제는 1980년대까지 지속됐다. 1980년 대한민국은 '과외망국론'이라 불리기에 이르렀고(김재웅, 1996: 46; 김동환, 1992: 266), 전두환 대통령은 취임 당시 '과외 폐지'를 공약으로 내세웠다(최운실, 2005: 15). '과외 폐지'를 내세운 배경에 정치적 이유 또한 배제할 수 없었다. 제5공화국 정부는 정치적 정당성, 억압적인 통치, 그리고 경제적 위기를 교육개혁을 통해 완화하고, 국민의 관심을 교육으로 돌리려는 정치적 의도로 민심을 위한 회유책이 필요했다(최운실, 2005: 11; 김동환, 1992: 261). 1980년대에 정부뿐만 아니라 국민들 또한 교육에 지대한 관심이 있었고, 교육개혁은 국민들이 직접 체감할 수 있는 정책이었다(최운실, 2005: 17). 이에 따라 정부는 과외가 교육적인 측면에서는 교육의 정상적인 발전을 방해하고, 사회적 측면에서 과외는 가계에 부담을 안겨주고 계층 간의 위화감을 조성하는 고질적인 문제라 지적했으며, 경제적 차원에서 자원 낭비라는 것을 지적했다(동아일보, 1980.08.07). 중산층은 과외로 인한 부담감이 있었고, 과외나 학원 등 사교육비[3]를 감당하지 못하는 계층은 소외감을 느꼈다.

제5공화국은 위와 같은 문제점들을 해소하고, 계층 간의 위화감을 고려해 과외의 필요성을 줄이기 위한 대학입학 인원 확대 조치와 함께 본격적인 과외 금지정책을 내세웠다(경향신문, 1986.06.10). 정부는 '국가보위비상대책위원회(국보위)'와 '문교공보분과위원회'를 통해 '교육정상화 및 과열 과외 해소 방안'을 위한 과외 금지정책을 실시하고자 했다(정태수, 1991: 37-79; 이정미, 1994: 22; 김재웅, 1996: 45). 이러한 개혁활동의 결과물로 1980년 제5공화국은 '7 · 30 교육개혁'[4] 정책을 발표함에 따라 과외 행위를 금지했다(교육개혁위원회, 1998). 정부가 발표한 7 · 30 교육개혁의 핵심은 과외 금지 조치에 있었으며, 그 밖의 조치인 대학과 관련된 개혁 내용은 과외 금지를 위한 수단으로 볼 수 있었다(조선일보, 1980.7.31; 김동환, 1992: 262). 정부는 이를 통해 사회적으로 문제가 되고 있던 교육과 교육비의 문제를 해결하고자 했다(김동환, 1992: 262-269; 윤정일, 1984: 36).

3) 사실 과외 금지 조치 등 사교육대책을 지나치게 정치 변동과 연결시키는 것은 다소 무리가 있기는 하다. 그러나 당시의 과열된 과외는 전국민의 의식구조와 관련돼 있었으며, 정권 수호적 차원에서 국민적 일체감을 저해할 수 있는 요인이기도 했다. 또한 당시의 어려운 경제 상황으로 인해 과외비 지출에 따른 과중한 가계 부담에 시달려 온 국민으로부터 과외 금지 조치는 쉽게 지지를 끌어낼 수 있는 정책이기도 했다(윤종혁, 2008: 3).

4) 7 · 30 교육개혁 명칭은 '학교교육 정성화 및 과열과외 해소 방안'이었으며, 주요 내용은 과외금지, 대학입학 인원의 확대 조치, 그리고 대학졸업정원제의 도입으로 볼 수 있다(김동환, 1992: 262).

제 2 절 정책의 추진체계

1960년대부터 계속됐던 사교육 문제를 해결하고자 1960년대의 정부는 「사설강습소에 관한 법률」을 제정해 공포했다. 이 법률은 최초의 학원법이며, 이를 통해 정부는 사설강습소, 즉 학원의 수요를 억제하고, 학원의 운영에 개입하게 됐다. 「사설강습소에 관한 법률」은 학원의 설립, 인가, 시설 기준, 그리고 통제 및 감독으로 이뤄져 있었고 이를 어길 경우의 벌칙을 세웠다. 1960년대와 1970년대의 「사설강습소에 관한 법률」은 과외 수요를 줄이는 데 중점을 두게 되었지만, 대학 입시에 대한 경쟁으로 과열 과외 현상은 계속됐다.

1960년대부터 사교육 문제를 완화시키기 위한 정부의 다양한 정책에도 불구하고 1980년대까지도 근본적인 과열 과외[5] 현상이 근절되지 않았다. 오히려 대학 입시를 위한 사교육 문제는 계속해서 악화됐고, 1980년 전두환 정부는 '국가보위비상대책회의'를 통해 교육개혁 조치를 1980년 7월 30일에 발표해 이를 '7 · 30 교육개혁'이라 칭하고, 국보위('국가보위비상대책위원회')를 통해 전면 과외 금지[6]를 시행하고자 했다(이종재, 2008: 190).

정부가 교육개혁의 주체로 내세운 국보위는 1970년대 말 국가의 안정과 질서를 위해 신군부가 설치한 임시 행정기관이자 대통령 자문기관으로서 '최고군사회의'라는 특징이 있었다. 국보의의 장은 대통령이며 부처 장관, 관계 부처의 장, 대통령이 임명한 10인 이내의 구성원으로 이뤄져 있으며, 30인 이내의 구성원으로 이뤄진 상임위원회로 구성됐고, 이 시기의 상임위원장은 전두환 장군이었다. 정부는 국보위를 교육개혁의 추진 주체로 지정해 과외 금지정책을 추진했다(김재웅, 1996: 45). 하지만 국보위는 자체 연구

---

5) 당시는 과열 과외 해소를 위해 불법과외를 예방 · 지도 · 단속하는 활동과 함께 여러가지 보완적인 조치가 나오게 됐다. 이의 주요한 내용은 7 · 30 교육조치에 포함된 것으로서 ① 대학 본고사 폐지와 내신 성적의 반영을 통한 대입제도의 개선, ② 대학 졸업정원제 실시와 학생 정원의 확대, ③ TV 방송과외의 확대 실시 등이었다. 이 밖에도 대학생들의 과외 금지 조치에 따라 학비 조달이 어려운 학생들을 위해 장학제도를 확충하고 대학생 부직 알선을 확대하는 조치가 이뤄졌다(윤종혁, 2008: 3).

6) 과외 금지 조치가 실시된 1980년대 초반에는 주로 불법과외 예방지도 및 단속활동을 중심으로 이뤄졌다. 불법과외를 단속하기 위해 신고 및 단속 체제를 정비하고, 국회에서는 사설강습소에 관한 법률 및 시행령을 개정함으로써 과외행위를 불법으로 규정하는 법적인 근거를 마련했다. 이상과 같은 불법과외 단속으로 적발된 사람은 1987년까지 206건 총 2,474명에 이르렀다(윤종혁, 2008: 3).

개발 인력은 확보하지 않았고, 1980년 6월 문교부 기관인 한국교육개발원에 과열 과외 근절을 위한 대책을 세우도록 지시했다. 따라서 국보위의 요구에 따라 한국교육개발원은 과열 과외를 근절하기 위한 보고서를 작성했고, 마침내 이를 토대로 7 · 30 교육개혁안이 발표됐다(김재웅, 1996: 46-47).

제5공화국은 1980년 7월 30일 전면 과외 금지를 발표했으며, 1981년 4월 12일까지는 법적인 근거 없이 문교부 장관에 의해 과외 금지 조치가 실행됐다. 하지만 정책이 모호하다는 비판이 일었고, 정책을 추진하는 체계적 문제점을 보완하기 위해 좀 더 구체적인 정책을 1981년 4월 13일 과외에 관한 법률을 사설강습소법에 반영해 과외에 대한 규제 및 처벌을 합법화했다. 개정의 주요 내용은 7 · 30교육개혁 조치의 과외 금지조치에 따라 학교의 재학생들의 학원 등 사설강습소 사교육과 과외교육을 금하는 내용의 법률이다. 공교육의 정상화를 위해 인가제도로 설립돼 있는 예 · 체능계 등의 사설 강습소는 등록제도로 전환했고, 법적으로 과외교습자 규제를 세웠다. 또한, 이를 어길 시의 벌금액을 적절하게 부과했다.

더욱 체계적인 시행을 위해 전두환 정권 시절 때에 최종 84년 4월 법 개정을 통한 법적인 근거와 함께 과외 금지정책이 보완 · 시행됐다(경향신문, 1985. 04. 26; 동아일보, 1986. 06. 10). 주요 내용과 사유는 사설강습소를 사회교육기관으로 법률에 명시하고, 사설강습소의 사회교육 기능에 중점을 두었으며, 사설강습소의 지도 · 감독에 관한 사항 또한 개선해 사설강습소를 발전시키고 사회교육의 발전을 위해 법률을 개정했다.

1980년대 사설강습소에 관한 법률, 즉 학원의 설립 및 운영에 관한 법률은 전두환 정권 아래 총 두 차례의 개정 과정을 거쳤다(황준성, 2011: 48). 제5공화국의 사교육 금지정책은 먼저 제5차 개정에 반영됐으며, 과외 금지 및 중 · 고교 재학생의 사설강습소 수강 또한 금지됐다. 하지만 이후 과외 금지 조치는 부분적으로 완화됐고, 1981년에는 예 · 체능계, 기술 · 기능계 및 웅변 · 꽃꽂이 등의 취미를 위한 과외 교습이 허용됐다. 또한, 학습열등생의 학업 부진을 고려해 1982년에는 학습열등생을 대상으로 한 과외가 허용됐다(매일경제, 1980. 08. 06; 황준성, 2011: 43).

하지만 7 · 30 교육개혁은 단 90일 만에 만들어지고 시행됐으며, 국민의 여론에 좌지우지되는 등 정책을 만드는 과정과 그를 실시하는 데 체계적이거나 명확하지 못했다는 지적이 있었다. 또한, 과외 금지정책은 민주성이 부족한 정책으로 각종 부작용을 낳아 정책의 결과가 본래의 목적을 달성하지 못한 채 실패로 돌아갔다는 지적도 있었다(위키백과, '제5공화국 시기의 교육').

표 2-3-2 제5공화국「사설강습소에 관한 법률」개정 과정

구분	개정 사유
5차 개정법률 (1981.04.13)	7·30교육개혁 조치의 과외 금지 조치에 따라 학교의 재학생들의 학원 등 사설강습소 사교육과 과외교육을 금하는 내용의 법률이다. 공교육의 정상화를 위해 인가제도로 설립되어 있는 예·체능계 등의 사설 강습소는 등록제도로 전환했고, 법적으로 과외교습자 규제를 세웠다. 또한, 이를 어길 시의 벌금액을 적절하게 부과했다.
6차 개정법률 (1984.04.10)	사설강습소를 사회교육기관으로 법률에 명시하고, 사설강습소의 사회교육 기능에 중점을 두었다. 사설강습소의 지도·감독에 관한 사항 또한 개선하여 사설강습소를 발전시키고 사회교육의 발전을 위해 법률을 개정했다.

자료: 학원법 시행령 개정을 위한 정책 연구, '"사설 강습소에 관한 법률" 개정 연혁'.

제3절 정책의 추진 과정 및 내용

1. 정책의 추진 과정

1979년부터 정부는 본격적으로 교육개혁을 통해 과열 과외를 경감시키고자 했다. 앞에서 언급했듯이, 7·30 교육개혁의 계기는 과열 과외를 해소하고자 시작했고, 한국교육개발원과 문교부는 국보위가 구성되기 전부터 과열 과외 해소를 위해 연구를 착수해왔다. 국보위가 형성되고 난 후, 정부는 국보위를 7·30 교육개혁의 주체로 삼았고 국보위는 한국교육개발원에게 본격적인 과열 과외 해소를 위한 대책을 세우도록 지시했다.

실제로 한국교육개발원은 국보위가 교육개혁에 착수하기 전인 1979년 말부터 1980년대 수행과제인 과열 과외 해소에 연구에 집중하기 시작했고, 1980년 초에 '과열과외 공부 해소대책'인 임시 보고서를 만들었는데, 이를 김정배(2009: 44-45)는 과외 금지정책의 형성 과정이라고 볼 수 있다고 했다. 문교부 또한 과열 과외 해소를 위한 행정적 대처에 힘썼다. 국보위가 교육개혁의 주체가 되어 한국교육개발원에 과열 과외 해소를 위한 연구계획을 지시했고, 한국교육개발원은 '학교교육 정상화를 위한 과열과외 공부 해소대책 연구'를 국보위에 처음 제출했으나 이에 만족하지 못한 국보위는 한국교육개발원과 문교부, 대학교수, 고교 교장, 학부모 대표 등이 참석한 '과열 과외 해소 방안'이라는 세미나를 열어 대학입시정책을 의논했다. 이어 한국교육개발원은 '학교교육정상화를

위한 과열과외 해소대책 연구'를 중간 보고서로 제출했으며, 국보위는 '교육정상화 및 과열 과외 해소를 위한 공청회'를 통해 과열 과외의 문제점과 과외교습에 대한 세금 징수 등을 의논했다(김정배, 2009: 47).

이러한 논의와 보고서를 거친 뒤, 국보위는 1980년 7월 30일 '교육정상화 및 과열과외 해소 방안'이라고 불리는 '7·30 교육개혁'을 발표했다(김정배, 2009: 48; 이기호, 2001: 72-74).

과외 금지정책의 집행 과정은 지도급 인사들부터 단계적으로 하고자 했던 과외 금지정책을 계층에 상관없이 모든 학부모와 학생을 대상으로 확대하는 것을 시작으로 정책을 추진 및 실행하는 것으로 시작됐다. 이에 더해 대학생의 가정 교습 또한 전면 규제했다. 다시 말해 과외에서 어떠한 예외도 인정하지 않는다는 규정을 확립했다(동아일보, 1980. 08. 07). 학교교육에 대한 학생과 학부모들의 신뢰 구축을 위해 과외 금지는 학교 교사들에게 또한 적용됐다. 교사의 권위 회복과 교사들의 태도를 위해 오로지 학교 안에서 맡겨진 수업에만 전념해야 한다는 것이 강조됐다. 다시 말해, 학교 현직 교사는 학교 내에서의 정규 혹은 보충수업 이외는 입시 목적이나 보수에 관계없이 일체 과외교습을 하지 못하게 됐다(동아일보, 1980. 08. 07; 조선일보, 1980. 2. 22; 김동환, 1992: 267).

정부는 이를 통해 학교교육의 질을 높여 학생과 학부모들의 과외의 필요성을 줄이고자 했다(조선일보 1980. 2. 22; 김동환, 1992: 267). 1980년 7·30 교육개혁에 따라 같은 해 8월 1일부터 학교 재학생의 과외교습이 전면 금지됐다. 정부는 사교육 관련 정책을 명백히 하여 과외에 대한 규제를 더욱 구체화했다(김부년, 1986: 31; 김정배, 2009: 50). 1980년 문교부는 '학교수업 이외의 수업을 받는 일체의 교습행위'를 과외라 규정했고, 교육의 정상화 및 과열 과외 해소를 위해 과외 금지정책 추진의 제1단계로 구속력을 가지는 지침을 세웠다(동아일보, 1980. 08. 07). 전두환 정권 때, 과외 금지정책의 시행을 위해 정부는 1981년 과외금지를 법률화했고, 1984년 한 번 더 정책을 개정했다. 이로 인해 과외에 관한 규제와 처벌은 합법화됐다. 또한, 정부는 범국민적 과외추방 캠페인을 장려해 과외를 근절하고자 했다(김정배, 2009: 50). 과외 금지정책을 엄격하게 시행하기 위해 전두환 정부는 '과외단속반'을 형성하여 불법 과외를 단속했다(교육개혁위원회, 1998).

하지만 7·30 교육개혁을 추진하고 실행하는 데 따른 비판의 목소리도 존재했다. 교육개혁 조치는 90일 만에 만들어졌고, 정책 실행 시 국민의 여론에 좌지우지돼 법 개정을 여러 차례 바꾸는 등 정책의 설립과 추진에 일관성을 유지하지 못했다(위키백과, '제5

공화국 시기의 교육'). 이에 더해, 과외 금지를 추진하고 실행할 때 물리적인 단속에만 치우치고 의존하는 것은 여러가지 부작용을 일으킬 우려가 있었다. 이러한 우려를 최소화하기 위해 과외 금지정책을 추진할 때 단속과 설득을 병행해 모든 국민이 자율적이고 능동적으로 협력해야 한다는 필요성이 제시됐지만(동아일보, 1980. 08. 07), 국민의 동의를 얻는 절차는 거치지 않고 실행됐다는 점이 과외 금지정책에 대한 평가였다. 따라서 7·30교육개혁의 과외 금지정책의 결정과 그를 추진하는 과정에서 민주성이 결여된 정책이라 할 수 있다(동아일보, 1989. 12. 19).

이러한 전면적 과외 금지는 국민들에게 무리한 정책이라는 비판에 따라 1981년부터 전두완 정부는 과외 금지 규율을 부분적으로 완화해 시행했다. 1981년에는 예·체능, 기술 분야와 취미활동 등을 가르칠 수 있는 과외가 허용됐고, 1983년에는 학교 내 하위 5%에 해당하는 학습열등아들을 위한 보충수업과 1984년에는 고등학교 3학년들이 겨울방학 동안 외국어 학원에 다니는 것을 허용했다. 그리고 1988년에는 학교의 보충수업을 다시 시행할 수 있도록 하고 1989년에는 학습용 녹화테이프 판매를 허용하는 등 과외 금지 정책을 완화했으나, 여전히 정책에 대한 개선 요구는 사라지지 않았다. 따라서 1990년대에는 과외 금지정책이 학교 교사의 과외활동을 제외하고 대부분 완화됐다(교육개혁위원회, 1998).

2. 정책의 내용

7·30 교육개혁의 준비 과정은 매우 급진적이었으며, 그 결과를 하루빨리 보고자 하는 열망으로 내용 또한 매우 대담했다(김재웅, 1996: 49). 제5공화국은 7·30 교육개혁 조치를 통해 치열해진 대학입시 경쟁과에 따른 여러가지 문제를 해소하기 위해 크게 대학 정책과 과외 금지 조치로 나눌 수 있는데(조옥준, 1992: 29-30), 여기에서는 과외 금지정책에 중점을 두었다. 전두환 정부는 7·30 교육개혁 조치에 따라 초·중·고등학교 재학생들의 과외교습을 금지하고, 교사와 교수의 과외행위, 그리고 친인척의 과외교습을 제한했다(교육개혁위원회, 1998; 김정배, 2009: 51). 사교육에 관한 법률은 전두환 정권 때 1981년에 일부 개정됐고, 1984년에 전부 개정되어 총 2차례의 개정 과정을 거쳐 법률의 내용을 구체화하고자 했다.

제5공화국은 사교육에 대한 내용을 크게 문제, 진단(문제 원인), 정책 방안, 그리고 결론으로 나눠 정책을 세우고 시행했다(최운실, 2005: 19). 정부는 교육에 영향을 미치는 사교육의 주요 문제는 학교의 정상적인 기능을 마비시켜 학생의 전인적 발달을 저해하고, 학력 간의 임금 격차가 벌어지는 점을 꼽았고, 이러한 문제는 계속해서 악화되고 있음을 지적했다(김재웅, 1996: 49; 최운실, 2005: 19). 정부는 이러한 문제의 원인은 학교교육이 침체돼 있으며 사교육비가 늘어남에 따라 가계에 경제적인 압박이 늘어났고, 이에 따라 국민의 동일체 의식을 저해된다는 점을 꼽았다. 이에 대해 정부는 위의 문제를 최대한 신속하고 효과적으로 해결하기 위해 대학입시에 내신 성적, 교육방송 실시, 그리고 특수교육과 대학평가 기준을 다시 살펴보았다. 또한 졸업정원제와 대학입학 인원을 확대하는 등의 교육정책을 내세웠고, 지방대학을 육성하고 범국민적 과열 과외 추방 캠페인을 제시하는 등 과열 과외를 해소하기 위한 교육적 그리고 사회적 정책을 추진했다. 위의 개혁안은 과열 과외 해소와 관련이 있었다(김재웅, 1996: 45).

위에 더해 정부는 사교육에 대한 정책을 「사설강습소에 관한 법률」에 제시해 법적 효력을 가진 과외 금지정책을 시행했다. 「사설강습소에 관한 법률」은 그 목적이 법에 따른 사교육 시설의 운영과 과외를 제재하는 데 있었다. 정부는 사설강습소 및 과외, 과목, 그리고 그 대상과 이를 어길 경우의 처벌 등에 대한 제한과 규제를 두었고, 1984년 그에 대한 법률을 더욱 구체화했다(황준성, 2011: 42).

「사설강습소에 관한 법률」에서는 우선 사설강습소를 지식·기술·예능·체육을 다수에게 30일 이상 가르치는 시설로 정의하고 있다. 이 시설은 「사설강습소에 관한 법률」의 주요 내용은 크게 사설강습소의 설립 및 인가와 그에 대한 감독 및 규제, 과외 교습의 제한으로 구성돼 있으며, 법률을 어길 시에 주어지는 벌칙으로 구성돼 있다. 사설강습소는 설립 인가 및 등록을 반드시 해야 하며, 정부에 의한 감독을 받았고, 과외교습을 받을 수 있는 대상 및 과외교습 과목은 정부에 의해 정해졌다. 또한, 과외교습을 폐지할 경우에도 주무관청에 보고하는 등 사설학원과 과외를 최소화했고, 이가 이뤄지면 시 정부의 감시 및 법률 아래 시행돼야 했다. 법을 어길 시에는 상황에 따라 벌칙의 강도가 조절되나 예외 없이 처벌이 주어졌다(황준성, 2011: 44-45). 문교부는 사회지도급 인사가 자녀에게 과외를 시킬 경우 공직자는 공직에서 추방하고 공직자 외의 다른 지도급 인사에 대해서도 예외없는 처벌이 취해지는 방침과 사설학원이 학교 재학생을 가르칠 경우 학원 인가를 취소하는 방침을 제시했다(동아일보, 1980. 08. 01). 〈표 2-3-3〉은 「사설강습소에 관한 법률」을 간략하게 설명하고 있다.

표 2-3-3 「사설강습소에 관한 법률」(1981)의 주요 내용

사설강습소	과외교습	벌칙
설립 인가: 사설강습소를 설치하고자 할 때 제3조의 2의 규정[7]에 의해 등록하는 경우를 제외하고 대통령령에 따라 서울특별시·부산시 또는 주무관청의 인가를 받아야 한다(제3조). **시설 기준 및 유지**: 대통령령이 정한 규모이하의 사설강습소는 '소규모사설강습소'라 명칭하고 대통령령에서 제공한 기준을 토대로 시설해야 하며 이를 유지해야 한다(제4조, 제5조). **통제 및 감독**: 사설강습소의 설립자는 주무관청의 감독 하에 있어야 하며 주무관청에서 필요로 하는 서류를 제출할 의무가 있다(제7조). 주무관청은 사설강습소가 법적 명령을 이행하지 않았을 경우 휴소나 폐소를 명할 수 있다(제8조). **폐소**: 사설강습소를 설립한 자는 강습소를 폐소할 경우 대통령령을 토대로 주무관청에 신고해야 한다(제9조).	**제한**: 과외교습은 재학생이 아닌 수험준비생("학생 외의 수험준비생")에게만 허락하고, 이들을 제외한 학생들은 기술·예능·체육 또는 대통령령이 정한 과목에 속하는 지식의 교습만을 허용한다. 과외교습자는 대통령령을 토대로 주무관청에 신고해야 한다(제9조의 2). **폐지**: 과외교습자가 과외를 폐지하는 경우 또한 주무관청에 신고해야 한다(제9조의 2).	**벌칙**: 「사설강습소에 관한 법률」에서 제시하는 규정을 위반하여 사설강습소를 설립 및 등록하거나 과외교습을 하는 경우 그에 따른 적절한 징역 또는 벌금에 처한다(제10조).

자료: 국가법령정보센터, 사설강습소에 관한 법률.

제5공화국의 과외 금지정책의 내용을 간략하게 정리하면 다음과 같다. 정부는 우선 7·30 교육개혁을 통해 교육적 그리고 사회적 정책을 내세워 과열 과외를 해소하고자 했으며, 이에 더해 사교육에 관련된 법률을 제정함으로써 과외 금지에 박차를 가했다. 사교육에 관련된 법률을 간단히 말하자면 첫째, 국가기업체의 임직원들과 모든 공직자 및 사회지도급 인사들은 솔선수범하여 자녀에게 전면적으로 과외교습을 금해야 한다. 둘째, 공립학교와 사립학교의 모든 교사들은 과외교습을 할 수 없으며, 이를 어길 시 교직을 떠나야 한다. 셋째, 과외교사는 예외없이 관청에 등록해야 하며 과외소득에 대한 세금을 내야 한다. 넷째, 사설강습소는 중학교와 고등학교에 재학하고 있는 학생들에게 교습을 할 수 없으며, 이를 위반할 시, 학원 인가를 취소한다(김흥원, 1989: 48-49). 다시 말해, 모든 사교육은 정부의 제한과 감시 아래에서 행해져야 하며, 이를 어기는 것은

7) 사설강습소를 설립할 때 대통령령을 토대로 주무관청에 등록해야 한다.

표 2-3-4 「사설강습소에 관한 법률」(1984)의 주요 내용

사설강습소	과외교습	벌칙
설립: 사설강습소를 설치하고자 할 때 제3조의 2의 규정[8]에 의해 등록하는 경우를 제외하고 대통령령에 따라 서울특별시·부산시 또는 주무관청에 등록해야 한다(제5조). **시설 기준 및 유지, 교육환경**: 대통령령이 정한 기준을 따라 필요한 시설 및 설비를 갖춰 유지해야 하며(제3조), 사설강습소의 설립 및 경영자는 위생에 주의하고 강습소의 위치를 학생의 신분에 해가 없는 곳으로 정해야 한다(제4조). **감독**: 사설강습소에는 사회교육전문요원을 배치해야 하며(제9조), 주무관청은 사설강습소의 건전함을 위하여 적절한 감독을 해야 한다(제13조). **휴소 및 폐소**: 사설강습소를 설립한 자는 강습소를 1개월 이상 휴소하고 재개하는 경우와 강습소를 폐소하는 경우 주무관청에 신고해야 한다(제7조).	**제한**: 과외교습은 재학생이 아닌 수험준비생("학생 외의 수험준비생")에게만 허락하고, 이들을 제외한 학생들은 기술·예능·체육 또는 대통령령이 정한 과목에 속하는 지식의 교습만을 허용한다. 과외교습자는 대통령령을 토대로 주무관청에 신고해야 한다. 또한 과외교습자의 자격과 과외교습의 장소 및 교습인원은 대통령령이 정한 기준에 맞춰야 한다(제8조). **폐지**: 과외교습자가 과외를 폐지하는 경우 또한 주무관청에 신고해야 한다(제9조의 2).	**불법강습소에 대한 조치**: 법을 어겨 사설강습소를 경영하는 경우 사설강습소를 폐쇄하거나 학습을 중단시키기 위한 법률에서 제시하는 여러 조치를 할 수 있다(제16조). **벌칙**: '사설강습소에 관한 법률'에서 제시하는 규정을 위반하여 사설강습소를 설립 및 등록하거나 과외교습을 하는 경우 그에 따른 적절한 징역 또는 벌금에 처한다(제10조).

자료: 국가법령정보센터, 사설강습소에 관한 법률.

범법행위로 간주해 그에 상응하는 벌칙을 가했다.

이상과 같이 제5공화국은 과외단속반을 설립하고, 사설강습소를 감독하여 위의 내용을 철저히 지키도록 했다(교육개혁위원회, 1998).

제 4 절 성과 및 평가

사교육에 대한 관점은 크게 사교육에 대한 억제와 수용의 입장이다. 〈표 2-3-5〉와 같이 억제의 관점은 공동체론, 평등주의, 재생산이론, 교육의 내재적 목적을 중시하는

8) 사설강습소를 설립할 때 대통령령을 토대로 주무관청에 등록해야 한다.

입장이다. 반면에 수용의 관점은 고전적 자유주의 신자유주의, 공리적 자유주의, 인적자본론 등에 터한 논리다.

표 2-3-5 주요 교육이론의 사교육에 관한 관점

사교육 억제	공동체론	사교육은 공동체적 가치보다는 개인이 처한 특수한 상황만을 강조한데서 비롯된 발상으로 간주
	평등주의 (egalitarian)	사교육은 사적으로 지출된 교육비를 토대로 수행되므로 정의롭지 못한 불평등을 발생시킴
	재생산 이론	학교가 재생산을 통해 불평등 구조를 심화시키는 상황 안에서는 공교육 체제에 종속된 사교육이 교육으로 인한 불평등 구조를 더욱 심화·고착시키는 사회악으로 작용함
	교육의 내재적 목적을 중시하는 입장	사교육은 돈벌이가 우선이고 지식만 전달해서 학교 성적을 올리는 데 열을 올릴 뿐, 진정한 교육과는 다름
사교육 수용	고전적 자유주의의 신자유주의 (neoliberalism)	사교육은 시장의 원리에 따라 이뤄진 것이므로 국가 또는 정부의 개입과 간섭을 필요로 하지 않음
	공리적 자유주의 (utilitarianl liberalism)	사교육은 원칙상 막을 수 없는 개인의 선택의 문제로 간주되나 다만 사교육으로 인해 자유주의 원칙에 위배되는 모순을 야기할 경우 그로 인한 불평등은 정부의 개입으로 보완돼야 함
	인적자본론	사교육은 교육 수월성을 달성하기 위한 수단으로 작용 가능

자료: 이종재·장효민(2008: 184).

일반적으로 소그룹 과외나 개인과외 같은 경우, 학생 개인으로서의 존재가 인정되며, 개인차를 고려한 맞춤 교육에 유리한 점에서 과외는 교육에 긍정적 영향을 미칠 수 있다. 또한, 학교보다 사설 학원에 친구가 많은 학생은 학업에만 치우친 목적이 아닌 학생의 사회적 발달에도 도움이 될 수 있다(김재웅, 1996: 62-63). 그러나 7·30 교육개혁 조치를 통한 과외 금지정책은 긍정적인 결과와 부정적인 결과 모두를 낳았다.

긍정적 결과는 다음과 같다. 첫째, 과외 금지 조치 이후, 학생들은 학교 수업에 좀 더 적극적으로 참여했고 학교 수업의 중요성을 인식하면서 과외의 도움 없는 자기 주도적인 학습 태도를 가질 수 있었다. 둘째, 과외가 없어지면서 학생과 학부모는 학교에서 받는 교육에 더욱 관심을 가지게 됐고, 더 집중하게 됐으며, 이에 따라 교사들의 책임감과 보람이 중요하게 인식되면서 교권이 회복됐다. 셋째, 과외에 드는 비용이 없어지면서 가계의 적자가 줄고 학부모들의 교육에 관한 경제적 부담이 줄어들었다(김흥원, 1989:

50). 또한, 현대사회연구소의 연구에서 제시한 과외 금지정책에 대한 조사를 시행한 결과 82,9%(1981년 10월), 76.8%(1982년 12월), 61.4%(1984년)의 찬성 비율을 보였다. 1985년 사회정화위원회의 조사에 따르면, 79.6%의 과외 금지정책에 대한 찬성 비율을 나타냈고(한만길, 1990: 168), 시간이 지남에 따라 찬성 비율이 줄어들긴 했지만 과반수 이상의 국민이 찬성하는 정책이 바로 과외 금지정책이었다.

하지만, 과외 금지정책으로 인한 부작용과 부정적 결과는 긍정적 결과보다 학생들과 학부모들에게 더 치명적이고 영향력이 있었다는 지적이 대부분이었다. 비록 위의 조사는 과반수 이상의 국민이 과외 금지정책에 찬성하는 듯 보였으나, 국민은 "마음으로의 승복"을 현실상 보여주지 않았다. 이는 아래에서 설명하는 과외 금지정책의 현실이 잘 설명하고 있다(김재웅, 1996: 60; 이종재, 1985: 213; 서정화 · 김태곤, 1985: 213).

위에서 언급했듯이, 7 · 30 교육개혁은 정치적 의미와 의도를 빼놓을 수 없는 정책이었다. 제5공화국은 민주성이 결여된 정치 세력으로 이뤄져 있었기 때문에 정치 세력의 정통성과 대중적 기반을 확보하기 위해 교육에 정치적 압력을 가했을 뿐 아니라, 교육을 정치의 수단으로 보았다는 점을 꼬집은 논문도 있다(김재웅, 1996: 63-64). 따라서 국민의 환심을 사고자 시행됐던 과외 금지정책은 실행 과정에서 국민의 여론에 좌지우지됐을 뿐 아니라, 결과적으로도 충격요법에 지나지 않은 실패로 돌아갔다(위키백과, 제5공화국 시기의 교육). 과외 금지로 인해 가난한 수재들이 두각을 나타내는 데 도움이 되기는 했으나(경향신문, 1984. 01. 04), 7 · 30 교육개혁은 본래의 목표를 달성하지 못했으며, 각종 부작용을 양산한 실패로 돌아갔다(마크 브레이, 2010: 43-47). 다시 말해, 과외 금지 조치는 교육안정화나 과열 과외 근절에 근본적인 해결책이 되지 않았으며, 단지 과외에 제한을 둠으로써 표면적으로만 과열 과외가 줄어들어 보이게 하는 역할만 했을 뿐이라는 것이다. 1985년 동아일보에서는 과외 금지 조치로 인해 학생들 대부분이 과외를 대신한 학교 보충수업으로 인한 학교 수업에 대한 부담감을 크게 느꼈음에 따라 학업에 흥미를 잃고 결과적으로 학력 저하 현상이 나타났다는 점을 지적했다. 또한, 과외 금지정책은 수재들만이 학교에서 살아남고 학업 열등생의 학력 향상에 방해가 되는 등 학생들 간의 학업 격차가 크게 벌어지게 만들었다(동아일보, 1985. 11. 12).

7 · 30 교육개혁이 특히 중점을 두었던 과외 금지 방안은 철저한 단속과 처벌에도 불구하고 비밀과외 및 불법과외[9]가 크게 늘어났다(동아일보, 1985. 11. 12; 마크 브레이, 2010:

9) 전두환 정권 시기의 불법과외 형태로 '심야과외,' '별장과외,' '하숙과외,' '자동차과외,' '몰래바이트' 등 모두 제5차 공화국 때 유행했던 신조어들이다.

43-47). 과외가 근절되지 않고 불법과외 및 비밀과외가 성행한 이유는 일류 대학에 대한 열망, 사회적 분위기, 학부모와 학생의 심리 및 환경 등이 복잡하게 작용했기 때문이라는 분석이 있다(사회정화위원회, 1985). 마크 브레이(2010)는 1980년대의 비밀과외와 불법과외 현상을 세스(Seth, 2002)의 말을 아래와 같이 인용하여 전두환 정부에서 추진한 사교육 금지정책이 현실적으로 유지되기 힘들다는 점을 지적했다. 제5공화국이 추진했던 과외 금지정책이 낳은 비밀과외 및 불법과외의 현상을 생생하게 보여주고 현실에서 어떻게 실패로 돌아갔는지, 또한 왜 전두환 정부의 과외 금지정책이 유지될 수 없었는지 보여주고자 마크 브레이(2010)가 43쪽에 인용한 세스(Seth, 2002)의 글[10]을 똑같이 인용했다.

불법 비밀과외는 점차 중산층으로까지 확대됐고, 대부분의 국민이 불법과외에 동참하는 결과를 낳았다(교육개혁위원회, 1998). 이러한 불법과외 및 비밀과외는 점차 다양해졌고, 비디오테이프, 승용차 속 드라이브(drive) 과외, 파출부 위장 과외, 독서실 과외 등으로 불법과외는 점차 늘어났다(김부년, 1986: 43-44; 김정배, 2009: 51-53). 이처럼 불법과외가 교묘해지고 성행하자 정부는 과외 단속을 더욱 강화했고, 그에 따라 과외비는 폭등하게 됐다(김정배, 2009: 81). 또한, 학부모와 학생들의 과외 열망으로 인해 불법과외 및 비밀과외의 비용은 계속해서 폭등하게 됐고(마크 브레이, 2010: 43), 이에 따라 일부 특권층의 자제들만이 과외 혜택을 누릴 수 있었다. 부유층의 비밀과외에 대한 소문은 이를 누리지 못하는 계층에도 퍼졌으며, 과외를 받지 못하는 학생들이나 학부모들은 상대적 피해의식을 느껴야 했다(김정배, 2009: 51). 이는 제5공화국이 의도했던 계층 간의 위화감을 줄이고자 했던 의도와는 반대로, 계층 간의 위화감을 더욱 조성시킨 부작용을 낳은 정책이라 할 수 있었다.

이에 따라 1980년 7월 30일 교육개혁을 통한 과외 금지정책 이후 불법과외가 크게 늘어났고, 불법과외를 받은 사실이 적발된 이들에게는 1984년 기준으로 형사 입건 123명, 면직 83명, 세무조사 264명, 학사징계 282명, 기타 858명 등의 조치를 취한 경우도 있었다(경향신문, 1984. 07. 19). 하지만 이러한 처벌 사례가 사회에 공개되더라도 불법과외에 대한 처벌을 받은 이들에 대한 사회적 시선은 그저 운 없고 힘없는 대상으로 여겨

10) 학부모들은 사교육 금지 조치를 피해 사교육을 받을 수만 있다면 어떤 일이라도 했다. 사교육을 아르바이트로 하는 대학생들은 그들이 가르치는 학생 집에 들어가기 위해 고등학교 교복을 입기도 했다. 또, 어떤 가정에서는 사교육 교사들이 다른 감시자의 눈을 피해 한 가정이나 그 이상의 가정에서 온 학생들을 가르칠 수 있도록 교사들에게 아파트를 임대해 주었다. 콘도를 비롯한 리조트와 호텔은 종종 족집게 과외를 위한 장소로 사용됐다. 그리고 부유한 사람들은 사교육을 위해 외국에 아이들을 보냈다(마크 브레이, 2010: 43; Seth, 2002: 186).

질 뿐이었다(김정배, 2009: 52; 정구형, 1989: 33).

이 밖에도 과외 금지정책은 많은 부작용을 낳았다. 과외 금지 조치는 교육을 받을 권리가 있는 학습자들의 권리를 침해했다는 비판을 받았다. 또한, 학교가 학원화되는 현상이 나타났는데, 과외가 전면 금지됨에 따라 학생들의 대학 합격률을 높이기 위해 입시 위주의 수업을 학교에서 제공했고, 결과적으로 정부가 추구하고자 했던 학생들을 위한 전인적 교육이 이뤄지지 못했다는 결과를 낳았다. 이렇게 입시를 위해 학생 및 학부모들은 학교에만 의존할 수밖에 없었고, 이는 결과적으로 학교 간의 치열한 학력 경쟁 의식을 불러일으켰다. 이에 따라 학교의 교사들은 우등생과 열등상의 차이로 인한 수업 운영의 어려움과 보충수업 및 자율학습으로 인한 수업 부담 등을 감당할 수밖에 없었다(김홍원, 1989: 51).

다시 말해, 전두환 정권의 과외 금지정책은 민주적으로 결정되거나 시행된 정책이 아닌 민주성이 결여된 정책일 뿐 아니라(동아일보, 1989. 12. 19), 강제 억압으로 인한 각종 교육적, 경제적, 그리고 사회적 부작용을 낳은 정책이라 할 수 있다. 또한, 7・30 교육개혁은 정치적인 의도가 다분히 개입된 정책이며, 시민사회에 정부가 전면적으로 개입했던 성격이 강한 정책이라 할 수 있다(김동환, 1992: 276-277). 전면적인 과외 금지정책으로 인한 각종 부작용으로 인해 대법원은 과외 금지정책의 실효성을 재검토하기에 이르렀고(정구형, 1989: 35-36; 김정배, 2009: 53), 정부는 이러한 부작용을 해결하기 위해 전면 과외 금지정책이 실행되고 1년 후인 1981년부터 계속해서 과외 금지정책이 완화됐다. 결과적으로 전두환 정권의 과외 금지정책은 실효성을 거두지 못한 정책이라 할 수 있다. 이에 따라 7・30 교육개혁정책은 6공화국으로 넘어가면서 폐기되거나 수정됐다(차경수, 1989: 29).

7・30 교육개혁의 과외 금지정책의 정당성 또한 비판받고 있다. 과외 금지정책이 시행된 1980년대의 정치적 상황은 국민들의 의지가 정책에 반영되기 힘들었고, 이러한 이유로 정책을 형성하고 집행하는 데 국민의 의사나 의지가 반영됐다고 볼 수 없었다(김정배, 2009: 79). 결과적으로 제5공화국 시기의 과외 금지정책은 일시적이고 표면적인 조치에 불과했을 뿐 아니라 국민의 의사가 반영되지 못했던 정당성이 부족한 정책이었고, 일류 대학을 위한 경쟁 심리와 입시 위주의 교육관 등에는 아무런 영향을 미치지 못한 정책이었다(이기호, 2001: 117; 김정배, 2009: 80-81).

따라서 지금도 진행형인 사교육 문제는 사교육 수요의 근원을 정확하게 파악하고, 정책환경의 변화를 고려해 신중하게 정책적 대안을 제시해야 한다. 앞에서 살펴본 바와 같이 전두환 정권 시기의 사교육 문제에 대한 급조된 정책은 실패할 수밖에 없다는 것이 정책적 교훈일 것이다.

참고 문헌

교육개혁위원회 (1998). 한국교육개혁백서. 서울: 청운기획.

교육부 교육50년사편찬위원회 (1998). 교육50년사: 1948~1998. 교육부.

김동환 (1992). 7.30 교육개혁 조치의 해석문제. 한국교육사학, 14: 261-279.

김부년 (1986). 과외금지정책의 집행에 관한 연구. 서울대학교 행정대학원 석사학위 논문.

김영철 외 (1981). 학교교육 정상화를 위한 과열과외 해소 대책. 한국교육개발원.

김재웅 (1996). 1980년대 교육개혁의 정치적 의미와 교육적 의미: 졸업정원제와 과외금지 정책을 중심으로. 교육정치학연구, 3(1): 42-69.

김정배 (2009). 과외금지 정책과정의 정당성 분석: 소통적 정당성과 사법적 정당성을 중심으로. 한국교원대학교 교육정책대학원 석사학위 논문.

김흥원 (1989). 최고정책자문기구에 관한 평가연구: 교육개혁심의회를 중심으로. 중앙대학교 박사학위 논문.

마크 브레이 (2010). 세계 여러 나라의 사교육: 주요 국가의 사교육 대책, 구조와 논리. 한국교육개발원.

문교부 (1988). 문교40년사. 대한교과서.

서남수 (1997). 과열과외 완화 및 과외비 경감 대책, 교육재정경제연구, 특집호.

서정화 · 김태곤 (1985). 한국교육 정상화 보완 대책 연구. 서울: 한국교육개발원.

서정화 외 (1988). 교육정상화정책의 공과평가 및 개선 방향 탐색, 홍익대학교육연구소.

윤웅섭 (2000). 과열과외 해소 방안에 대한 관견. 서울교육, 133: 32-35.

윤정일 (1984). 고등교육 입시정책. 한국교육개발원 총서(6).

______(1997). 현대적 교육체제의 형성과 발전, 이돈희 외편. 한국교육사. 서울: 교육과학사.

윤종혁 (2008). 사교육비 경감 관련 정책에 대한 평가와 향후 과제, 교육개발원.

이기호 (2001). 과외비 경감을 위한 교육정책에 관한 연구. 중앙대학교 대학원 박사학위 논문.

이정미 (1994). 교육개혁안 집행과정에 영향을 미친 요인에 관한 연구: 교육개혁심의회의 개혁안을 중심으로. 서울대학교 대학원 석사학위 논문.

이종재 (1985). 과외부활론과 그 대책. 서울: 한국교육개발원.

이종재 · 장효민 (2008). 사교육 대책의 유형에 관한 분석적 연구. 아시아교육연구, 9(4): 173-200.

정구형 (1989). 과외정책 변동과정에 관한 연구. 서울대학교 행정대학원 석사학위 논문.

정태수 (1991). 7 · 30 교육개혁. 서울: 예지각.

조옥준 (1992). 제5공화국 교육개혁심의회의 교육개혁 성격에 관한 분석, 중앙대학교 석사학위 논문.
차경수 (1989). 7 · 30교육개혁 조치의 성과와 역사적 교훈. 새교육, 4월호.
최운실 (2005). 평생교육 정책 공과 분석 연구. 한국교육개발원.
한만길 (1990). 과외정책 변화의 정치 · 경제적 의미. 한국교육연구소(편), 교육비평.
황규성 (2013). 한국의 사교육: 정책결정과 확산의 정치. 2013 한국정책학회 춘계학술대회.
______(2013). 한국 사교육 정책의 작동 메커니즘에 대한 정치적 분석: 공급자의 동원 능력과 시장전략을 중심으로. 한국사회정책, 20(2): 233-260.
황준성 (2011). 학원법 시행령 개정을 위한 정책 연구. 한국교육개발원.

Seth, M. J. (2002). *Education fever: society, politics, and the pursuit of schooling in South Korea*. Honolulu: University of Hawaii Press.

경향신문, 과외금지 재확인 민정, 완화 고려않기로, 1986년 6월 10일, 1면.
경향신문, 문교부 '과외금지법' 만든다, 1985년 4월 26일, 7면.
경향신문, 과외금지로 "가난한 수재들" 두각, 1984년 1월 4일, 11면.
경향신문, 불법과외 집중단속, 1984년 7월 19일, 1면.
동아일보, 과외 단속지침을 보고, 1980년 8월 7일, 2면.
동아일보, 오늘부터 이렇게 달라진다 - 모든 과외활동 금지, 1980년 8월 1일, 7면.
동아일보, 격동의 80년대 결산 (9) 혼란 가중시킨 갈팡질팡 교육정책, 1989년 12월 19일, 5면.
동아일보, 과외단속 '법적 무리' 많다, 1986년 6월 10일, 6면.
동아일보, 문교부 작업 착수 '과외금지' 공과 재평가, 1985년 11월 12일, 1면.
매일경제, 과외단속 시행시침 전문, 1980년 8월 6일, 7면.
조선일보, 주부클럽서 중학생 실태 조사, 1971년 6월 15일.
조선일보, 1980년 7월 31일
조선일보, 1980년 2월 22일
중앙일보, 폐단 많은 과외수업, 1966년 7월 21일, 6면.

고등학교 평준화 정책 (2014.1.15). 위키백과: 우리 모두의 백과사전.
http://ko.wikipedia.org/wiki/%EA%B3%A0%EB%93%B1%ED%95%99%EA%B5%90_%ED%8F%89%EC%A4%80%ED%99%94_%EC%A0%95%EC%B1%85
국가법령정보센터. 사설강습소에 관한 법률
file:///C:/Users/DELL/Downloads/%E7%A7%81%E8%A8%AD%E8%AC%9B%E7%BF%92%E6%89%80%EC%97%90%EA%B4%80%ED%95%9C%E6%B3%95%E5%BE%8B.pdf
국가법령정보센터. 사설강습소에 관한 법률

file:///C:/Users/DELL/Downloads/%E7%A7%81%E8%A8%AD%E8%AC%9B%E7%BF%92%E6%89%80%EC%97%90%E9%97%9C%ED%95%9C%E6%B3%95%E5%BE%8B.pdf

위키백과. 국가보위비상대책위원회. (검색일: 2013.5.17).

http://ko.wikipedia.org/wiki/%EA%B5%AD%EA%B0%80%EB%B3%B4%EC%9C%84%EB%B9%84%EC%83%81%EB%8C%80%EC%B1%85%EC%9C%84%EC%9B%90%ED%9A%8C

위키백과. 제5공화국의 교육. (검색일: 2014.2.11).

http://ko.wikipedia.org/wiki/%EB%8C%80%ED%95%9C%EB%AF%BC%EA%B5%AD%EC%9D%98_%EA%B5%90%EC%9C%A1#.EC.A0.9C5.EA.B3.B5.ED.99.94.EA.B5.AD_.EC.8B.9C.EA.B8.B0.EC.9D.98_.EA.B5.90.EC.9C.A1

제4장

경제안정화정책

박진근

연세대학교

전두환 정부의 경제정책 기간은 정책의 추진 배경 및 추진 체계에 입각할 때 크게 다음과 같은 3기로 구분될 수 있다.

제1기: 1980년 9월~1981년 12월의 제4차 5개년개발계획 최종 1년 4개월
제2기: 1982~1986년의 제5차 5개년개발계획 기간 5년
제3기: 1987년 1월~1988년 2월의 제6차 5개년개발계획 첫 1년 2개월

제1기: 1980년 9월~1981년 12월 중의 안정화 정책

제1절 정책의 추진 배경

1. 내부적 배경

박정희 정부의 제4차 5개년계획은 3차 연도인 1979년 10월 26일의 박정희 대통령 시

해 사건에 따른 정치적 공백 하에서 소위 12·12 사태에 의한 군부의 리더십 변동과 최규하 대통령 취임(제10대)으로 마감됐다.

4차 연도인 1980년 4월 강원도 사북읍의 광부 유혈 폭동사건은 당시 불안한 사회상의 일변을 반영한 것이며, 곧이어 5월 18일 발생한 광주민주화운동, 5월 31일의 국가보위비상대책상임위원회(국보위) 설치, 8월 16일 최규하 대통령 하야 및 9월 1일 전두환 대통령의 제11대 대통령 취임, 그리고 전두환 정권 출범과 함께 단행된 언론기관 통폐합 조치(11.14) 등은 사회·정치적 상황의 급격한 변화 속의 국가통치권의 대변혁을 뜻하는 것이었다.

1981년 3월 3일 전두환 대통령 취임과 함께 정식으로 제5공화국이 출범한 직후인 5월 18일 미국의 잉여농산물 도입이 종결됐는데, 이와 같은 미국의 한국에 대한 경제원조 종결이 시기적으로 한국 내 정치적 변혁과 일치된 점은 그 나름대로의 중요한 시사점을 갖는 것으로 보인다.

이상과 같은 정치·사회적 대변혁은 경제적 측면으로 볼 때 경제개발 5개년계획이 시행되기 시작한 1960년대 초 이후 가장 충격적인 것으로서 그것이 경제정책과 경제 흐름에 미친 기회손실은 매우 컸다고 보아야 한다.

이에 더해, 1979년 말부터 1980년에 걸쳐 나타난 소위 제2차 국제 석유파동과 그에 이어진 국제 고금리-고달러 현상은 대외 의존도가 큰 한국 경제를 그렇지 않았을 경우에 비해 더욱 혹독한 '저성장-고물가-국제수지 악화'의 3중고(三重苦)로 몰아넣고 만 것이다.

〈표 2-4-1〉에서와 같이 1978년 9%를 능가하는 고율 성장을 기록했던 한국의 경제성장률은 1979년에 7% 수준으로 둔화된 후 1980년에는 (-)2.7%로 급속 냉각됐고, 국제 고유가-고금리-고달러의 국내물가 충격 또한 1979~81년 중에 집중돼, 1978년 14%였던 소비자물가 상승률은 79년에 18%로 높아진 후 1980년과 81년에는 29%와 22%에 달함으로써 1979~81년 기간 중 23%에 달하는 연평균 물가상승률을 기록했다.

세계적인 스태그플레이션 하의 한국 경제가 겪은 3중고 중 특히 높은 인플레이션(1980~81년 연평균 23%)은 1차 석유파동 직후인 1974~75년 중의 연평균 24%와 거의 같은 수준이면서 지속 기간이 더욱 길다는 면에서 1960년 이래 최악의 것이었다.

이와 같은 물가 상승의 주원인은 물론 수입품가격의 높은 상승률 때문이었는데, 수입 물가는 1978년의 약 4% 상승으로부터 1979~80년 중 연평균 42.7%를 기록했다.

결국, 고유가-고금리-고달러 현상에 의해 촉발된 1979~81년 중의 스태그플레이션 현

표 2-4-1 1979~80년 중 한국 경제의 주요 지표 추이

(단위: 억 달러, %)

구분	1978	1979	1980	1981	1982
GDP 증가율 (소비) (투자)	11.6 (8.6) (35.9)	6.4 (6.7) (11.5)	-6.2 (0.9) (-24.4)	6.4 (4.8) (5.0)	7.6 (5.2) (-0.6)
소비자물가 상승률 (수입물가)	14.4 (4.2)	18.2 (26.6)	28.8 (58.8)	21.5 (17.2)	7.1 (1.8)
경상수지 (무역수지)	(-)10.9 (-17.8)	(-)41.5 (-44.0)	(-)53.2 (-43.8)	(-)46.5 (-36.3)	(-)26.5 (-25.9)

자료: 한국은행(2000).

상은 한국전쟁 종료 후 최악의 것이었다. 이는 대외지향형 성장전략 하에서 구축된 한국 경제의 높은 해외의존도와 내부적으로 누적돼온 각종 비효율성의 결합이 만들어낸 결과로서, 그 이후의 한국 경제 운영 전략과 관련해 실로 많은 점을 시사하는 것이었다.

다시 말해서, 한국의 경우 국제 고유가-고금리-고달러의 충격이 매우 클 수밖에 없었던 핵심 요인들 중 또 하나의 요인은 한국 경제 내부적인 것이었다. 즉, 1960년대 초 이래 의욕적이며 경직적인 경제개발 과정에서 누적된 각종 구조적 모순들과 그에 따른 비효율성은 그대로 방치된 채 소위 '중동특수'를 계기로 중화학공업 중심으로의 산업구조 고도화전략이 강력히 추진되는 상황 하에서 제2차 국제 석유파동과 그에 따른 세계적인 스태그플레이션 현상에 직면하는 최악의 상황에 놓이게 된 것이다.

대외지향형 개발전략 하에서의 '무리한' 중화학 투자전략은 곧 국제 경제환경의 악화로부터 직격탄을 맞지 않을 수 없었던 것이다. 여기서 무리한 중화학 투자란 시장을 고려치 않은, 따라서 투자의 효율성을 간과한 투자임을 뜻한다.

다시 말해서, 고유가-고금리-고달러를 계기로 한국 경제는 최악의 내우외환(內憂外患)에 직면하게 됐으며, 대외지향형 성장전략상 그 충격은 과거 어느 때에 비해, 또한 여타국들에 비해 클 수밖에 없었던 것이다.

2. 외부적 배경

제4차 5개년계획 기간 후반부(1979~1981)에 나타난 국제 경제환경 변화는 2차 국제석

유파동에 따른 고유가, 미국이 주도한 국제 이상 고금리, 그리고 미 달러화의 고평가 등 국제통화 체제의 불안 등으로 세계 경제가 심각한 불황 속의 인플레이션에 직면하는 가운데 선진국들의 '신보호무역주의'가 팽배해진 것으로 집약될 수 있다.

석유수출국기구(OECD)는 1979년 3월 석유 전략무기화 선언 이래 1981년 10월 등 수 차례에 걸쳐 기준 유가를 연속적으로 인상해 1981년 말에는 배럴 당 34달러에 이르렀고, 특히 현물 유가는 배럴당 40달러 선까지 급등함으로써 2차 국제 석유파동이 발생된 것이다.

2차 국제 석유파동 등에 따른 불경기를 극복하고자 취해진 미국의 적자재정 정책은 예상되는 재정적자 규모가 사상 최대일 것으로 예상한 미국 금융 · 자본시장에서의 금리 폭등을 낳았다.

고유가와 고금리에 직면한 세계 경제는 1980년 들어 심각한 불황의 국면으로 진입해 OECD 회원국의 실질성장률의 1976~1979년 기간 중의 연평균 4.0%로부터 1980년과 1981년의 1.3% 및 1.2%로 각기 낮아진 반면, 소비자물가 상승률은 1976~1979년도의 평균 8.8%로부터 1980년과 1981년의 12.9% 및 10.5%로 각기 높아졌다.

제4차 5개년계획 기간 중에 나타난 가장 중요한 사태 발전의 하나는 선진국들의 '중진국 경계론'으로서 선진국들의 신보호무역주의의 한 산물이다.

이미 1978년 OECD 연차보고서에서 처음으로 '신흥공업국(Newly Industrialized Countries: NICs)'의 표현이 등장한 것을 계기로 이들 국가에 대한 선진국들의 경계심을 고취시켰다.

또한, 1970년대 후반기 미국의 경상수지 적자 확대로 약세를 면치 못하던 미국 달러화 가치는 미국의 고금리로 강세 전환된 후 국제통화의 새로운 불안 요인으로 작용하는 가운데, 남미 주요 채무국들을 중심으로 한 개발도상국들의 외채 위기에 국제적 관심이 모아졌고, 외채 규모가 2백억 달러에 달했던 한국은 실질적인 제1차 외환위기 상황에 놓이게 된다.

제 2 절 정책의 추진체계

이 기간 중의 경제정책은 크게 보면 제4차 5개년계획의 마무리 정책에 치중하면서도 예상치 못했던 제2차 국제 석유파동과 미국의 방대한 재정적자 정책의 충격 극복에 초점을 둔 정책들이 주류를 이뤘다.

특히, 이 기간 중의 금융정책은 제2차 국제 석유파동 극복을 위한 미국의 재정적자정책이 초래한 국제적 이상 고금리 현상에 대처한 저금리 정책이 중심이 됐고, 주택과 토지에 집중된 국내 투기 분위기 진정을 위한 주택 장기 공급책과 부동산 처분 추진책 등에 높은 정책의 우선순위가 주어졌다.

박정희 정권이 제4차 5개년계획에서 강조한 중화학공업 육성책은 1979년 말부터 1980년 초에 걸친 2차 석유파동으로 인한 외채 이자 부담 증가와 건설시설의 가동률 급락 등으로 그 효율성 면에서 위기에 직면하게 됐다고 볼 수 있었는바, 이의 극복 문제가 전두환 정권의 또 다른 핵심 과제로 대두된 것이다.

이에 전두환 정권은 박정희 정권 하에서 건설 추진된 중화학공업 부문의 효율성 증대를 위한 과감한 구조조정 정책을 추진했는데. 1960년대 말 이래 이뤄진 세 번째의 구조조정으로서 관련 분야와 규모 면에서는 가장 큰 것이었다.

이와 함께 국제수지 악화와 외채 급증에 따른 실질적인 외환위기 극복을 위한 정책으로서 경제안정화의 기반 위에서 국민경제의 개방과 효율성 제고를 위한 정책들이 제1차 5개년계획 이래 처음으로 강도 높게 추진됐다.

제3절 정책의 추진 과정 및 내용

1. 경제안정화 및 활성화 종합대책

제4차 5개년계획 기간 전반부에는 중동특수에 따른 국내 유동성 증가와 중화학 개발 수요에 따른 국내 물가 불안 등으로 부동산 투기 분위기가 과거 어느 때보다 폭넓게 급속도로 상승했다. 이러한 경제 불안은 저소득층을 위한 주택 보급을 어렵게 하고 소득재분배를 악화시키는 등 사회적 불안으로 이어졌다.

정부는 특히 2차 국제 석유파동이 본격적으로 전개되는 1980년 6월과 9월 2차에 걸친 '당면과제와 대책'을 발표했는데, 〈표 2-4-1〉에서와 같이 당시의 경제 상황은 휴전

이래 최악의 상황으로서 국내 정치적 불안과 겹쳐 매우 어려운 국면을 낳게 됐다. 따라서 1980~1981년 중에 최규하 대통령 및 전두환 대통령에 의해 취해진 일련의 경제정책들은 경제 · 사회 전반의 안정을 위한 비상대책으로서의 성격이 강하다.

특히 1980년 6월 5일에 취해진 소위 '6 · 5 조치'는 1980년 4월과 5월 중에 나타난 사회 전반의 불안정(특히 학원 소요와 광주민주화운동 등)으로 경제 상황이 급격히 악화될 것으로 예상되는 '경제 · 사회 불안 악순환'의 진행을 막는다는 데 초점을 맞춘 것으로 다음과 같은 주요 내용을 담고 있다.

- 고용 및 서민생활 안정대책: 서민생활 안정대책비 지원, 고용 확대를 위한 유보예산 사업 추진, 중소기업 자금 지원, 서민주택자금 확대, 영농자금 조기 공급 등
- 국제수지 방어대책: 수출 금융금리 인상 유예, 수출금융 융자액 인상, 수출용 원자재 수입관세 징수 유예제도 연장, 사치성 품목에 대한 긴급관세 발동 및 연지급 수입품목 축소 등
- 기업 지원 및 성장잠재력 육성: 금리의 신축적 조정, 통화 공급 확대, 상업어음할인제도 개선, 원리금 상환용 특별회화 대출 실시, 불황업체에 대한 세제 지원, 설비자금의 선별적 지원
- 기업의 경영 합리화: 기업경영의 정부 의존 지양, 무분별한 기업 확장과 방만한 기업풍토 개선, 노사 협조 등

1980년 9월 16일에 취해진 소위 '9 · 16 조치'는 국내 정치 · 사회적 불안이 어느 정도 수습되면서 전후 최초로 예상되는 마이너스 성장, 사상 최악의 인플레이션 그리고 외채 문제 등 거시경제 전반의 위기 극복을 위한 비상대책으로 '6 · 15 조치'를 보완하는 다음과 같은 주요 내용으로 이뤄져 있다.

- 택지 및 주택 공급의 원활화: 부동산 양도세율의 인하 및 탄력세율 적용, 주택건설업체에 대한 운영자금 지원, 토지개발공사에 토지 매입자금 추가, 서민용 주택단지 조성
- 수출의 촉진: 수출금융 융자액 인상, 100인 이하 영세기업에 대한 수출 지원 금융한도 확대, 14개 업종(93개 품목)별 수출경쟁력 강화 대책 촉진, 해외 건설 지급 보증의 원활화 및 연불 수출 지원
- 금리의 유동화: 경제 여건의 변화에 따라 금리의 유동화 지속(여수신 금리 인하)
- 식료품 공급의 원활화: 양곡 수급 동향에 적기 대응(정부양곡 확대 방출 및 외미 도입, 영농 및 영어 자금 확대)

• 서민생활 안정대책: 영세민 취로사업 지속, 저소득층을 위한 우대 특별가계예금 신설(금리 연 24%), 월동기 생활안정대책 추진(생필품 확보)

2. 통화·금융정책

1) 통화정책

1차 국제 석유파동 이후의 중동특수와 2차 국제 석유파동에 따른 충격 등 극단적인 상황을 모두 경험한 제4차 5개년계획 기간 중의 한국 경제의 어려움은 통화정책 면에서도 그대로 나타났고, 그 과정에서 통화량 조절을 위한 중앙은행의 통화안정증권의 발행 규모와 발행 금리의 조정이 핵심적 역할을 담당했다.

특히, 금융통화운영위에 의한 통안증권의 발행한도는 1980년 통화량(M2)의 40%선까지 확대된 후 1981년 통화량의 15% 이내로 변경됨으로써 실질적으로 축소 조정됐다.

2) 금융정책

제4차 5개년계획 기간은 형식상 대한금융단이 주체가 되어 1976년 6월 도입한 주거래은행제도가 연속적인 수정・보완 조치를 통해 정착되는 시기다.

특히, 대한금융단은 1981년 5월 주거래은행제를 전반적으로 개편했는데, 대상 기업수를 종래의 총 603개로부터 532개로 축소하고, 선정 기준을 완화해 계열기업군의 경우 업체당 총여신 한도를 대폭 증액했다.

금리정책 면에서 1980년 1월 중의 대폭적인 금리 인상, 그리고 후반부인 1980년 6월~1981년 2월의 기간 중 전반적인 금리 인하 등으로 금리정책 변동 추이를 특정지을 수 있다.

1980년 1월 정부는 국제 이상 고금리 추이를 반영해 이자제한법 시행령을 개정하고, 금리 상한을 연 20%로부터 40%로 대폭 상향 조정했다. 이러한 금리 추이는 1980년 후반기에 진입하면서 전반적인 금리 인하로 역전됐는데, 이는 국제금리의 안정 추이 속에서 심각히 냉각된 기업의 투자 마인드를 되살리기 위한 적극적인 투자유인책인 것이다.

3. 외환정책

제4차 5개년계획 후반부 외환정책의 요체는 외환관리 완화, 선물환제도 확대 및 환율제도 개편 등이다.

2차 국제 석유파동으로부터의 최악의 충격을 벗어난 1981년 하반기에 외환관리의 다시 완화되는 양상을 보인다. 즉, 1981년 7월의 외환관리제도 개선에서는 무역외 지급인증절차 간소화, 해외 투자 요건 완화 및 투자 대상 업종 확대, 해외 건설업체의 현지 외화보유한도 확대, 해외지사의 업무용 부동산 취득 허용 등이 이뤄졌다.

외환 투기를 막는다는 취지로 극히 제한적 형태로 국내 선물환시장이 개설된 것은 제4차 5개년계획 1차 연도인 1977년 7월이다.

또한 종래 명칭상 '단일변동환율제도'였던 한국의 환율제도는 고정환율제도(1945.10~1964.5)가 갖는 단점을 보완한다는 취지로 1964년 5월 도입됐으나 실질적인 달러 연동 고정환율제도로서, 단기적인 환율의 신축성이 결여됨으로써 불가피하게 이뤄지는 큰 폭의 조정이 물가에 미치는 영향 등에서 심각한 양상을 띠었던 것이다.

이러한 문제점 극복을 위해 고안된 것이 소위 '복수통화 바스켓에 의한 변동환율제'이나 이는 사실상 철저히 관리받는 환율제도로의 이행이었는데, 이 또한 중화학 조정의 경우와 같이 물가 안정을 위한 조치의 일환인 것으로 보아야 한다.

4. 중화학공업 구조조정정책

제4차 5개년계획의 가장 핵심적 특징은 중화학공업정책이 본격적으로 추진된 점이다.

특히, 중화학공업 분야에서의 여러 핵심 투자 프로젝트들이 결실을 거둬가는 과정에서 중화학공업 투자의 효율성 증대를 위한 중화학공업 투자조정계획이 또한 심도 있게 추진됐는데, 이의 핵심 배경은 물가 안정이다. 2차 국제 석유파동 와중인 1979년 초 중화학 투자를 위한 정책자금 지원의 한계와 인플레이션 방식에 의한 지원의 악순환을 극복하기 위한 것이 투자 조정이고, 이는 조정 후의 여유자금을 생필품 부문에 배분한다는 경제 안정을 위한 정책적 취지에 입각한 것이다.

중화학 투자 조정의 주요 내용은 발전설비, 디젤 엔진, 조선산업, 연제련소, 타이어공장 및 산업기계공장, 구체적인 투자산업에서 종합제철, 제3석유화학, 중기계, 농업기계 및 석유 비축 등 대기업들 간의 중복 투자가 이뤄지지 않도록 조정하는 데에 초점을 맞춘 것이었다.

5. 주택 및 부동산정책

제4차 5개년계획 기간 중에는 주택 및 부동산 관련 정책이 비교적 다양하게 전개된 것이 특징이다.

특히 후반부에서는 경기활동이 전반적으로 크게 위축된 상황에서 경기활성화 대책 차원에서 부동산 경기와 건축 경기의 동시 활성화가 추진됐다.

정부는 1980년 11월 8일 금리 인하 및 기업자금 공급 확대, 특별소비세율 인하 및 수요자 금융 확충, 토지개발공사의 기업 토지 매입을 골자로 한 종합 경기활성화 대책을 발표했는데, 건설부는 '주택건설 장기계획'(1980.11)을, 재무부는 양도소득세 및 특별부가세 세율 인하를 주요 내용으로 한 '부동산경기 활성화대책'(1980.12)을 각기 내놓았다.

제4절 성과 및 평가

첫째 기간 중의 전두환 정부 경제정책은 크게 보면 박정희 정부가 추진한 제4차 5개년계획의 마무리에 치중하면서도 예상치 못했던 제2차 국제 석유파동이 초래한 충격 극복에 초점을 둔 정책들이 주류를 이뤘다.

특히 이 기간 중의 금융정책은 국제적 이상 고금리 현상에 대처한 저금리정책이 중심이 됐고, 주택과 토지에 집중된 국내 투기 분위기 진정에도 높은 정책의 우선순위가 주어졌다.

이와 함께 국제수지 악화와 외채 급증에 따른 실질적인 외환위기 극복을 위해 국민경제의 개방과 효율성 제고를 위한 정책들이 제1차 5개년계획 이래 처음으로 강도 높게 추진된 점은 이 기간 중 전두환 정권 경제정책의 또 다른 특징이다.

박정희 정권이 제4차 5개년계획에서 강조한 중화학공업 육성책은 1979년 말부터

1980년 초에 걸친 2차 석유파동으로 인한 외채이자 부담 증가와 기 건설시설의 가동률 급락 등으로 그 효율성 면에서 위기에 직면하게 된 바, 이의 극복 문제를 전두환 정부가 핵심 과제로 채택한 점은 그의 전략적 의미가 매우 컸던 것으로 보인다.

특히 전두환 정권은 박정희 정권 하에서 건설 추진된 중화학공업 부문의 효율성 증대를 위한 과감한 구조조정 정책을 추진했는데, 이는 1960년대 말부터 1970년대 초에 걸쳐 추진된 부실 외화기업의 구조조정과 1970년 중반에 이뤄진 건설 부문의 구조조정에 이은(1960년대 초 이래) 세 번째의 구조조정으로서, 관련 분야와 규모 면에서는 가장 큰 것이었다.

전자, 자동차, 발전, 조선, 기계 및 비료 등 석유화학 부문의 중장기 육성이 기존의 중복 투자를 조정하고 해당 산업을 합리화하는 사업과 연계해 추진된 것은 기존의 제4차 5개년계획을 충실히 마무리해 나가면서도 새로운 국내외 경제환경에서 표출되기 시작한 중화학공업 부문의 문제점들을 제거하고 극복함으로써, 전반적인 경제 안정에 나름대로의 역할을 수행한 것으로 볼 수 있다.

결국, 국내의 어려운 정치・사회적 여건 하에서 이 기간 중에 취해진 전두환 정부의 경제안정화정책은 1979년 말부터 나타난 제2차 국제 석유파동의 충격이 너무나 심각한 나머지 물가지표를 현저히 끌어내리지는 못했으나 최악의 상황을 막으면서 경제위기를 경제내실화의 계기로 삼으려는 정책적 노력이 다양하게 이뤄진 점에 대해서는 그 나름대로의 전략적 의미를 부여할 수 있다.

전두환 정부의 경제안정화정책이 갖는 이러한 의의는 향후 세계 경제가 호전되는 상황에 맞춰 한국 경제가 위기 탈출을 추구하는 데 큰 밑거름이 된 것으로 보인다.

제2기: 1982~86년(제5차 5개년계획 기간) 중의 안정화 정책

제 1 절 정책의 추진 배경

1. 내부적 배경

제5차 경제・사회개발 5개년계획 기간인 1982~1986년의 기간은 그간의 고도 성장

과정에서 나타난 문제점을 개선하고 안정 위주로의 정책기조가 적극적으로 전환되는 시기다.

무리한 고성장 추구를 자제하면서 좀 더 안정되고 균형된 경제 · 사회 기반 위에서 새로운 경제 도약의 기반을 구축한다는 것이 제5차 경제 · 사회개발 5개년계획의 정책적 기조다.

1차 연도에 집중된 각종 조치들, 특히 소위 '1 · 14조치', '5 · 18조치', '6 · 28조치' 및 '7 · 3조치' 등은 이와 같은 제5차 경제 · 사회개발 5개년계획의 기본 취지를 반영하기에 충분히 과감한 조치들이다.

2차 국제 석유파동에 따른 국제적 고유가, 고금리, 고달러 상황 하에서 인플레이션 하의 저성장과 국제수지 악화를 극복하기 위한 1 · 14 조치는 안정 기조 정착, 수출 촉진 및 투자 촉진을 위한 종합 경제대책이고, 5 · 18조치는 1 · 14조치의 보완책을 제시하고 있다.

특히, 민간 투자의 촉진으로 경제활성화를 도모한다는 6 · 28조치는 당시 냉각된 투자 마인드 상황이 어느 정도였는가를 잘 말해준다.

또한, 제5차 5개년계획 기간 중엔 소비자 보호문제가 새롭게 대두돼 정부의 정책적 대응이 있었고, 수도권 정비, 농촌지역 개발, 최저임금제 시안 마련과 토지거래신고제 도입 등 부문 간 · 계층 간 균형화 정책 등 대내적으로 다양한 경제환경의 변화가 있었는데, 이들 모두가 전반적인 경제안정화에 초점이 맞춰졌던 것이다.

2. 외부적 배경

1) 개발도상국의 외채위기

2차 국제 석유파동 이후 세계 경제의 침체와 그에 따른 선진국들의 보호무역주의 강화, 국제 고금리, 달러화 강세 등은 개발도상국들의 무역수지 악화와 외채이자 부담 증대 등을 초래함으로써 경상수지 악화를 가져왔고, 외채의존형 경제 개발에 치중해 온 개도국들에 대한 선진국 은행권의 방만한 대출 경쟁 등으로 누적된 개도국권의 외채문제는 심각한 국면에 직면하게 된다.

개도국의 외채 규모는 1978~1980년의 기간 중 연평균 20%씩 증대됐고, 이 기간 중 중남미의 외채 규모는 개도국 총외채의 40%를 차지했으며, 1982년에는 드디어 3천억 달러를 넘었다.

중남미 채무국 이외에도 아시아, 아프리카, 유럽 및 중동의 비산유국의 잠재적 외채 위기도 심각했는데, 이에 따른 국제금융·자본시장과 개도국 통화시장의 불안은 세계 경제 전체의 흐름을 압박하는 것이었다.

2) 국제 원유가격의 하락

1981년 배럴당 34달러에 달했던 OPEC 평균 공시유가는 1982년 들어서면서 하락하는 양상을 보였고, 1983년 3월에는 14달러 선까지 하락한 후 그 선에서 안정화되는 모습으로 바뀌었다. 이러한 국제유가의 움직임은 2차 국제 석유파동이 본격적으로 이뤄진 1979년 7월 이전의 수준으로 국제유가를 끌어내린 것이며, 이로써 2차 국제 석유파동은 일단 종식됐다.

국제유가의 주원인은 공급 과잉 현상의 심화, OPEC의 시장지배력 약화 및 현·선물 시장의 확대 등으로 집약된다.

3) 국제금리 하락

1982년 하반기부터 하락하기 시작한 미국 금리는 1985년 하반기 들어 재무성 채권 3월물 수익률과 CD금리 등이 7~8%선에서 안정되는 양상을 보였고, 이에 따라 서독 및 영국 등 여타 주요국의 금리 또한 안정을 되찾음으로써 1980~1981년에 절정을 이뤘던 '국제 이상 고금리 현상'은 해소됐다.

4) 미국 달러화 가치의 하락

1985년 2월 말을 정점으로 1980년 초 이래 미국 달러화 가치의 강세는 하락세로 돌아섰다.

미국 경제의 둔화, 누적된 무역수지 적자 및 경상수지 적자, 금리 하락 및 대외 순채무국으로의 전환 등에 따른 국제 현물시장에서의 불안감 팽배로 인해 그동안 5년여에 걸쳐 지속돼온 미국 달러화의 과대한 고평가 현상은 시정되기 시작한 것이다.

즉, 1985년 2월 말 이래 달러화의 완만한 약세는 9월 중순경까지 유지됐는데, 9월 22일에는 선진국들이 달러화 약세 유도에 합의(프라자 협정)함으로써 달러화는 급락세로 발전했다.

5) 미국의 무역규제 강화와 일본의 상품 및 금융시장 개방

2차 국제 석유파동으로 세계 경제가 불경기 하의 인플레이션(스태그플레이션)에 직면하면서 국제 무역 마찰이 심화됐고, 각종 불공정 거래 시비가 증대됐다.

소위 신보호무역주의로 표현되는 이와 같은 상황에서 대표적인 무역 적자국이면서 무역자유화의 선도국인 미국과 대폭적인 무역 흑자국이면서 폐쇄적인 무역정책의 비난을 받아온 일본 등이 국제 무역환경에 영향을 미칠 중요한 조치들을 취했고, 「무역 및 관세에 관한 일반협정(GATT)」 또한 국제 무역환경의 새로운 개선을 위한 중요한 모멘텀을 마련했던 것이다.

제 2 절 정책의 추진체계

두 번째 기간 중 경제정책의 초점은 전두환 정부가 직접 수립한 제5차 경제 · 사회개발 5개년계획의 충실한 이행에 모아졌다. 전두환 정부가 직접 수립한 제5차 및 제6차 경제 · 사회개발계획의 주요 특징은 〈표 2-4-2〉와 같다.

전두환 정권의 경제개발계획의 1차적 특징은 종래의 '경제개발계획'에서 '경제 · 사회개발계획'으로 이행한 점으로서, 박정희 정권 하에서 상대 · 절대적으로 등한시된 사회부문에 대한 더 많은 정책적 배려를 뜻하는데, 이는 경제 현상과 사회 현상 간의 상호관계에 입각할 때, 두 부문 간의 상승 효과를 기대한 데 따른 것이다.

결국, 전두환 정부의 경제정책 목표는 그동안 박정희 정부의 외연적 성장(extensive

표 2-4-2 제5차 경제·사회개발 5개년계획의 주요 특징

계획 기조 및 목표	개발 전략	연평균 성장률	주요 정책과제
• 안정, 능률, 균형 • 안정기조 정책 • 국민복지 증진	• 지식정보집약산업 육성 • 대외지향형 성장 • 균형 성장	7.5%	• 물가 안정 • 비교우위성 강화 • 투자 효율성 제고 • 시장경제 촉진 및 대외 개방 • 노사관계 개선 및 사회 개발 확충

자료: 박진근(2000).

growth) 과정에서 등한시돼온 경제 안정, 경제의 효율성, 경제 및 사회 부문 간 균형, 시장경제의 기능 활성화, 민간부문의 자율성 제고 및 노사관계 개선 등의 누적된 주요 과제들을 적극적으로 해결하려는 내연적 성장(intensive growth)에 모아졌다.

제3절 정책의 추진 과정 및 내용

1. 종합적 경제안정화정책 기조

제5차 5개년계획 기간 중의 경제정책은 물가 안정 기조의 정착, 수출 및 투자 촉진에 의한 경제활성화정책으로 출발한다.

1차 연도인 1982년 상반기 중 '당면 경제대책 방향'(1·14조치), '당면 경제대책'(5·18조치) 및 '투자 촉진을 통한 경제활성화 대책'(6·28조치) 등의 조치가 이뤄졌는데, 이들 3개 당면 경제대책이 포괄하고 있는 정책 내용을 요약하면 다음과 같다.

- 안정 기조 정착을 위한 통화 및 여신관리
- 수출 촉진을 위한 금융 및 관세 지원 강화
- 투자 촉진을 위한 금리 인하 및 세제 개편
- 기업수익성 제고와 산업합리화
- 주택경기 활성화를 위한 세제 개선
- 농촌소득 기조 확충
- 중소기업 지원 강화 및 우량 중소기업 중점 육성
- 금융제도의 개혁

경제 전반의 활성화와 선진화를 위한 이들 정책 내용 중 특히 물가 및 경제 전반의 안전에 초점을 둔 주요 시책 내용들을 보면 다음과 같다.

2. 통화 · 신용정책

1) 통화관리 정책

제5차 5개년계획 기간 중 통화정책의 주요 내용은 통화관리 방식 관련 정책, 통화조절용 채권 관련 정책, 중소기업 금융 관련 정책, 수출 지원 금융 관련 정책, 신용카드, 양도성 예금증서 및 공개시장 거래 대상기관 관련 정책 등으로 요약될 수 있다.

제5차 5개년계획 출범과 함께 정책당국은 '통화관리 방식 전면 개편'(1982. 1)을 단행했다. 즉, 종래 은행별 여신한도 설정에 의한 직접적인 통화량 규제 방식에서 지급준비율 조작, 재할인정책, 공개시장 조작 등에 의한 간접적인 통화량 관리 방법으로 전환했다. 이와 함께 금융기관의 대민간 신용한도관리제(1978. 8. 29 제정)는 폐지됐다.

통화조절용 채권인 통화안정증권의 좀 더 효율적 운용을 위해 1983년 2월 금융당국은 그의 발행 방법을 공개시장에서의 일반 매출을 적극 활용하는 방향으로 개편하고, 금융기관 인수 발행은 스왑자금 동결 등 특별한 경우로 한정했다.

같은 해 12월 정책당국은 통화량의 좀 더 강력한 규제를 위해 중앙은행의 통화 환수용 통화안정증권의 발행한도를 총통화(M2)의 15%에서 25%로 대폭 확대시켰고, 1986년 6월에는 통화안정증권 발행 금리를 시장 금리 수준에 연동시키면서 기존의 63일, 91일 및 182일 만기물 외에 364일 만기물을 추가했다.

중소기업 지원 금융정책 부문에서는 일반은행의 중소기업 대출 의무 비율 관리를 강화하여 연간 대출액 기준으로 관리하던 것을 월가 대출액 기준으로 강화했으며(1982. 4), 지방은행의 중소기업 대출에 대한 한국은행 자금(A1 자금) 지원 비율은 30%로부터 40%로 인상했다(1983. 10).

또한, '중소기업 전도 금융 지원 요령'(1982. 5) 제정으로 1천억 원(5개 기중은행 각 200억 원)을 중소기업진흥공단 추천 업체에 연 14% 금리에 90일 이내 상환용으로 대출하게 했으며, '중소기업 기술개발 자금 지원제도'(1983.8)를 신설해 기술개발 지원 융자금(거치기간 2년, 5년, 금리 연 10%)의 50%를 한국은행이 지원했다.

한편, 정책당국은 1982년 제5차 5개년계획 출범과 함께 5개 시중은행의 신용카드 업무를 인가하고, 다음해 6월부터 업무 개시에 들어감으로써 한국 경제는 '신용카드 시대'를 새롭게 열게 된다.

1974년 5월 1일부터 1977년 6월 30일의 기간과 1978년 3월부터 1981년 12월 29일까지 실시된 바 있는 양도성예금증서(CD)제도를 1984년 6월 재도입했으며, 1986년 11월 공개시장조작 거래 대상기관을 재도입했다.

특히, 공개시장의 폭을 넓히기 위한 후자의 경우 국공채 및 통화 안정증권 매매 시 거래 대상기관을 통한 위탁 및 인수매출 방식을 도입했고, 입찰참가 자격을 거래 대상기관으로 제한했는데, 10개 증권회사와 7개 투자금융회사가 거래 대상기관으로 지정됐다.

2) 여신관리제도 개선 정책

(1) 주거래은행제도 보완

1979년 4월부터 1983년 8월까지 4년여에 걸친 명성그룹의 은행창구를 이용한 위장사채 불법거래 사건(소위 명성그룹 사건)의 발생은 은행의 공신력에 지대한 손상을 가져왔다. 이 사건은 또한 은행의 여수신 관련 업무의 허점 보완과 감독 기능의 강화 등의 필요성에 대한 사회적 공감대를 초래했다.

1985년 초에 취해진 '여신관리제도 개선'(1985. 3)은 주거래은행제도의 문제점을 보완하기 위한 조치다.

주거래은행제도는 계열기업군의 재무구조 개선과 과도한 금융 의존을 시정하기 위해 1974년 5월 29일 이래 은행 간 협정 형식으로 운영됐고, 1984년 7월 23일부터는 금융통화운영위에서 규정화해 운영됐다.

「금융기관 여신운영규정」의 개정을 통한 제도 개선정책의 주요 내용은 다음과 같다.

- 기준 여신의 상향 조정을 통한 주거래 대상 기업의 축소
- 여신규제 방식의 단순화
- 부동산 취득규제 및 금융상 벌칙 강화
- 계열기업군 주력 업종 위주의 전문화 유도
- 기업 투자 및 부동산 취득에 따르는 자구 노력 증대
- 주거래은행의 기능 전환(자금주 공급원 기능에서 정보 수집 및 통제 기능으로 전환하고, 대상기업체별 전담 심사역제 실시 및 협조융자 근거 규정 신설)

(2) 단기 금융시장 여신관리 강화

은행권에 대한 여신규제는 단기 금융시장에서의 자금 수요 증대로 파급돼 대기업에 대한 단자권의 과다 여신을 낳게 된다. 이러한 과다 여신은 대기업들의 만성적 당좌차

월 등 고원가성 자금 조달로 금융비용 증대를 초래하게 된다.

'단기 금융시장 여신관리 강화 방안'(1986. 2)은 단기 금융시장에서의 방만한 여신관리를 시정하고 기업들의 자금조달 운용상의 불건성을 제거하며 관행화되고 있는 과다한 양건(兩建) 취급 등 단자권의 외형 실적 위주의 과당경쟁 행위를 억제하기 위한 종합대책으로 다음과 같은 주요 내용들이 포함되어 있다.

- 계열기업군 종합여신관리제 실시
  - 계열기업군(그룹)별 여신한도 설정 운용
  - 주거래은행 대상기업의 제2금융권 자금 거래에 대한 은행감독원의 여신 종합관리 실시
- 동일인에 대한 편중 여신 시정
  - 동일인에 대한 여신한도 관리 철저
- 단기 금융시장의 자금 조달 및 여신 공급의 건전화
  - 과도한 양건 규제
  - 고원가성 자금 조달 억제

(3) 주거래은행 여신관리 강화

2차 국제 석유파동의 충격과 국제 고금리 현상이 1982년부터 현저히 완화되는 추이에 맞춰 금융당국은 각종 기금 금리의 인하를 지속적으로 유도했는데, 특히 1983년 12월 이자제한법 시행령 개정으로 금리 상환이 연 40%에서 25%로 대폭 낮아짐으로써 전반적인 금리 인하의 기반이 마련됐다.

이와 함께 콜거래에서는 자유화 조치와 함께 최고금리제가 폐지됐고, 보증 및 무보증 등의 사채 발행 금리가 자유화됐다. 이로써 전반적인 금리 인하와 함께 부분적이나마 금융자유화 조치가 이뤄지기 시작한 것이다.

또한 정부는 제1금융권에서 민영화 조치를 부분적으로 취하면서 재일교포 기업인 전액 출자의 신한은행과 한미합작은행은 한미은행 설립을 허가했고, 제2금융권과 관련해서는 각종 금융회사 신설을 적극적으로 추진해 금융권의 전반적인 발전을 유도했다.

1983년 하반기의 대형 금융사고로 인한 금융자본시장의 혼란을 수습하고 금융시장 체질 강화를 위한 여러 조치가 취해진 가운데 상호신용금고의 신규 설립 인가가 전면 중지됨과 함께 위축된 단기 금융시장 정상화를 위한 '단기 금융시장 활성화 조치'(1984. 2)가 취해져 금융의 정상화를 촉진했다.

제5차 5개년계획 기간 중 금융기관의 대기업 여신관리 면에서도 주요한 변화들이 있

었다.

「대한금융단의 주거래은행 여신관리협정」의 획일적인 여신관리 체제는 1984년 7월에 이르러 일괄 폐지됨으로써 대기업에 대한 여신관리는 개별 은행들의 독자적 소관으로 이행했는데, 이는 금융자율화 및 금융기관 책임경영 체제의 조기 정착을 위한 것이다.

또한 정부는 「금융기관 여신운영규정 개정」(1985. 2)을 통해 주거래은행에 의한 여신관리 대상을 종래의 "총여신 200억 원 이상 계열기업군, 총여신 100억 원 이상 또는 출자금 50억 원 이상 비계열 기업체"로부터 총여신 1천억 원 이상의 계열기업군으로 축소하고, 개별기업별 주거래은행 선정을 허용하며, 여신관리 기준지표를 자기자본 비율로 일원화했다.

외환관리 부문에서도 중요한 정책 변화가 있었다. 즉, 1982년 7월 개편된 외환관리규정에 따라 외국환집중제도를 매각 집중에서 매각 또는 예치 집중으로 완화했으며, 외화여수신금리에 대해서는 재무부 장관이 정하는 기준금리제도를 폐지하고 한국은행이 정하는 최고금리 이내에서 외국환은행이 자율적으로 결정하도록 변경했다. 정부는 1983년 11월에는 스왑제도를 개선해 외국 은행 국내 지점과의 스왑 계약 기간(1년 이내)을 폐지하고 국내 외국환은행과의 스왑 대상 통화에 일본 엔화를 추가했는데, 이러한 일련의 외환관리 완화 조치들은 국제 수지 흑자에 따른 해외 부문으로부터의 통화 증발을 억제하려는 통화신용관리정책의 일환으로 해석된다.

3. 환율정책

1981년 전두환 정부가 채택한 환율제도는 소위 2중 바스켓 제도였으나 여기에 부착된 실세 반영장치를 통해 외환당국에 의한 '환율 조정'이 가능한 제도였다.

환율이 무역 및 경상수지와 국내 물가에 미치는 효과를 감안해 전두환 정부의 정책당국은 이와 같은 환율제도를 '전략적'으로 활용하려 노력했고, 이러한 점은 환율 추이에 잘 나타나 있다.

1980~85년 중 주요국들 통화에 대해 평균 40% 이상 절상됐던 미국 달러화의 가치는 1985년 프라자협정 이래 크게 절하됐고, 이에 따라 일본 및 서독 등 주요국의 통화는 달러화에 대해 크게 절상됐다. 특히, 한국과 가장 밀접한 경제 관계에 있는 일본의 경우 〈표 2-4-3〉에서와 같이 엔화는 1985년과 1986년 중 각기 15.6%와 20.6%나 절상된 데 이어 1987년 중에도 22.4%나 절상된 바 있다.

표 2-4-3 주요 환율 추이

(단위: 절하율 %)

	₩/$	/$	NT$/$	₩/	₩/NT$
1985	890.2 (7.6)	200.5 (-15.6)	39.85 (0.6)	4.43 (26.6)	22.3 (6.7)
1986	861.4 (-3.2)	159.1 (-20.6)	37.84 (-5.0)	5.41 (22.1)	22.8 (2.2)
1987	792.3 (-8.0)	123.5 (-22.4)	31.85 (-15.8)	6.41 (18.5)	24.9 (9.2)

자료: 한국은행(2000).

원화의 경우도 예외는 아니어서 원-달러 환율 또한 1986년부터 절상되기 시작했다. 〈표 2-4-3〉에서와 같이, 원화는 미국 달러화에 대해 1985년 중 7.6% 절하된 후 제5차 경제·사회개발계획 최종 연도인 1986년 중 3.2% 절상됐고, 제6차 경제·사회 5개년계획 1차 연도이며 전두환 정부 마지막 연도인 1987년 및 노태우 정부 첫 해인 1988년에는 더욱 큰 폭의 절상으로 이어지게 된다.

1986년 이후 원화의 명목가치 절상 폭이 대폭 증대된 것은 1986년 중 원화의 절상 폭이 여타 국들에 비해 극히 미미한 것으로 나타나 원화의 실질 실효환율은 오히려 절하되는 결과를 낳게 됨으로써 미국 행정부와 의회로부터 '환율조작국'의 공개적 지적을 받게 된 데에 따른 것이다.

이러한 원-달러 환율의 절상 추이는 원유 및 원유 관련 제품의 (달러 표시) 국제가격 하락 추세에 따라 수입품의 원화 표시 가격의 하락을 크게 증폭시킴으로써 국내 물가에 '안정적 충격'을 주기에 충분했다.

4. 수입자유화정책

제5차 5개년계획 기간 중에도 수입자유화정책은 계속됐다. 이는 국제 무역환경이 한국이 좀 더 신축적인 수입정책을 강력히 요구한 데서 오는 불가피한 대책이었다.

'단계별 수입자유화 추진 방안'(1983. 2)에 따른 단계적 수입자유화가 추진됐는데, 그의 주요 내용은 〈표 2-4-4〉와 같다.

또한 정부는 1983년 12월 관세법을 개정하여 관세율 체계를 종래의 누진관세율 체계에서 균일관세율 체계로 전환하고, 관세예시제를 통한 단계적 관세율 인하 조치를 취했

표 2-4-4 단계별 수입자유화 방안

단계	기간	자유화 대상
1단계	1983~1985년	경쟁력 보유 품목과 비교열위 품목
2단계	1986~1987년	상대적 비교우위 품목과 국민생활 안정품목
(3단계)	(1988년~)	(전략산업을 제외한 모든 상품)

자료: 한국개발연구원(1995), 한국경제 반세기 정책자료집.

는데, 이에 따른 국내 물가 안정 효과를 기대한 것이었다.

5. 조세정책

제5차 5개년계획 기간 중의 조세정책들 중 가장 특기할 만한 내용은 조세감면 규제법의 적용 시한 연장과 적용 범위의 확대다.

중소기업 창업, 기술인력 개발, 임대주택 건설, 농어촌 균형 발전, 해외산업, 올림픽 사업 등 중점 시책을 세제 면에서 지원하기 위해 1986년 말까지 한시적으로 되어 있는 조세감면특별법의 적용 시한을 5년 연장해 제6차 5개년계획을 뒷받침할 수 있도록 했다. 이의 주요 내용을 요약하면 다음과 같다.

- 중소기업 창업 지원
  - 농어촌 지역의 창업, 중소기업 및 농어촌 외 지역의 창업, 기술집약형 중소기업의 경우 창업 연도와 그 후 3년간 소득세 및 법인세 면제와 그 후 2년간 50% 면제, 재산세 창업 후 5년 간 50% 감면, 취득세 및 등록세 창업 후 2년간 50% 감면
- 기술인력 개발 지원
  - 기술개발 준비금의 손금 산입 한도액을 외형의 1~1.5%에서 1.5~2%로 상향 조정, 특히 중소기업의 경우 500만 원 추가 설정 가능
  - 기술인력 개발비 증가 지출분에 대해 20% 세액공제, 4년간 이월공제
- 농어촌지역 발전 지원
  - 농공지구 입주기업은 창업 중소기업의 경우와 동일하게 세제 지원
  - 부재지주가 1986년 말 현재 보유한 일정 규모의 농지, 초지, 산림지를 자경하는 형제자매에게 양도 또는 증여 시 양도소득세 또는 증여세 면제

6. 중소기업 육성정책

제5차 5개년계획 기간 중엔 비교적 다양한 중소기업 육성정책들이 동원됐다. 특히 1차 연도인 1982년 4월 초에 수립된 '중소기업 진흥 장기계획'을 기반으로 '중소기업 우선 육성업종 지원 강화'(1982. 6), '중소기업 사업 조정법 개정'(1982. 12), '유망 중소기업 발굴 지원'(1983. 5), '중소기업 우선 육성 업종 확대 지정'(1985. 3), '중소기업 애로타개위원회 설치 운영'(1986. 2) 등이 이뤄졌다.

중소기업 진흥 10년계획(1982~1991)은 중소기업을 사회정책적 차원이 아닌 경제정책적 차원에서 지원함으로써 전문화를 유도하고 대기업들과 상호보완적 분업 체제를 형성할 수 있도록 육성한다는 취지에 입각한 것으로 이의 주요 내용을 보면 다음과 같다.

• 중소기업 고유업종 확대
  - 이미 중소기업 부문으로 정착되어 있거나 규모 효율상 중소기업이 영위하는 것이 유리한 업종을 중소기업 고유업종으로 확대 지정하고, 이 부문에 대해서는 대기업이 사업을 영위할 수 없도록 중소기업 사업조정법을 대폭 보강
• 우선 육성 · 지원 영역 지정
  - 각 시책별로 다기화되어 있는 것을 우선 육성 업종으로 일원화하여, 비교 우위에 있는 이 업종을 중소기업의 전략 대발 분야로 집중적으로 육성할 수 있도록 체제 정립
• 육성 시책
  - 경제 여건의 변화로 성장 한계 업종을 영위하고 있는 중소기업을 새로운 유망업종으로 전환을 촉진하는 시책을 제도화

이와 같은 장기계획에 따라 정책당국은 1982년 6월 들어 중소기업 우선 육성 업종을 종래의 41개 업종, 163개 품목으로부터 80개 업종 968개 품목으로 대폭 확대했고, 1982년 12월에는 중소기업 사업조정법을 개정(1983. 3. 31 시행)해 종래 중소기업 특화업종을 중소기업 고유업종으로 지정했다.

7. 토지 및 주택정책

2차 국제 석유파동에 다른 각종 원자재가격 상승으로 제4차 5개년계획의 후반기인 1980년과 1981년의 소비자물가 상승률은 각기 28.5%와 21%에 달한 바 있다.

이와 같은 악성 인플레이션 현상은 토지와 주택가격을 크게 인상시켰다. 그간에 누적된 과잉유동성 등을 배경으로 한 투기적 열풍이 토지와 주택시장을 지배하게 됐는데, 주택투기 억제대책(1982. 12), 토지 및 주택문제에 대한 종합대책(1983. 4), 물가 및 부동산대책(1985. 2) 및 부동산 종합대책(1985. 5) 등이 제5차 5개년계획 기간 중에 동원된 토지 및 주택 등 부동산에 대한 투기억제 대책들이 이뤄졌다.

이들 중 특히 1983년 4월에 발표된 토지 및 주택문제에 대한 종합대책은 토지 및 주택의 소유・이용・거래 등에 대한 공적 규제 강화, 주택가격 안정과 투기적 수요 억제를 위한 주택 공급의 적극적 확대, 그리고 통화의 안정적 운용과 대체 투자 대상의 개발 등을 위한 것이었다.

8. 농업정책

제5차 경제・사회개발 5개년계획 기간 중 비교적 다양한 농・축・수산업 정책(이하 농업정책)들이 동원됐다. 이들 농업정책은 크게 농어촌 소득 증대를 위한 부업 육성책, 농축수산물 유통개선 지원책 및 지역개발 정책 등으로 이뤄지고 있는데, 특히 제5차 5개년계획 마지막 해에는 '농어촌 종합대책'(1986. 3)으로 다시 통합 정리된다.

'농어촌 부업단지 사업 촉진'(1983. 2)에 의해 1983년 중 100개 단지가 조성되고 단지 조성자금의 70% 범위 내에서 5천만 원까지 융자 지원이 이뤄졌으며, 농어촌 소득원 개발 촉진법(1983. 12)을 제정했다.

유통 부문과 관련해서는 '농축산물 유통정보 강화 대책'(1983. 3)을 통해 84개 품목의 가격 및 유통량을 매일 점검하도록 됐고, 유통정보의 전산화가 추진됐다. 이어서 1984년 2월에 확정된 '농수산물 유통구조 개선 세부 추진계획'에 따라 서울, 대전, 대구, 부산, 광주, 인천 등에 종합도매시장을 건설하도록 했다.

한편, 농어촌지역 개발과 관련하여 1984년 8월의 '농촌지역종합개발사업계획'(1985~1987)과 「농어촌지역 개발기금법」 제정(1987 시행)을 통해 농어업 생산 및 유통시설 건설, 농업기계화 지원 및 농공지구 조성을 지원했고, 이와 함께 산림청의 '산림 100년 장기 계획'(1984. 6)은 산림자원 개발과 보존을 위한 장기계획으로서 국토의 녹화사업으로 지칭될 정도의 강도로 진행됐다.

제 4 절 성과 및 평가

두 번째 기간 중 경제정책의 초점은 전두환 정부가 직접 수립한 제5차 경제・사회개발 5개년계획의 충실한 이행에 모아졌다.

전두환 정권의 경제개발계획의 핵심적 특징은 종래의 '경제개발계획'에서 '경제・사회개발계획'으로 이행한 점으로서, 박정희 정권 하에서 상대・절대적으로 등한시된 사회부문에 대한 더 많은 정책적 배려를 뜻하는데, 이는 경제 현상과 사회 현상 간의 상호 관계에 입각할 때, 두 부문 간의 상승 효과를 기대한 데 따른 불가피한 전략적 접근이었다는 데 큰 의미를 부여할 수 있다.

전두환 정권의 경제계획과 주요 정책과제상의 2차적 특징은 박정희 정부 하에서 누적되어 온 각종 효율성의 누적 현상을 막고, 좀 더 합리적이며 효율적인 경제의 구축과 지역 간 및 산업부문 간의 균형과 형평, 그리고 복지 증진 등에 좀 더 큰 정책 우선순위를 두되, 정부의 일방적 리드보다는 민간부문의 자율과 시장 기능의 확충 등을 도모한다는 것이었다. 결국, 박정희 정부의 경제개발 유형을 이어받되 그것을 좀 더 지속 가능한 형태로 개선・발전시킨다는 것이 전두환 정부 경제정책의 기본적 취지인 것으로 볼 수 있다.

전두환 정부 경제정책을 질적인 면에서 평가하기는 간단치 않으나 계량화가 가능한 양적 평가 면에서 본다면 제5차 5개년계획이 당초의 계획치를 능가하는 성장률과 국제

표 2-4-5 국제고유가-고금리-고달러(1979~85)와 한국 경제 추이 (단위: 억 달러 및 %)

	1980	1981	1982	1983	1984	1985	1986
경제성장률	(-)6.2	6.4	7.6	11.5	8.7	6.5	11.6
소비자물가 상승률 (수입물가)	28.8 (58.8)	21.5 (17.2)	7.1 (1.8)	3.4 (1.6)	2.3 (3.9)	2.4 (3.6)	2.7 ((-)4.2)
경상수지	(-)53.2	(-)46.5	(-)26.5	(-)16.1	(-)13.7	(-)8.9	46.2

자료: 한국은행(2000).

수지(경상수지)의 흑자 실현은 물론 획기적으로 이룩한 소위 대망의 3% 대 물가 안정 기조 구축은 그야말로 역사적 사건으로서, 이들 내용은 〈표 2-4-5〉에 잘 나타나 있다.

전두환 정부의 제2기 중 경제정책은 종래의 '고물가-저성장' 유형을 '저물가-고성장' 유형으로 전환시켰으며, 이 과정에서 「3%대 한 자리 물가」 달성이라는 과업을 달성한 것이다.

이와 같은 성과는 전두환 정부의 마지막 연도이면서 제6차 경제・사회개발계획의 1차 연도인 1987년으로 그대로 이어짐으로써, 1996년 한국 경제가 국제수지 위기를 시작으로 외환・금융위기로 진입하기 전까지 한국 경제를 만성적인 인플레이션의 늪에서 벗어나는 성과로 이어지게 된다. 이에는 강력하고 포괄적인 통화신용정책의 수행과 더불어 중화학 구조조정, 농어촌 경제와 중소기업 육성책, 노사관계 안정 및 수입 자유화 등 제반 정책이 조화롭게 추진된 점이 크게 주효한 것으로 보인다.

그럼에도 불구하고 이와 같은 전두환 정부 제2기의 정책적 성공과 관련해 간과될 수 없는 것은 소위 국제적 3저 현상의 대내적 파급 효과를 결코 간과해서는 안 된다는 점이다.

1982년부터 본격화된 국제금리의 하락은 실질적인 외환위기에 처해 있던 한국의 외환문제를 해결해주었고, 국제유가의 하락은 국제수지 개선 및 국내 물가 안정을 지원했으며, 특히 1985년 후반기 이래 미국 달러화의 하락 과정에서 이뤄진 원화가치의 절상은 국내 물가 안정 추이를 더욱 확고히 했다.

그런데 이상과 관련하여 분명히 지적돼야 할 사항은 한국 경제의 경우 국제적 3저 현상과 그의 대내적 파급 효과는 어디까지나 외생적 현상이라는 점으로서, 일단 이와 같은 외생적 변수들의 향방이 어떠한 이유로 역전될 경우 국내 물가 안정 기저는 크게 흔들릴 수도 있다는 점이다.

그렇기 때문에, 전두환 정부가 1984년을 고비로 이룩한 물가 안정 등 소위 3저 호황의 대내적 기저가 주요 경제지표들의 개선 정도와 비례할 정도로 견고한 것은 결코 아닌 것이다. 이러한 점이 정부와 민간부문에서 정확히 인식되지 못할 때 한국 경제는 실상 이상으로 과대평가되고 그로 인한 부작용들은 그 이후의 경제, 사회 운용을 극히 어렵게 할 수 있는 잠재력을 내포하게 된다.

제3기: 1987년 1월~1988년 2월 중의 안정화 정책

제 1 절 정책의 추진 배경

1. 내부적 배경

제6차 경제 · 사회개발 5개년계획 1차 연도이며 전두환 정권의 마지막 해인 1987년도 중 국내 경제환경에는 큰 변화가 있었다. 1987년 6월의 6 · 29선언, 10월의 대통령직선제 개헌 국민투표, 12월의 대통령 선거로 이어지는 일련의 정치적 행사는 그동안 억압됐던 정치적 자유의 폭발적 분출을 가져왔다.

이와 같은 현상은 특히 그동안 각종 이유와 명분으로 규제 · 억압돼 왔던 노사관계면에서 가장 특징적으로 나타났는데, 1987년 7월 하순 이래의 전국적인 노사분규의 확산은 노 · 사간 소득분배 면의 마찰이라는 차원을 넘는 사회 · 정치적 이슈로 대두되기에 이르러 심각한 경제적 충격을 낳기에 충분했다.

전두환 정부의 경제정책은 이와 같은 정치 및 사회적 현상의 경제적 충격 최소화에 그 초점을 두고 안정 기조의 지속을 위한 노력을 경주하지 않을 수 없었다.

2. 외부적 배경

제6차 5개년계획의 1차 연도 중의 국제 경제환경에도 큰 변화가 있었다. 1987년 2월의 선진 6개국의 환율 안정 위한 공동성명, 3월의 유럽 주요국 금리 협조 인하 단행, 5월의 일본 긴급경제대책, 10월의 미국 주가 대폭락(Black Monday) 및 11월의 중남미 8개국의 아카폴코선언 채택 등은 국제 경제 흐름에 상당한 영향을 미치기에 충분했다.

또한 1987년 1월 EC의 유럽통화제도(EMS)의 평가절하에 이은 2월의 선진 6개국 환율안정을 위한 공동성명(루브르합의)에서는 환율 안정을 위한 각국 간 정책협조를 강조함으로써 달러화의 이상 고평가 시정 등을 위한 기반을 더욱 확고히 하는 데 기여했다.

일본은 긴급경제대책(5.29)을 통해 공공투자 1조 엔, 조세 감면 1조 엔 등 총 6조 엔에 달하는 사상 최대 규모의 경제대책을 세웠는데, 이는 국내 경기활성화 및 무역마찰 완화 등을 위한 조치로 그 나름대로 세계 경제환경 개선에 도움이 됐다.

제2절 정책의 추진체계

박정희 정권의 경제개발 유형을 이어받되 그것을 좀 더 지속 가능한 형태로 개선·발전시킨다는 것이 전두환 정권 경제정책의 핵심적 특징인 것으로 볼 수 있는데, 이와 같은 특징은 그의 소위 세 번째 통치 기간 중의 경제정책에도 그대로 적용됐다.

따라서 제6차 경제·사회개발 5개년계획에서는 안정, 적정 성장, 균형, 효율, 복지 증진, 국제수지 개선, 시장 경제질서 확립, 지술 향상, 정부 기능 재정립 등이 좀 더 체계적이고 다양한 형태로 강조됐다. 이와 같은 정책기조는 〈표 2-4-6〉과 같이 집약될 수 있다.

표 2-4-6 제6차 경제·사회개발 5개년계획의 주요 특징

계획 기조 및 목표	개발 전략	연평균 성장률	주요 정책과제
• 능률, 형평, 복지 • 경제사회제도 발전 및 질서의 선진화 • 산업구조 개선 • 기술 입국 • 지역 간 균형	• 산업구조조정 및 고도화 • 자율 및 경쟁 • 개방 및 국제화 • 균형 성장	7.8%	• 적정 성장 및 물가 안정 • 국제수지 개선 및 외채 부담 완화 • 산업 구조조정 및 기술 향상 • 지역간 균형 및 농어촌 개발 • 복지 증진 • 시장 경제질서 확립 • 정부 기능 재정립

자료: 박진근(2000).

제3절 정책의 추진 과정 및 내용

1. 통화·신용정책

1986~87년 기간 중 총통화(M2)의 증가율은 〈표 2-4-7〉에서와 같이 연평균 19%에 달

함으로써 83~85년 중의 연평균 13%와 큰 대조를 이루고 있다.

이와 같이 통화증가율이 높아진 것은 두말 할 나위도 없이 국제수지, 즉 종합수지의 대폭적인 흑자 전환에 따라 해외 부문에서 통화량이 급속히 증대됐기 때문인데, 이는 주로 경상수지의 흑자 전환에 입각한 것이었고, 특히 1987년의 경우 〈표 2-4-7〉에서와 같이 폭발적이었다.

표 2-4-7 부문별 총통화 증가 기여율

(단위: %)

	1985년	1986년	1987년	1988년
정부부문	1.0	0.5	25.7	25.1
민간신용	167.4	116.0	89.0	89.4
해외부문	(-)67.5	44.3	140.1	117.9
기타 부문	(-)1.0	(-)60.8	(-)103.4	(-)82.2
M2 증가	100.0	100.0	100.0	100.0
(증가율)	(15.6)	(18.4)	(19.1)	(21.5)

자료: 한국은행(2000).

경상수지와 종합수지의 흑자 기간 중 이와 같은 높은 통화증가율은 해외 부문을 통한 통화 공급을 여타 부문에 의해 단기간 내에 '충분히' 환수(중화)할 수 없었음을 뜻한다. 사실상 이 기간 중 통화당국은 일종의 비상사태에 직면하게 된 셈인데, 이는 이 기간 중 경상수지 및 종합수지의 흑자가 전혀 예상(계획)된 바 없었고, 흑자 규모 또한 당시 경제 상황에 입각할 때 매우 컸기 때문이다.

정책당국은 국제수지 흑자에 따른 해외 부문으로부터의 통화 증발을 억제하기 위해 상업차관 도입의 억제, 연지급 수입 억제, 외국은행 국내 지점 스왑 축소, 무역금융 억제, 수출산업 설비금융 축소 등 다양한 조치를 지속적으로 취해 나갔다.

특히, 흑자 기간 중 해외 부문을 통한 통화 증발을 상쇄 또는 중화시키기 위해 정부 부문의 흑자재정을 운영했을 뿐만 아니라 기타 부문에서는 중앙은행의 통화안정증권 발행과 시중은행의 자본금 증대(증자)가 주수단으로 활용됐다. 이에 더해 전통적으로 통화의 주공급 부문인 민간여신 부문은 최대한 긴축적으로 운영됐으며, 중앙은행의 통화안정증권 발행 규모를 〈표 2-4-8〉에서와 같이 대폭 증대시켰다.

이러한 상황 속에서, 증권시장이 활황을 보임에 따라 통화안정증권을 강제로 인수받은 금융기관들이 이들을 유통시장에서 덤핑 판매함에 따라 통화증가율이 높음에도 불구하고 채권가격이 하락하는 현상, 즉 시중금리가 상승하는 부작용을 낳기도 했다.

표 2-4-8 통화안정증권 발행 잔액의 추이

(단위: 10억 원)

1984년	1985년	1986년	1987년	1988년
1,098.5	(-)2,385.3	2,385.3	4,721.5	7,290.5

자료: 한국은행(2000).

2. 농어촌 지원정책

'농어가 부채경감 대책'(1987. 3)과 '농어촌 경제화성화 종합대책'(1987. 12)이 주요 내용이다.

농어가 부채경감 대책은 1980년 이후 급격히 증가돼온 농어가 부채와는 달리 농어가 부채 상환 능력은 악화되고 있어 농어촌의 부채 부담을 실질적으로 완화시킬 수 있는 대책을 마련한다는 취지에서 취해진 정책이다.

고리채의 이자 부담을 줄여 영세농어가를 지원하고, 정책상 불가피하게 초래된 부채는 경감하며, 생산적인 중장기 자금의 부담을 경감시킨다는 기본 방향에서 취해진 주요 내용을 요약하면 다음과 같다.

- 사채 대체자금 지원
- 영세농어가의 중장기 자금을 저금리 자금으로 대체
- 농수산 관련 자금 금리 인하
- 1983~1984년 소 입식자금 이자 대지급
- 연체 금리 인하
- 농지 구입자금 지원
- 교육비 경감을 위한 기숙사 시설 확충

3. 산업합리화정책

1986년 부실기업 정리는 개별 부실기업 정리 차원에서 총 56개 기업이 정리된 바 있다(합리화기업 지정 48개 기업, 제3자 인수 6개 기업 및 청산정리 2개 기업 등).

이어서 1987년도 4월 산업정책심의회 의결에 따른 1987년도 산업합리화 대책은 불황산업에 대한 업종 전체의 합리화 중심으로 추진하며, 업종별 합리화 지원에도 경영정상화가 어려운 업체에 대해서는 부실기업 정리 차원에서 처리하기로 했다.

1987년도 산업합리화 대책의 주요 내용은 다음과 같다.

• 추진 중인 부실기업 정리의 마무리
 - 합리화 지정기업의 조속한 경영정상화
 - 은행 자체 관리 중인 기업(72개)과 법정관리기업은 은행 책임하에 조기 정리
• 사후관리 강화
 - 조세감면 관리, 합리화 계획의 이행 상황 점검
 - 주거래은행의 부실기업 및 기업주 특별 관리
• 부실 방지대책의 추진
 - 산업 지원 방식의 전환
 - 금융자율화 추진으로 합리화 금융 운용
• 기업자금의 해외 유출 방지 대책
 - 외관관리의 자유화 추진
 - 사후관리 체계의 효율성 증대 및 처벌 강화

4. 공기업 민영화정책

'공기업 민영화와 정부 주식 매각'(1987. 6)은 공기업의 경영 능률을 제고하면서 공기업 주식 매각에 의한 자본시장 활성화에 기여하고, 정부의 복지 시책 본격 추진에 따른 재원 부족 문제에 대처하기 위한 것이다.

정부 지분 매각 대상기관 및 매각 시기 등을 요약하면 다음과 같다.

• 완전매각
 - 증권거래소, 외환은행, 한국감정원, 국민은행, 중소기업은행 및 한국기술원 등 6개 기관을 1987년 하반기부터 1989년 상반기에 걸쳐 완전 매각하며, 국정교과서는 매각 방법에 관한 추가 협의를 거쳐 1990년 또는 1998년에 시행
• 일부매각
 - 한국전력을 1988년부터 연 5% 이상씩 단계적으로 매각하고 포항제철을 1988년부터 연 10%씩 공모 방식으로 일반에 매각하며, 통신공사는 매각 방법에 관한 추가 협의를 거쳐 시행

- 1989년이나 1988년부터 단계적으로 매각 또는 1990년대 중반 이후 민영화

5. 노동정책

전두환 정부는 정권 마지막 해인 1987년에 노동관계법, 노동조합법 및 노동쟁의조정법 등을 개정해 임금채권 보장 범위 확대 및 노동조합 설립의 자유화와 노동 3권을 강화하는 조치들을 취했는데, 이의 주요 내용은 다음과 같다.

- 1개 사업장 1개 노조를 규정하여 사용자의 부당 노동행위 규제: 어용노조 시비와 복수 노조 난립 방지
- 노조 설립 형태와 요건 삭제: 노조 설립의 자율화와 노조 설립 신고 등 교부 기간 단축(10일에서 3일로)
- 노조 운영에 관한 규약의 명시 사항 보완: 11개 사항을 18개 사항으로 보완
- 간섭 조항 대폭 축소로 행정관청의 재량권 남용 방지: 임원자격 제한 규정, 노조 해산 및 임원 개선명령 근거 삭제, 정기적 업무 검사제도 개선 및 규약이나 결의에 대한 변경명령 요건의 엄격한 제한

한편, 정부는 「남녀고용평등법」(1987. 12)의 제정으로 고용 면에서의 여성차별 퇴치를 위한 중요한 기반을 마련했으며, '노후생활 연금신탁제도'(1987. 1) 도입과 「근로자의 주거 안정과 목돈 마련 지원에 관한 법률」(1987. 12)을 제정하고, 1988년부터 시행에 들어갔다.

6. 의료복지정책

'전 국민 의료보험의 조기 정착 방안'(1987. 12)은 전두환 정부가 정권 말기에 취한 강력한 의욕적인 의료복지 향상정책의 핵심을 담고 있다. 이 정책은 1987년 6월 현재 전 국민의 58.9%가 의료보장 혜택을 받고 있는데 1989년까지 전 국민이 의료보험의 적용을 받을 수 있도록 하는 조치로 다음과 같은 주요 내용들을 갖추고 있다.

- 농어촌 의료 시혜 기반 확충

• 의료수가 체계의 개선
• 의료 전달 체계의 확립
• 의료분업의 실시
• 의료보험제도 및 전문의제도의 개선
• 지역의료보험 재정의 효율적 관리
• 도시지역 의료보험 실시 준비

7. 무역 및 환율정책

무역수지 및 경상수지가 사상 최대 수준에 이른 1987년의 무역 및 외자 도입정책은 수입관세 인하와 수출 자율규제 확대 및 외국인 투자 자유업종 확대로 집약된다.

1987년 중 모두 다섯 차례에 걸쳐 수입관세가 인하돼 수입 자유화의 큰 진전을 이뤘다. 7월부터 컬러TV, 승용차 등 81개 공산품과 농산물 2개 품목 등 총 83개 품목에 대한 관세 인하가 이뤄졌고, 담배, 필름, 건설용 장비 등 50개 품목의 관세율이 또한 양허관세 적용에 의해 인하됐다.

11월부터는 할당관세 적용에 의한 관세 인하가 이뤄졌는데, 공급이 부족하거나 수입가격 상승폭이 큰 봉강 등 12개 수입 원자재에 대한 할당관세 적용으로 이들에 대한 관세율이 10～25%로부터 5～10% 수준으로 크게 낮아졌다.

결국, 수입자유화 확대에 따른 수입품 공급의 증대와 관세 인하에 따른 수입가격 하락은 물가 안정과 전반적인 경제 안정을 겨냥한 조치로서 받아들일 수 있다.

1987년은 환율정책 면에서도 큰 변화가 있었는데, 1986년 3% 정도에 불과했던 원-달러 환율의 인하 속도가 8%로 가속화된 것이다. 이는 1986년의 인하 정도가 미미한 것이 한국 외환당국의 환율 조작 때문이라는 미국 상무부의 대의회 보고서로 인해 발생한 강력한 원화 절상 압력을 수용한 결과다.

제 4 절 성과 및 평가

박정희 정권의 경제 개발 유형을 이어받되 그것을 좀 더 지속 가능한 형태로 개선·

발전시킨다는 전두환 정부 경제정책의 핵심적 특징은 제5차 경제 · 사회개발계획에 이어 제6차 경제 · 사회개발계획에도 그대로 반영됐다.

따라서 비록 전두환 정권이 완수할 것으로는 기대할 수 없으나 계획 자체는 전두환 정권이 마련해야 했던 제6차 경제 · 사회개발 5개년계획에서는 제5차 경제 · 사회개발 5개년계획에 더해 안정, 적정 성장, 균형, 효율, 복지 증진, 국제수지 개선, 시장 경제질서 확립, 기술 향상, 정부 기능 재정립 등이 좀 더 체계적이고 다양한 형태로 강조됐다.

제6차 경제 · 사회개발 5개년계획의 1차 연도 중 전두환 정권의 경제정책은 이와 같은 면에서 매우 적극적인 양상을 보였고, 이어지는 노태우 정권의 경제정책에도 상당한 영향을 준 것으로 볼 수 있다.

전두환 정부의 '한 자리 물가'는 1987년에도 그대로 유지됨으로써 한국 경제는 그간의 만성적인 인플레이션의 늪에서 완전히 이탈하는 양상을 보였다.

표 2-4-9 물가 관련 주요 지표 추이

	1984	1985	1986	1987	1988
소비자물가 상승률	2.3	2.5	2.8	3.0	7.1
수입물가 상승률	0.3	(-)2.7	(-)6.7	10.9	14.2
임금 상승률(제조업)	8.2	9.9	9.2	11.6	19.6
환율 변동률	4.0	7.6	(-)3.2	(-)8.0	(-)13.7

자료: 한국은행(2000).

〈표 2-4-9〉에서와 같이, 1987년 중 소비자물가 상승률은 3.0%로서, 이는 1984년 이래 물가 안정 기저가 정착되는 양상으로 나타나게 됐음을 뜻한다.

물가가 1987년에도 이처럼 안정될 수 있었던 것은 전두환 정부 물가안정정책이 1980년 이래 7년간에 걸쳐 지속적이면서도 일관성 있게 추진된 것에 더해 1981년 이래의 국제유가 및 국제 금리 하락이 크게 주효했을 뿐만 아니라 달러 가치 하락세에 따른 국제적 압력 가중으로 〈표 2-4-9〉에서와 같이 원화 가치가 대폭적으로 절상된 데에도 크게 의존하는 것이다.

1987년이 갖는 경제 · 사회적 특징은 여러 면에서 나타나고 있다. 특히, 1986년 본격화된 소위 3저 호황이 더욱 활성화되는 상황에서, 1987년 소위 '노태우 6 · 29선언'을 계기로 폭발한 노사관계 불안 등 정치 · 사회적 불안은 심각한 물가 불안 요인으로 잉태된다.

특히, 노동생산성 증가율을 상쇄시킬 정도의 높은 명목임금 상승률(12%), 소비 성향 증대와 과소비 현상, 투기심리 확산에 따른 높은 토지가격 상승(15%) 및 주식가격 폭등(83%), 1988년 서울 올림픽 준비를 위한 각종 투자 지출의 증대, 그리고 해외여행경비 급증(12%) 등은 1987년 들어 표면화되기 시작한 대표적인 경제 불안 요인들이었다.

이와 같은 잠재적 경제 불안이 표면화되지 못한 것은 〈표 2-4-9〉에서와 같이 원화의 대폭적인 절상으로 제조업 가동률 및 단위노동비용과 함께 국내 물가의 3대 결정 요인 중 하나인 수입물가를 10.9% 정도로 억제할 수 있었기 때문인 것으로 보아야 할 것인데, 이러한 점은 1988년 이후의 상황과 크게 대비되는 것이다.

참고 문헌

경제기획원(1986). 80년대 경제정책의 추진 성과와 향후 과제.
대한민국정부(1976). 제4차 경제개발 5개년계획.
______(1981). 제5차 경제·사회개발 5개년계획.
______(1986). 제6차 경제·사회개발 5개년계획.
박진근(2000). 세계경제 속의 한국경제 40년, 서울: 박영사.
______(2009). 한국 역대정권의 주요 경제정책, 한국경제연구원.
통계청(1995). 광복이후 50년의 경제일지.
한국개발연구원(1995). 한국경제 반세기 정책자료집.
______(1995). 광복 이후 50년간의 경제일지.
한국은행(2000). 한국의 금융·경제 연표 1945~2000.
한국조세연구원(1955). 광복 후 50년간의 조세 및 금융정책의 발전과 정책 방향(1,2권).

제5장

1986년 서울아시아경기대회와 1988년 서울올림픽대회 유치

임태성
한양대학교

제1절 정책의 추진 배경

서울올림픽대회 유치는 박정희 정권으로부터 시작됐다. 특히, 국제올림픽위원회(IOC) 위원을 역임한 전 대한체육회 박종규 회장의 힘이 컸다. 1978년 제42회 서울세계사격선수권대회를 성공적으로 치르고 이에 고무된 박종규 당시 대한사격연맹회장(대통령 경호실장)이 박정희 대통령에게 올림픽 유치를 건의했다. 이후, 박 회장은 정치적 이유로 청와대를 나와 대한체육회장에 취임했다.

박정희 대통령은 1979년 4월 18일 잠실실내체육관 준공식에 참석한 만찬장에서 정상천 서울시장에게 했던, "임자 올림픽 한번 해보지"라는 말로 올림픽 유치에 대한 강한 의지를 표명하고 서울시장에 올림픽 유치를 제안했다. 이후 대한체육회를 중심으로 서울올림픽 유치 제안서가 만들어졌고, 관련 부처인 당시 문교부를 통해 1979년 9월 21일 박 대통령의 재가를 얻어냈다. 이것이 현재까지의 정설이다. 박정희 대통령의 올림픽 유치 재가 이후, 서울시장은 1979년 10월 8일 보고에서 1981년 3월을 기해 서울올림픽대회 유치를 IOC에 공식 계획을 것임을 발표했다. 이 발표에는 서울시 어디서든지 잠실 종합경기장에 올 수 있도록 서울 순환지하철(지금의 2호선) 건설, 해외 손님이 불편함이 없도록 서울공항 증설, 올림픽 참가자들의 볼거리 제공을 위한 과천 서울대공원 건설 등의 종합계획이 담겨 있었다(채널A뉴스, 2014.02.06). 이와 같이 올림픽 유치 구상 차원을 능가하는 구체적 실천이 있었던 것이다. 그뿐만 아니라, 박정희 대통령은 1971년에 서울체육중・고교를 설립했고, 그 학생들의 고교 졸업과 연동해 한국체육대학을 설립했다. 그 목적은 스포츠 영재 육성과 엘리트 스포츠의 고도화를 이루기 위한 것이었다. 이는 훗날 올림픽 유치와 성공적 개최에 의미 있는 전략이 되기도 했다.

이러한 사실들은 서울올림픽대회 유치계획이 박정희 대통령으로부터 시작됐음을 입증해 주고 있다. 그는 이웃나라 일본에서 치러진 1964년 도쿄올림픽을 통해 패망국 일본이 세계 중심으로 찬란히 등장하는 것에 큰 자극을 받아 서울올림픽대회를 구상했을 것이다.

서울아시아경기대회・서울올림픽대회는 한 맥락으로 조망돼야 한다. 서울아시아경기대회는 서울올림픽대회의 성공적 개최를 위한 사전 경험의 축적과 국민적 관심 고조를 위한 대회였다. 실제로 88서울올림픽대회조직위원회는 1983년 2월, 86서울아시아경기대회 조직위원회 사무처를 흡수 통합해 양 대회를 함께 추진했다.

서울올림픽대회를 전두환 정권의 정책으로 국한시키기에는 무리가 있다. 올림픽 구상 및 계획 추진은 박정희 정권에서, 대회 유치 및 개최 준비는 전두환 정권에서, 대회의 성공적 개최와 사후관리는 노태우 정권에서 마무리됐기 때문이다. 이와 같이 올림픽을 통해 세 정권이 서로 연계돼 있었으나, 핵심 요체가 주로 전두환 정권에서 다뤄졌기에 전두환 정권의 정책으로 간주할 수 있다.

1. 서울올림픽대회 유치활동

박정희 정권에서 추진된 올림픽대회 유치는 1979년 10・26사태(박대통령 서거)와 함께 진통을 겪게 된다. 그동안 서울올림픽 유치운동을 주도적으로 이끌어 온 당시 박종규 대한체육회 회장도 정치적 이유로 체육행정 2선으로 물러났다. 더구나, 개최 도시가 될 서울시(박영수 시장)와 신병현 부총리 겸 경제기획원 장관을 비롯한 경제각료들의 심각한 반대에 부딪쳤다. 그 이유는 경제문제와 경쟁도시인 일본 나고야(名古屋)를 이길 수 없다고 생각했기 때문이다. 이처럼 올림픽 유치에 대한 부정적 상황들이 강하게 제기되고 있을 때 전두환 대통령의 올림픽 유치에 대한 재천명으로 강력한 추동력이 생겨나게 됐다.

최초의 대외적인 올림픽 유치운동은 1979년 푸에르토리코 세계국가올림픽위원회총연합회(ANOC) 창립총회로부터 시작됐다. 이때 국제올림픽위원회(NOC)의 남미권 주도 제3세계 국가들과 인연을 맺을 수 있었다(이태영, 2008: 283-293). 본격적인 유치활동을 위해 1981년 5월, 정부의 올림픽 대책회의에서 전국경제인연합회 정주영 회장이 올림픽 유치위원장으로 추대됐고, 이때부터 본격적인 활동이 전개됐다. 한편, 서울올림픽유치위원회의 활동 중 큰 반전의 기회가 있기도 했다. 1981년 7월 30일 이탈리아 밀라노 ANOC총회에서 상대국인 일본이 참가하지 않은 가운데 한국 측이 10분간의 연설 기회를 잡은 것이다(서울올림픽대회조직위원회, 1990a: 37). 대회 유치 결전이 가까워지자 전두환 대통령의 특명을 받은 노태우 정무2장관은 1981년 9월 4일 올림픽 유치활동을 위한 비상대책 회의를 개최하고 범국가적인 차원에서의 유치활동을 결의했다. 이후 107명의 체육계, 재계, 정부 관계 인사・언론인 등을 중심으로 한 사회각계 각층의 인사가 참여해 올림픽 유치활동을 더 한층 체계적으로 강화했다.

88서울올림픽대회 유치 과정 중에 가장 중요한 것이 대회 준비에 대한 실사다. ANOC조사단, IOC조사단 그리고 국제경기연맹(ISF)조사단이 각각 방한했다. 과거 한국과 인연이 있었던 ANOC 조사단 대표와 ISF 조사단 대표가 서울의 경이로운 발전상에 경탄하면서 호의적이었다. 더구나 IOC조사단마저 경기시설에 만족감을 나타냄으로써 실사에서 후한 점수까지 얻었다(서울올림픽대회조직위원회, 1990a: 36).

드디어 1981년 9월 30일 IOC총회, 독일 바덴바덴의 기적, '세울 코리아', 52:27. 나고야를 누르고 서울시가 올림픽대회 유치전에서 승리했다. 바덴바덴에서의 승리 요인으로는 먼저, 올림픽운동의 보수파 킬라닌(Lord Killanin) IOC 위원장이 퇴장하고, 혁신파인 사마란치(Juan A. Samaranch) IOC 위원장이 등장한 것을 들 수 있다. 사마란치 신임 위원장은 라틴계를 움직일 수 있는 강력한 힘을 가지고 있었고, 전쟁 가능성과 테러에도 불구하고 올림픽 이상, 즉 분단국에서 평화를 구현해 보겠다는 신념이 있었다. 또한, 그의 올림픽 상업주의와 올림픽대회 유일의 공식 스폰서였던 아디다스 다슬러(Rudolf Dassler) 회장과의 이해관계가 우리에게 어느 정도 우호적으로 작용했을 것이다.

두 번째 요인으로, 우리나라는 국가 역량을 총동원한 국가 중심의 올림픽 유치활동이었다면, 일본은 나고야라는 개최 도시 중심의 올림픽 유치운동이었기에 우리에 승산이 있었다. 이와 함께 일본의 급속한 경제적 부상과 더불어 국제 메가스포츠 이벤트 독식에 대한 유럽파의 질시와 견제가 크게 작용했을 것이다.

세 번째 요인으로, 일본은 이미 1964년 도쿄올림픽대회와 1972년 삿포로(札幌) 동계올림픽을 치른 국가였다. 그들이 국제사회에 대한 공헌과 그간에 구축된 막강한 스포츠 외교력을 바탕으로 유치전을 전개했다면, 한국은 경기연맹 회장을 겸하고 있던 대기업 회장들이 유치활동에 대거 나섰다. 이렇듯 두 나라 간의 득표활동은 기본 철학에서부터 큰 차이가 있었다. 유치전이 끝난 후 IOC 위원들 사이에는 한국 측의 득표활동 방식에 문제를 제기하기도 했지만 이미 지난 일이 되고 말았다. 올림픽 유치 이후 내적으로는 서울올림픽대회 관련 개발사업, 올림픽 특수의 혜택이 올림픽 유치에 참여했던 일부 대기업에 돌아감으로써 석연치 않은 후문을 남기기도 했다. 그러나 우리 대기업 회장들의 올림픽 유치활동이 진정 애국심의 발로에서 시작됐다는 것에 대해서는 모두가 공감했고 반론의 여지가 없었다.

올림픽 유치가 결정되기까지, 그간 공헌한 사람들을 일일이 열거할 수 없으나, 박종규 대한체육회장을 비롯한 정주영 서울올림픽대회 유치위원장, 전상진 대한올림픽위원회 부위원장, 김운용 세계태권도연맹 회장, 조상호 대한올림픽위원장 등을 꼽을 수 있을 것이다. 이들 못지않게 재외공관원들과 해외 태권도 사범들, 그리고 해외에 파견된 한국기업 직원들의 헌신적인 막후 지원이 있었다.

2. 서울올림픽대회 유치와 대내적 환경

올림픽 유치운동의 원점이었던 박정희 대통령 서거 이후, 신군부가 등장했고 한국 국민은 그간 유례를 찾기 힘든 일대 대변혁기를 맞이한 가운데 서울올림픽대회를 유치했다. 당시 한국 사회는 전두환 정권의 정체성 문제로 말미암아 격랑 속에 휘말렸다. 영향력 있는 일부 정치인은 전두환 대통령이 비정상적으로 정권을 찬탈한 것으로 간주하고 가장 중요한 국책사업인 올림픽대회 유치에 대해 무조건 반대했던 것이다. 이러했던 정치인들의 공세는 서울올림픽대회 유치 및 성공적 개최에 장애가 되기에 충분했는데, 당시 김영삼·김대중 등 야당 총수들이 그 중심에 있었다. 그러나 이들도 훗날 각각 대통령이 되었고 재임 중 2002한·일 월드컵축구대회 유치와 성공적인 대회 개최를 위해 국가 역량을 총동원한 것은 아이러니한 일이 아닐 수 없다.

올림픽 유치에 대한 야당 지도자들의 정치적 공세로부터 시작된 파란은 올림픽대회 개최 1년 전인 6·10항쟁으로 최고조에 달했다. 서울에 몰려든 외신기자만 400명이 넘었다고 한다. 이들의 관심은 온통 '과연 올림픽을 개최할 수 있을까?'였다. 그러나 서울에 센터 이미지가 구축된 현실 앞에, 1년 후면 올림픽이 개최될 서울에서, 무력으로 시위를 진압할 수는 없었다.

이때 IOC와 초강대국인 미국에서는 한국의 안전문제와 정치적 혼란 그리고 인권 탄압을 이유로 올림픽 개최지 변경을 심도 있게 논의하고 있었다. 따라서 6·10항쟁 시위대의 진압을 위해 무력을 사용하거나 계엄으로 확대시키는 것은 올림픽대회 개최를 포기하는 일과 무관치 않았다. 이러한 논리로 무장한 고건 당시 내무부 장관과 대통령 후보 자격의 노태우 민정당 최고대표위원(서울올림픽대회 조직위원장, 초대 체육부 장관, 정무장관)은 시위대에 대한 무력 진압을 심각하게 고려하고 있었던 전두환 대통령을 설득했다. 이는 전두환 대통령의 정국 안정, 정통성 회복, 올림픽의 성공적 개최라는 이해관계와 맞물려 '6·29민주화선언'이라는 해법을 내놓았고, 이후 올림픽운동에 박차를 가할 수 있었다. 이렇듯 서울올림픽대회라는 대의명분은 한국 사회에서 민주화 불씨를 키워내는 안전판 구실을 톡톡히 해냈던 것이다.

이런저런 정치적 우여곡절 속에서도, 당시의 우리나라 경제는 수출이 증대돼 세계 최고의 경제성장률을 기록했다. 그러나 우리나라의 무역 주 대상이었던 미국·일본 시장으로부터 무역 블록화가 가시화되고 있었다. 따라서 새로운 시장의 개척이 긴박해졌고, 그 해답을 서울올림픽대회를 통한 북방외교에서 찾고자 했다.

이 시점의 남북관계는 유사 이래 최악이었다. 북한은 올림픽을 통해 남한의 위상이 크게 제고될 것을 우려해 같은 민족이라 할 수 없을 정도로 극악무도한 방해 책동을 서슴지 않았다. 실현 불가능한 남·북 공동 개최 요구를 시작으로 아웅산 테러와 전쟁 위협, 급기야는 KAL기를 폭파하는 등 이루 헤아릴 수 없는 지경이었다. 그중에서도 남·북한 올림픽 공동 개최에 대한 제안은 남한의 재야 세력과 종북주의자들에 의미 있는 빌미가 되었고, 이에 따라 사회 갈등의 원인으로 작용하기도 했다. KAL기 폭파 사건을 계기로 IOC에서도 대회 개최지 이전에 대해 심도 있게 논의되기도 했으나, 그 이후 북한은 미국을 비롯한 자유주의 국가는 물론, 맹방이었던 소련을 비롯한 사회주의 국가로부터도 따돌림을 당하는 신세로 전락했다. 그럼에도 불구하고, 대한민국에 대한 국제사회의 시선은 여전히 이념을 달리하는 지구상 유일의 분단국으로 비쳐졌다.

이 당시 한국 스포츠의 자화상을 돌이켜보면, 경제적 어려움 속에서도 1970년 제6회 서울아시아경기대회를 유치했다. 그러나 행정·재정문제, 한·일 간 천양지차의 경기력 문제 등으로 대회 개최권을 반납했다. 한·일 간 경기력의 차이로 인해 서울 하늘에 일

장기가 높이 올라가고 기미가요가 널리 울려퍼져 반일감정이 격화될 것을 우려했다. 이러했던 체육계의 뜻이 고위층에 전달되어 위약금 20만 달러까지 물면서 아시아경기대회 개최권을 반납(1968년 5월)하는 국가적 수모를 겪기도 했다(경향신문, 1988.02.13).

다른 한편으로는 제42회 서울 세계사격선수권대회를 시작으로 종목별 국제 메가 스포츠 이벤트를 차례로 성공시킨 국가이기도 했다. 그 실체는 현대그룹 정주영 회장을 비롯한 대기업 경제인들이 사회적 공헌을 넘어선 사회책임 차원에서 각 스포츠 경기연맹의 회장직을 맡거나 적극적으로 지원한 것에서 찾을 수 있다. 또한, 올림픽 유치를 계기로 체육부가 신설해 올림픽 지원 체계를 구축했고, 이어 스포츠과학연구소를 설립함으로써 스포츠과학의 기반이 마련됐다. 이 기반을 토대로 체계적이고 지속 가능한 스포츠 영재 발굴과 꿈나무 육성 체계를 갖추게 된 것이다. 이것을 한국형 엘리트 스포츠 시스템이라고 하는데, 이를 통해 국제 수준급의 경기력까지 갖추게 됐다.

더욱이, 한국 스포츠는 1981년 서울올림픽대회 조직위원회의 출범으로 신기원을 맞이하게 됐고, 당대 최고의 실세인 김용식, 노태우, 박세직 위원장으로 이어졌다. 3대 박세직 위원장은 육군사관학교 출신으로서 수도방위사령관을 거쳤고, 그 과정에서 습득된 지휘 통솔력을 업무에 접목시키고 리더십을 십분 발휘했다. 그는 육사 영어 교관을 역임할 만큼 뛰어난 어학력과 국제 감각을 두루 갖춘 실무형 인재였기에 국제외교 무대와 IOC와의 관계를 유연하고도 강력하게 견인할 수 있었다. 불철주야 뛴다고 해서 '25시의 사나이'라고 불린 박세직 위원장은 이 조직을 거침없이 몰고 질주했다.

이와 같은 사회상을 기반으로 하고 있었던 한국은 완벽한 올림픽 이념의 구현과 올림픽운동의 확산, 국민총화, 대(對)공산권 교류 확대, 대북한 우위를 확보함과 동시에 개발도상국에서 중진국으로의 지위 향상을 도모하고자 했다. 이러한 대의명분에도 불구하고 대회 개최 불과 1~2년 전까지만 해도 국민적 공감대 형성과 사회적 합의는 쉽지 않았다. 그것은 정부와 관 주도의 사업으로 국민에 인식됐기 때문이다.

이렇게 지지부진하던 올림픽 운동은 1987년 '6 · 29민주화선언'으로 새로운 국면을 맞이하게 됐다. 이 선언에 의해 우리 국민은 사상 초유의 직접선거로써 당시 6 · 29선언의 주역이었던 노태우 민주정의당 최고대표위원을 새로운 대통령으로 뽑을 수 있게 됐다. 이로써 국민들은 민주화를 실제 체감하게 됐다. 다행히도 민주화 바람을 타고 올림픽 열기도 급격히 달아오르기 시작했다.

3. 서울올림픽대회 유치와 대외적 환경

동·서 양 진영의 서울올림픽 대회 유치 지지와 참가는 신데탕트의 시각으로 조망돼야 할 것이다. 1975년에서부터 1977년까지의 동·서간 데탕트는 최고조에 이르렀다. 그러나 브레즈네프(Leonid Brezhnev) 소련공산당 제1서기가 아프가니스탄을 침공(1979년 12월)함으로써 데탕트는 와해되기 시작했다. 소련의 아프가니스탄 침공은 올림픽운동에 바로 직결됐다. 미국을 비롯한 자유진영 국가들은 이에 대한 항의의 표시로 1980년 모스크바올림픽에 불참했고, 이에 대해 소련을 비롯한 사회주의 국가들은 4년 후, 미국 LA올림픽에 불참함으로써 올림픽은 정치화되기 시작했다. 동·서간 올림픽 보이콧은 그간의 데탕트를 와해하고자 하는 선언이나 다를 바 없었다. 더구나 1981년 초, 반공주의자 미국 레이건(Ronald W. Reagam) 대통령의 등장과 그가 표방했던 스타워즈 계획(1983년)은 미·소간의 군비경쟁을 야기시켰고, 이는 핵 확산으로 이어져 세계 평화를 심각하게 위협하고 있었다. 이와 같이 동·서 양 진영은 이데올로기에 의해 질식해가고 있었다.

미·소 간의 긴장이 심화됨에 따라 동유럽의 사회주의 제국들은 소련의 영향력에 의해 종속외교를 할 수밖에 없었고, 자유진영과의 교역 또한, 간접교역 차원에서 이뤄졌다. 미국 종속의 자유진영 국가들도 이와 다를 바 없었다. 본질이 이러했기에 양 진영의 종주국가들은 자주외교와 직접교역, 이 두 가지를 염원했던 것이다. 때(1981년)를 맞춰 서울올림픽대회를 맞게 되어 국면 전환을 크게 기대했다.

세월이 흘러 1985년. 고르바초프(Mikhail Gorbachev)가 소련의 당 서기장으로 새롭게 등장하며 페레스트로이카, 글라스노스트 정책을 강력하게 표방하면서 단번에 세계무대의 주연이 됐고, 레이건과의 화해 모드를 적극적으로 조성하기 시작했다. "고르바초프의 혁명은 유라시아 서쪽에서는 정치혁명을 촉진시켰고, 그 나비 효과는 서울올림픽대회를 동·서 화합의 장으로 만드는 데까지 다다랐다."(프레시안, 2012.03.04)라고 했듯이, 세계는 서울올림픽대회를 통해 신데탕트의 물꼬를 튼 것이다.

경제적 측면에서 보면, 당시 우리 사회는 소련을 포함한 사회주의 국가들과는 정식 국교가 없었기에 간접무역을 할 수밖에 없었다. 그러나 올림픽 유치 확정 후, 스포츠 교류를 빌미로 많은 경제인들이 한국을 방문하여 무역활동을 하고 있었다. 그뿐만 아니라, 한국의 재벌 기업가들도 스포츠단체 회장 자격으로 이 국가들을 왕래하면서 교역을 하고 있었고 서울올림픽대회를 계기로 무역사무소 설치를 기대하고 있었다.

이때 즈음(1981년)해 중국은 덩샤오핑(鄧小平)의 개방정책이 한창 진행되고 있었고, 외교적으로는 하나의 중국을 표방하고 나섰다. 중국의 그것은 고르바초프의 개혁・개방정책, 즉 시장경제 체제로의 전환과는 다른, 사회주의 체제를 고수하면서 경제를 활성화시키고자 하는 것이었다. 덩샤오핑은 박정희식 경제모델에서 그 답을 찾고자 했다. '흑묘든 백묘든, 쥐만 잘 잡으면 된다' 했듯이 이념보다는 경제적 실리정책을 추구했던 것이다.

당시의 중국과 한국은 정식 수교가 없었기 때문에 간접 교역국 상황이었다. 그러나 시간이 흐를수록 교역의 규모가 커져갔고 간접교역으로서는 가장 큰 규모의 국가였다. 따라서 서울아시아경기대회는 상호교역국 개척에 좋은 기회가 됐고, 나아가 서울올림픽대회를 통해 정식 무역사무소가 설치되기를 희망했다. 그뿐만 아니라, 서울아시아경기대회를 교두보로 한 서울올림픽대회 개최전략이 중국의 올림픽 모델이라 생각했고, 이를 배우기 위한 접촉을 활발히 시도했다. 이렇듯, 수많은 우여곡절과 난관 속에서도 올림픽은 우리에게 서서히 다가오고 있었다.

제 2 절 정책의 추진체계

서울아시아경기대회와 서울올림픽대회를 성공적으로 개최하기 위해 국가적 차원의 추진체계를 조직하고 정책 지원과 이를 위한 추진조직을 마련하는 한편 공식적인 대회 운영과 조직을 담당하는 대회조직위원회와는 별도로 정부 내 체육부를 신설하고 국무총리를 비롯한 국무위원을 구성원으로 하는 지원위원회를 설치했다. 또한, 국회 내에는 대회지원특별위원회를 두고 서울올림픽대회조직위원회 지원법을 제정했는데, 동법은 제1조 "서울올림픽대회의 준비와 운영을 위하여 설립된 재단법인 서울올림픽대회조직위를 지원함으로써"라는 표현이 보여주듯 올림픽조직위원회 자체를 지원할 목적을 두고 있다(이달희, 2011: 107). 이처럼 서울올림픽대회는 역대 올림픽 개최 역사상 그 유례를 찾아볼 수 없는 국가 총력 지원 체계를 구축했으며, 이는 올림픽 성공에 대한 강력한 의지를 담고 있는 것이다.

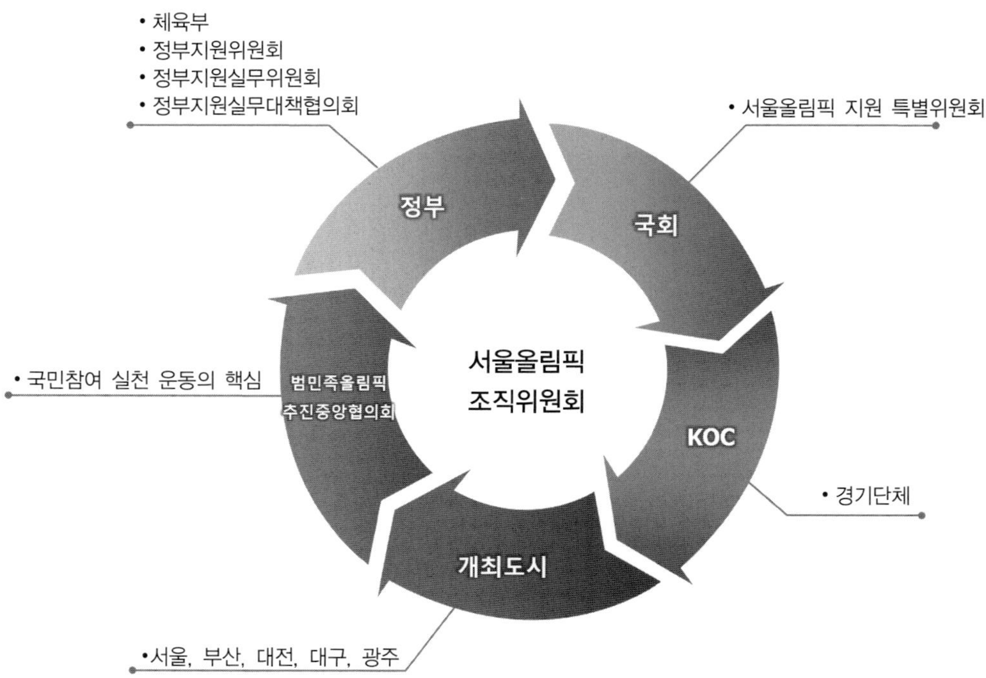

그림 2-5-1 88서울올림픽대회 추진체계

1. 88서울올림픽대회조직위원회

제24회 올림픽대회 개최지가 서울로 확정된 후, 국가올림픽위원회(NOC)는 올림픽 준비를 위해 개최 도시인 서울과 협력하여 1981년 11월 2일 88서울올림픽대회조직위원회를 설립했다(네이버지식백과, 2014). 조직위원회는 제24회 서울올림픽대회의 준비 및 운영을 효과적으로 수행함으로써 스포츠를 통해 안으로는 국민 화합과 문화의 창달을 도모하고, 밖으로는 국제 친선과 세계 평화의 기여에 두었으며, '최다의 참가 · 최상의 화합 · 최고의 성과 · 최적의 안전과 봉사 · 최대의 절약'이라는 5대 목표를 설정했다. 또한, 유고슬라비아의 사라예보 IOC 집행위원회(1984.02.03)에서 노태우 위원장의 준비 상황 보고를 시작으로 박세직 조직위원장의 제91차 IOC 총회 보고(1988.09.13)까지 5년 동안 IOC 관련 7회의 총회와 15회의 집행위원회에 참석하면서 세부적이고 체계적인 활동을 펼쳤다(서울올림픽대회조직위원회, 1990a: 92).

조직위원회의 사무기구는 사무총장과 2명의 사무차장, 1기획실, 정원 36명의 규모로 발족한 후 1983년 2월, 서울아시아경기대회조직위원회 사무를 통합해 양 대회의 준비를 단일 사무기구에서 담당했다. 또한, 서울아시아경기대회를 성공적으로 치른 후 수차에 걸쳐 필요 기구를 증설하는 등 조직위원회의 발전적인 확대 개편하고 1988년 7월 대회 운영 체제로 전환했다(서울올림픽대회조직위원회, 1990a).

한편, 서울올림픽대회조직위원회는 IOC를 비롯해 국제경기연맹 및 NOC와 긴밀한 협력 관계를 유지했으며, 국내 관련 기구인 체육부를 비롯한 각 행정부처 · 정부지원위원회 · 대한체육회 · 서울특별시 · 범민족 올림픽추진중앙협의회 등과 유기적인 협조 체제를 구축해 총합계획을 기본으로 수립된 시행계획에 따라 모든 사업을 단계적으로 수행한 결과 역사상 유례없는 성공올림픽으로 견인했다(이달희, 2011: 104-105).

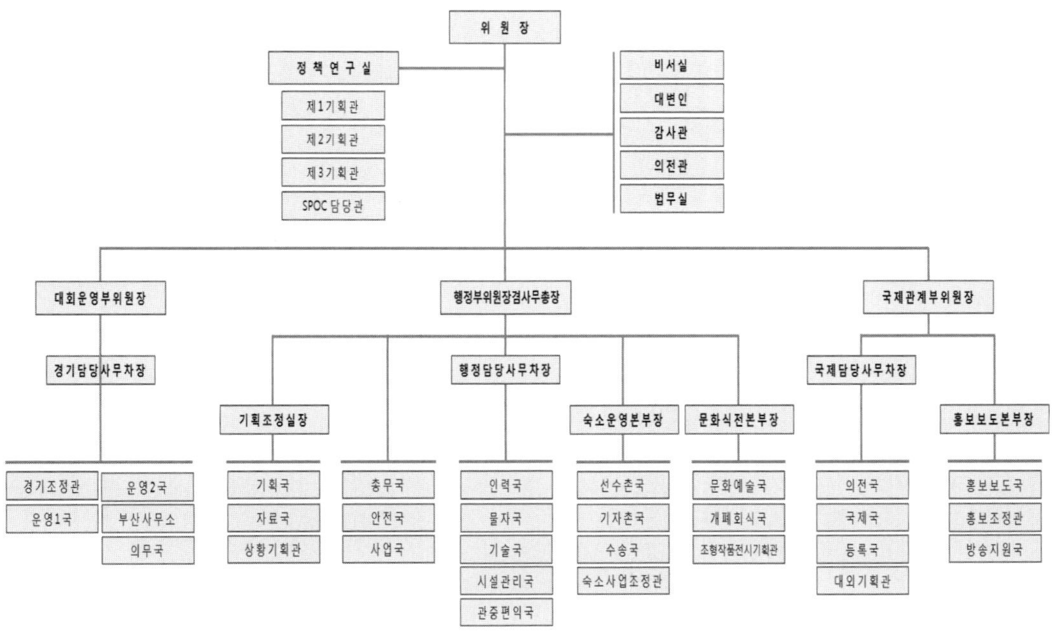

그림 2-5-2 서울올림픽조직위원회 조직도

자료: 서울올림픽대회조직위원회(1990a: 88).

2. 대한체육회

대한체육회(KOC)는 아마추어 스포츠를 육성하는 한국 체육계의 최고 기구로 종목별 경기단체를 지도 · 감독하며, 국제적으로는 IOC 회원국으로서 대한민국을 대표하는 국가올림픽위원회(NOC)다. 1920년 7월 조선체육회로 출발하여 1954년 3월 사단법인이 됐으며, 1983년부터는 개정된 국민체육진흥법에 의거 체육 진흥에 관한 사업을 위한 특수법인으로 위상이 강화됐다(대한체육회, 2014: 368).

박정희 정권 이후 설왕설래했던 국내의 올림픽 유치 분위기는 전두환 대통령의 강력한 유치 의지에 따라 반전되고 체육계의 움직임도 활발해졌다. 특히, 대한체육회는 서울올림픽대회유치단과 더불어 제24회 서울올림픽 개최에 가장 핵심적 역할을 했다. 한 예로 당시 최소 30~40명의 IOC 위원을 움직일 수 있는 힘을 가진 것으로 알려졌고, 실제로 1980년 모스크바 IOC총회에서 사마란치가 위원장에 피선되는 데 결정적 역할을 한 것으로 알려진 국제 스포츠계의 막후 실력자 아디다스사의 다슬러 사장을 우군으로 돌려세운 대한체육회 박종규 회장은 서울올림픽대회 유치에 일등공신으로 평가되고 있으며(대한체육회, 2010: 352), 올림픽 개최지 결정 두 달 전인 이탈리아 밀라노에서 열린 ANOC 총회(1981.07.30)에서의 감동 깊은 올림픽 유치 제안연설을 한 조상호 대한체육회 회장의 눈부신 스포츠 외교활동은 서울올림픽대회 유치의 가장 큰 전환점이라고 평가됐다(이달희, 2011: 92).

이후, 대한체육회는 1983년 5월 30일 정관을 개정한 후 체육부 장관의 승인을 받아 엘리트 스포츠는 물론 학교체육과 사회체육까지 아우르는 국내 유일의 법적 단체라는 점을 분명히 하면서(대한체육회, 2010: 368), 올림픽대회와 IOC가 후원하는 지역별·대륙별 혹은 세계선수권대회에 국가대표 선수단을 구성하고, 선수들의 경기력 향상을 위한 체육영재의 발굴·육성 등을 추진하여 한국이 세계 스포츠 10대 강국으로 성장하는 데 크게 기여했다. 이렇듯 대한체육회는 서울올림픽대회 유치의 중요한 교두보 역할을

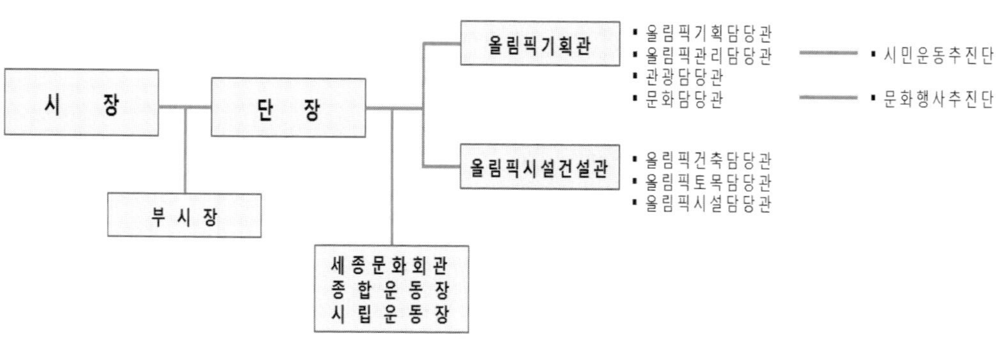

그림 2-5-3 서울시 올림픽준비단 조직도

자료: 제24회 서울올림픽대회조직위원회(1990a: 70) 재구성.

함과 동시 대한민국 스포츠의 힘찬 도약에 밑거름이 됐다.

3. 개최 도시

제24회 올림픽대회를 서울에 유치한다는 공식 발표가 있은 후, 서울시에서는 시정연구관의 책임 하에 대회 유치 실무작업에 착수했으며, 바덴바덴에 올림픽유치 사절단 파견 시 현지의 IOC 위원 및 관계 요원들에게 활발한 유치홍보 활동을 전개했다. 또한, 서울시는 올림픽 준비조직으로 '올림픽 준비단'을 설치하고 1단 2관 7담당관의 기구로 출발했으며, 주로 직·간접사업으로 대회경기장 등 필요시설의 건설을 비롯해 교통·숙박·문화예술·도시환경 등 외국 손님맞이 준비사업과 시민 참여 분위기 조성 및 안전대책에 이르기까지 총 8개 분야 120개 사업을 담당했다(서울올림픽대회조직위원회, 1990a: 70).

한편, 서울을 제외한 지방 개최 도시는 부산, 대구, 대전, 광주 등이었으며, 대부분은 축구경기가 열렸다. 특히 올림픽에서 유일한 해상 종목인 요트경기가 개최된 부산시는 민간자본을 유치해 부산의 수영만에 요트경기장을 건설하고 수질정화사업에도 많은 노력을 기울였다.

4. 정부 지원

1) 체육부

서울올림픽대회의 유치 결정에 이어 1986년 제10회 아시아경기대회의 서울 개최가 확정되자, 양 대회의 지원을 담당할 정부기구로 체육부가 창설(1982.03.20)됐다. 장·차관 1실 3관 3국 10과 3담당관의 조직으로 출범한 체육부는 이후 몇 차례에 걸쳐 일부 기구 개편을 단행하면서 두 대회의 효율적 준비, 국민체육에 관한 장·단기 계획의 수립, 우수 선수 발굴 및 육성 그리고 체육진흥사업 등의 업무를 수행하면서, 국가 역량을 결집하고 관계 사업의 추진을 총괄 조정하는 기능을 담당했다(임도빈·이영진, 1995: 417). 또한, 체육부는 서울올림픽대회 개최를 위한 잠실종합경기장, 올림픽공원내의 체조, 펜싱, 수영, 테니스, 사이클 경기장 등 국제규격의 경기시설 건설을 지원했으며, 체육인들의 연금도 2배 이상 대폭 인상하는 등 활발한 체육진흥책을 펼쳤다(체육청소년부, 1992: 178).

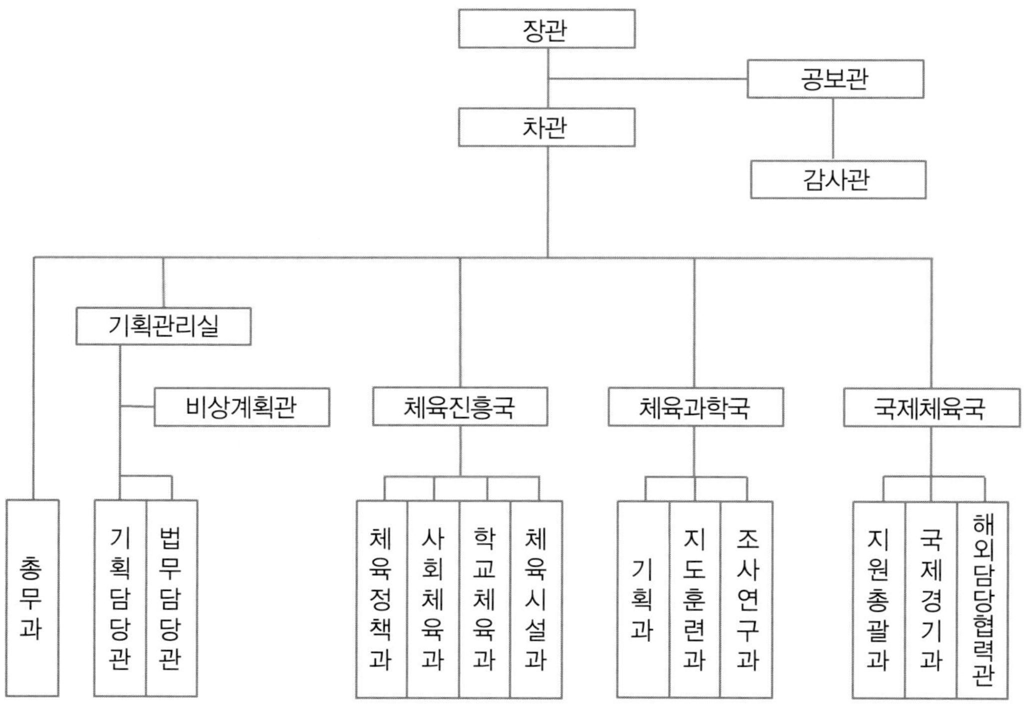

그림 2-5-4 체육부 조직도

자료: 이학래(2003: 582).

2) 정부지원위원회

제24회 올림픽대회의 서울 개최가 결정된 직후부터 대회 관계 주요 정책의 심의 조정과 조직위원회 사업에 대한 행정 및 재정 지원 등 광범위한 지원책 수립을 위해 1981년 12월 8일 정부지원위원회를 설치했다(서울올림픽대회조직위원회, 1990b: 18). 정부지원위원회는 국무총리를 위원장으로 하고, 부위원장은 경제기획원 장관과 체육부 장관이며, 국무위원 전원과 서울특별시장, 대통령비서실장, 국가안전기획부장, 법제처장, 국가보훈처장 등으로 구성됐다. 주요 업무로는 첫째, 각 경기대회와 관련된 주요 정책을 총괄 조정하고 각 경기대회의 주요 사업을 선정하여 그 타당성을 검토하며, 둘째, 서울아시아대회조직위원회 및 서울올림픽대회조직위원회의 사업에 대한 적극적인 행정 지원 및 원활한 재정 지원을 신속하게 처리하는 업무를 담당했다(이달희, 2011: 103-104).

3) 정부지원실무위원회

정부지원위원회는 발족 이듬해인 1982년 1월 지원위원회 의결 사항을 집행하고 관계 기관 간의 실무적 협조를 위해 국무총리행정조정실장을 위원장으로 하는 정부지원실무위원회를 구성했다. 정부지원실무위원회 위원은 각 원·부·처의 기획관리실장(국토통일원은 기획관리관, 법제처는 법제조정실장), 경제기획원 예산실장, 내무부 차관보, 국무총리실 행정조정실 제1행정조정관, 국가안전기획부 제1국장 및 서울특별시 기획관리실장으로 구성했으며, 1985년 4월 이후부터는 체육부 차관이 정부지원실무위원회 위원장이 되어 체육부가 정부지원위원회의 간사기관으로 고정됐다. 이후, 서울아시아경기대회를 치르고 난 1987년부터 서울올림픽대회 개최 지원 실무 업무를 본격화했으며, 1982년 1월 13일 제1차 정부지원실무위원회 개최 후 1988년 9월 14일까지 총 51차에 걸쳐 진행됐다(서울올림픽대회조직위원회, 1990b: 22).

4) 정부지원실무대책협의회

정부실무위원회 운영세칙에 따라 정부지원실무대책협의회가 구성됐으며(1984년 3월), 체육부 기획관리실장을 위원장으로, 국무총리행정조정실 제1행정조정관실 심의관과 내무부·체육부·문공부의 실무국장 및 서울특별시 올림픽 준비단장 등 6명을 구성원으로 했다.

이 협의회는 각 기능별·분야별로 대회 주요 사업에 대한 실무협의 및 관계 기관과의 실무적·기술적인 상호 협조 체제를 강화하기 위해 다시 9개 분야별 실무대책소위원회를 설치하고 실무대책소위원회 위원장은 주관부처의 기획관리실장 또는 실무국장이 맡았으며, 분야별 소위원회와 주관부서는 안전대책(국가안전기획부), 교통대책(내무부), 음향·전광대책(상공부), 보건위생·환경대책(보건사회부), 관광숙박대책(교통부), 통신전산대책(체신부), 올림픽종합홍보대책(문화공보부), 국민참여질서대책(사회정화위원회), 대회운영대책(조직위원회) 등으로 구성됐다(서울올림픽대회조직위원회, 1990a).

5. 국회 지원

국회는 서울올림픽대회를 국회 차원에서 지원하기 위해 특별위원회를 구성했다. 구성위원은 올림픽 관련 상임위원회 위원들 중에서 선정해 구성하고 서울올림픽대회 관련 법률의 제정 및 개정 등의 법적 지원을 수행했다. 대표적 사례로는 서울올림픽대회조직위원회 지원법 신설과 국민체육진흥법 개정 등을 들 수 있다.

1981년 12월 31일 공포된 서울올림픽대회조직위원회 지원법은 단순히 국회 차원에서 서울올림픽대회조직위원회를 지원하기 위한 것이 아니라 범국가적인 차원에서의 지원 체제 성격을 가진 것이다. 동법은 조직위원회가 국가 또는 지방자치단체로부터 행정적 · 재정적 지원을 요청할 수 있으며, 공무원 · 법인 · 기타 사회단체 우수인력의 파견도 요청할 수 있다. 또한, 대회 재원 조달을 위한 복권 발행 · 주화 발행 · 휘장사업 · 자체사업을 추진하며, 대회 후 우수인력 활용 및 직장을 보장하는 등의 내용을 담고 있다(이달희, 2011: 106). 그리고 1982년 12월 31일 공포된 국민체육진흥법 4차 전면 개정 법률은 우수선수 및 지도자의 고용, 은퇴 후 생활 지원 그리고 체육용구 생산업체에 대한 지원, 국민체육진흥기금의 서울올림픽대회 출연과 이러한 규정 위반 시 과태료 부과 등의 내용을 담고 있으며, 궁극적 목표는 개최국으로서의 위상에 걸맞은 국내 엘리트 스포츠 수준의 급속한 향상을 위한 적극적인 지원과 양 대회의 철저한 준비를 위한 지원체계의 확보에 있었다(이종원, 2006: 10).

6. 범민족올림픽추진중앙협의회 설립

서울올림픽 대회유치 이후 전 국민의 자발적 참여 분위기가 고조되면서 이를 조직화하자는 운동이 일어남에 따라 올림픽 추진 국민운동조직이 구체화됐다. 1982년 2월부터 시 · 도별로 범민족올림픽추진위원회 발기인 총회가 열렸고, 3월부터 전국 시 · 도 및 시 · 군 · 구 단위로 범민족올림픽추진위원회 창립총회가 개최되어 지역 단위의 민간올림픽 추진조직이 결성됐다. 대회가 가까워지면서 전 국민의 자율 참여와 시민의식 함양, 그리고 손님맞이 환경개선작업이 더욱 강력하게 추진돼야겠다는 필요성이 강조되면서 올림픽운동을 주도할 민간 중앙기구로서 범민족올림픽추진중앙협의회(약칭: 범민협)가 발족됐다.

범민협은 민간 국민운동기구로서의 역할을 좀 더 활성화하기 위해 사회단체 및 전국 각계각층 대표자가 참여하는 명실상부한 범국민조직 체계를 갖추고 서울올림픽대회 개최 직전에는 전국에서 255개의 시 · 군 · 구 협의회가 조직됐다. 또한, 범민협은 1987년 47개국 67개 후원회가 결성된 '해외동포 올림픽후원회'의 창구 역할을 하면서 조직위원회의 해외동포 자원봉사자 모집 홍보 및 참여 유도 업무도 담당했다(서울올림픽대회조직위원회, 1990a: 233).

제3절 정책의 추진 과정 및 내용

제24회 올림픽대회의 서울 개최 결정에 이어 제10회 아시아경기대회의 서울 개최가 확정되자 정부와 체육계는 두 대회의 성공적 개최를 통해 한국의 참모습을 세계에 보이겠다는 결의를 다짐하고 그 대책을 추진해 나갔다. 그리고 서울올림픽대회 주관기구인 올림픽조직위원회는 정부, 서울특별시, 대한체육회 등과 협력 체계를 구축하는 한편 IOC, IF, NOC 등 국제 관련 기구와의 협조 관계를 유지하면서, 대회 준비에서부터 대회의 운영 및 사후관리까지 분야별 · 단계별로 수립된 계획에 따라 사업을 추진했다.

이러한 추진사업들을 여기에서는 제24회 서울올림픽대회공식보고서(1990)의 대회연표를 토대로 현 시점에서 새로운 관점으로 재조명했다. 즉, 서울올림픽대회 유치 확정부터 기본계획 준비의 기반 조성 단계, 로스앤젤레스올림픽대회 참가 준비부터 서울아시아경기대회 개최 직전까지의 본격 추진 단계, 서울아시아경기대회 개최부터 서울올림픽대회 개최 직전까지의 최종 준비 단계, 그리고 서울올림픽대회 개최 및 사후관리 단계의 4단계로 분류하고 주요 추진사업을 영역별로 분류해 정리했다.

이와 같이 서울올림픽대회의 추진 과정을 4단계로 나누고 추진사업별로 분류한 이유는 크게 두 가지로 설명할 수 있다. 첫째는 서울올림픽대회공식보고서의 대회연표 내의 방대한 자료에서 주요 자료를 선별하여 대회 준비부터 마무리까지의 흐름을 더 쉽게 이해할 수 있도록 하기 위함이며, 둘째는 서울올림픽대회 공식보고서의 단계별 시행계획에 의한 7단계 추진사업을 광의적 관점에서 새로운 의미를 부여하고자 함이다.

1. 제1단계: 기반 조성(1981.11~1983.12)
: 서울올림픽대회 유치 확정~기본계획 준비

서울올림픽대회 준비 기초 단계로서 조직위원회 발족, 사업 추진 체계 구축, 대회지원법 제정, 대회 준비 종합계획 수립, 대회조직 운영, 대회시설 확보 등 대회 준비 인프라 구축에 중점을 둔 사업들이 추진됐다. 유치 확정 당시 대한민국은 메가 스포츠 이벤트의 경험이 턱없이 부족했기에 기반 조성 단계에서 추진된 준비사업들이 무엇보다 중요했다.

1) 대회조직

서울올림픽대회 유치 확정 이후 대회조직은 추진사업의 진행에 따라 조정・확대됐다. 대회 준비의 핵심 조직인 서울올림픽대회조직위원회는 발기인총회 겸 제1차 위원총회를 개최해 초대 위원장에 김용식 대한적십자사 총재를 선출하고, 부위원장 4명, 집행위원 5명, 위원 19명의 임원진을 구성했으며, 사무총장에 이원경 대한올림픽위원회 상임고문을 지명 추천했다. 또한, 1986년 제10회 아시아경기대회 개최지가 서울로 결정된 후 서울아시아경기대회조직위원회 위원장에 조상호 회장을 선출, 32명의 위원을 선임하고, 1981년 4월 서울아시아대회조직위원회를 발족했다(서울올림픽대회조직위원회, 1990a: 838-849).

한편, 제108회 정기국회(1981.11.30)는 국회 차원에서 서울올림픽대회를 지원하기 위해 서울올림픽대회지원 특별위원회를 구성했다. 동년 12월 대통령령 제10640호로 서울올림픽대회 지원위원회 규정을 제정하고 국무총리를 위원장으로 하는 정부지원위원회를 구성한 후, 올림픽헌장에 따라 서울올림픽대회 업무의 집행기관으로 임무를 수행할 서울올림픽대회조직위원회 설립 사실을 정식으로 IOC에 통고했다. 그리고 동년 12월 31일에는 조직위원회가 국가 또는 지방자치단체로부터 행정적・재정적 지원과 공무원, 법인, 기타 사회단체로부터 인력 파견 요청을 할 수 있으며, 재원 조달을 위해 기념주화・복권・휘장 및 자체사업을 할 수 있도록 하는 서울아시아경기대회・서울올림픽대회조직위원회 지원법을 법률 제3535호로 제정 공포했다(서울올림픽대회조직위원회, 1990a: 839).

정부지원위원회의 의결 사항을 집행하고 관계 기관의 실무적 협조를 위해 정부지원실무위원회가 구성(1982.01.13)됐으며, 전 국민의 자발적 참여 분위기를 조직화하자는 국민운동조직으로 범민족올림픽추진위원회 발기인 총회가 전국 시・도별로 개최됐다(서울올림픽대회조직위원회, 1990a: 839). 이처럼 대회를 준비하고 추진할 조직위원회가 구성되고 국회의 대회지원법 제정으로 법적・제도적 장치가 마련되는 한편 정부 차원의 지원위원회 구성이 마무리되면서 이를 총괄하고 두 대회의 준비 업무를 지원할 체육부가 창설(1982.03.20)됐다.

이렇듯 서울올림픽대회와 서울아시아경기대회의 준비조직이 마무리되고 대회 준비 조직의 기틀을 마련했으나, 준비조직이 이원화돼 있어 준비 업무의 효율성을 높이기 위한 두 조직위원회의 통합에 대한 필요성이 제기됐다. 이에 1983년 2월 두 조직위원회 사무처를 통합하고 사무총장, 3차장, 본부장 및 1실, 13국, 58과 246명의 정원으로 조정했으며, 동년 7월 제2대 조직위 위원장에 노태우 위원장이 취임하면서(서울올림픽대회조직위원회, 1990a: 839) 서울올림픽대회 및 서울아시아경기대회 조직의 추진 기반을 조성했다.

2) 대회준비 기본계획

정부 내 대회 준비 업무를 총괄하는 체육부는 정부 차원의 대회준비 기본계획 시안을 마련해 관계 부처와의 협의 및 정부지원실무위원회 · 지원위원회의 심의 조정을 거쳐 '서울아시아경기대회 및 서울올림픽대회 총합계획'을 확정하고 발표(1982.08.10)했다. 총합계획은 관련 사업을 6개 분야 625개 사업으로 분류하고 대회 준비 골격을 제시, 양 대회 관련 직 · 간접 작업을 망라했고, 투자 규모는 직접사업비 6,066억 원, 간접사업비 2,816억 원, 민자 4,598억 원 등 총 1조 3,480억 원으로 책정했다(서울올림픽대회조직위원회, 1990a: 839). 그리고 개최 도시인 서울시는 올림픽시설의 핵심지역인 송파구 방이동에 위치한 올림픽공원의 기본계획 및 설계를 작성하고 서울대학교 환경대학원 부설 환경계획연구소와 용역계약을 체결했다.

그 후, 총합계획은 그동안의 여건 변화를 감안해 보완 · 발전시킨 '양 대회 준비종합 시행계획'을 1983년 12월 확정했다. 동 시행계획은 전체 사업을 직접 사업과 여건 조성 사업으로 구분하고 직접 사업을 행사, 시설, 보건위생, 교통관광, 통신, 개발, 문화정보의 일곱 가지로, 여건 조성사업은 환경 및 국민의식 분야로 구분하여 구체화했다(서울올림픽대회조직위원회, 1990a: 840).

총합계획은 올림픽 유치에 따른 적자 올림픽에 대한 국민의 우려를 불식시키고 대회 준비를 하는 데 정부와 국민, 기업, 체육계 및 조직위원회 등에 추진 동력을 제공함과 동시에 대회 준비의 이정표를 제시했다는 점에서 큰 의미가 있다.

3) 홍보 · 방송

대회 준비 초기는 올림픽에 대한 국민들의 이해와 참여 분위기 조성이 무엇보다 중요한 시기였기에 사회적 불안 요인 제거와 선진 의식 고취를 위한 홍보 체계를 구축해 나갔다. 조직위원회에서는 홍보 간행물인 월간 「올림픽소식」 창간호를 발행(1982.06.10.)했고, 각종 체육대회 등 스포츠 페스티벌을 통해 올림픽 준비 및 관련 상황을 전시, 홍보함으로써 국민의 이해 증진과 협조 참여 분위기를 고취시켜 나갔다. 또한, 1983년 2월에는 대회 마스코트 대상물 현상공모에서 선정된 호랑이를 서울올림픽대회 마스코트 대상물로 확정했으며, 동년 6월 현상공모・지명공모의 과정을 거쳐 서울대학교 양승춘 교수의 작품을 서울올림픽대회 휘장으로 확정했다. 그리고 동년 10월에는 한국방송공사를 서울올림픽대회 주관방송사(HB)로 선정하고 조직위원회와 한국방송공사 간 업무 분담을 규정하는 기본 약정을 체결했다(서울올림픽대회조직위원회, 1990a: 840).

이와 같이 조직위원회는 올림픽의 평가는 언론에 힘에 의해 좌우된다는 시각에서 최선의 보도 지원을 위해 초기에 주관 방송사를 지정하고 대회 준비의 주요 관련 기관과 긴밀한 협조 관계를 통해 대회 준비에 만전을 기했다.

4) 수익사업

대회 준비계획, 대회 홍보활동과 더불어 대회 준비에 필요한 재정 확보를 위한 수익사업도 차분하게 진행됐다. 1983년 4월 한국주택은행과 업무대행 계약을 체결하고 제1회 올림픽복권을 발행했으며, 10월에는 방영권 판매 등 수익사업이 진전됐다. 이에 계약 업무 추진에 관련된 법적 문제에 대한 전문가의 필요성이 요구돼 오멜베니 마이어사를 법률고문으로 선정하고, 김앤드장 법률사무소, 한미합동법률사무소, 중앙국제법률특허사무소를 국내 법률 고문으로 선정했다(서울올림픽대회조직위원회, 1990a: 840).

2. 제2단계: 본격 추진(1984.1~1986.8)
:로스앤젤레스올림픽대회 참가 준비~서울아시아경기대회 개최 직전

각 분야별로 본격적인 사업 추진 단계로서 대회경기장 시설 등 투자사업의 집중 추진, 적극적인 국내외 홍보활동, 84로스앤젤레스올림픽대회의 경험을 반영한 중간 점검과 86서울아시아경기대회 개최 준비, 수익사업의 적극 개발 등 대회 준비 관련 사업이 본격적으로 수행됐다.

1) 대회조직 및 운영 준비

본격적인 추진 단계에 들어서면서 대회조직위원회의 확대 개편이 이뤄졌다. 조직위원회 사무처 직제를 개정해 3차장, 1실, 1대변인, 10국, 33과 7담당관, 정원 456명으로 개편했으며, 경기단체회장 등을 맡고 있는 기업인들도 1985년 1월부터 중견간부 및 직원을 조직위원회에 파견해 올림픽대회 종료 시까지 근무하도록 하는 인력 지원을 했다(서울올림픽대회조직위원회, 1990a: 841). 그리고 박세직 체육부 장관이 서울아시아경기대회 및 서울올림픽대회 조직위원장에 취임(1986년 5월)하면서 대회 준비에 더욱 박차를 가했다.

서울올림픽대회조직위원회 집행위원회와 위원총회는 서울올림픽 대회 기간을 1988년 9월 17일부터 10월 2일까지로 결정해 이를 로스앤젤레스에서 개최된 제88차 IOC 총회(1984년 7월)에서 보고하고 동 총회의 승인으로 확정했다(서울올림픽대회조직위원회, 1990a: 841). 당시 서울올림픽대회조직위원회를 비롯한 대회 관계자들은 올림픽과 같은 메가스포츠 이벤트에 대한 경험 축적이 절실했기 때문에 동년에 개최된 제23회 로스앤젤레스올림픽은 더 없이 좋은 기회였다. 이에 따라 정부, 대한체육회, 조직위 실무자 등 149명으로 구성된 로스앤젤레스올림픽 합동조사단이 파견되어 대회를 참관하고 관련 업무와 기술을 습득했다.

특히, IOC에서는 대회 참가 선수들의 약물 복용에 따른 부정이나 선수들의 건강관리 차원에서 도핑에 대한 심각성을 더욱 강조했기에 이를 담당할 기관 선정에도 심혈을 기울였다. 조직위원회・과학기술처・한국과학기술원 합동회의에서 한국과학기술원(KAIST)을 서울올림픽대회 약물분석기관으로 지정했다. 또한, 약물검사를 국가 연구사업으로 지정하면서 연구비, 기기구입비, 훈련비를 정부가 지원하기로 결정하고 조직위원회와 한국과학기술원 간 약물 분석사업 추진에 관한 협약을 체결했다. 그리고 한국과학기술원과 (주)한국데이타통신, (주)쌍용컴퓨터, (주)한국전산 등 4개 기관을 대회전산시스템 개발기관으로 지정하고 한국과학기술원을 기술주관기관으로 선정하는 등 조직위원회와 한국과학기술원간 협약을 체결하면서 대회 운영에 필요한 약물검사 및 전산 시스템의 베이스를 구축했다(서울올림픽대회조직위원회, 1990a: 840-841).

한편, 조직위원회는 한국의 평화 의지와 올림픽이 지향하는 이상을 달성하기 위한 모토로 '화합과 전진'을 서울올림픽대회 이념으로 확정하고 전 국민의 자율 참여로 자원봉사자 신청을 접수한 결과 총 11만 6294명의 자원봉사자가 응모(서울올림픽대회조직위원회, 1990a: 840)하는 등 성공적인 올림픽 개최를 위한 본격적인 대회 운영의 윤곽이 드러나기 시작했다.

2) 홍보

마스코트 대상물로 호랑이를 선정한 조직위원회는 마스코트의 애칭 공모를 통해 접수된 6,117건 2,295종의 호칭 가운데 민속학자·한글학자·동물학자 등 각계 전문가로 구성된 심사위원회가 추천한 '호돌이(HODORI)'로 마스코트의 애칭을 확정했다. 또한, 서울올림픽대회의 의의와 올림픽을 준비하는 국민의 자세를 상징적으로 표현하는 표어를 공모한 결과 응모작 4만 8,019통 중 '세계는 서울로 서울은 세계로'를 최우수작으로 선정했으며, 서울대학교 조영제 교수의 작품을 88서울올림픽대회 공식 포스터로 채택하면서(서울올림픽대회조직위원회, 1990a: 840-841) 대한민국과 서울을 본격적으로 세계에 알리기 시작했다.

3) 대회시설

대회경기시설은 본격적 추진 단계에서 대부분 완공되어 서울아시아경기대회 및 프레올림픽대회를 치르게 됐으며 이를 통해 시설 운영 점검과 보완으로 완벽한 경기시설을 구축할 수 있는 계기를 마련했다. 서울시 송파구 방이동 국립경기장 부지에 올림픽공원이 착공(1984년 4월)되고, 이어서 경기도 과천시 주암동 일원에 민자 유치사업으로 한국마사회가 서울승마공원 조성공사도 착공(5월 16일)됐다. 그리고 서울시 송파구 방이동 165만 2,900m^2의 부지에 인공호수·녹지대·야외공연장 등의 공원시설과 사이클·펜싱·체조·역도·수영·테니스 등 6개 경기장 및 올림픽회관을 수용한 올림픽공원이 준공(1986.05.28)됐고, 올림픽공원 내 지하 2층, 지상 15층의 올림픽회관이 완공됐다. 또한, 동년 6월에는 경기도 미사리에 수용 인원 2만 5,000명의 한강 조정/카누경기장이 완공됐고, 올림픽대회 탁구경기장으로 활용할 서울대학교 체육관이 준공됐으며, 올림픽 배구경기장으로 사용될 한양대학교 체육관이 차례로 완공됐다(서울올림픽대회조직위원회, 1990a: 842-843).

서울올림픽대회는 모든 경기장시설이 수준급으로 평가받았지만, 특히 수영장과 사이클 경기장은 그중 최고의 경기장으로 극찬받기에 충분했으며, 이러한 평가는 대회 이후 높은 수준의 국제경기를 개최하기에 손색이 없다는 긍정적 평가를 의미하는 것이다.

4) 수익사업

대회 준비의 본격적인 추진 단계에 들어서면서 수익사업에도 많은 성과가 있었다. 1984년 7월부터 국민체육 진흥 기여와 올림픽기금 조성을 목적으로 하는 경기복권을 발행했고, 동년 12월 청량음료의 코카콜라사와 필름의 코닥사를 양 대회의 공식 후원업체로 선정했다. 또한 1985년부터 1988년까지 매년 기념우표 8종씩 32종의 발행을 통한 25억 원의 기금 조성 목표를 설정하고 1차분 우표 2종 1,800만 매를 발행했으며, 올림픽 기념주화 판매대금으로 인수 주화에 대한 소제 값과 총 1억 1,000만 달러의 프리미엄을 지급받는 조건으로 홍콩의 모넘사(Monum Limited)를 해외판매 전담사로 선정하고 판매계약을 체결했다. 그리고 수익사업 중 가장 비중이 크고 영향력 있는 TV방영권은 1986년 3월 서울올림픽대회조직위원회와 IOC가 공동으로 미국방영권계약을 NBC 방송사와 체결했다(서울올림픽대회조직위원회, 1990a: 841-842).

제24회 서울올림픽대회는 흑자 올림픽으로 기록됐다. 조직위원회의 재정 운영은 수입원의 적극 개발과 함께 예산 절감을 대회 5대 목표의 하나로 설정하고 수지균형을 기본 방침으로 투자해 나갔다. 이러한 조직위원회의 수입 목표는 사상 최대의 대회 참가 규모와 동서 화합 및 올림픽 분위기 조성에 힘입어 무난히 달성됐으며, 집행 과정에서의 절약으로 흑자를 기록하면서 서울올림픽대회의 성공에 크게 기여했다.

3. 제3단계: 최종 준비(1986.9~1988.7)
:서울아시아경기대회 개최~서울올림픽대회 개최 직전

서울아시아경기대회 개최의 축적된 경험을 토대로 서울올림픽대회 준비 상황의 분석 및 문제점을 보완하고 대회 운영조직을 정비·강화하면서 모든 역량을 서울올림픽대회 준비에 집중해 대회 준비에 박차를 가한 종합 점검 단계로서 선수촌과 기자촌이 건설됐으며, 각종 시설·장비 및 요원 등을 최종 점검했다.

1) 대회조직 및 운영 준비

서울아시아경기대회를 성공적으로 마친 후 조직위원회 사무처 기구를 서울올림픽대회 운영 체제로 개편하고 사무총장, 3차장, 2실장, 대변인, 감사관, 조정관, 1사무소, 23개국, 74과, 24담당관제로 확대했다. 또한, 최종 준비 단계에서는 제10회 서울아시아경기대회에서의 대회 운영 경험을 밑거름으로 서울올림픽대회 운영을 위한 활발한 활동이 있었다.

조직위원회는 서울올림픽대회 D-365일을 전후해 가상 도상연습인 '87호돌이 연습을 실시하고, 조직위원회의 안전기관과 유관기관 간의 연계 기능, 장애자올림픽대회 지원 계획, 우발 상황 대비 능력을 점검했다. 그리고 스위스 로잔 IOC 본부에서 사마란치 IOC 위원장 주재로 서울올림픽대회 공식 초청장 발송식을 거행하고, 167개 NOC에 초청장을 발송했다. 이러한 초청장 발송은 1980모스크바올림픽과 1984로스앤젤레스올림픽이 정치적 이데올로기 문제로 반쪽 올림픽이 됐던 전철을 밟지 않고 동서화합의 평화올림픽이 되기를 염원하는 상징적인 일이었다. 또한, 서울올림픽조직위원회와 그리스올림픽위원회의 성화 봉송협약이 체결(1987년 5월)됐다. 이후, 조직위원회는 2만 889명의 성화 봉송요원 명단을 확정 발표했고, 선발된 봉송요원은 주자 1,467명, 부주자 2,782명, 호위자 1만 6,640명이었다(서울올림픽대회조직위원회, 1990a). 특히 국내 성화 봉송은 150명의 외국인이 참여했는데 그중 NOC를 대표한 90명의 외국인 성화 봉송은 올림픽 사상 최초로서 세계의 주목을 받기에 충분했다.

1988년 6월에 들어서는 폴리그램사가 제작하고 코리아나 그룹이 노래한 '손에 손잡고(Hand in Hand)'를 서울올림픽대회 주제가로 국내에서 먼저 공식 발표를 한 후, 100여 국이 넘는 언론과 방송매체를 통한 홍보와 음반, 비디오 등을 통해 올림픽 주제가로 보급을 시작했다(서울올림픽대회조직위원회, 1990a: 847). 그 결과, 일본·홍콩을 포함한 유럽 17개국에서 차트 1위를 차지했고, 지금까지도 올림픽 주제가 역사상 가장 많은 인기를 얻었던 노래로 손꼽는다. 그만큼 대회 주제곡은 한국을 알리는 데 큰 역할을 한 것이다.

2) 국제회의

하계올림픽종목경기연맹연합회(ASOIF) 집행위원회와 24개 종목 회장 등 200여명이 참석한 제5차 ANOC 총회가 롯데호텔에서 개최(1986년 9월)됐다. 동 집행위는 IOC 집행위와 IF 합동회의에 제안할 선수규정, 서울올림픽대회임원 및 심판 비용문제, TV방영권 문제를 협의했다. 또한, 사마란치 IOC 위원장을 비롯한 집행위원 전원과 박세직 위원장 등 12명이 참석한 IOC 집행위원회에서는 남북체육회담 및 서울올림픽대회 준비 상황이 보고됐으며, IOC 집행위원 전원, 34개 IF 대표단 70명, 올림픽조직위원장 외 5명이 참석해 서울올림픽대회의 남북한 분산 개최문제 등을 논의했다(서울올림픽대회조직위원회, 1990a: 844).

3) 방송 및 시설

방송과 관련해 먼저, 조직위원회와 한국방송공사 간의 서울올림픽대회 TV · 라디오 방송에 관한 세부 약정을 체결했고(서울올림픽대회조직위원회, 1990a: 845), 한국방송공사가 주관 방송사로서 국제신호 제작, 방송장비 확보, IBC(국제방송센터) 건립을, 조직위원회는 호스팅 서비스 제공, 대회 운영자료 제공, SPBC(SP버스 제어장치) 서비스를 각각 분담하기로 했다. 또한 대회 기간 동안 위성을 통해 경기 화면과 음향을 전 세계에 송출하는 키스테이션 역할을 할 국제방송센터 건물이 주관 방송사로 지정된 KBS에 준공(1988.06.02)됐다(서울올림픽대회조직위원회, 1990a: 847).

대회시설은 서울특별시 송파구 오금동, 강동구 둔촌동 일대 62만 6,664m^2 부지에 아파트 86동 3,692세대의 선수촌과 36개동 1,848세대의 기자촌 건설공사를 착공했고(서울올림픽대회조직위원회, 1990a: 844), 수영만 매립 및 부산요트경기장이 준공(1987년 12월)됐다. 또한 조직위원회는 MPC 건물로 서울시 강남구 삼성동에 위치한 한국종합전시장(KOEX) 별관 지하 1층, 지상 3층 2만 4,949㎡와 옥외가설 건축물 653㎡, 주차장 3만 7,615㎡를 93일간 사용 조건으로 3억 원에 임대협약을 체결했다(서울올림픽대회조직위원회, 1990a: 846).

4) 수익사업

1987년에 들어서, 서유럽지역 30여 개국 국 · 민영방송 연합체인 EBU와 IOC 간에 TV 방영권료 2,800만 달러로 계약서에 서명했으며, 일본공영방송인 NHK 및 5개 민간방송 계열로 구성된 일본방송협의체(SLOJP)와 TV 방영권료 5,000만 달러 및 기술 · 장비 협력비 200만 달러 지원 조건으로 일본지역 방영권 계약을 체결했다. 또한 140개의 국내 점포망 보유 및 우수한 전산 처리 능력 등의 조건과 서울아시아경기대회 시 판매 경험을 갖고 있는 한국외환은행이 입장권 국내 판매 대행기관으로 선정돼 계약을 체결했다(서울올림픽대회조직위원회, 1990a: 844).

5) 프레올림픽대회

올림픽대회가 열리기 약 1년 전을 기해 경기시설과 운영 등을 테스트하는 종목별 프레올림픽대회가 개최됐다. 먼저, 1987년 9월 세계주니어 근대5종선수권대회가 18개국 110명이 참가한 가운데 서울승마공원에서 개최됐고, 국제요트대회가 29개국 498명이 참가한 가운데 부산요트경기장에서 개최됐다. 이어서 국제사이클대회가 16개국 136명이 참가한 가운데 올림픽공원 사이클 경기장에서 개최됐으며, 서울국제카누대회가 27개국 297명이 참가한 가운데 한강 조정/카누경기장에서 차례로 개최됐다(서울올림픽대회조직위원회, 1990a: 846).

6) 문화행사

서울올림픽대회 개최가 다가오면서 예술·문화행사도 지속적으로 이뤄졌다. 1987년 5월 정식 종목 23종, 시범·전시 종목 4종, 성화 봉송·마라톤·수구 등 3종을 포함 총 30종의 스포츠 픽토그램이 확정되고, 전문가의 추천과 심사로 선정된 12종의 문화포스터가 대회홍보용으로 확정 발표됐다. 그리고 1987년 7월 올림픽공원에서는 16개국의 조각가 17명이 참석한 가운데 돌과 콘크리트를 소재로 한 제1차 국제야외조각 심포지엄이 개최됐고, 1988년 3월에는 17개국 19명의 작가가 철·주물·합성수지·알루미늄·나무 등을 소재로 참여한 제2차 국제야외조각 심포지엄이 개최됐다(서울올림픽대회조직위원회, 1990a: 845). 이러한 활동을 통해 서울올림픽대회는 '문화올림픽'으로서의 성공에도 한 발 더 다가서게 됐다.

4. 제4단계: 대회 개최 및 사후관리(1988.8~1989.6)
: 서울올림픽대회 개최 및 사후관리

올림픽대회의 개최 및 올림픽대회의 결산 그리고 조직위원회의 해산에 따른 청산 업무의 개시와 공식보고서 발간 등 대회 사후관리를 수행한 단계다.

1) 대회 운영

마지막 단계에서는 특히 서울올림픽대회의 성공적 개최를 위해 조직위원회를 비롯한 모든 단체와 전 국민의 염원이 담긴 여러 활동이 이뤄졌다. 먼저, 해외교민 언어자원봉사요원과 조직위원회 임원 및 관계자 400여명이 참석한 가운데 대회의 성공을 결의하는 해외교민 언어자원봉사단 발대식이 올림픽공원에서 거행됐다.

그리스 헤라신전에서 채화된 서울올림픽대회 성화가 8월 27일 제주국제공항에 도착하여 21박 22일의 국내 봉송 길에 올랐다. 제주국제공항에 도착한 성화는 전국 주요 도시를 동서로 연결한 국내 봉송로 1,595구간 4,167km를 달려 9월 16일에 마지막 종착지인 서울시청 앞 광장에 도착했다. 서울을 비롯한 21개 도시에서는 성화가 지나는 곳마다 외국 민속예술단체의 공연과 그 지방의 문화축제가 개최돼 올림픽의 열기를 고조시켰다(서울올림픽대회조직위원회, 1990a: 848).

선수촌 국기광장에서는 선수촌 개촌식(1988.09.03)이 거행되고, 160개 NOC, 선수 9,627명, 임원 3,999명이 최종 참가 신청했으며, 그 후 실제 입국해 등록카드를 발급받은 선수단 규모는 160개 NOC 선수 9,417명, 임원 3,887명 등 1만 3,304명으로 최종 확정됐다(서울올림픽대회조직위원회, 1990a).

1988년 9월 17일 올림픽 주경기장에서는 제24회 서울올림픽대회 개회식이 458척 대선단의 강상제를 시작으로 성대하게 거행됐으며 10월 2일 올림픽 주경기장에서 폐회식이 진행됐다. 서울올림픽대회의 개・폐회식에 대한 세계 각 언론들의 보도들은 "그동안 볼 수 없었던 화려함, 엄숙함, 전통성 등이 잘 조화된 환상적인 행사였다"는 말로 축약할 수 있다. 서울올림픽대회 폐막 이후, 제8회 서울장애자올림픽대회가 61개국 4,208명의 선수단이 참가한 가운데 10일 간에 걸쳐 '인간승리'의 대제전을 치르고 제24회 서울올림픽대회의 공식적인 대회 운영을 모두 마감했다(서울올림픽대회조직위원회, 1990a: 848).

제24회 서울올림픽대회는 인류의 화합과 번영을 추구하는 올림픽의 의미를 역사상 가장 잘 실현한 대회라고 할 수 있다. 이는 당시 169개국의 IOC 회원국 중 북한과 일부 국가를 제외한 160개국의 참가를 이뤄낸 사실과 1972년 서독 뮌헨올림픽의 이스라엘 선수단 테러사건, 인종차별 문제로 아프리카 국가의 불참을 야기한 1976년 캐나다 몬트리올올림픽, 소련의 아프가니스탄 침공으로 자유진영이 불참한 1980년 모스크바올림픽과 이에 맞서 공산진영이 불참한 1984년 로스앤젤레스올림픽 등 종교, 인종, 정치, 이데올로기 문제로 16년간이나 불안전하고 불안정했던 모습의 올림픽을 당시 세계적으로는 6・25전쟁과 분단국가 등으로만 기억되는 대한민국의 서울이 동서양의 화합과 세계 평화를 정착시키는 새로운 전환점 역할을 했다는 평가로 증명된다.

2) 방송・보도

올림픽이 세계인의 스포츠 축제인 만큼 방송과 보도에 많은 관심과 투자가 이뤄졌다. 그중에서도 위성방송과 관련하여 국제방송센터(IBC)를 개소했다. IBC에는 국제신호 제작과 제작된 국제신호를 위성 송출하는 기본 시설이 갖춰졌으며, 자체방송시설을 갖추지 않은 군소방송기관을 위해 예약에 의해 방송 프로그램을 제작하고, 국제 송출할 수 있는 TV스튜디오와 VTR편집실을 설치 운영했다. 이 밖에 호스팅 서비스로 등록, 숙박, 의전, 취재 안내 및 편의시설을 추가 설치 운영했다. 또한, 서울시 강남구 삼성동 한국종합전시장 별관에 지하1층, 지상 3층 2만 4,949㎡ 규모의 메인프레스센터(MPC)가 개소식을 갖고 세계 각국의 인쇄매체 보도진에 대한 지원 업무에 들어갔다(서울올림픽대회조직위원회, 1990a: 848). 그 결과 전 세계 104억 명의 시청 인원으로 4조 7천억의 고용유발 효과와 34만 명의 고용 효과를 가져왔다(KSPO, 2014.08.25).

서울올림픽대회는 사상 최다 국가, 최대 선수단 참가의 기록과 함께 역대 최고인 4억 달러의 TV방영권료, 최대 규모의 국제방송센터와 140개국 227개사의 중계방송과 역대 최고의 시청 기록 등 역대 올림픽 방송사에 새로운 장을 열었다고 할 수 있다.

3) 문화·학술행사

서울올림픽대회를 계기로 한국의 전통문화를 세계에 알리기 위한 다채로운 문화행사가 이뤄졌다. 대표적으로 문화예술축전 개막제가 국립극장에서 거행됐고, 이후 50일간 80여 개국 3만여 명이 참가해 문화예술축전 행사를 펼쳤다. 또한, 올림픽조각공원 개원식이 거행돼 전 세계 66개국 155명의 저명한 조각가가 출품한 조각품이 전시됐으며, 서울올림픽대회기념 상징 조형물인 '세계평화의 문' 준공식과 '평화의 성화' 점화식이 올림픽공원 상징조형물 앞 광장에서 거행됐다(서울올림픽대회조직위원회, 1990a: 848). 이러한 행사들을 통해 한국은 그동안 식민 통치, 6·25 전쟁, 빈곤, 군부통치의 부정적 이미지에서 오랜 역사와 창조적인 전통문화를 보유한 문화민족의 이미지를 전 세계에 보여줬다.

한편, 조직위원회는 이 대회를 계기로 세계 정상급의 석학들을 초청해 온누리의 화합과 전진을 구현하는 이론적 토대를 마련하기 위한 국제학술회의가 크리스찬 아카데미하우스에서 개막되어 외국학자 29개국 87명과 국내학자 155명이 참가한 가운데 '후기산업시대의 세계 공동체'를 주제로 다양한 분야의 학술토론이 벌어졌다(서울올림픽대회조직위원회, 1990a: 848). 올림픽을 계기로 올림픽 개최 도시에서 국제종합학술회의가 열린 것은 올림픽 사상 최초의 일이었으며, 학술대회는 향후 다양한 분야의 학문적 발전에 더 없이 좋은 밑거름이 되었다.

4) 국제회의

1988년 9월 12일 제94차 IOC 총회 개회식이 국립극장에서 사마란치 IOC 위원장과 이현재 국무총리 등 국내・외 초청인사 1,200여명이 참석한 가운데 거행됐다. 이후, 제94차 IOC 총회가 신라호텔에서 개최됐고, 이 총회에서 조직위원회의 대회 준비 상황 보고와 김운용 위원을 집행위원으로 선출했으며, 1994년 제17회 동계대회 개최지로 노르웨이의 릴리함메르가 투표로 결정됐다(서울올림픽대회조직위원회, 1990a: 848). 그 외 IOC와 조직위원회의 합동회의가 정례적으로 개최됐는데, 이 회의는 대회 진행 중 드러난 문제점을 지적, 시정, 보고하는 방식으로 이뤄져 대회의 원활한 운영에 크게 기여했다.

5) 사후관리

조직위원회 집행위원회 겸 제37차 위원총회는 올림픽헌장 제35조, 조직위원회 정관 32조에 따라 서울올림픽대회 총 결산안과 조직위 해산안을 의결(1989.03.29)하고, 체육부 장관과 박세직 조직위원장을 비롯한 전・현직 직원 1,500여명이 참석한 가운데 해산식을 개최했다. 또한, 서울올림픽대회조직위원회의 기금과 조직위원회 인원을 주축으로 대회의 유산이라 할 수 있는 서울올림픽대회기념국민체육진흥공단이 창설(1989.04.20.)돼 현재까지 한국의 체육 발전에 크게 이바지하고 있다(서울올림픽대회조직위원회, 1990a: 849).

제4절 성과 및 평가

서울아시아경기대회는 기존의 여타 올림픽과 견주어도 전혀 손색이 없을 정도로 훌륭하게 치르면서 역량을 축적했다. 이 경험들을 십분 활용한 서울올림픽대회는 IOC와 전 세계 언론으로부터 역사상 최고의 대회라는 평가를 받았다.

1. 동서 화합과 올림픽운동의 진전: 대한민국 새 지평을 열다

1988년은 서울올림픽을 통해 해방 이후 한국전쟁을 비롯한 여러 비극적인 사건들을 겪었음에도 불구하고 눈부신 산업 발전과 민주화 과정을 성공적으로 이뤄낸 역사적인 해였다. 즉, 이념의 대립과 전쟁으로 분단된 극동의 작은 반도국가로서 세계 어느 곳에서도 찾아볼 수 없는 지정학적 위치, 3차 세계대전을 생각했을 만큼 불안했던 동·서의 대립, 그리고 국내의 거센 민주항쟁의 악조건 속에서도 대회 유치 경쟁에서 나고야를 이기고 올림픽을 유치해 사상 최고의 성공적인 올림픽을 개최한 것이다. 한마디로 한국인의 끈기와 집념이 만들어낸 한편의 극적인 드라마였다.

서울올림픽공식보고서(1990년)에서 서울올림픽의 대회 이념인 '화합과 전진'의 정신을 구현하여 '최다의 참가, 최상의 화합, 최고의 성과, 최적의 안전과 봉사, 최대의 절약'이라는 대회 5대 목표를 달성했으며, '화합, 문화, 복지, 번영, 희망'이라는 5대 이상을 시현한 대회였다고 회고했다. 즉, 160개 IOC 회원국 1만 3,304명의 최다 참가 기록과 123개국 1만 5,740명의 최다 보도진 참가로 올림픽 사상 최대의 대회 규모를 기록했으며, 1972년 뮌헨올림픽대회부터 1984년 로스앤젤레스올림픽까지 무려 16년 동안 정치, 테러, 이데올로기 등의 문제로 불안정했던 올림픽을 전 세계의 인종과 사상을 초월한 동서화합 올림픽의 신기원을 이룩했다. 그리고 대회경기력 측면에서는 33개의 세계신기록과 227개의 올림픽신기록을 달성했고, 무엇보다 대한민국이 세계 4위를 기록하는 역대 최고의 성과를 달성했다. 또한, 성공적 개최에 대한 전 국민의 염원이 담긴 헌신적인 자원봉사와 첨단장비의 구축으로 '사상과 국토가 모두 분단된 국가에서'라는 불안감을 비웃기라도 하듯 무사고 기록을 남긴 역대 가장 완벽한 안전을 제공한 올림픽대회였으며, 서울아시아경기대회의 경험을 바탕으로 엄격한 재정 운영, 다양한 수익사업 개발, 그리고 실리를 추구한 시설 및 장비활용으로 흑자대회를 기록한 것이다.

이러한 서울올림픽대회의 성공적 개최는 오랫동안 첨예하게 지속된 이념과 냉전에 종지부를 찍기 위한 축제의 장이 됐고, 한국은 올림픽 개·폐회식과 각종 문화예술행사를 통해 5천년 역사의 뿌리 깊은 한국 문화의 독창성을 알리면서 세계인의 공감대를 확보했으며, 사상 최초로 하계올림픽과 장애인올림픽의 동반 개최로 인권을 존중하는 복지올림픽의 이상을 구현했다. 또한, 올림픽을 통해 한국의 경제 성장과 국민 의식 수준 향상을 이뤄 선진국 진입의 발판을 마련했으며, 정부와 기업을 비롯한 전 국민이 하나로 뭉쳐서 이뤄낸 성공적 올림픽 개최는 당시 다른 개발도상국들에게 롤 모델이 되어

올림픽 개최의 희망과 의지를 심어주었다.

1981년 서독 바덴바덴에서 지구촌을 흔들며 시작된 서울올림픽대회의 성공 기적은 1988년 9월 17일 개막식을 시작으로 '최다의 참가'를 통한 '최상의 화합'이라는 훌륭한 교훈을 남기고 막을 내리는 듯했으나, 그것은 끝이 아니라 지구촌 대변혁을 위한 서곡의 전주였다.

공식 주제가 '손에 손잡고(Hand in Hand)'는 어쩌면 이러한 대변혁을 미리 예견했을지도 모른다. 가사의 후렴 내용을 보면 "손에 손잡고 벽을 넘어서 우리 사는 세상 더욱 살기 좋도록 손에 손잡고 벽을 넘어서 서로서로 사랑하는 한마음 되자 손잡고~"에서처럼 국내로는 거센 민주화와 북방외교의 시발점이었고 세계적으로는 동·서간 대립했던 이념 차이가 좁혀지고, 서독에서 유치 확정을 받은 것에 보답하듯 약 30년간의 베를린 장벽이 허물어져 동·서독이 통일됐으며, 소련이 붕괴되어 소련의 지배 하에 있던 동유럽 국가들도 독립하게 된 것은 실로 기적 같은 일이 아닐 수 없다. 또한, 1981년 9월 바덴바덴에서 시작된 기적은 30년 후인 2011년 7월 세 번의 도전 끝에 2018년 평창 동계올림픽대회 유치의 기적으로 이어졌으며, 이는 2018년 평창 동계올림픽대회 유치 성공 슬로건인 '새로운 지평'처럼 대한민국의 태평성대를 예견하고 있었는지도 모른다.

이와 같이 서울올림픽대회는 5대 목표 달성, 5대 이상 시현과 더불어 당시 정부의 유치 명분이었던 국민총화, 대(對)공산권 교류 확대, 대북한 우위 확보, 중진국 진입, 올림픽의 성공적 개최를 모두 달성했고, 미시적으로는 자국민들의 화합과 거시적으로는 지구촌 공동체의 발로가 되는 신데탕트를 구현했으며, 지구촌 유일의 분단국에서 치러낸 성공적 개최로 제3세계에는 희망을 주는 올림픽운동의 완결판으로서 대회 이념이자 지구촌의 시대정신이었던 '화합과 전진'을 완벽하게 구현했다. 이에 자타가 공인하는 역사상 가장 훌륭한 올림픽이었다고 평가받고 있으며, 시간이 흐를수록 그 역사적 가치와 의미가 더욱 깊어지고 있는 것이다.

1) 88서울올림픽대회와 국가 발전적 의의

(1) 정치·외교에 미친 영향

지구촌은 서울올림픽대회를 계기로 신데탕트 시대가 열리기를 갈망했다. 소련의 아프가니스탄 침공으로 동·서 간 심각한 냉전 시대에 돌입했다. 새로이 등장한 소련의 고르바초프 서기장(1985년)은 페레스트로이카(Perestroika) 정책 완성을, 미국은 레이건 독트린의 승리를, 서울올림픽대회를 기해서 세계 만방에 알리고자 했을 것이다. 중국의 최고 지도자였던 덩샤오핑 주석 역시 한국과의 수교와 한국・대만 간 국교 단절의 단초를 찾고자 했을 것이다. 그뿐만 아니라, 바르샤바 조약기구의 사회주의 제국들은 민주주의를 위해 브레즈네프 독트린(Brezhnev Doctrine)으로부터 시내트라 독트린(Sinatra Doctrine)의 완성을(중앙일보, 2014.07.08), 자유진영 국가들 또한 세계 평화를 서울올림픽대회에서 찾게 될 것으로 기대했다. IOC는 1980모스크바올림픽, 1984로스앤젤레스올림픽과 같은 반쪽 올림픽으로부터 벗어나 올림픽운동의 완결판을 만들어 보겠다는 강력한 의지가 있었다. 대한민국은 한반도의 전쟁 억제력 확보와 북방외교 정책에 대한 사회적 합의를 이끌어내야 했다. 이러했던 지구촌의 갈망은 동·서 진영의 모든 국가가 이념, 종교, 정치, 체제, 인종 문제를 초월해 16년 만에 서울올림픽대회에 모두 참가함으로써 신데탕트 계기를 마련해냈다.

한국은 서울올림픽대회를 계기로 북방정책을 완수했다. 한국의 민주화운동은 전두환 정권의 '6・29민주화선언'과 노태우 정권의 7・7선언으로 이어졌다. 당시 우리 사회의 민주화 열풍은 남북통일 문제로 옮겨가기 시작했다. 전두환 정권은 매년 반복해서 북한으로 하여금 남북한 당국 최고책임자 회담을 수용하도록 재촉구했으며, 급기야 1985년 2월부터는 IOC 중재 하의 남북한 단일팀 구성을 위한 로잔 회담과 남북 분산 개최를 위한 논의를 갖기도 했다. 정권 이양과 함께 남북한 통일 이슈와 서울올림픽대회의 성공적 개최는 노태우 정권의 몫이 됐다. 그동안 서울올림픽대회 유치와 대회 준비 추진에서 그 중심에 있었고 실제 올림픽의 성공적 개최를 위한 '6・29민주화선언'의 주역이었던 노태우 대통령은 유치 명분들을 기초로 1988년이 7월 7일을 기해 '7・7선언'을 했다.

> 6공화국 노태우 정부는 88서울올림픽이 열리기 약 2개월 전에 발표한 7・7선언은 서울올림픽을 동서(東西)의 거의 모든 국가를 참여케 하는 전 인류의 스포츠 제전으로 만드는 데 기여했을 뿐만 아니라, 그 후에 전개된 동서 냉전의 종식 등 세계적인 화해 시대의 개막을 선도했다. 7・7선언은 6공화국의 북방정책의 외교 기조, 즉 중소(中蘇)를 비롯한 전통적인 친북한 사회주의 국가와의 관계 정상화, 북한이 개혁 개방정책을 통하여 국제사회의 책임 있는 일원이 되도록 유도함, 북방 사회주의 제국과의 관계 정상화를 통하여 한국 외교를 전 방위 외교로 광역화, 사회주의 국가와의 통상, 경제교류를 통하여 경제적 실익을 도모함이라는 기조를 실천하게 했다(국가기록원, www.archives.go.kr).

이랬듯이, 서울올림픽대회의 성공적 개최는 모든 국가들의 외교관계를 자유롭게 했다. 올림픽이 끝나면서 남・북한 간 그리고 동・서 양 진영 간의 이데올로기 대결 양상도 같이 끝났다. 분단된 한반도는 상반된 두 체제가 공존함으로써 체제의 우월성을 가늠하는 극명한 척도가 된다. 그야말로 올림픽으로 센터 이미지가 구축된 한반도에서 역사에 가장 빛나는 대회를 성공시킨 남한과, 극렬한 방해 책동만을 일삼아 초강대국 맹방들과 제3세계마저 등을 돌렸던 북한의 실상이 여과 없이 온 세계에 드러났다. 이처럼 한반도에서 민주주의 체제의 우월성이 달성됨으로써 그토록 오랜 시간을 끌어왔던 이념 대결의 종지부를 찍게 된 것이다.

서울올림픽대회를 계기로 지구촌의 신데탕트는 물론, 미국과 소련의 모든 종주국가들이 종속외교로부터 자유로워졌다. 우리나라 역시 미국의 종속외교로부터 벗어났고, 금기시돼오던 사회주의 국가 헝가리(1989년)를 시작으로 초강대국인 소련(1990년), 중국(1992년)을 비롯한 바르샤바 조약기구 사회주의 국가들, 제3세계 미수교 국가들과 차례로 수교를 맺었다. 전방위적 외교가 가능했던 것은 한국의 국제적 신뢰와 지위가 실로 고양됐기에 가능했던 것이다. 그러나 모든 것에 빛과 그림자가 있듯이, 서울올림픽을 계기로 한국은 중국과의 수교를 맺은 대신, 오랜 동지 대만과의 국교를 단절함으로써 국제사회로부터 비난을 면치 못했던 불편한 진실도 있었다.

이후, 세계 평화에 기여한 공로와 한국의 민주화 진전에 대한 국제사회의 화답으로 남・북한 UN 동시 가입과 UN총회에서 노태우 대통령에 기조연설의 기회가 주어진 것이다. 이렇게 달라진 국제적 위상을 기반으로 굵직굵직한 국책사업인 제3회 ASEM회의(서울, 2000년), 제13차 APEC정상회의(부산, 2005년), G20정상회의(서울, 2010년), 세계육상경기대회(대구, 2011년), 세계녹색기금 GCF사무국(인천, 2013년), 2018년 평창동계올림픽대회가 연이어서 유치된 것으로 본다.

서울올림픽대회를 계기로 한반도에서의 전쟁 억제력과 북한에 대한 우월성이 확보됐다. 대북한 우위는 올림픽 유치 당시 가장 핵심적인 명분이었다. 북한의 올림픽대회 방해 책동은 남한의 국제 지위 고양에 따른 상대적 추락이 두려웠기 때문이다. 그러나 세계가 평화를 염원했다. 그 기저에는 자국의 실리가 내재했기에 동・서 양 진영은 물론, 북한의 맹방마저도 외면했고, 남한은 동・서 초강대국과의 올림픽 안전판, 즉 강력한 공조 체계를 구축함으로써 한반도에서의 전쟁 억제력이 생겨나게 됐다. 더구나 북한은 서울올림픽대회 이후 여러모로 무리수를 두었다. 김일성에게 이 대회는 엄청난 충격이었다. 맞바람으로 제13차 평양세계학생축전(1989년)을 개최하고 국가적인 역량을 총동원했다. 이때 북한이 쏟아부은 47억 달러는 서울올림픽대회 총 투자비를 크게 웃도는 규모였다. 2002한・일 월드컵축구대회의 물타기였던 아리랑축전도 실효를 거두지 못하고 북한 노동당이 얻은 것은 오직 국가경제 파산뿐이었다(미래한국, 2002.07.06; 중앙일보, 2013.11.25).

남한과 중국 간의 수교(1992년)는 북한에 또 다른 불을 지폈다. 이 수교에 불만을 품은 김일성은 덩샤오핑에게 '대만과 수교하겠다'고 협박했으나, 도리어 '그러면 북한과 단교하겠다'고 되받아쳐서 뜻을 이루지 못했다. 북한은 그 보복으로 2000년 중국의 베이징(北京)과 호주의 시드니 간 하계올림픽 유치전에서 베이징이 아닌 시드니를 지지해 버렸다(동아일보, 2007.08.29). 이 사건으로 인해 중국과 북한은 험악한 대치 정국에 놓이게 됨으로써 북한의 남한에 대한 전쟁 의지가 한풀 더 꺾이게 된 것이다. 이와 같이 서울올림픽대회는 남・북 관계에 지속적이고도 지대한 영향을 미쳤던 것이다.

(2) 경제 부문에 미친 영향

서울올림픽대회가 유치되자 기쁨과 함께 큰 근심거리가 생겼다. 모든 이의 우려가 경제올림픽을 만들어낸 것이다. 대회 관계자들은 흑자 올림픽, 재정투자의 효용성 그리고 지속 가능한 개발을 추구하게 됐다. 당시, 세계 최고의 경제 성장으로 경제력이 축적돼 갔고, 올림픽에 필요했던 시설들의 건설 재정은 박정희, 전두환, 노태우 정권에 이르기까지 장기간에 걸쳐 분산 투자됨으로써 무리가 없었다.

올림픽 시설은 서울아시아경기대회 이전에 이미 완료됐기에 중복 투자가 없었고, 이때 축적된 대회 경험으로 인해 프레올림픽(pre-Olympic)마저 많은 부분이 생략돼 예산이 크게 절감된 것이다. 사후, 장애인올림픽까지도 새로운 투자 없이 치르게 됐다. 올림픽 관련, 스포츠・문화시설들은 중진국, 세계 12위의 경제대국, 또 인구 천만 명 이상의 거대한 도시 서울에서 어차피 갖춰야 될 기본적인 사회 인프라임을 감안해 보면, 효용적 가치가 잘 반영된 사업이기도 했다. 이러한 수혜는 대부분의 시민에게 돌아갔거나 시민들의 수익이 되기도 했다. 또한 수익의 상당한 부분이 스포츠・문화에 재투자돼 선순환의 구조까지 형성됐다.

한편, TV 방영권료(4억 달러, 당시 세계 최고 기록) 및 올림픽 마케팅으로 흑자 올림픽을 달성했다. 특히, 올림픽 방송은 전 세계 104억 명이 올림픽을 시청함으로써 4조 7천억 원의 고용 유발 효과와 34만 명의 고용 창출 효과를 가져왔다. 주목해야 할 대목은 서울올림픽대회 관련 시설의 건설, 한강 개발 등 종합개발이 오늘날 국제연합(UN)과 IOC가 그토록 추구하고 있던 지속 가능한 개발이었다는 점이다. 이와 같이 최소의 투자와 최대의 재활용으로 유·무형의 올림픽 유산이 지속적으로 계승되고 있다. 북방외교는 서울올림픽대회를 매개로 남북한 통일 이슈 해결과 새로운 무역시장의 개척이 그 기저에 있었다.

실제, 서울올림픽대회 유치를 기점으로 사회주의 국가들과 간접무역이 급증했고, 이 대회가 끝나자 무역대표부를 설치하여 공식적인 무역 활동을 왕성하게 이어갔다. 그 결과를 실증할 수 없으나, 한국은행(통계연보, 2014)의 자료에 의하면 1988년도 한 해 국제수지(14,160.7백만 달러)가 5공화국(1981~1987)의 총 국제수지(2,823.8백만 달러)보다 무려 다섯 배 이상이나 많게 나타났다. 이 효과는 올림픽에 의한 것으로 볼 수 있다. 몬트리올올림픽(1976년)의 경제 주름이 오늘날까지도 해소되지 않는 그것과 전혀 다른 양상이었다. 그동안 직접무역으로 유용성과 신뢰가 축적되자 헝가리를 필두로 소련, 중국을 비롯한 바르샤바 조약기구 국가들, 즉 동유럽의 사회주의 제국과의 봇물 터지듯 정식 수교를 맺어나갔다. 그야말로 경제 부문의 신성장 동력이 된 것이다.

대표적인 사례로서 중국과의 관계를 들 수 있다. 서울아시아경기대회 · 서울올림픽대회와 박정희식 경제모델을 배우고자 했던 중국은 올림픽 직전에 이미 규모가 가장 큰 간접 교역국이었다. 정식 수교를 맺은 이후, 대중국 교역은 22년 동안 우리의 수출액이 무려 55배나 늘었다(SBS8뉴스. 2014.09.10). 그리고 서울올림픽대회를 통한 국제 지위 향상은 기존의 OEM 방식에서 벗어나 우리 상표로 수출할 수 있게 했다. 그뿐만 아니라, 전자산업의 기반 조성과 함께 글로벌기업(삼성, 현대, 대우, 럭키금성, 동아)들이 생겨나 올림픽 효과를 톡톡히 보게 된 것이다.

그러나 그 이면으로는 서울올림픽대회의 성공적 개최로 국제사회로부터 국제표준화(Global Standard)의 요구가 한층 높아졌다. 세계는 올림픽 개최 국가가 곧 선진국이라는 시각으로 우리를 보기 시작했다. 올림픽의 성공적 개최 국가로서 국제사회 분담금이 증대되고, 후진국으로부터는 차관의 요구가 잦아졌다. 또한, 선진국으로부터는 시장 개방 압력이 거세졌을 뿐만 아니라, 무역장벽이 한층 높아졌다. 더구나 민주화로 인한 극심한 노동쟁의로 경제성장통을 한동안 앓게 된 것이다.

(3) 사회 · 문화 부문에 미친 영향

서울올림픽대회는 한국형 공유가치 창출(Creating Shared Value: CSV)이었다. 최근 저성장과 사회적 갈등을 치유하고 지속 가능한 성장을 위해 공유가치 창조가 새로운 경영 패러다임으로 등장하고 있다(중앙일보, 2014.09.05). 그러나 한국에서는 이미 30년 전에 이 개념을 인식하고 활용했다. 다름 아닌 서울올림픽대회의 유치와 성공적 개최다. 위정자들은 유치 명분으로 국민총화, 대북한 우위 확보, 대공산권 교류 확대, 중진국으로의 지위 향상을 내걸었고, 국민들은 '6 · 29민주화선언'과 민주화를 이끌어냈다.

이러한 공유가치 창조전략에 의해 여·야 정치인들은 당쟁을 멈추고 휴전을 선언했고 국민들은 올림픽 준비 과정에서 나타난 고통에도 인내하면서도 사상 유례 없는 자원봉사에 임했다. 나아가 올림픽운동에 열정적으로 참여한 것이다. 그야말로 신의 한 수였다. 지혜로운 우리 국민들은 이 대회의 성공을 공유할 만한 가치로 벌써 인식했던 것이다. 이렇듯, 우리 경제의 도약과 사회적 통합을 위해 한국형 CSV 개념을 일찍이 찾아냈던 것이다.

그러나 서울올림픽대회의 성공적 열기가 너무 빨리 식었다. 이 대회의 성공적 열기는 5공화국의 청문회, 노사분규, 당쟁 등으로 차갑게 식어버렸다. 따라서 올림픽을 통한 선진 사회질서 및 성숙된 사회 안정이 그 이전으로 돌아갔고, 올림픽을 계기로 잊혀졌던 과거의 사회상, 즉 한국 사회 분열 양상을 세계가 재인식하게 되는 과오를 범했다. 이와 같이 선진 시민의식의 지속과 성숙한 사회로 연계시키는 데는 분명 한계가 있었다.

한편, 사회적 약자에 대한 배려가 부족한 한국 사회의 실상도 여과 없이 노출됐다. 올림픽을 위한 개최 도시미관 정비, 종합개발을 위해 빈민촌 주민들을 강제로 집단 이주시켰다. 이때, 비합리성과 폭력성 등 후진국 형 행태가 세계 언론에 노출됐다. 33년이나 지난 현재도 피해 주민의 문제 해소는 요원하다. 다른 나라의 올림픽 개최 준비 보고서는 이 사례를 빛이 아닌 그림자로 반드시 삽입하고 있다(MBN, 2013.08. 16).

또한, 한국 사회는 올림픽을 통해 이념 수용기가 커졌다. 그러나 올림픽경기장 내·외에서 야기된 불협화음에 의해 일시적이나마 소련을 친밀한 존재로 느끼게 됐고 맹방 미국에 대한 거부감은 고조됐다. 이후 서울올림픽대회의 성공으로 커진 민족적 자긍심은 미국과의 대등한 차원의 관계를 희망했고 그간 늘 공평했던 한미관계에 대해 분노가 표출되기 시작했다. 이 분위기를 반정부 세력이 놓칠 리 없었고 정치적으로도 악용된 효선 · 미선양 사건(2002년 6월)으로 반미운동이 더욱 확산됨으로써 양 국가는 모두 상당한 진통을 겪기도 했다.

이와 같이 불편했던 진실 그 이면에는 밝은 사회상도 나타나기 시작했다. 33년 전 서울올림픽대회조직위원회의 추진체계를 보면, 지금에도 경이롭게 느껴지는 광범위한 시민단체의 활동이 있었다. 범민족올림픽추진중앙협의회가 핵심의 하나로 포진해 국민참여 실천운동을 주도적으로 이끌었다. 이는 현재 2018년 평창동계올림픽조직위원회에서도 볼 수 없는 활동이었다. 이렇듯, 당시에도 차원이 높은 협치(new governance)가 존재했었다. 그리고 재야인사들은 대체로 올림픽 유치를 반대했다는 것이 정설처럼 되어 있으나 이름만 열거해도 다 알 만하고 야성이 강한 지식인들도 올림픽을 위한 운동을 적극적으로 펼친 바 있다. 이는 올림픽공원 설계자였던 곽영훈 세계시민기구(WCO-World Citizens Organization) 위원장의 회고에 잘 나타나 있다:

> 그는 "올림픽을 앞둔 1987년 공산진영을 중심으로 일었던 서울올림픽 보이콧 움직임이 가장 큰 고비였다"고 회고했다. "정부활동과는 별개로 민간이 나서서 세계 시민들에게 호소하는 운동을 벌였다. 윤보선 · 함석헌 · 이태영 · 서영훈 · 한경직 · 구상 · 문태갑 씨 등 뜻이 맞는 지도층 인사들이 함께해 줬다. SAO(Seoul Assembly Olympeace)라는 걸 만들어 세계 각국의 정치인 · 학자 · 과학자 · 운동선수 등에게 올림픽 참가를 독려하는 편지를 보내는 등 올림픽 평화운동을 벌였는데 이때부터 WCO의 활동이 시작된 셈이다." "공산권 국가, 특히 소련 지도자 고르바초프를 설득하는 게 급선무였다. 당시 소련과 수교가 안 되었기 때문에 외국인 친구를 통해(당국의 눈을 피해) 편지를 보냈다. 올림픽은 평화의 제전이고 젊은이들의 축제이니 보이콧하지 말아 달라. 당신이 한국에 오면 묵을 수 있도록 서울에 당신을 위한 집을 지을 테니 꼭 방한해 달라고 썼다." 1990년 고르바초프가 서울에 왔을 때 만날 수 있었다며 비화(秘話) 하나를 들려줬다. "고르바초프는 내가 보낸 편지를 기억하고 있었다. 그러면서 이 이야기는 누구에게도 하지 않은 내용이니 당신이 회고록에 쓸 수 있도록 메모를 하라고 했다. 내용은 '북한의 김일성 주석이 먼 거리를 기차를 타고 자기를 찾아와서 남한을 고립시키려면 서울올림픽에 불참해야 한다며 보이콧해 달라고 요청했다. 그런데 내가 페레스트로이카와 글라스노스트를 주창한 사람으로 보이콧할 수 없다고 하니까 김일성이 실망해서 돌아갔다'는 얘기였다"(중앙일보, 2014.07.08).

이러한 우여곡절 속에서도 서울올림픽대회를 계기로 시민사회로의 가능성이 엿보이기 시작했다. 이 계기로 2002년 한·일월드컵축구대회에서는 축구로서 세상을 바꿔 보려는 '붉은 악마'가 출현했고, "서울올림픽의 계기와 분기점으로 본격적인 대중사회 진입을 경험했다. 그리고 월드컵의 열기를 타고 닫힌 열광을 넘어 열린 사회로 진입하게 된 것이다"(중앙일보, 2002.06.08). 이와 같이 한국 사회는 국제 스포츠 메가 이벤트를 통해 각 시민단체의 활동이 전방위적으로 확산되기 시작했다. 이는 2018년 평창동계올림픽 유치로 이어졌다. 더구나 서울이 아닌 강원도. 예컨대, 지역민이 중심이 되는 시민운동인데, 동사모(동계올림픽을 사랑하는 모임)의 국내·외 활동들은 큰 위력을 발휘해 IOC까지도 감동하게 만들었다. 이렇게 서울에서 지방에 이르기까지 시민사회로의 가능성을 열어놓은 것이다.

당시, 모든 국가정책은 최상위 국가 기조정책이었던 올림픽정책에 닿아 있었다. 그 중 문화정책은 올림픽정책과 직결돼 있었고 그 주요 골자는 문화정체성 확립, 문화향수권 신장, 문화예술 창작의 활성화였다. 문화와 예술은 그 나라의 역사와 민족의 우수성을 입증하는 지표가 된다. 문화올림픽을 치르기 위한 각고의 노력은 서울아시아경기대회를 기점으로 문화예술 기반을 확보했고 서울올림픽대회에서 그 화려한 꽃을 피우게 됐다.

> 88서울올림픽대회를 문화올림픽으로 추진, 민족 전통문화 창달의 계기로 마련하면서 아울러 국민의 문화예술 향유공간을 확충하기 위하여 예술의 전당·국립국악당·국립현대미술관·청주박물관 등이 건립되었고, 국립중앙박물관이 확충 이전되었다. 조선시대 고궁·능원 등 전통문화공간을 역사교육의 현장으로 보존하기 위하여 경내 건물 등 각종 시설물을 보수 정비하였으며, 관람객의 편의시설도 개선 확충하였다. 올림픽 경기장과 성화봉송로 인근지역의 문화유적지를 정비 보존하고 주요 유적지에 유물전시관과 역사관을 건립하여 역사의 현장이 되도록 노력하였다(서울올림픽대회조직위원회, 1990a: 246).

이와 같은 문화예술 기반을 토대로 서울올림픽대회가 치러졌다. 서울아시아경기대회와 서울올림픽대회 기간 중 높은 문화 수준을 본격적으로 소개함은 물론, 민족문화의 역량을 한층 높일 수 있는 중요한 전기를 마련했다. 문화예술축전에는 50일간 80여 개국 3만여 명이 참가했고, 올림픽 조각공원 개원식이 거행돼 세계 66개국 155명의 저명한 조각가가 출품한 조각품이 전시됐다. 한편, 세계 정상급의 석학(외국학자 29개국 87명)과 국내 학자 155명이 참가해 '후기산업 시대의 세계 공동체'를 주제로 열띤 토론을 벌였다. 올림픽 개최 도시에서 국제종합학술대회가 열린 것은 사상 초유의 일이었다.

개·폐막식에서는 5천 년의 전통과 문화민족으로서의 자질을 충분히 발휘해 전 세계에 알렸고 이때까지의 한국과 한국인에 대한 인식, 그리고 올바른 평가를 내리게 하는 데 크게 기여했다. 서울올림픽대회는 문화올림픽으로 통할 만큼 문화예술 분야에 크게 기여했을 뿐만 아니라 특히, 북방문화 단절의 벽을 넘어 동구문화의 붐이 일고 동·서 예술이 만나서 한국 문화의 르네상스를 이뤘다. 또한, 미국의 대중문화 일변도에서 탈피하여 새 차원의 대중예술 욕구를 일소했고, 표현의 자유, 높은 수준의 예술과의 만남이 올림픽을 통해 이뤄졌다고 했다(동아일보, 1988.09.23). 한편으로는 지방문화, 자기 고장의 전통을 새로이 찾아내고 이를 활성화시키는 계기를 마련하기도 했다.

오늘날의 한류가 어찌 하루아침에 이뤄졌겠는가. 올림픽공원이 어찌 세계 4대 조각공원이 됐는가. 학문의 국제적 교류의 원점이 그 어디던가. 한국의 시각 혁명(컬러 TV 방영 10년 앞당겨)은 어디서 오게 됐는가. 새로이 건설되는 건축물에 공사비용 100분의 1 이상 금액에 해당하는 예술품 설치 기준이 왜 생겼는지. 한국의 TV방송이 언제부터 국제 신호로 송출되기 시작했는지. 이 모든 답을 서울아시아경기대회, 서울올림픽대회 유치와 문화정책에서 찾게 될 것이다.

(4) 스포츠 부문에 미친 영향

서울올림픽대회를 유치한 이후 큰 고민 중의 하나는 스포츠 경기력이었다. 국제 수준과 큰 격차가 있었기에 혹 남의 잔치로 끝나지 않을까에 대한 우려가 짙게 깔려 있었다. 그러나 종합 4위라는 위대한 업적을 달성함으로써 대회의 성공적 개최에 지대한 공헌을 했다. 서울올림픽대회 이전의 한국의 성적은 세계 20~30위권이었으나, 1984 로스앤젤레스올림픽에서 종합순위 10위를 달성한 후, 30여 년이 지난 현재까지도 세계 10위권을 유지하고 있다. 더구나 2012런던올림픽에서는 종합 5위를 달성, 원정 올림픽 사상 역대 최고 성적을 거둬 명실공히 스포츠 강국의 면모를 공고히 하고 있다. 이 대회의 주역들이 지도자가 되는 선순환이 계속되고 있다. 세계 10위권의 경기력은 이제 한국 엘리트 스포츠의 성공과 실패를 가늠하는 중요한 잣대가 됐다. 한국 스포츠의 경이로운 성장은 유럽 중심의 스포츠 지형을 동북아시아(한국 · 일본 · 중국 · 북한)로 중심 이동하게 만들었다.

서울올림픽대회의 성공적 개최가 남겨준 또 하나의 큰 자산은 국제 메가 스포츠 이벤트 개최의 역량 확보와 국제사회로부터의 신뢰다. 서울아시아경기대회와 서울올림픽대회를 통해 국제 메가 스포츠 이벤트의 성공적 개최를 담보할 수 있는 국가로 자리매김된 것이다. 국제 스포츠계에서의 신뢰를 기반으로 스포츠 외교력이 강화됐다. 이를 반증하듯 IOC(1996년)에 김운용, 이건희 IOC 위원 등 두 명이나 입성했고, 2002년에는 박용성 위원까지 가세해 작은 나라에서 세 명의 IOC 위원을 보유한 국가가 됐다. 그리고 2002 한·일 월드컵 축구대회와 2011 대구세계육상선수권대회 유치 성공에 이어 2018 평창동계올림픽까지 유치하게 되어 명실공히 대한민국은 독일, 프랑스, 일본, 이탈리아, 러시아를 이어 4대 세계 스포츠대회를 모두 개최한 6번째 그랜드슬램 국가가 됐다. 더욱이 대한민국은 앞서 그랜드슬램을 달성한 5개국과는 달리 30년이라는 짧은 시간에 이뤄낸 결과이기에 세계인의 주목을 받기에 충분했던 것이다.

서울올림픽대회 유산 중의 중요한 하나는 생활체육 발전을 위한 기폭제 역할을 했다는 점이다. 서울올림픽대회의 개최와 함께 위대한 경기 성과(종합순위 4위)는 상대적으로 성장이 미약했던 생활체육에 대한 정부 및 국민의 관심을 제고할 수 있는 계기를 마련했다. 대회가 끝난 직후 탄생한 국민생활체육협의회가 민간 기구로 미미하게 출범하게 되어 생활체육 발전을 위한 견인차 역할을 하게 됐다. 최근에는 국민생활체육회로 개명하면서 대한체육회와 대등한 수준의 재정을 국가로부터 지원받고 있을 정도로 급성장했다. 서울올림픽대회에서 종합 4위 달성은 오늘날 엘리트 체육과 생활체육의 균형적 발전으로 이어졌다.

서울올림픽대회 유치를 계기로 설립된 스포츠과학연구소(1980년 12월)의 역할에 주목하지 않을 수 없다. 서울올림픽대회에서 스포츠과학을 기반으로 종합 4위를 달성했다. 그리고 생활체육의 새 지평을 위해 한국체육과학연구원(1989년 7월)으로 외연을 확장했고, 2014년에는 스포츠산업 분야의 연구심화를 위해 스포츠개발원으로 개명하는 등 진화를 멈추지 않고 있다.

서울올림픽대회를 회상해 보면, 한국의 스포츠 의·과학 분야의 눈부신 활약이 떠오른다. 20세기 최고의 대결이자 올림픽의 꽃 중의 꽃인 100m 결승에서 칼 루이스(미국)를 이기고 우승한 벤 존슨(캐나다)이 금지 약물인 '아나볼릭 스테로이드(Anabolic Steroid)'를 복용한 사실을 우리의 도핑테스트 기술로써 밝혀낸 것이다. 이것은 당시 올림픽 역사상 가장 충격적인 사건으로 받아들여졌는데, 이로써 한국의 스포츠 의 · 과학에 대한 역량을 전 세계에 자연스럽게 알리게 되었다.

이렇듯, 한국 체육을 지속 가능한 성장으로 이끈 것은 서울올림픽대회기념 국민체육진흥공단이 설립(1989년)됐기에 가능한 일이었다. 88서울올림픽대회 잉여금 3,000억 원의 종잣돈으로 시작해 2013년도에는 총매출 5조 9천억 원의 회사로 급성장했고, 설립 이후부터 지난해까지 총 5조 3,939억 원 규모의 기금(체육재정의 80%)을 지원했을 정도로 체육 발전의 젖줄 역할을 충실히 해오고 있다.

2. 평가: 서울올림픽대회의 10대 성공 요인과 평가

1) 서울올림픽대회의 10대 성공 요인

첫째, 서울올림픽을 위해 국제사회는 공조 체계를 공고히 했다. 지구촌은 전쟁 상흔의 치유와 지구상 마지막 분단국 한반도에서 냉전을 종식하고 새로운 평화를 갈망했다. 따라서 한국을 중심으로 초강대국 미국·소련·중국이 공조체계를 확고히 함으로써 한반도의 전쟁 억제력을 확보하고 올림픽운동의 완결판을 실현했다. 나아가 지구촌의 신데탕트 시대를 열었다.

둘째, 서울올림픽대회는 한국형 공유가치 창출(Creating Shared Value: CSV)이었다. 한국에서는 이미 30년 전에 이 개념을 인식하고 실제 활용했다.

셋째, 서울올림픽대회는 국가 기조정책을 능가하는 차원의 지속 가능한 정책이었다. 박정희 대통령은 올림픽 대회 구상 및 설계, 전두환 대통령은 대회 유치 성공 및 대회 개최 준비, 노태우 대통령은 대회 개최 및 사후관리를 맡게 됐다. 이와 같이 올림픽은 세 정권을 모두 관통하는 국가 정책기조 차원의 힘, 즉 지속 가능한 정책이었다.

넷째, 서울올림픽대회의 성공은 차원 높은 협치(new governance)가 존재했기에 가능했다. 지금으로부터 33년 전, 서울올림픽대회조직위원회는 정부(체육부), 국회(서울올림픽 지원 특별위원회), 대한체육회, 개최 도시(서울·부산·대전·대구·광주), 범민족올림픽추진 중앙협의회(지역 단위의 민간 올림픽 추진조직, 국민 참여 실천운동의 핵심) 등의 추진체계를 만들었다. 현재의 2018년 평창동계올림픽대회 조직위원회보다도 더 완벽한 차원의 협치가 이미 존재하고 있었던 것이다.

다섯째, 서울올림픽대회조직위원회는 국가의 역량이 총집결되고 사후 대책까지 완벽했던 고도의 조직이었다. 서울올림픽조직위원회는 1983년 당시 노태우 내무부 장관, 1986년에는 총무처 박세직 장관 등 실력자들이 잇달아 조직위원장에 취임하면서, 관련 기관의 협조가 원활히 이뤄졌다. 또한, 정부의 유능한 인재들이 조직위에 파견나와 IOC, IF 등과의 관계는 물론, 국내 관련 부처와의 협조도 잘 유지할 수 있었으며 대기업들도 유능한 인재를 파견해 주었다. 특히, "조직위에 파견 나온 공무원들에는 파견에 따른 불이익이 없도록 법으로 보장하고 오히려 승진이나 복귀 후의 보직 및 수당 등에서 인센티브가 주어졌다"(이종세, 2014: 28-29).

여섯째, 서울올림픽대회의 성공을 위해 서울아시아경기대회를 교두보로 활용하는 전략을 가지고 있었다. 서울올림픽은 서울아시아경기대회를 통한 사전 경험의 축적과 역량의 고도화, 올림픽 붐까지도 완벽하게 조성된 기반을 십분 활용한 한국형 올림픽 모델이었다.

일곱째, 서울올림픽대회는 북방외교에서 길을 찾았다. 서울올림픽을 통한 북방외교의 성공으로 외교 분야의 새로운 지평을 열었을 뿐만 아니라, 한국 경제의 새 활로 개척에도 결정적인 공헌을 했다.

여덟째, 서울올림픽에서는 문화올림픽의 표방으로 그 가치를 극대화시켰다. 대한민국은 5천년 역사와 전통 그리고 문화적 저력이 있었다. 더구나 국제 수준의 문화예술 기반 구축과 예술문화 발굴사업을 통해 독창적인 예술문화를 꽃피웠다.

아홉째, 서울올림픽 이전에 이미 세계 정상급 수준의 경기력을 보유하고 있었다. 세계 4위라는 불멸의 기록은 올림픽을 우리의 잔치로 만드는 데 부족함이 없었다.

열 번째, 서울올림픽에서는 경제올림픽을 위해 효용적인 재정 투입과 지속 가능한 개발을 함께 추구했다. 최소의 투자와 최대로 재활용된 경제올림픽, 그리고 지속 가능한 개발로 유·무형의 올림픽 유산들이 오늘까지 계승되고 있다.

2) 평가: 시대적 사명 구현, '세계는 서울로 서울은 세계로' 실현

국민들은 서울올림픽대회 개최 직전까지도 우려를 표시했다. 실제 재야 세력의 충동도 있었지만, 내각마저도 시기상조로 보고 있었다. 이와 더불어 경제력 문제와 남의 나라 잔치가 될 것으로 판단했다. 일부에서는 쿠데타에 의한 정권 찬탈과 광주민주화 운동의 무력 진압, 여타 탄압들을 희석시키기 위한 수단이라는 분위기가 팽배해 있었다. 이런 이유로 스포츠와 문화산업 성장정책을 속칭 우민화 정책(3S: 스포츠, 섹스, 스크린)으로 치부한 것이다. 그러나 그들의 폄훼와 굴절된 시각은 퇴색할 수밖에 없었다.

전두환 정권은 서울올림픽대회 유치를 박정희 정권의 정책 유지로 받들어 재천명한 것이었고, 5공화국의 역할은 서울올림픽대회 유치와 완벽한 대회 준비까지였다. 더구나 올림픽대회 개최는 노태우 정권에서, 그 성공의 열매 또한, 노태우 정권에 돌아가는 일이기도 했다는 것이다. 실제, 서울올림픽대회는 오늘날까지도 세계로부터 근·현대 올림픽 역사상 가장 완벽한 올림픽이었다고 평가받고 있다. 이러한 평가는 서울올림픽대회를 계기로 질식해 가던 동·서 간의 냉전으로부터 신데탕트가 구축됐을 뿐만 아니라, 우리는 동·서 초강대국 그리고 제3세계와의 신뢰 구축으로 인해 한반도에서의 전쟁 억제력이 강화된 것으로 설명 가능하다.

더불어, 한국은 미수교 국가였던 소련, 중국 그리고 동유럽의 사회주의 제국, 제3세계와의 정식 수교를 순차적으로 맺게 됨으로써 북방 외교의 성공적 기틀을 마련했고, 북방 외교를 통해 새로운 무역시장이 개척돼 우리 경제의 새 활로를 열게 했다. 나아가 올림픽 유치 당시 경제력, 국방력, 스포츠 등 거의 모든 면에서 우리보다 위상이 높았던 북한에 대한 우위를 확보하고, 이데올로기의 우월성까지도 달성했다. 또한, 한국의 국가

브랜드 파워를 크게 제고한 것이다.

내적으로는 88서울올림픽대회의 성공을 위한 '6 · 29민주화선언'에 의해 실제적으로 민주화를 이끌어냄으로써 정국 안정과 인권의 신장을 함께 도모했다. 한국 사회가 그토록 염원해 오던 민주화의 기반은 사회 전반, 즉 정치 · 외교 · 경제 · 사회 · 문화 · 스포츠 등의 비약적인 발전으로 이어졌다. 올림픽이 끝난 후, 남 · 북한이 유엔에 동시에 가입되고, 노태우 대통령이 유엔에서 기조연설(1991년)을 할 수 있는 기회가 주어졌다. 이것이 국제사회에 기여한 공로와 한국의 민주화에 의한 인권 신장이 없이도 가능했던 일인가? 서울올림픽대회의 성공에 따른 유용성은 이에 머무르지 않고 광범위하게 전파됐다.

올림픽이 끝난 뒤 1년이 지난 1989년도에는 서울올림픽대회의 성과에 대한 국민의 평가가 있었다. 한국개발원과 한국갤럽조사연구소(1989년)는 서울올림픽대회가 정치 · 외교, 경제, 사회 · 문화, 스포츠 등 사회 전반에 걸쳐 매우 긍정적인 영향을 미쳤다고 보고했다. 또한, 올림픽이 끝난 지 4년이나 지나서 올림픽에 대한 의식이 크게 희석된 시점의 조사에서도 "서울올림픽대회가 가치에서부터 규범에 이르기까지 변화시킴으로써 사회 변동을 야기시켰고, 사회 변동의 방향은 발전을 향해 있는 것으로 보고한 바 있다"(임태성, 1993: 212-216).

이에 우리 국민들은 2002년 한 · 일월드컵축구대회에도 전폭적인 지지를 보냈고 부족함이 없는 결과를 보여주었다. 이러했던 사회 순기능적 경험들에 의해 2018년 평창동계올림픽대회 유치에 온 국민이 함께했던 것이다. 만약, 서울올림픽대회가 성공적으로 치러지지 않았더라면 국제 메가스포츠 이벤트 유치에 대한 국민적 합의와 열정적인 지지를 얻어내지 못했을 것이다. 이는 30년이나 지난 지금까지도 서울올림픽대회의 성과와 그 의미는 전혀 퇴색되지 않고 있다.

그렇다면, 전두환 정권의 서울올림픽대회 유치와 성과의 핵심은 과연 무엇일까? 그것은 대통령의 확고한 의지와 신념이 있었다는 것이다. 그리고 차기 대통령으로 예측 가능했던 노태우 민정당 최고대표위원을 서울올림픽대회조직위원회 위원장, 초대 체육부 장관, 정무2장관을 거치게 한 것을 들 수 있을 것이다. 이 밖에도, 서울올림픽대회조직위원회 박세직 위원장 등, 유능했던 실세들로 하여금 올림픽 준비에 만전을 기할 수 있도록 강력한 힘을 실어주었기에 가능한 일이었다.

궁극적으로는 제24회 서울올림픽대회를 계기로 동서 양분이라는 위기에서 벗어나 올림픽의 화합을 실현했다는 역사적인 의미와 시대적 사명을 구현했다는 점에서 높은 평가를 받는다. 더구나 분단국으로서 전쟁과 테러의 위협에서 벗어나는 또 다른 성과를 거뒀다는 사실을 주목하게 된다. 또한 한국의 경제 성장과 세계화 물결에 맞춰 올림픽 개최국의 자부심과 자신감이 한국 사회의 새로운 에너지를 만들어낸 것으로 평가된다.

더구나 88서울올림픽대회에 대한 동서 진영의 절대적 지지와 성공 개최에 대한 확신은 선진국, 강대국을 중심으로 한 올림픽 운동의 흐름을 바꿔놓았으며, 올림픽운동이 추구하는 평등 정신을 증명해준 것이기도 하다. 그 기류가 2018년 평창동계올림픽까지 이어져 제3세계의 괄목할 성장에 세계가 주목하는 계기를 마련했다. 특히 세계 문명의 동진설을 반영하듯 아시아가 그 중심에 서게 됐다.

참고 문헌

대한체육회 (2010). 대한체육회 90년사 I. 서울.

서울올림픽대회조직위원회 (1990a). 제24회 서울올림픽대회공식보고서 제1권, 대회 준비 및 운영. 서울: 고려서적.

______(1990b). 서울올림픽대회공식보고서 부록, 대회여건 조성. 서울: 고려서적.

이달희 (2011). 한국의 스포츠외교정책결정과정 분석; 88서울올림픽과 2002월드컵 사례연구를 중심으로. 경북대학교 대학원 박사학위 논문.

이종세 (2014). 스포츠코리아. 대한체육회, 2014(4): 28-29. 서울: 대한체육회.

이종원 (2006). 제5공화국의 스포츠정책의 가치 지향에 관한 역사적 고찰. 한국체육학회지, 45(2): 1-11.

이태영 (2008). 올림픽을 말한다. 서울특별시체육회, 283-293.

이학래 (2003). 한국체육사 연구. 서울: 국학자료원.

임도빈 · 이영진 (1995). 한국 체육정책의 변화와 체육부 조직에 관한 서설적 연구. 사회과학논총, 6: 411-424. 충남대학교 사회과학연구소.

임태성 (1993). 서울올림픽이 한국의 사회변동에 미친 영향, 한양대학교 대학원 미간행 박사학위 논문.

체육청소년부 (1992). 체육청소년 행정 10년사. 178.

한국개발원 (1989). 서울올림픽의 의의와 성과. 165-166.

한국갤럽조사연구소 (1989). 88서울올림픽 1주년에 대한 국민여론보고서. 6-8.

신문 보도자료 및 기타 웹자료

경향신문 (1988.02.13). 한국스포츠 이면사-올림픽유치 바덴바덴 드라마.

동아일보(1988.09.23). 북방문화 단절의 벽 넘었다. 23면.

동아일보(1988.09.29). 이념(벽)넘어 핀 동구문화 붐. 13면.

동아일보(2007.08.29). 1992년 한-중 수교 전후 북-중 험악한 대치.

미래한국(2002.07.06). 2002월드컵과 평양아리랑 축전.

조갑제닷컴(2007.06.29). 직선제, 김종휘 씨가 제일 먼저 건의.

중앙일보(2014.09.20). 이정민이 만난 사람 곽영훈 "실크로드 정신 되살리자" 세계시민운동 이끄는 '도시 설계사.' 16면.

중앙일보(2002.06.08). 월드컵 열기타고 '열린 사회'로 가자.

중앙일보(2003.11.12). 남기고 싶은 이야기들 108화.

중앙일보(2013.11.25). 임수경을 함부로 욕하지 말라.

중앙일보(2014.07.08). 고르바초프 손잡고 동·서 냉정 마침표.

중앙일보(2014.09.05). 한국형 공유가치를 창조할 때. 31면.

채널A뉴스(2014.02.06). 임자 올림픽 한번 해보지. 황태순의 투데이 메리.

프레시안(2012.03.04). 레이건의 '두 얼굴'과 고르바초프의 혁명.

MBN(2013.08.16). '88년 서울의 기적' 아주 궁금한 이야기.

KSPO. 서울올림픽에 깃든 피와 땀 http://blog.naver.com/kspo2011?Redirecth=Log&logNo= 30169333555-88서울올림픽의 의의는? (검색일: 2014.08.25).

SBS 8뉴스(2014.09.10). '보완성장'에서 '경쟁국'으로… 기술 확보 시급.

국가기록원 홈페이지(2014). '국정 분야별 외교 노태우 정부 동구권: 한국-헝가리 수교(1989. 1. 1)', www. archives.go.kr.(검색일: 2014.09.14).

네이버지식백과. 올림픽조직위원회 http://terms.naver.com/entry.nhn?docId=1129075&cid=40942&categoryId 31952(검색일: 2014.08.21).

한국은행(2014). 각 연도별 경제통계연보. http://210.114.108.22/pup/docu/kr/AH/WX/AHWX1996003/ AHWX-1996-003-009.HTM(검색일: 2014.08.16).

제3편

전두환 정부 정부개혁

제 1 장

정부개혁의 배경 및 방향

김현준
고려대학교

제 1 절 정부개혁의 배경

경제개발과 군사독재의 두 얼굴로 상징되는 제4공화국은 1979년 10월 26일, 박정희 대통령의 서거로 실질적으로 막을 내렸다. 이어 대통령 권한대행을 거쳐 당시 국무총리였던 최규하가 제10대 대통령이자 제4공화국의 마지막 대통령으로 취임했으나, 동년 12월 12일 하나회를 중심으로 한 군부 쿠데타로 인해 대통령으로 실질적인 역할을 수행하지 못한 채, 1980년 8월 15일 대통령직을 사임하기에 이른다. 1980년 초반, '서울의 봄'이라 불리는 짧은 정치적 해빙기가 열렸으나, 얼마 지나지 않아 신군부는 5 · 17 전국비상계엄확대 조치를 단행하고, 5 · 18 광주민주화운동을 무력으로 진압해 민주화의 공간은 사라졌다.

최규하 대통령의 사임 이후 제4공화국 헌법에 따라 1980년 8월 27일 소집된 통일주체국민회의는 12 · 12 군사 쿠데타를 주도하고 국가보위비상대책위원회 상임위원장으로 있던 전두환을 제11대 대통령으로 선출했다. 뒤이어 새 정부는 대통령 7년 단임제와 간선제를 포함한 제5공화국 헌법을 동년 10월 22일 국민투표를 거쳐 10월 27일에 공식적으로 선포했다. 새 헌법에 따라 전두환은 대통령선거인단 선거에 의해 1981년 2월 25일 제12대 대통령에 당선된다.

민주적 정통성을 확보하지 못한 채 출범한 제5공화국은 군사 쿠데타를 주도한 군부 엘리트와 야합한 민간 엘리트 및 관료 엘리트가 결합한 지배 체제였다고 할 수 있다(이대희 외, 2001: 241). 이러한 상황에서 국민의 대의기구로서 국회의 역할과 기능은 매우 축소됐고, 시민사회 역시 정책 과정에 참여할 기회가 봉쇄되어 민주화 투쟁에 집중할 수밖에 없게 됐다. 따라서 정부 운영의 기본 원리는 비록 새로운 헌법의 제정에도 불구하고, 제4공화국과 마찬가지로, 지배 엘리트에 의한 비민주적 독재의 형태를 유지하게 됐다.

제5공화국 헌법은 중앙행정기구에 많은 변화를 가져왔다. 우선 제5공화국의 통치이념을 반영한 사회정화위원회와 국정자문회의, 평화통일정책자문회의 등이 설치됐고, 체육부가 신설됐으며, 기존의 노동청이 노동부로 승격됐다. 정부조직 개편을 포함한 행정 전반에 대한 개혁은 1981년 10월 15일, 이른바 '10 · 15 행정개혁'으로부터 시작됐다(오석홍, 2003: 276). '10 · 15 행정개혁'은 "새 국정목표의 효율적 추친체계를 구축하고 변모된 1980년대의 행정환경에 능동적으로 대처하는 한편, 현행 정부조직 체제상의 불합리한 요소를 개선해 새 시대, 새 풍토에 맞는 '간소한 정부'와 '깨끗한 정부'를 구현해 새 정부 역할을 재정립하는 것"을 목표로 했다(총무처, 1982: 37). 전두환 정부는 민주적 정통성을 확보하지 못한 가운데 출범했으므로 군사정권에 반대하는 민주화 세력의 저항을 철저히 억압함과 동시에 이를 극복하는 방법으로 경제적 안정과 성장을 추구했고, 이를 뒷받침하기 위한 비상한 조치로서 행정개혁이 단행됐던 것이다(안병만, 1993: 169).

[그림 3-1-1]이 설명하는 바와 같이 전두환 정부는 행정개혁이 절실히 요구되는 이유를 행정 외부 환경의 변화와 행정 체제 내부에 누적된 문제에서 찾았다. 이에 더해 군부 쿠데타로 집권해 민주적 정통성이 취약한 태생적 한계를 극복하기 위한 목적에서 새로운 행정 목표를 제시함으로써 전두환 정부의 개혁적 성격을 명목적으로나마 부각시키고자 행정개혁을 추진했다고 볼 수 있다. 문제는 이러한 개혁 배경의 제시가 당시 우리 정부가 당면한 대내외적 도전에 대한 과학적 분석에 근거한 것이라기보다는 행정개혁을 정치적 수단으로 활용하기 위한 정치적 목적을 담고 있었다는 점이다. 따라서 개혁의 출발점이라고 할 수 있는 현상에 대한 분석이 정치적 이해에 지배됐고, 이는 정부개혁의

행정개혁의 배경

행정환경의 변화

- ○ 고도산업사회로의 이행
- ○ 국민 의식 수준의 향상
- ○ 국제화의 심화
- ○ 개방정책의 확대

행정 체제

- ○ 1963년 현행 정치조직의 근간 이 형성된 이래
  - • 각종 기구·기능의 중첩
    - – 임기응변적 조직관리
  - • 지속적인 기구·인력
    - – 수요의 발생
    - – 정부 행정경비
    - – 지출의 계속적 증가

행정 목표의 변동

- ○ 새 국정지표의 실현
  - • 민주주의의 토착화
  - • 복지사회의 건설
  - • 교육혁신과 문화 창달
  - • 정의사회의 구현
    - – 부패의 근원적인 방지

정부 역할의 재정립

- ○ 제5공화국 개혁 의지의 구현
- ○ 행정의 발전 주도 기능의 강화
- ○ 책임행정의 구현
- ○ 규제행정의 지양

그림 3-1-1 전두환 정부 행정개혁의 배경

자료: 총무처(1982: 28).

범위와 내용 및 수단을 결정하는 데도 왜곡된 영향을 끼쳐서 결과적으로 정부개혁의 실질적인 성과를 기대하기 어렵게 만들었다.

비록 '10·15 행정개혁'은 행정혁신이라는 목적 외에 정권의 정치적 필요가 수반된 개혁이긴 했으나, 정치적 동기를 떠나서 우리 정부의 행정환경의 변화에 대한 대응이 절실히 요구됐던 것 또한 사실이다. 당시 한국 사회는 이미 경제 개발의 초기 단계를 지나 산업사회로 변모해 가고 있었고, 이에 수반하여 국민의 의식 수준과 행정에 대한 수요 역시 높아져 가고 있었다. 하지만 압축적 경제 성장에 최적화된 정부의 조직과 기능은 개발 연대의 기간 동안 큰 변화 없이 부분적 수정만이 이뤄져 왔기 때문에 정부의 역할과 일하는 방식에 대한 재검토가 필요한 시기였다. 따라서 행정개혁의 동기나 방향 성과는 무관하게 행정의 대외환경의 도전과 기존 행정 체제의 불합리성의 극복, 그리고 미래 지향적 행정 목표 설정이라는 개혁과제를 충분히 인식하고 정부 역할을 재정립하

기 위한 노력은 반드시 필요한 상황이었다.

'10 · 15 행정개혁'을 추진할 당시 전두환 정부는 행정기구와 정원, 그리고 행정 행태의 두 가지 측면에서 정부조직관리 상의 문제점을 다음과 같이 진단했다(총무처, 1982: 28).

▸기구 · 정원
○각종 유사 중복 기구의 난립
- 행정의 종합성 및 일관성 결여(부족)
- 책임행정의 저해
- 통제 · 조정 기구의 과다
- 행정력의 낭비
○기능의 세분화
- 소국소과 초래
- 행정 절차의 복잡화
- 횡적 조정 및 조정의 곤란
○계층구조의 혼란
- 감독 계층의 과다로 인한 명령 통일의 저해
- 결재 과정의 다단계화
- 상하위직 분포의 비정상화
○인력의 승수적 팽창
- 기관 내 상위직의 연쇄적 증가
- 기관 간 상위직의 경쟁적 증가
- 하위직의 부수적 증가
○행정 경비의 과다
- 지원 · 부대비용의 증가
- 공무원 보수 인상의 장애

▸행정 행태
○인력 위주의 행정 타성화
- 행정 수요 대처 능력의 부족
- 자체조정 · 활용 능력의 흠여
○각 기관의 경쟁적 심리 자극
- 가 수요의 계속 발생

- 합리적 조직 규모의 파괴

○ 인사 해결 및 보수 현실화의 방편으로 상위직 증가

- 유능 인력의 부족
- 공무원 보수의 상대적 저위

당시 진단된 문제점들을 보면 현대 정부관료제의 전형적인 문제점들이 다수 포함되어 있으며 현재에도 여전히 해결되지 못하고 있는 문제점들도 상당수에 눈에 띈다. 다만 정부 출범 이후 제4공화국에 이르기까지 정부조직의 양적 규모가 꾸준히 성장함에 따라 발생한 문제점들을 본격적으로 인식하기 시작한 시점이 전두환 정부의 출범 시기였다고 볼 수 있다. 이전 정부까지, 특히 제3 · 4공화국 시절 정부 주도의 급속한 경제 성장과 국가발전을 도모하면서 다양한 정책적 수요에 대응하기 위해 정부관료제가 양적으로 팽창하고 기능적으로도 많은 분화했으나 이로 인해 조직의 효율성을 저해하는 요소가 발생했고, 인력의 효과적 활용 측면에도 한계가 나타났다. 따라서 전두환 정부는 팽창된 정부조직의 규모와 지나치게 세분화돼 조직 단위 간 불필요한 경쟁을 유발하고 협력을 저해하는 구조적인 문제, 그리고 공무원 사회가 가진 관료제의 병폐적 요소 등 행태적 문제점 등을 극복하고자 했다.

정부조직과 기능의 재편에 초점을 맞춘 행정개혁과 더불어 전두환 정부가 추진한 개혁의 또 다른 한 축의 제도의 개선이었다. 제5공화국이 출범한 1981년부터 전두환 정부는 '성장 발전을 위한 제도 개선' 작업을 시작하여, 국정의 모든 범위에서 불합리한 법령과 제도를 철폐하거나 개선하는 작업을 진행했다. 정부의 조직과 기능이 1970년대 말까지 진행된 사회 전반의 발전상을 충실히 반영한 질적 전환이 이루지 못하고 그때 그때의 필요에 따라 새로운 기능이 부가되거나 규모의 증대만이 계속된 것과 마찬가지로 각종 정부제도는 행정환경의 변화에 적절히 대응하지 못하고 있었다. 당시 우리 정부의 많은 제도는 일본 제국주의 통치 하의 제도를 답습해 현실에 불합리함이 있었고, 이후의 개선작업 역시 1960년대의 수준에서 크게 벗어나지 않아 새로운 행정 수요를 반영하는 데 미흡함이 있었다. 그 결과 각종 행정편의주의적 제도와 번잡하면서도 실질적인 역할을 하지 못하는 절차 등 전형적인 관료주의의 병폐는 행정의 비효율성을 초래했고, 새로운 행정 수요에 부응하는 정부, 대내외적 환경 변화에 능동적으로 대처할 수 있는 행정이 되는 데 큰 장애 요인이 되고 있었다. 또한 정부 주도의 경제사회 개발이 추진되는 가운데 불가피하게 만들어진 각종 규제 역시 우리 경제가 다음 단계로 도약하는 데 장애 요소가 되고 있었고, 사회경제의 전반적 활동에 자율성을 신장하기보다는 정부에 대한 의존성을 강화해 경제적 성장과 사회의 발전에 저해 요소로 작용하고 있었다. 또한, 환경의 변화는 이전에 정부가 하지 않았거나 상대적으로 소홀하게 취급됐던 정책 영역에 대한 정부의 역할의 강화를 요구하고 있었다. 환경 보호에 대한 관심이 증대되고, 복지와 노동에 대한 정책 수요도 증가하며, 삶의 수준 향상과 직결되는 문화 향수에 대한 국민의 기대치가 올라감에 따라 이러한 정책 영역에 대한 정부의 활동 역시 확대돼야 했다.

큰 틀에서 보아 전두환 정부의 개혁은 '10 · 15 행정개혁'을 통해 정부의 조직을 재편하고, '성장 발전을 위한 제도 개선'을 실시해 정부가 일하는 방식과 내용을 바꿔나가는 두 개의 방향에서 추진됐다. 이 두 개혁은 모두 전두환 정부 초기에 시작됐기 때문에 집권 7년 동안 국정운영의 방향을 제시했고, 여타 세부 정책 영역과 기능 분야의 개혁을 추진하기 위한 하부구조를 만드는 작업이었다. 따라서 여기에서는 정부개혁의 목표와 추진 방향, 추진체계, 그리고 성과와 평가를 조직개편과 제도 개선이라는 두 축을 중심으로 분석함으로써 전두환 정부가 시도한 정부개혁의 큰 방향성을 세부적인 정부개혁의 한계와 성과가 나타날 수밖에 없었던 맥락을 소개하고자 한다.

제 2 절 정부개혁의 목표 및 추진 방향

1. 정부개혁의 목표

1) '10 · 15 행정개혁'의 목표

비합법적, 비민주적 집권이라는 원죄를 안고 출발한 전두환 정부가 정권을 유지하기 위해서는 정치적 정당성을 확보해야 할 강한 정치적 필요가 있었고, 이를 가시적으로 드러낸 것이 '민주주의의 토착화, 복지사회의 건설, 정의사회의 구현, 교육혁신과 문화창달'이라는 국정지표였다. 이러한 국정지표를 행정에 구현하기 위해 시도된 첫 번째 개혁 시도가 '10 · 15 행정개혁'이었다. 제5공화국의 국정 이념을 효과적으로 실현하기 위한 도구로서 정부조직의 전반을 개혁하는 데 '10 · 15 행정개혁'의 주된 목표가 있었다.

'10 · 15 행정개혁'은 행정환경의 변화에 대한 대응과 지난 시기로부터 누적된 정부 조직의 불합리한 문제점들을 개선하고자 하는 방향으로 추진됐다. 이에 따라 이 행정개혁이 실현하고자 하는 개혁의 목표는 인력의 감축이나 상위 관리직급의 축소와 같은 소규모 개편이 아니라 정부 역할의 재정립이라는 더 높은 수준의 변화를 지향했다. 이를 위해 정부 역할 재정립의 의미를 행정의 간소화나 공무원의 소수정예화 같은 일상적 개혁의 수준을 넘어서서 정부 기능과 행정의 간여 범위를 재정비하는 것으로까지 폭넓게 설정했다. 따라서 전두환 정부가 추진한 행정개혁의 공식적 목표는 정부가 무엇을 해야 할지에 대한 본질적인 질문을 던지는 것으로 볼 수 있다. 정부가 역할을 재정립하기 위해 달성해야 할 세부 목표로는 정부 기능의 합리화와 같이 정부가 해야 할 일의 범위와 내용을 재정의하는 것으로부터 행정의 능률을 향상시키는 도구적 목표까지 포괄적으로 제시했다.

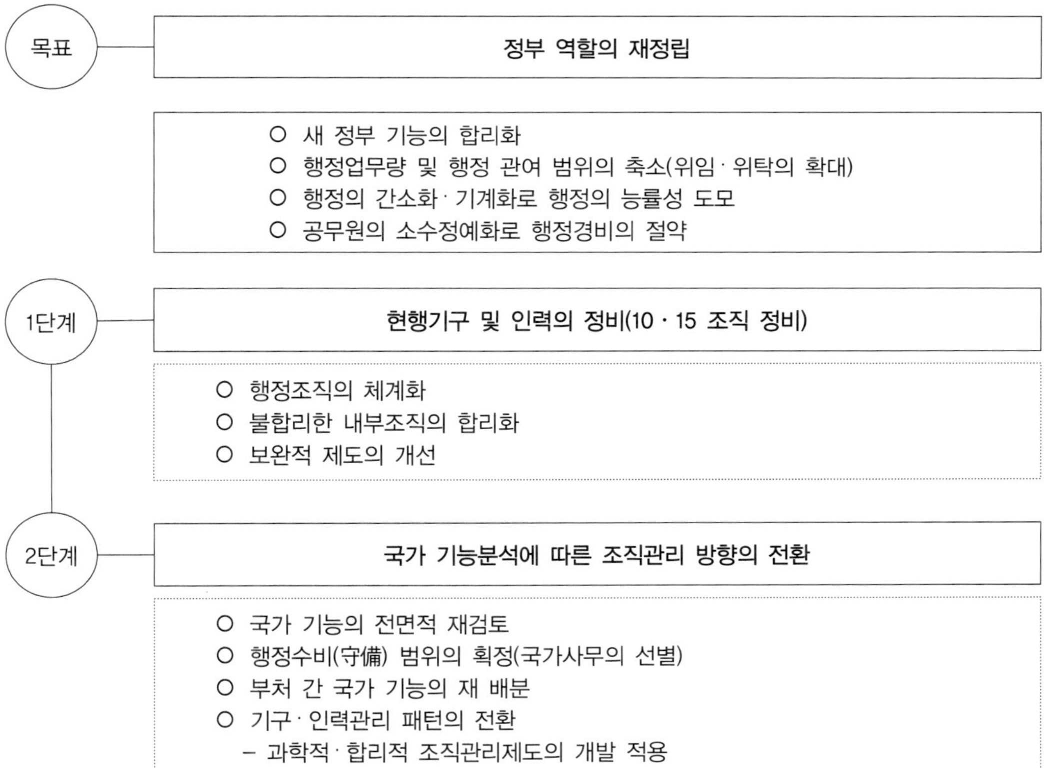

그림 3-1-2 전두환 정부 행정개혁의 목표

자료: 총무처(1982: 39).

[그림 3-1-2]는 '10 · 15 행정개혁'이 더 높은 수준의 행정을 추구하기 위해 국가 기능의 재분석을 바탕으로 정부조직을 재편하는 큰 수준의 변화를 본격적으로 추구하기 이전에 당시 조직 기구와 인력 운영상의 문제점이라는 당면 과제 해결에 우선적으로 초점을 맞췄음을 보여준다. 우선적으로 추진해야 할 행정개혁의 과제는 행정조직 체계가 내포하고 있던 불합리성을 극복하고, 관련 제도를 개선하는 것이었고, 이를 기반으로 하여 2단계에서는 국가가 수행하는 기능을 전면적으로 재검토해 기존의 정부 기능 분류 체계를 넘어서 새롭게 정부 기능과 역할을 분배하는 방식을 고안해내고, 이러한 기능을 수행할 인력 관리 방식을 선진화 · 과학화시키고자 했다.

'10 · 15 행정개혁'이 제시한 개혁 목표 중에서 특히 주목할 만한 점은 이후 1990년대의 행정개혁에서도 개혁의 주요 가치 중 하나로 자리 잡은 '작은 정부'론이 이미 이 시기 행정개혁에 중요한 개혁 목표로 등장했다는 점이다. 단순히 정부조직의 수와 인력 규모의 축소를 지향하는 작은 정부론이 아니라 정부가 담당해야 할 기능이 무엇이어야 하는지 합리적 분석을 통해 궁극적으로 행정이 담당해야 할 영역을 재정립하는 데까지 개혁의 범위를 획정하고 있었다는 점은 당시 개혁 추진 주체들이 즉각적인 가시적 효과를 기대할 수 있는 관리적 측면의 개혁만을 고민한 것이 아니라, 국가 기능의 재편에까지 이를 수 있는 본질적 행정개혁에까지 관심을 두고 있었음을 보여준다.

2) '성장 발전을 위한 제도 개선'의 목표

행정개혁과 더불어 추진된 제도 개혁의 기본 목표는 1981년 4월, 전두환 대통령의 지시로 하달된 '성장 발전 저해 요인 개선지침'에 잘 나타나 있다. 이에 따르면 전두환 정부의 제도개혁의 성격은 "새 시대 국정운영의 신기원을 마련"하고 "국정지표의 효율적 실천을 다짐"하는 것이며, 이를 위해 "없애야 할 요소는 최대한으로 제거"하고 "꼭 필요한 요소는 최소한으로 창조"함으로써 "성장 · 발전을 저해하는 법령, 제도, 관습을 발굴"함을 기본 목표로 했다(정무2, 1981: 36). 따라서 전두환 정부의 제도 개선은 "국정의 각 분야에서 성장과 발전을 저해하는 법령 · 제도 · 관습 · 행정 선례 등 비능률적이고 불합리한 요소를 과감히 개선"하고 "나아가 행정을 선진화함으로써 국민적 소망인 선진 조국의 실현을 앞당기는" 것을 궁극적인 목표로 했다(대한민국정부, 1984: 9).

'10 · 15 행정개혁'의 목표와 비교해 보자면, 전두환 정부의 제도 개선 목표는 개혁의 구체적인 대상과 단계적 추진 목표를 세부적으로 제시하기보다는 제도 개선의 큰 원칙을 선언하는 데 그쳤다고 볼 수 있다. '10 · 15 행정개혁'에 비해 개혁 대상이 과거

○ 새 시대 국정운영의 신기원 마련
○ 국정지표의 효율적 실천을 다짐

없애야 할 요소는 최대한으로 제거

꼭 필요한 요소는 최소한으로 창조

성장·발전을 지향하는 법령, 제도, 관습의 발굴

그림 3-1-3 전두환 정부 제도 개선의 기본 목표

자료: 정무2(1984: 3).

정부로부터 누적돼 모든 제도로 광범위했기 때문에 세부적인 목표는 개선의 대상이 되는 각 제도에 맞춰 구체화하기 위한 것으로 보인다. 이는 제도 개선을 위해서는 관련 정부 부처와 이해 당사자들 간의 조정과 합의가 필요한 영역이기 때문에 불가피했던 것으로 이해할 수 있다.

2. 정부개혁의 추진 방향

1) '10·15 행정개혁'의 추진 방향

전두환 정부가 추구한 행정개혁의 기본 방향은 다음과 같이 정부 역할의 범위, 절차적 능률성 제고, 행정 효율성을 높이기 위한 상위 기구의 축소, 소국소과제의 극복, 인력의 전문화 및 소수 정예화 등으로 설정됐다. 좀 더 구체적인 추진 방향은 다음과 같다 (총무처, 1982: 40).

- 정부 간여의 범위를 축소하여 자율적이고 민주적인 행정을 구현
- 행정의 절차를 간소화함으로써 행정의 능률화를 도모
- 불요불급한 상위기구를 축소·조정함으로써 예산의 낭비적 요소를 제거하여 국민 부담을 경감
- 대국대과제의 구현으로 조직 규모를 적정화함으로써 결재 단계를 축소

- 인력의 소수 정예화로 행정의 전문화를 기함
- 이를 통해 새 시대 새 풍토에 맞는 '간소한 정부', '깨끗한 정부'로 재정립해 봉사행정과 책임행정 체제를 구축함.

추진 방향의 각 항목을 보면 '10 · 15 행정개혁'의 근간이 되는 가치 체계가 무엇인지 드러난다. 행정의 민주성, 능률성, 효율성, 전문성, 책임성 등이 각 추진 방향에 명시적으로 반영돼 있다.

'10 · 15 행정개혁'은 행정개혁의 추진 과정을 두 단계로 나눴다. 제1단계에서는 정부가 무엇을 해야 할 것인지에 대한 개혁, 즉 기능 개혁에 앞서 현행 기구와 인력의 정비함으로써 행정조직이 체계화와 합리화를 우선적으로 추진하고, 제1단계의 성과가 안정적으로 나타날 때 제2단계로서 국가 기능을 재분석하고 행정의 관리 방향을 수립하도록 구분했다. 이는 아마도 국가 기능의 재정립이라는 좀 더 본질적 개혁을 추진하기에는 전두환 정부 집권 초기의 상황이 사회의 지지 기반이 취약했고, 관료조직을 개혁함으로써 새 정권의 개혁 성향을 가시화하고자 했던 의도가 담겨 있었던 것으로 보인다.

기본 방향을 실천하기 위한 세부지침으로 전두환 정부는 크게 다섯 가지 영역의 기본 방침을 수립했다. 그 면면을 보면 "유사 중복 기능의 통폐합으로 기구의 축소 조정", "권한과 책임을 일치시킴으로써 책임 및 봉사행정 체제 구축", "소수정예화 및 적정한 인력 배분으로 적재적소의 보직 및 인력의 자질 향상", "행정의 간여 범위의 축소로 행정의 민주화와 능률화 도모"가 적시됐고, 각 항목별로 세부 방침을 설정했다. 각 영역별 세부 방침은 다음과 같다(총무처, 1982: 40-41).

1. 유사 중복 기능의 통폐합으로 기구의 축소 조정
   - 유사 중복 기능의 통폐합
   - 결재단계의 축소
   - 불요불급기관의 정비
   - 대국대과제의 구현
   - 담당관의 정비
2. 권한과 책임을 일치시킴으로써 책임 및 봉사행정 체제 구축
   - 비대한 상부감독기관의 축소 조정
   - 일반행정기관의 강화

- 불필요한 사무량 감소

3. 소수정예화 및 적정한 인력 배분으로 적재적소의 보직 및 인력의 자질 향상
   - 4급 이상 동결 조치의 계속 이행
   - 분야별 인력 배분의 적정화
   - 인력의 전문화
   - 인력 분포구조의 정상화
4. 행정의 간여 범위 축소로 행정의 민주화와 효율화 도모
   - 행정 권한의 하부위임 확대
   - 민간위탁사무의 발굴 추진
   - 행정절차의 간소화

'10·15 행정개혁'은 각 부처의 자율성을 존중한다는 원칙을 갖고 있었으나 각 부처에 정비 기준을 시달해 전 정부적 차원에서 행정개혁의 기본 방향과 원칙에 부합하는 개혁이 되도록 했다(총무처, 1982: 40). 이 정비 기준에 따르면 34개의 중앙행정기관, 7개의 기타 기관, 3개의 지방자치단체, 총 44개 기관을 정비 대상으로 삼았다. 정원 감축 목표를 보면 4급 이상 공무원 중 중앙행정기관 11.6%, 기타 기관 23.8%, 지방자치단체 8.7%, 총 11.8%의 공무원 인력 감축 목표를 설정했다. 4급 이상 간부급 공무원을 감축 대상으로 삼은 것은 관리직의 비대화를 행정 효율성 저해의 중요한 요인의 하나로 지목한 점을 반영한 것으로 보인다. 또한 2개의 장관급 직위와 5개의 차관급 직위를 감축하도록 하고, 차관보·실장·부시장·국장·담당관 등 간부급 직위 367개를 감축했다. 동시에 기관의 폐지도 수반돼 기획조정실, 행정개혁위원회, 국가안전보장회의사무국, 경제과학심의회의 사무국, 원호처 산하 7개 기관, 산림청 산하 연구소, 전매청 11개 지청, 국방부 산하 3개 기관, 병무청 산하 4개 지방청, 농수산부 산하 검사소, 건설부 2개 지방청, 체신부 산하 5개 기관 등 다수의 기관이 폐지됐다. 이러한 조직정비 계획은 1981년 11월 2일, 행정기관의 조직 및 정원에 관한 통칙 및 경제기획원 직제 등 1,232개 직제가 공식적으로 반포되고, 동년 12월 31일에 정부조직법과 서울특별시행정에 관한 특별조치법이 개정 공포됨으로써 완료됐다.

공무원의 인력관리 측면의 개혁은 '10·15 행정개혁'과 더불어 1981년도에 국가공무원법과 관련 법령을 개정을 수반했다. 이 당시 주요 개정 사항은 승진과 보직관리제도 개선, 채용제도 개선, 직위해제 남용 억제, 인사상담과 고충처리제도의 도입 등이다. 또

한 공직자 윤리법의 제정을 통해 공무원의 청렴도를 제고하고자 했다(오석홍, 2003: 278).

2) '성장 발전을 위한 제도 개선'의 추진 방향

'성장 발전을 위한 제도 개선'은 '행정이 담당하고 있는 선진 조국 창조의 선도적 기능'을 충실히 수행할 수 있는 제도적 기반을 마련하는 데 초점이 맞춰져 있었다. 이를 구현하기 위한 세부적 개선 방향은 다음과 같다(대한민국정부, 1984: 10).

- 대통령의 통치 이념을 구현하기 위한 최적의 행정 체제 구축
  - 4대 국정지표의 효율적 구현
  - 세 가지 고통[1]으로부터의 해방
  - 근대 산업국가의 완성
- 2,000년대 행정환경을 예측하고 그에 대응할 수 있는 법령·제도의 마련
  - 2,000년대의 국가관리를 위한 제도 강구
  - 개방사회의 지향 → 국제화 추세에 대처
  - 행정의 표준화·전산화·간여 범위의 재정립
  - 국민봉사 위주의 행정 확립
- 행정의 안전성을 유지하면서 발전 지향적인 국가 목표를 꾸준히 추진할 수 있는 풍토 조성
  - 행정의 예측가능성 제고
  - 제도의 창설은 최소화하고 신중 처리
  - 불필요한 제도는 과감하게 통·폐합

전두환 정부는 국가의 성장 발전이라는 큰 목표 달성에 저해가 되는 제도가 무엇인지 파악하기 위한 기준을 설정하고 이를 근거로 하여 행정기관과 민간 전문가들이 참여하는 가운데 개선의 대상이 되는 제도를 선정했다. 먼저 정부제도를 '정부 시책과 관련된 제도'와 '행정 발전의 기반 구축을 위한 제도'로 구분하고 제도의 유형별로 어떠한 제도가 선정 대상인지를 판단하기 위한 기준을 제시했다. 또한 기존 제도의 개선뿐만 아니라 새로운 행정의 가치와 수요에 부응하기 위해 필요한 새로운 행정제도까지도 제도 개선 대상으로 포함해 미래 지향적인 제도 개선을 추구했다. 각 유형별 선정 기준은 다음과 같다(대한민국정부, 1988: 21-23).

1) 세 가지 고통이란 전쟁, 빈곤, 정치적 탄압을 의미함.

1. 정부 시책과 관련된 제도
 - 국민에게 불편을 주는 법령제도
 - 국민의 자율성을 저해하는 지원·규제제도
 - 행정환경 변화에 부적합한 법령·제도
 - 건전한 가치관과 정신문화를 해치는 제도나 관습
2. 행정 발전의 기반 구축을 위한 제도
 - 행정의 민주성 확보를 위한 제도
 - 행정의 효율성 제고를 위한 제도
 - 여러 행정기관에 연관되는 사항
3. 새로운 행정제도
 - 민주화·자율화·지방화·개방화 추세 등 행정환경에 대응하고 미래 지향적인 선진행정 체제를 갖추는 데 꼭 필요한 행정제도

이상의 두 가지 큰 줄기의 정부개혁을 종합해 볼 때, 행정조직 개편 위주의 '10·15 행정개혁'과 제도 개혁 중심의 '성장 발전을 위한 제도 개선'은 정부정책을 입안하고 집행할 기구와 정부가 해야 할 일의 내용과 방식에 대한 개혁에 각각 초점이 맞춰져 있었다. 비록 개혁의 동기가 정치적 필요에 기인했지만 이 두 개혁은 개혁의 실제 성과와는 별개로 당시 정부가 안고 있던 핵심 과제를 비교적 냉정히 진단해 개혁의 대상과 방향을 명확히 제시했다. 따라서 정치적 요소를 배제하고 이 두 개혁의 추진 방향과 목표를 평가하자면 당시 정부가 추진해야 할 행정개혁의 이슈를 적절히 수립했다고 볼 수 있다.

제3절 정부개혁의 추진체계

1. '10·15 행정개혁'의 추진체계

'10·15 행정개혁'의 계획 단계에서 논란이 됐던 것은 계획에서 1단계의 목표, 즉 조직정비 개혁을 효율적으로 시행하기 위한 주체가 누가 돼야 하는 점이었다. 당시 정부

는, ① 총무처가 단독으로 주관하여 시행하는 안, ② 각 부처가 정비 기준에 따라 자율 시행하는 안, ③ 개혁을 주관할 특별위원회를 설치하는 안 등 세 가지 안을 검토했다. 최종적으로 결정한 계획은 1차적으로 각 부처가 하달될 지침에 따라 자체 정비 계획을 작성하고 총무처가 이를 모두 취합해 개혁의 방향과 정비지침에 부합하도록 조정하고, 일과적으로 조직 정비를 위한 개혁작업을 추진하도록 했다(총무처, 1982: 43).

과연 이러한 계획대로 행정개혁이 행정기관 중심으로 이뤄졌는지에 대해서는 회의적 시각이 존재한다. 정부와 행정에 대한 실질적인 개혁은 신군부 세력의 권력기구라고 할 '국가보위비상대책위원회(이하 국보위)'의 상임위원회 주도로 제5공화국 출범 이전에 이뤄져 마치 5·16 군사 쿠데타 이후 '국가재건최고회의'와 유사한 기능을 수행했다는 것이다. 또한 개혁작업이 사람에 대한 숙청을 먼저 시작하여 조직 통폐합과 같은 조직 개편으로 이어졌고, 이후에도 정보기관과 권력기관을 중심으로 개혁에 대한 조정이 이뤄졌다고 지적한다(안문석, 1995: 192-193). 많은 연구가 정치적 동기가 지배했던 전두환 정부의 행정개혁은 비합법적 방법이 공식적 절차를 형해화시켰기 때문에 실질적으로 체계적인 개혁이 아니었다고 평가한다(은재호·노승용·강희정, 2006: 42; 임도빈, 2000: 2). 따라서 총무처가 발간한 『행정개혁사』에 기술된 내용처럼 총무처와 각 행정기관이 적절한 역할 배분을 했는지에 대해서는 조심스러운 해석이 필요하다.

2. '성장 발전을 위한 제도 개선'의 추진체계

'성장 발전을 위한 제도 개선'은 대통령의 제도 개선지침이 하달된 이후 국무총리가 청와대 비서실의 지원을 받아 이미 설치되어 있던 국무총리실 산하 행정개혁위원회를 통해 추진하도록 했다. 행정개혁위원회는 행정 각 부처와 학계 및 사회단체 등으로부터 폭넓은 의견을 수렴해 세부 작업계획을 수립했다. 대통령 비서실의 정무 제2수석이 지원 업무의 책임을 맡고 있었다. 이때 제도 개선의 대상이 되는 과제로 전 정부 차원에서 추진돼야 할 주요 정책과제 46개를 선정하고, 각 부처별로 해결해야 할 760개의 일반과제를 선정했다(대한민국정부, 1984: 11). 또한 청와대 비서실에는 제도개선반을 두어 개선작업을 지원하고 독려하도록 했으며, 정무제2수석은 내무부 출신의 이사관을 반장으로 두고 그 휘하에 비서실 서기관들과 서울시 출신의 사무관과 함께 업무를 추진했다(조석준, 1990: 81).

위원장
(총무처 장관)

부위원장
(행정조정실 제3조정관)

정부 측 위원

- 대통령비서실(정무제2담당비서관)
- 경제기획원(기획관리실장)
- 법제처(법제조정실장)
- 총무처(행정조사연구실장)
- 안건 관련 부처(기획관리실장)

민간 위원(20인)

- 경제단체
  - 전국경제인연합회 상임 부회장
  - 대한상공회의소 상근 부회장
  - 중소기업협동조합중앙회 부회장
  - 한국은행 기획이사
- 경제연구기관
  - 한국농촌경제연구원 부원장
  - 한국개발연구원 부원장
  - 국토개발연구원 부원장
- 사회단체
  - 대한변호사협회 사무총장
  - 한국노동조합총연합회 사무총장
  - 한국소비자연맹 회장
  - 한국사회복지협의회 사무총장
  - 환경설계 및 정책연구원 원장
- 교육문화단체
  - 대한교육연합회 사무총장
  - 한국교육개발원 부원장
  - 한국문화예술진흥원 부원장
  - 한국과학기술단체총연합회 사무총장

학계: 제도개선 정책자문 교수(4인)

그림 3-1-4 전두환 정부 제도 개선 추진체계

자료: 대한민국정부(1984: 13).

1981년 11월 정부조직 개편 이후에는 총무처가 총괄 기능을 수행하도록 하고, 개선안의 심의는 개편된 '성장 발전 저해 요인 개선위원회'가 담당하도록 했다. 이 위원회에는 계획의 수립과 더불어 제도 개선의 추진체계를 보강하기 위해 민간 전문가까지 참여하도록 했다. 이 위원회의 장은 국무총리가 맡았고, 부위원장인 경제기획원 장관을 비롯해 10여명의 사회단체 및 기관의 장을 위원으로 보임했다(조석준, 1990: 81). 주목할 만한 점은 이 위원회에는 정무제2수석과 함께 비서실의 관계 수석비서관도 위원으로 참

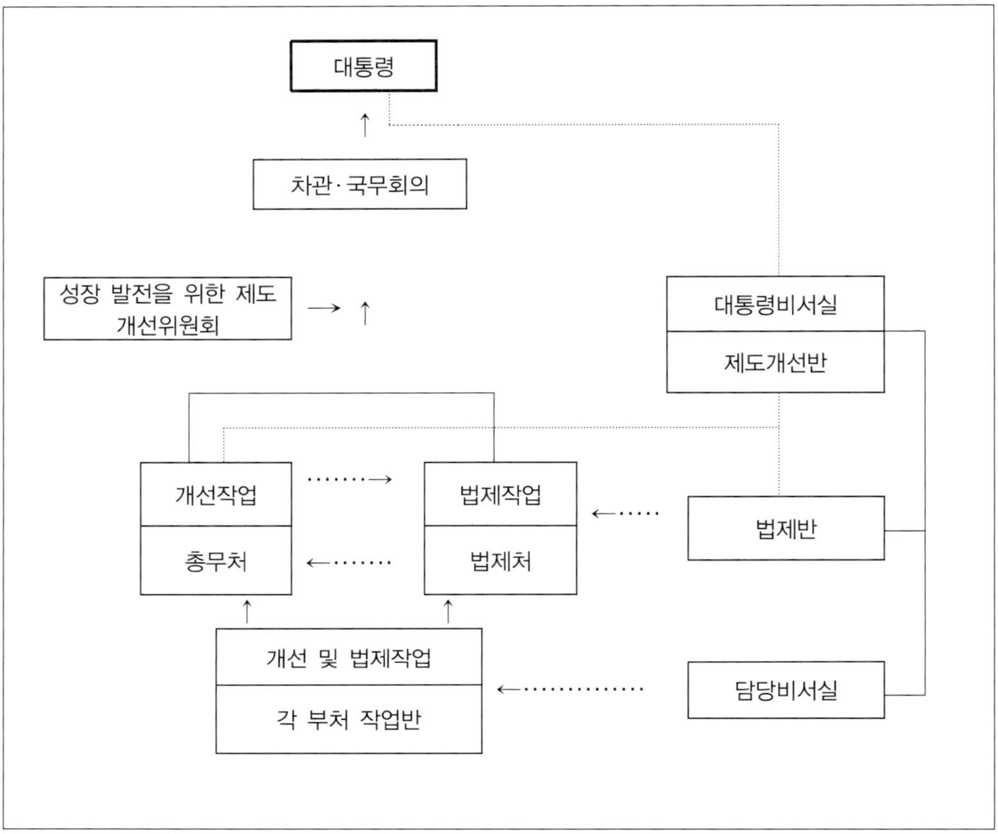

그림 3-1-5 **성장 발전을 위한 제도개선위원회**

자료: 대한민국정부(1988: 20).

여했고, 법제처장과 행정개혁위원회위원장 그리고 안건 관련 부처 장관 역시 참여했다는 점이다. 이는 이 위원회의 활동에 청와대가 적극 개입했다는 점과 관계 부처와 독립적인 제도 개선이 아닌 부처의 참여를 전제로 한 제도 개선활동이었다는 점을 시사한다 (조석준, 1990: 82).

제도 개선의 실무작업을 담당하도록 '성장 발전 저해 요인 개선심의위원회' 산하에는 실무위원회를 두도록 했다. 실무위원회의 활동은 비서실 산하 제도개선반이 주도하는 가운데 행정개혁위원회와 총무처의 실무자 및 각 부처의 기획관리실장이 참여했고, 법제처 또한 참여하도록 함으로써 각 부처의 작업반에서 작성된 제도 개선안이 심의를 거친 후에는 반드시 제도화·법령화하도록 했다. 일단 제도개선위원회의 심의를 거친 개선안은 국무회의에 상정돼 심의를 받고, 통과된 개선안은 대통령의 재가를 받는 절차를 수립했다(대한민국정부, 1988: 18).

앞서 살펴본 1981년 '10 · 15 행정개혁'은 제도 개선의 추진체계에도 영향을 끼쳤다. 이 개혁에 따른 조직개편의 결과로 국무총리 산하 행정개혁위원회가 총무처로 흡수되고, '성장 발전 저해 요인 개선심의위원회'는 1982년 '성장 발전 저해 요인 개선위원회'로 명칭이 변경됐다가 1983년 다시 '성장 발전을 위한 제도개선위원회'로 명칭이 확정됐다. 위원회의 명칭 변경은 단순히 명칭에 내재한 부정적 요소를 제거한다는 형식적 목적뿐만 아니라 이와 함께 제도 개선의 핵심 기관의 변경이 있었다는 점도 시사한다. 초기의 제도 개선은 청와대 비서실이 주도적인 지원 기능을 담당하고 있었으나 1982년 명칭 변경 이후로는 총무처로 제도 개선의 책임과 권한이 상당 부분 이양됐다. 이는 제도 개선 작업이 청와대의 직접적 관여 없이도 제도 개선의 추진체계와 절차가 유지될 수 있는 수준에 올라섰다는 것을 알 수 있다(조석준, 1990: 83).

제도 개선 작업의 일반적인 추진절차는 과제의 발굴부터, 채택과 집행에 이르기까지 다음과 같은 8단계로 수행됐다(대한민국, 1987: 23-26).

- 1단계: 국민 각계각층의 여론 수집
  - 개선과제 발굴을 위한 여론 수집
  - 방법: 현지 여론조사, 민간협회 · 단체 · 전문가에 대한 서면여론조사, 외부기관의 개선 건의, 보도자료 및 문헌 활용
- 2단계: 타당성 검토
  - 수집된 여론의 법적 타당성과 실현가능성 검토 · 분석
  - 방법: 자체심의, 관계 부처와 과제 범위 · 개선 방향에 관한 사전 협의 및 조정
- 3단계: 개선과제 확정
  - 안 확정 후 제도개선위원회에 상정, 심의 후 확정
  - 각 부처별 당해 연도 업무계획에 반영해 추진
  - 중요 정책과제는 총무처가 담당
  - 제도 개선과 제안제도를 연계해 우수 개선과제에 대해 포상
- 4단계: 과제 개선을 위한 자료 수집
  - 과제 확정 후 해당 부처는 과제 개선을 위한 자료 수집
  - 관계 법령 분석 및 연계성 검토
  - 관련 행정기관 및 민간단체 의견 수렴을 통한 실태 확인

- 5단계: 조사연구 및 개선안(시안) 작성
  - 개선을 위한 기본 방침과 방향 설정
  - 관계자 · 전문가의 의견 수렴
  - 선진 각국의 제도와 비교 검토
  - 관련 부처 담당관회의를 소집해 기관 간 협의 조정 후 개선 시안 작성
- 6단계: 개선안 심의 및 확정
  - 제도개선위원회에 상정, 심의 후 확정
- 7단계: 개선안 보고 및 시행
  - 차관회의 심의, 국무회의 심의, 대통령 재가 후 확정
- 8단계: 사후관리
  - 각 부처는 담당 일선기관에 시행지침 하달
  - 총무처는 연 2회 관련 기관 및 일선행정기관의 이행 실적을 직접 확인 · 점검 · 문제점 보완

위 여덟 단계 중 1에서 3단계까지는 제도 개선에 적절한 대상을 신중하기에 선정하기 위한 절차적 요건을 담고 있으며, 4단계부터 8단계까지는 선정된 과제의 제도 개선을 효율적으로 추진하고 과제 개선 이후에 제도 개선의 효과를 실현하기 위한 사후적 조치를 망라하고 있다.

제도 개선의 정부 업무 향상에 실질적 효과를 주기 위해서는 적절한 개선 안건의 선정도 중요하지만 무엇보다 업무 현장에서 발현되고 지속되도록 관리하는 것이 중요하다. 이를 위해 전두환 정부는 제도 개선의 추진 현황이 관리될 수 있도록 주요 업무계획에 반영하도록 하고, 추진 상황을 종합적으로 관리하도록 했으며, 실적이 우수한 개선과제를 공무원 창안과 연계해 포상하도록 했다(대한민국정부, 1988: 24).

제도 개선 작업은 행정개혁과는 달리 전두환 정부 집권 기간에 지속적으로 추진됐기 때문에 제도 개선의 성숙도에 따라 단계를 구분했다. 1981년부터 1987년까지 전두환 정부 집권 7년의 기간 동안 진행된 제도개혁은 크게 시기상으로 크게 두 단계로 구분된다. 먼저 제1단계인 1981년부터 1982년까지는 '성장 저해 요인 개선' 단계이고, 다음 5년간은 '성장 발전을 위한 제도 개선' 단계로 구분된다. 제1단계의 핵심 과제는 "성장과 발전을 저해하는 각종 법령 · 제도 · 관습 · 행정 선례 등의 불합리하고 비능률적인 요소의 제거"로 설정됐다. 반면 제2단계에서는 "민주봉사 행정 체제를 더욱 공고히 하고 국가발전을 가속화하기 위해 불합리한 행정제도개선작업의 지속적 추진"을 목표로 제도 개

선이 추진됐다(대한민국정부, 1988: 14-16). 이러한 구분은 1982년에 단행된 제도개선위원회의 명칭 개선 및 제도 개선작업 추진체계가 청와대 중심에서 총무처 중심으로 이행하면서 실무적인 제도 개선작업에 집중했던 것을 반영한 것으로 볼 수 있다.

제도개혁의 공식 체계는 앞서 살펴본 바와 같이 제도개선위원회가 주도해 각 부처별 제도 개선작업을 총괄하도록 했으나, 제도개선위원회가 실질적으로 제도 개선을 이끌었는지에 대해서는 의구심을 가지지 않을 수 없다. 공식적인 개혁 추진체계와는 별도로 정치적 성격을 가진 특별기구나 정치적 권력을 가진 정권의 핵심 인물들에 의해 개혁작업이 주도됐을 가능성이 높다. 일례로 전두환 정부 출범 이전부터 국가보위비상대책위원회의 반부패활동은 전두환 정부 출범 이후 사회정화위원회가 이어받아 강력하게 추진됐다. 이러한 정권의 정치적 목표에 따라 설치되고 가동된 조직들은 공식적인 역할 범위를 넘어서서 제도개선 작업에도 깊게 개입함으로써 제도 개선을 담당하는 실무부처의 자율성을 상당 부분 침해했을 것으로 보인다.

참고 문헌

대한민국정부 (1984). 성장발전을 위한 제도개선 백서 제2집. 대한민국정부.

______(1988). 성장발전을 위한 제도개선 백서 제4집. 대한민국정부.

안문석 (1995). 문민정부의 행정개혁. 한국정책학회보, 4(1): 182-212.

오석홍 (2003). 행정개혁론 제4판. 서울: 박영사.

은재호 · 노승용 · 강희정 (2006). 정부혁신의 이해 II: 참여정부 정부혁신의 연속성과 비연속성. 서울: 한국행정연구원.

이대희 · 윤재풍 · 유석영 · 이종수 · 유광호 · 민진 · 임승빈 · 김종미 (2001). 한국의 행정사. 서울: 대영문화사.

조석준 (1990). 행정개혁위원회의 조직방법과 성과에 관한 연구. 행정논총, 28(2): 75-93.

정무2 (1981). 성장발전저해요인개선지침. 정무2.

총무처 (1982). 행정개혁사: 10 · 15 행정개혁을 중심으로. 총무처.

제 2 장

정부개혁의 내용

홍성걸
국민대학교

제 1 절 정부조직 개편

정부조직 개편은 앞 정부의 유산과 새 정부의 과제와 능력, 그리고 정책환경의 변화가 어우러진 결과라고 할 수 있다. 1980년 10월 27일, 제8차 개헌을 통해 1981년 3월 3일 출범한 전두환 정부는 유신 말기의 정치경제적 환경을 물려받아 이를 극복하고 1980년대 시장 중심의 신자유주의 사조의 영향에 따라 발전 지향적 정치경제를 지속하면서 동시에 사회복지와 환경 및 노동 분야의 개혁을 지향하는 조직개편을 시도했다.

박정희 정부(3, 4 공화국)의 정부조직은 국가 주도의 경제 발전을 목적으로 한 확장적(혹은 과대 성장) 발전국가의 특징을 가졌다. 1960년대 초, 박정희 정부에서는 전후복구에서 벗어나 본격적인 경제 발전을 추구하기 위해 민간부문에 대한 지속적이고 체계적인 개입이 이뤄졌고, 이를 위해 정부조직과 관료제의 지속적 팽창이 이뤄졌다. 1970년대 유신과 중화학공업화정책의 추진으로 경제와 사회에 대한 좀 더 전면적이고 체계적인 개입이 이뤄졌고, 이 과정에서 관련 정부조직은 더욱 비대해졌다. 특히 1960년대 초반 이후 지속된 수출지상주의와 경제개발 5개년계획의 성공적 추진, 중화학공업화에 따라 산업구조가 복잡·다양해졌고, 이에 따라 더 이상 정부의 직접적 개입에 따른 경제성장이 불가능하고 시장 중심의 경제 발전이 불가피하게 됐다.

1970년대 말, 중화학공업 분야에 대한 과다 투자로 인해 급증한 부채와 반독재 투쟁으로 인한 사회 불안, 제2차 오일쇼크로 인한 경제난을 물려받은 전두환 정부는 밖으로는 1980년대 초반 영국의 대처(Margaret Thatcher) 정부와 미국 레이건(Ronald Reagan) 정부에 의해 선도되고 있던 신자유주의적 변화에 부응하고, 안으로는 1970년대 경제사회 분야에 대한 과도한 국가 개입을 줄이기 위한 정부조직의 개편을 단행하게 된다. 아울러 1979년 12·12사태와 1980년 5월의 광주민주화운동에 대한 폭력 진압 등 불법적 방식을 통한 정권 수립이라는 부담에 따른 정치적 정당성 확보 노력의 일환으로 '정의사회 구현'과 '복지사회 건설' 등에서 나타난 분배정책의 강화 필요성도 정부조직을 비롯한 행정개혁의 기조를 이루게 된다. 이에 따라 정부조직의 측면에서는 경제기획과 산업정책 등 중화학공업화 핵심 부서의 축소와 환경과 노동, 복지 분야의 조직이 강화되는 작고 효율적인 정부로의 개편이 이뤄졌다.

전두환 정부의 주요 정부조직 개편은 출범 직전인 1979년 12월 28일의 개편을 시작으로 1982년 3월 20일의 개정에 이르기까지 모두 다섯 차례에 걸쳐 이뤄졌는데 전반적으로는 경제 관련 조직의 축소 및 기능 재편과 복지, 환경 및 노동 등 재분배 분야의 정책 기능의 강화가 기본 방향이 됐다. 이후에도 수차례에 걸친 정부조직법 개정이 이뤄졌지만 대체로 명칭 변경이나 기능재조정 등 사소한 변화에 그쳤다.

첫 번째 조직개편은 전두환 정부의 출범 전인 1979년 12월 28일에 이뤄졌다. 이 개편은 12·12사태 이후 전두환 장군을 중심으로 한 신군부가 정권을 완전히 장악하기 전에 이뤄졌는데, 핵심 내용은 당시 보건사회부가 가지고 있던 환경정책 기능을 강화하기 위해 환경청을 신설하여 청 단위로 독립시키는 것이었다. 급속한 산업화와 중화학공업의 발전 과정에서 급격히 증가한 환경 파괴나 각종 오염으로 인한 생활환경의 악화가 환경정책의 전문성과 중요성을 증대시켰고, 기존의 보건사회부로는 환경기술이나 전문 인력의 부족으로 새롭게 증가하는 환경문제에의 대응에 한계가 있다는 판단에 따른 개편이었다. 당시 환경청으로는 미흡하니 환경부나 환경처로 확대하자는 의견을 비롯해 환경 관련 부처의 강화 의견이 국회 보사위원회를 중심으로 개진됐으나 내무위원회의 반대로 환경청을 신설하는 선에서 개편이 이뤄졌다. 정치적 측면에서 볼 때, 환경의제가 시급하게 채택된 것은 이후 전개되는 전두환 정부의 정통성 시비와 무관하지 않다고 평가

된다.

두 번째 조직개편은 1980년 12월 31일에 이뤄졌는데, 이 개편은 정부조직법이 아닌 「독점규제 및 공정거래에 관한 법률」을 제정한 것이었다. 이 법의 제정으로 공정거래위원회가 신설됐고, 그동안 경제기획원이 담당하고 있던 공정거래에 관한 정책 기능이 경제기획원에서 공정거래위원회로 이관됐다. 제정 초기에는 경제기획원 차관이 공정거래위원회의 위원장을 겸임하도록 했는데, 이에 대해 경제기획원은 공정거래정책과 경제정책의 연계성을 확보하고 공정위를 조기에 정착시키기 위한 조치라고 설명했다.[1] 그러나 이러한 겸직은 공정거래 관련 정책 기능을 기획원의 성장정책 기조와 연계해 운영함으로써 공정거래 기능이 지속적 성장을 저해하는 일이 없도록 하자는 의도도 있었다고 판단된다.

공정거래 기능의 확대는 박정희 정부에서도 꾸준히 제기돼 왔지만 그때마다 성장 우선 원칙에 밀려 도입되지 못하다가, 박정희 정부 말기인 1979년 6월에 있었던 경제기획원 내부의 직제 개정을 통해 물가정책국을 물가정책실로 확대 개편하면서 그 안에 공정거래정책관을 설치하면서 처음 도입됐다. 1980년 5월, 신군부에 의해 국가보위입법회의가 설치됐고, 당시 김원기, 신현확 두 경제부총리와 김재익 청와대 경제수석의 강력한 지원을 바탕으로 입법화됐다. 공정거래법의 제정에 대해 시기상조를 이유로 일부 반대하는 입장도 있었으나 민간 주도의 경제 활성화를 위해서 성장일변도의 발전국가에 흩어져 있는 공정경쟁을 제한하는 각종 규제들을 제거하고 공정거래의 원칙을 수립할 필요가 있다는 시장론자의 입장을 전두환 대통령이 수용함으로써 전격적으로 입법화됐고, 다음 해인 1981년 4월부터 시행했다.

세 번째 정부조직 개편은 1981년 4월 8일에 있은 정부조직법 개정을 통해 이뤄졌는데, 이 개편의 핵심은 노동청을 확대해 노동부를 신설하는 것이었다. 1963년 설치된 노동청은 직업 안정, 직업훈련, 산업안전, 산재보험, 노동자 해외파견 등의 업무를 추가하면서 그 업무와 기능이 확대돼 왔다. 박정희 정부의 노동정책은 사실상 노동기본권을 억압해 경제 발전을 위한 자본 축적과 외국인 투자 유치의 수단으로 활용했지만 전두환 정부는 노동행정과 정책의 질적 전환을 목적으로 노동부로의 승격을 단행했다.

---

1) 경제기획원 차관의 공정위 위원직 겸직에 대해 민간 주도 경제 운용이라면서 겸직하도록 한 것은 공정성과 객관성을 확보하기 어렵지 않겠느냐는 질의가 있었다. 이에 대해 경제기획원은 겸직하도록 한 것은 위원회를 장악하기 위한 것이 아니라 조기에 정착시키기 위한 것이라고 설명하면서 처음부터 방대한 조직으로 시작하기보다는 작은 조직으로 시작해 경험을 쌓고 필요가 있을 때마다 확대해 나가고자 한다는 취지의 답변을 했다(국보위 입법회의 사무처, 국가보위입법회의 경제 제1분과 회의록, 제21호. 하태수(2011: 89-122)에서 재인용).

12・12사태와 광주 민주화운동에 대한 폭력 진압 등 비정상적 방법을 통해 집권한 전두환 정부에 노동문제는 정권의 정당성을 위협할 수 있는 심각한 문제였다. 그러나 당시 조영길 국가보위입법회의 보사위원장이 노동문제의 중요성에 비해 노동문제의 주무부처의 장이 국무회의에 참석하지 못하는 것은 문제라는 입장을 개진했고 이를 전두환 국보위의장이 수용함으로써 노동부의 승격이 전격적으로 이뤄질 수 있었다. 이것은 과거 박정희 정부가 노동문제를 경제적 관점에서 다뤄 왔다면 전두환 정부는 정권의 정통성 확보와 사회 안정의 차원에서 접근했다는 것을 의미한다. 이와 같은 맥락에서 이어진 노사관계법(근로기준법이나 노사협의회제도의 신설 등)의 개편이 정권 차원에서 노동계에 대한 배려와 관심이 높다는 점을 보여주기 위한 과시용이었다는 해석도 있다(이장규, 2008: 151-160).

전두환 정부의 네 번째 정부조직 개편은 10・15 행정개혁의 결과를 입법화한 1981년 12월 31일의 정부조직법 개정을 통해 이뤄졌다. 10・15 행정개혁은 전두환 정부 출범 이후 체제의 정당성 확보와 행정효율성 제고를 위해 경제발전기의 크게 확장된 정부조직의 축소를 기조로 하여 '간소한 정부'와 '깨끗한 정부'를 구현하기 위한 정부 역할의 재정립을 목표로 추진됐다. 행정개혁의 기본 방향은 첫째, 정부 간의 범위를 축소해 자율적이고 민주적인 행정을 구현하고, 둘째, 행정의 절차를 간소화함으로써 행정의 능률화를 도모하며, 셋째, 불요불급한 상위기구를 축소 조정함으로써 예산의 낭비적 요소를 제거해 국민 부담을 경감시키고, 넷째, 대국대과제의 구현으로 조직 규모의 적정화를 이뤄 결재 단계를 축소하며, 다섯째, 인력의 소수정예화로 행정의 전문화를 기하는 것으로 설정됐다.[2)]

이러한 기본 방향에 따라 다음과 같은 개편이 이뤄졌다.

① 유사 중복 기능의 조정: 국가기획과 심사분석 기능의 통합과 재분배, 행정개선에 관한 조사연구 기능과 집행 기능의 통합과 합리적 배분, 그리고 과다한 상위기구를 정비했다. 이에 따라 국무총리 기획조정실, 국가안전보장회의 사무국, 경제과학심의회의 사무국, 국립원호병원, 국립직업재활원, 산림자원조사연구소, 국군신문제작소, 국군방송실, 국군영화제작소, 국립생산검사소 등의 중앙행정기관이 폐지됐다.

② 참모제도의 개선: 이미 계선화돼 운영되고 있는 참모조직의 운영 실태를 점검하고 파행적으로 운영되고 있는 담당관 제도를 선별적으로 개선하여 제도의 취지와 실제 운영상의 괴리를 축소했다. 이에 따라 각 부처의 차관보 수를 2인 이내로 축소해 당시

2) 이하의 내용은 신윤창(2009: 183-223)에서 발췌 및 재구성했다.

20명의 차관보 정원을 12명으로 축소 조정했다.

③ 부처 내부조직의 재정비: 부처 내 소규모 국이나 과의 경쟁적 증설에 따라 상위직이 크게 증가함에 따라 이를 대국대과 위주로 개편했다. 이에 따라 201개의 국 중에서 41개국이 감축되어(20.4%) 160개 국으로 조정됐고, 부처별 평균 국 수는 5.7개에서 4.6개로 축소됐다.

④ 특별지방행정기관의 개편: 특별지방행정기관의 중간 감독기구를 간소화해 불필요한 중간층을 없애 행정효율성을 제고하고 동시에 일선기관의 자율성과 책임성을 제고시켰다. 이에 따라 5개 지방원호청, 8개 지방체신청이 폐지되고, 11개 지방병무청, 7개 지방국토관리청, 22개 전매지청으로 광역화 및 통합됐다.

⑤ 불합리한 소속기관의 정비: 기관의 규모나 관할구역, 담당직무 등에 비해 직급이 불균형적인 상황을 개선하고 인사교류의 활성화를 위해 부처 내 기관장 등 2, 3급 직위 간의 직급을 합리적으로 배분했다. 아울러 적절한 통솔 범위가 없거나 형식적으로 설치된 부기관장은 폐지했다.

⑥ 지방자치단체의 조직정비: 지방자치단체의 조직 정비를 통해 자치단체 간 권한과 사무의 배분을 적정화해 일선기관의 현지성과 봉사성을 제고했다(신윤창, 2009: 198-199).

이 개정을 통해 국무총리실의 기획조정실에 설치되어 있던 행정개혁위원회가 폐지되고 관련 업무는 총무처 행정관리국으로 이관됐다. 한편 총리실의 기획조정실이 담당하고 있던 심사분석 업무를 경제기획원의 심사분석국으로 이관했고, 경제기획원의 외자관리 업무는 재무부로 이관했다. 또 체신부의 외국으로 설치돼 있던 전파관리국을 내국으로 편입시켰다.

이러한 부처 간 기능 재조정과 함께 중앙행정기관의 하위조직을 대국대과의 원칙하에 통합·조정해 그에 따른 인원 감축 및 직급의 하향 조정이 이뤄짐으로써 1980년까지 경제 개발과 산업화를 위해 확대 지향적으로 운영돼 오던 정부조직과 공무원 수가 처음으로 감소함으로써 '작고 효율적인 정부'로의 첫걸음을 내디뎠다. 이에 따라 장차관급 7명을 포함해 4급 이상 중상위직 중앙공무원 599명(총 대상 인원의 12%에 해당)을 감축했고, 35,890명의 5급 이하 공무원을 중앙정부 외곽으로 전출시키는 등 대규모 조직 축소가 단행됐다(주경일 외 2004: 98).

전두환 정부의 다섯 번째 정부조직 개편은 1982년 3월 20일 정부조직법 개정을 통해 이뤄졌다. 이 개정은 1981년 9월 서독의 바덴바덴에서 열린 IOC 총회에서 1988년 제24회 올림픽 개최권을 획득함에 따라 이의 원활한 수행을 위한 체육부의 설치가 주 목적이었다. 올림픽의 성공 개최를 위해 주무부처를 신설하는 것이 필요하다는 입장에서 문교부 내에 있던 체육국을 확대 독립시켜 체육부를 신설하되 장관급 증가를 억제하기 위해 당시 3명이었던 정무장관을 2인으로 축소해 전체적으로는 현상 유지적 개정을 이뤘다.

이후에도 수차례에 걸친 정부조직법 개편이 있었으나 대부분 작은 문구의 수정이나 기능 재조정, 부처명 변경이나 소속 변경 등에 국한됐다.[3)]

결론적으로 전두환 정부의 정부조직 개편은 초기 대통령실의 경제수석실이 4공 시절 3개에서 1개로 통합되는 등 경제정책관리 기능의 축소 지향적 일원화가 시도됐고, 경제기획원은 경제 성장 기능은 유지하면서 물가 안정과 균형 성장을 위한 공정거래 기능을 강화했다. 재무부는 기업의 재무구조 개선과 자본시장 개방에 대응하기 위한 조직과 기능을 강화했고, 상공부는 중화학공업화에 따른 과도한 정부 개입의 축소와 신자유주의의 대두로 인한 새로운 산업정책 환경에 따라 산업정책 부서를 중심으로 조직의 축소가 이뤄졌다. 아울러 1980년 8월에는 상공부와 중복된 기능을 수행하고 있던 중화학공업추진위원회와 동 추진단을 폐지했다. 1979년 12월에는 환경청이 보사부 독립 외청으로 신설됐고, 1980년 10월에는 사회정화위원회를 신설해 소위 '삼청교육대'로 대표되는 대대적 사회정화운동을 전개했으며, 1981년 4월에는 노동청을 노동부로 승격시켰고, 1982년에는 '86 아시안게임과 '88년 서울올림픽 유치로 인해 체육행정의 수요가 급증함에 따라 체육부를 독립부처로 신설했다. 다만 1981년 10·15 행정개혁을 통해 축소돼 2원 15부 4처 4청 4외국의 체제를 갖췄던 중앙정부조직이 전두환 정부 말기인 1987년에는 1부 9청이 늘어난 2원 16부 4처 13청 3외국이 됨으로써 당초 작고 효율적인 정부가 퇴색되기도 했다.

전두환 정부의 정부조직 개편은 당시의 정치경제적 상황과 밀접한 관련이 있다. 우선 대부분의 개편 과정에서 민주화 이후 흔히 나타나는 각종 저항이나 정부안에 대한 야권의 반대 등이 전혀 나타나지 않았다. 그만큼 당시 전두환 정부는 극도의 권위주의적 정부로서 무소불위의 힘을 행사할 수 있었다. 김재익 경제수석을 중심으로 한 시장경제주의자들의 전면 부상과 그들에 대한 전두환 대통령의 전폭적 지지는 과거 국가의

3) 예컨대 1983년 12월 30일 개정된 정부조직법은 제30조에 외무부의 사무에 '이민'을 추가했고 제39조 보건사회부 사무에 '부녀'를 추가했다. 1984년 7월 25일 개정에서는 원호처를 국가보훈처로 개칭한데에 따른 자구 수정이 핵심 내용이었고, 1986년 12월 20일 개정에서는 농수산부를 농림수산부로 개칭했고, 전매 기능을 재무부로 이관했으며, 산림청은 내무부에서 농림수산부로 이관했다(법제처 국가법령정보센터, http://www.law.go.kr/ main.html, 검색일: 2014.08.12).

적극적 개입을 통한 계획경제 중심의 경제정책을 안정화와 자율화, 시장화로 급속히 전환할 수 있게 만들었고, 이 과정에서 경제산업 부처를 중심으로 한 축소 지향적 정부조직 개편은 필수적 과제였다. 1980년도의 물가상승률이 44%에 달할 정도로 극도의 인플레이션 상태, 국민총생산의 50%에 달할 정도로 극도로 악화된 국제수지, 많은 부실기업과 높은 금리 등 3중고에 시달리던 상황에서 물가 안정은 가장 중요한 경제정책의 목표로 설정됐고, 전두환 정부는 이를 위해 어떠한 정치 논리나 반대 논리도 용납하지 않았다. 이는 역설적이지만 권위주의 정부가 아니라면 불가능한 일이었다고 해도 과언이 아니다.[4] 전두환 정부 초기의 정부조직 개편은 바로 이러한 과제를 수행하면서 집권 과정에서의 정통성 부족에 대응하기 위한 노력이었다고 평가할 수 있다.

제 2 절 재정개혁

재정 분야에서 전두환 정부는 박정희 정부부터 이어진 예산 및 회계제도나 재정정책의 기본 방향으로부터 크게 달라진 것은 없다. 다만 물가 안정이 정책의 최우선 순위로 부상하면서 이를 달성하기 위해 경상경비 지출을 최대한 억제하고 공공투자를 필요 최소한으로 축소하거나 과감하게 연기했다. 중화학공업화 시절의 대규모 수출 지원 정책을 과감히 축소하여 시장화, 안정화라는 정책기조를 달성하기 위해 노력했고, 이의 일환으로 임금 인상을 억제하는 등 강력한 재정긴축 정책을 실시했다. 전두환 대통령은 중화학공업화 과정에서의 과도한 중복 투자와 2차 오일쇼크로 인해 악화된 경제를 조기에 회복시키기 위한 방안은 물가 안정밖에 없다는 경제관료들의 입장을 지지하고 어떤 이유로든 물가 상승을 부추길 수 있는 모든 정책을 거부했다. 그 결과, 전두환 정부는 1980년 도매물가 상승률을 44%에서 이듬해 4%대로 낮추는 데 기적적으로 성공했다. 이후에도 안정화정책은 꾸준히 계속되어 중앙정부 일반회계 예산의 대(對) GNP 비율이 지속적으로 하락해 1982년 17.6%에서 1988년 14.6%를 기록했다(재정경제원, 1995; 주경일 외, 2004: 97에서 재인용). 1982년에는 영기준 예산(zero base budget)제도를 도입했으나 기존의 예산제도의 근본적 개혁이 없이 경제발전기의 점증하는 예산을 매년 영기준에서

4) 중앙일보(2010.09.23.), "[강준식의 정치비사] 대통령 이야기 전두환."

재검토하는 것은 사실상 거의 불가능했고 그 성과도 크지 않았다.

전두환 정부의 정부예산에서 중점적으로 나타난 것은 주택, 학교, 도로 등 생활기반 시설의 확충과 물가 안정, 균형 성장, 환경 개선, 에너지의 안정적 공급, 외교안보 역량의 강화 등이었다(한국행정연구원, 2008: 362). 이것은 첫째, 1970년대에 이뤄진 중화학공업 분야에 대한 과도한 투자와 계획경제에 따른 정부의 직접적 시장 개입의 부정적 결과를 개선하기 위한 정책 분야에 대한 예산 배정이라는 특징과 함께, 둘째, 급격한 경제 발전에 따른 차량 증가, 인구 증가 등 주거와 생활환경 개선에 직결되는 분야에 대한 재정 투입, 셋째, 1970년대 두 차례에 걸친 오일쇼크의 경험에 따라 산업 발전의 핵심 요소로서의 에너지의 안정적 공급을 위한 적극적 재정 투입, 넷째, 노동, 환경 등 과거 정책 우선순위에서 뒤처져 있던 재분배 분야에 대한 재정 확대, 그리고 다섯째, 적극적 대외정책을 통한 외교역량 강화와 북한과의 외교경쟁 등의 정책기조가 반영된 결과로 해석될 수 있다.

결론적으로 전두환 정부에서 재정 분야는 박정희 정부 때부터 지속돼 온 「예산회계법」에 기반을 둔 정부회계제도를 유지했으며 제도상의 근본적 개혁이나 변화는 없었다. 다만 안정화, 개방화, 시장화의 경제정책 기조를 반영하고 노동이나 환경보호, 균형 발전 등 새로운 정책의제의 등장을 반영해 재정 투입의 우선순위가 변동되는 점진적 변화에 그쳤다고 할 수 있다.

제3절 인사개혁

전두환 정부의 인사개혁은 조직개편에서와 마찬가지로 집권 초기의 정부조직 개편과 10·15 행정개혁을 중심으로 이뤄졌다. 1981년 단행된 10·15 행정개혁은 헌법상의 정통성이 결여된 전두환 정부가 정통성 회복을 위한 노력의 하나로 추진한 공직사회에 대한 대대적인 개혁이었다. 전두환 대통령은 취임사부터 '국정쇄신'을 대명제로 선정하고 집권 초기 대대적 조직개편과 함께 공무원의 의식 개혁을 위해 반공과 청렴을 핵심으로 공무원 교육 내용을 전면 개편했고 공무원 윤리헌장을 선포하고 3급 이상 고급공무원들에 대한 이념교육을 실시하는 등 대대적인 인사 및 근무환경 개편을 시도했다.[5]

고급공무원들에 대한 의식개혁과 이념 교육은 새롭게 출범한 전두환 정부가 집권 초기에 정통성 시비를 극복하고 관료사회에 대한 통제력을 높이려는 정치적 의도가 강했지만 1963년 박정희 정부가 전면 개정한 국가공무원법 이후 인사행정에 대한 전반적 개혁이 없이 18년이 지남으로써 행정환경의 변화를 반영한 새로운 국가공무원제도 수립의 필요성도 있었다.

그러므로 인사개혁의 요인으로서, 그리고 개혁의 방향에 대한 영향 요인으로서의 행정환경의 변화는 전두환 정부의 인사개혁을 이해하는 데 매우 중요하다. 1980년대에 이르러 과학기술, 정보통신기술의 발전이 가속화됐고, 고도산업사회가 도래하면서 행정에도 전문성 제고가 요구되기 시작했다. 또 경제 발전에 따라 국민의 교육 열망이 크게 높아졌고 그에 따라 교육 기회가 급속히 증대했으며, 국민의 의식 수준과 기대 수준이 높아짐으로써 고품질 행정 서비스에 대한 요구가 증가하기 시작했다. 국제화, 개방화의 물결이 나타나면서 행정 분야에서 국제경쟁력이 필요하게 됐고, 공무원들에게도 국제 마인드를 갖출 것을 요구하게 됐다(총무처, 1982: 26-27). 이러한 변화에 대응하기 위해서도 전문성과 능률성을 갖춘 직업공무원제도의 확립은 필수적 과제가 됐다.

전두환 정부의 인사개혁에 대한 영향 요인으로서 빼놓을 수 없는 것이 핵심 정책기조다. 주지하는 바와 같이 집권 초기 전두환 정부의 가장 중요한 국정목표는 물가 안정이었으며, 전두환 대통령은 어떤 이유로도 물가에 악영향을 미칠 수 있는 지출의 증대를 용납하지 않았다. 따라서 발전연대에 지속적으로 증가돼 온 정부부문의 축소와 효율화가 핵심 정책기조가 됐고, 사회정화운동 차원에서 공직사회에 대한 인력 감축과 쇄신이 강력히 추진됐다.

구체적으로 살펴보면 1981년 4월 20일, 법률 제3447호로 국가공무원법의 일부 개정을 통해 실적주의, 행정의 전문성과 능률성 중시의 인사 원칙을 제시했고, 공무원의 계급 구분을 종전의 1급~5급(갑, 을)에서 1급~9급으로 변경해 오늘날의 계급 체계가 확정됐다(한국행정연구원, 2008: 237). 또 직무 수행 능력 부족을 이유로 직위해제 처분을 할 수 없도록 하고 직위 해제된 자에 대해서는 그 기간을 3월 이내로 하며 그 기간 내에 직위를 부여하거나 징계위원회의 동의를 얻어 직권 면직하도록 했다. 공무원들의 고충처리제도를 신설했고, 공무원의 승진에서는 능력과 실적이 합리적으로 반영되도록 하고, 공무원의 적재적소 배치로 업무의 전문성과 안정성을 확보하기 위해 보직관리의 원칙을

5) 경향신문(1981.07.16), "공무원 교육, 의식개혁 위주 개편."

정하도록 하는 등의 제도적 보완 대책을 마련했다(한국행정연구원, 2008: 237).

총무처는 국가공무원법의 개정 이유에 대해 "공무원의 인사관리에서 실적주의에 입각한 공정한 승진 및 보직관리 체제를 확립하고, 행정의 전문성과 능률성 제고를 위한 제도를 보강하며, 성실한 공무원의 신분 보장을 강화하는 등 우리의 현실에 맞는 직업공무원제도를 정착시키기 위해 현행 국가공무원법의 미비점을 보완하려는 것"이라고 밝히고 있다. 그러나 이러한 개정 이유는 박정희 정부가 1963년 기존의 국가공무원법을 폐지하고 새로 국가공무원법을 제정할 당시에 개정 이유로 밝힌 "성적주의 원칙을 구현하고… 행정 능률의 향상을 기하고 직업공무원제도를 확립하려는 것"과 거의 차이가 없다(한국행정연구원, 2008: 236). 시대를 건너 국가공무원법을 전면 개정하면서 거의 똑같은 개정 이유가 제시된 것을 보면 여러 차례의 시도에도 정치적 중립성을 유지하면서 능률적이고 효율적인 직업공무원제도를 확립한다는 것 자체가 쉬운 일이 아니라는 것을 간접적으로 입증한다고 할 수 있다.

10·15 행정개혁은 앞서 설명한 조직개편과 함께 역대 정부에서는 처음으로 대규모 인력 감축이 단행됐다.[6] 이것은 전술한 바와 같이 공직사회에 대한 쇄신과 통제라는 정치적 목적과 예산 절감을 통한 물가 안정이라는 경제적 목적을 동시에 달성하는 효과를 가져왔다. 실제로 이를 통해 4급 이상 공무원의 11.8%가 감축됐는데, 이를 통해 연간 약 300억 원의 예산 절감 효과를 기대할 수 있었고 그중 인건비의 절감액이 약 94억 원으로 전체 절감액의 31%에 달할 것으로 기대됐다. 그러나 이러한 감축 효과가 실제로 발생했다고 보기는 어렵다. 왜냐하면 전술한 감축이 즉시 이뤄지도록 정원을 줄인 것이지 현원을 실질적으로 감축한 것이 아니었으며, 실제 인사처리 과정에서는 정원과 현원이 일치할 때까지 초과 정원을 인정하도록 했기 때문이다.[7]

이러한 방식은 조직 감축에 따른 법제상의 정원 감소만 의미가 있을 뿐 사실상 공무원 수의 감소로 직결되는 것은 아니다. 그럼에도 불구하고 전두환 정부 초기에는 실질

6) 이하의 논의는 주경일 외(2004)에서 발췌·수정·보완했다.

7) 10·15 행정개혁의 인사 처리 사항 지침 '나'항은 조직 정비작업에 관련한 각급 공무원의 신분 조치에 대한 원칙을 천명하고 있는데, 여기에는 1) 현원이 정원에 일치될 때까지 초과 정원을 인정한다. 2) 부처 간의 인사교류로 과부족 인원을 조정한다. 3) 신규임용 소요 시에는 기관 간 정·현원을 이체·활용한다고 규정하고 있다. 또 초과 정원(대기인력)은 1) 연구·조사 업무를 위한 태스크포스나 프로젝트팀으로 활용하거나 2) 국가공무원법의 취지에 따라 다른 국가기관, 공공단체, 정부투자기관, 국내외의 교육훈련기관 등에 파견·근무케 할 수 있도록 규정함으로써 사실상 강제적이고 일시적인 감축은 이뤄지지 않고 시간이 가면서 자연적으로 감소하도록 했다(총무처, 1982: 44-45; 주경일 외, 2004: 99에서 재인용). 결국 현직 공무원들의 직접적 감축 대신 미래 공무원들의 충원을 조정하는 방법으로 부담을 장기간에 걸쳐 나눈 것으로 볼 수 있다.

적으로 공무원 수가 줄어들었는데 이는 조직개편이나 인사개혁으로 인한 것이라기보다는 고위직을 중심으로 한 국정쇄신을 위한 숙정의 결과로 보는 것이 타당하다는 견해가 있다(주경일 외, 2004: 100). 실제로도 전두환 정부는 작은 정부를 실현하기 위해 여러 차례의 숙정작업을 실시했고 그 결과 상당수의 공무원 감축이 이뤄졌다(안해균, 1991: 384). 그러나 그렇다고 해서 인력 감축에 따른 효과가 현실화되지 못했다고 보는 것은 과도한 단순화가 아닌가 생각된다. 왜냐하면 10·15 행정개혁을 통한 조직개편과 인사행정 개혁을 통해 실질적으로 고위직 공무원이 크게 줄어들었고(599명), 이후의 공무원 충원 규모가 과거에 비해 급격히 줄어들어 실질적인 감축 효과가 이듬해부터 즉각적으로 나타났기 때문이다. 전두환 정부의 일반직 공무원 채용 규모 추이를 보면 1981년 5,679명으로 직전 해인 1980년의 8,654명보다 3천여 명이 감소됐고, 1979년의 10,594명에 비하면 무려 절반 가까이 감소했다. 또 1981년 감소된 이후 전두환 정부 내내 신규 공무원의 충원 규모가 지속적으로 이 수준을 넘지 않았다는 것을 고려하면 총무처(1982)가 제시한 기대 효과가 반드시 과장된 것으로 보기는 어렵다.

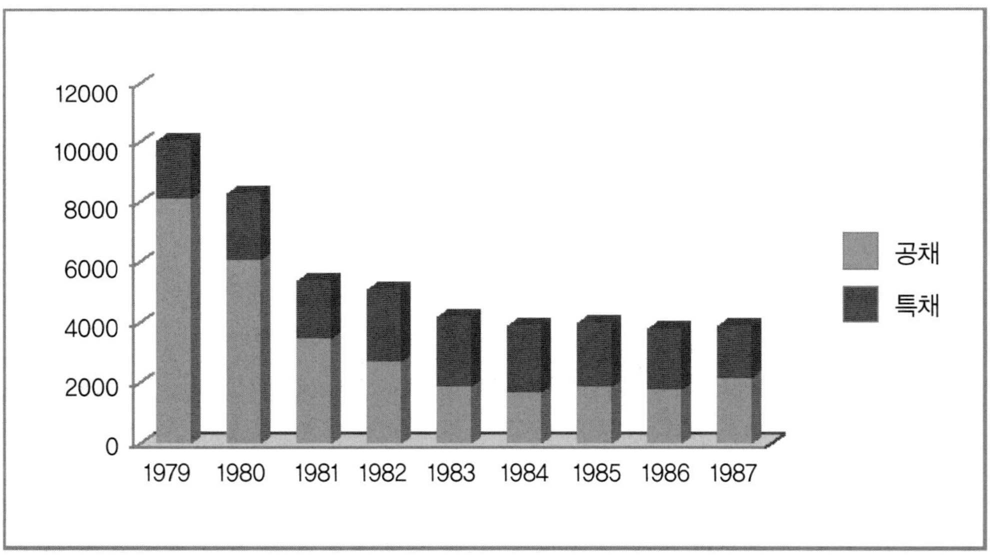

그림 3-2-1 전두환 정부의 일반직 공무원 채용 규모 변화(1979~1987)

주: 비교를 위해 1979년 및 1980년의 충원 규모를 함께 제시.
자료: 행정통계연보, 총무처연보에서 발췌(주경일 외, 2004: 101에서 재인용).

인사행정의 가장 큰 변화는 공무원 계급구조를 5급(갑, 을)에서 1~9급으로 개편한 것과 직위분류제상 5개 직렬을 신설하고 직류 개념을 새로 도입해 120개의 직류를 직렬 밑에 배치함으로써 직위 분류의 세분화를 통해 공직의 전문성 제고를 도모했다는 점이다. 또 일반직과 정무직으로 구분되어 모호했던 공직 구분을 신분 보장을 받는 경력직과 그렇지 않은 특수경력직으로 구분해 경력직은 철저한 신분 보장을 받도록 하고, 경력직 이외의 모든 공무원을 특수경력직으로 구분하고 그 종류를 정무직, 별정직, 전문직 및 고용직으로 제시했다. 이러한 재분류는 기존의 공직구조를 세분화하고 공직자의 전문성 제고와 합리적 인사관리를 가능하게 하는 기초를 세웠다는 점에서 의의가 있는 것은 사실이지만, 이후의 공무원 충원 과정이나 인사행정에 개혁 이전과 구별되는 뚜렷한 변화를 찾기는 어렵다는 점에서 인사개혁으로 칭하기에는 부족함이 있다고 하겠다.[8]

표 3-2-1 전두환 정부 및 노태우 정부 초기의 일반직 공무원 임용 실태(일반직 5급)

(단위: 명)

연도	1980	1981	1982	1983	1984	1985	1986	1987	1988	1989	합계
공채	223	157	106	82	72	133	153	175	158	95	1,354(22)
특채	121	120	70	71	39	30	60	92	40	20	663(11)
승진임용	692	409	412	411	293	371	232	490	341	387	4,036(67)

자료: 총무처연보 각 연도, 주경일 외(2004: 104)에서 재인용.

충원 규모의 축소와 더불어 전두환 정부의 공무원 충원은 공채나 특채 등 외부에서의 신규 충원보다 내부승진의 비율이 높아 비교적 폐쇄적이었다고 할 수 있는데, 전직의 경우 초기 10·15 행정개혁 단행 과정에서 전직자의 수가 급속히 증가한 이후에도 다른 정부에 비해 많은 전직이나 전보가 이뤄졌다. 이것은 신규 충원보다 내부인력을 활용해 행정수요를 감당했다는 것을 의미하지만, 동시에 아시안게임이나 서울올림픽 등 굵직굵직한 국가적 행사를 준비하기 위해 많은 공무원이 차출돼 전직·전보되거나 일정 기간 이후 다시 원대 복귀하는 등 그 어느 때보다도 전직과 전보의 수요가 많았기 때문이기도 하다.

8) 예를 들면 계급제 중심의 공직구조와 일반행정가 중심의 인사관리가 지속되고 직위분류제적 요소는 여전히 형식적으로 운영됐다는 점에서 근본적인 변화가 있었다고 볼 수는 없다.

표 3-2-2 전두환 정부와 김대중 정부의 일반직 공무원 전직 현황 (단위: 명)

연도(전두환 정부)	1981	1982	1983	1984	1985	1986	1987	합계
전직자 수	721	138	100	173	68	113	192	1,505
연도(김대중 정부)	1996	1997	1998	1999	2000	2001	2002	합계
전직자 수	45	56	30	68	28	64	13	304

자료: 행정통계연보/총무처연보 각 연도, 주경일 외(2004: 105)에서 재인용.

임용 과정에서의 변화와 함께 전두환 정부의 인사행정이 이전 정부와 구별되는 것은 이때부터 공직의 직업화 현상이 정착되기 시작했다는 점을 들 수 있다. 1981년 개정된 국가공무원법은 공무원의 승진에 대해 근무성적 평정이나 경력평정, 기타 능력의 실증에 의하도록 규정함으로써 경력과 능력에 의한 승진임용을 보편화시켰다. 또 5급 이하의 공무원은 승진후보자명부를 작성해 반드시 경력 사항을 반영하도록 했고, 5급으로의 승진임용에는 승진시험을 거치도록 함으로써 능력과 경력을 함께 반영하도록 했다. 또 6급 이하의 공무원들에 대해서는 승진임용에 필요한 최소연수를 규정함으로써 근속을 유도하여 공직의 평생직업화 현상을 강화시켰다.[9] 하지만 이에 따라 근속자들을 우대하게 되어 공직사회의 연공서열화와 계급제적 질서 체계가 강화되는 부작용도 발생했다.

공무원의 직무 관련 교육훈련과 관련해 전두환 정부는 초기 국가 이념과 공직윤리를 중심으로 한 이념 교육을 강력히 실시했고, 1982년 중앙공무원교육원에 중앙부처 과장급 이상의 공무원을 대상으로 한 심성교육과정을 신설하는 등 소양교육을 강조했다(주경일 외, 2004: 109). 교육훈련에 대한 기본정책과 지침은 중앙에서 집권적으로 결정하도록 함으로써 공직사회에 대한 통제력을 유지하도록 했다.

전두환 정부의 교육훈련은 정신교육, 직무교육, 전문교육으로 구분돼 실시됐고, 2~5년 주기로 반복교육을 실시하도록 하여 공직생활 속에서 항상 교육훈련의 내용을 상기할 수 있도록 했다. 선교육 후임용의 원칙에 따라 신규임용 시의 교육을 강화했고 참여 혹은 체험식 교육 등 교육 방법의 다양화를 기하기도 했다(한국행정연구원, 2008: 272).

9) 공무원임용령 제31조 1항에 따르면 승진 최소연수는 3급 3년, 4/5급 4년, 6급 3년, 7/8급 2년, 9급 1년 6월 이상으로 규정했다. 그러나 실제로는 시간이 갈수록 승진을 위한 인사 적체 현상이 심화돼 이보다 훨씬 긴 기간을 동일계급에서 근무해야 승진의 기회를 가질 수 있었다.

또 교육훈련을 각 기관의 장이나 각급 감독 직위에 있는 상위 공무원의 의무 사항임을 명백히 했으며, 교육훈련의 결과를 승진후보자 명부 작성에 반영하도록 함으로써 업무 수행 과정에서의 현업 위주의 교육훈련과 그 결과를 근무성적 평정에 연계했는데 이것도 결국 계급제적 질서를 강화시키는 결과를 초래했다.

중앙공무원교육원의 자료에 의하면 전두환 정부에서의 교육 인원은 이전 정부에 비해 큰 폭의 증가를 보이고 있다. 1981년 13개 과정에 24회의 교육을 통해 총 3,174명이 교육을 받았는데, 교육생 수는 1982년 3,483명. 1983년 8,083명 등으로 증가했고, 마지막 해인 1987년에는 5,799명을 기록했다. 반면 이어진 노태우 정부는 1988년 1,903명, 1989년 1,873명, 1990년 2,764명으로 3,000명을 넘지 않았는데(한국행정연구원, 2008: 276), 이것을 보면 전두환 정부가 공무원 교육훈련에 더욱 큰 관심을 갖고 있었다는 것을 알 수 있다.

끝으로 공직자의 근무규율과 관련된 주요 변화를 정리하면 다음과 같다. 1981년 4월 20일, 개정 국가공무원법은 직위해제와 직권면직 제도를 개선해 직위해제 기간을 6개월에서 3개월로 단축하고 기간 내에 직위를 부여하거나 징계위원회의 동의를 받아 직권면직하도록 함으로써 공무원의 직업 안정성을 높였다. 그 밖에도 징계제도 개정, 명예퇴직제 신설 및 정년 연장, 공직자 윤리헌장 채택, 공무원 취임선서와 복무선서, 공직자윤리법 제정 등이 이뤄졌고, 공직기강 확립을 위해 정화추진위원회를 직장마다 설치해 사회정화운영을 주도했다. 그 결과 1980년의 공직 부적격자에 대한 정화작업에서 5,699명이 공무원과 3,178명의 정부산하단체 임직원을 숙정했고, 1981년부터 공무원의 근무성적평정에 청렴도를 포함시켜 공직사회의 부패를 추방하고자 노력했다(한국행정연구원, 2008: 297). 그러나 이러한 작업은 집권 초의 정통성 시비와 공직사회 통제라는 정치적 목적이 다분해 객관적인 잣대에 의한 숙정이 이뤄졌다고 볼 수 없다.

결론적으로 인사개혁의 측면에서 전두환 정부의 성과를 평가해 보면 공직자의 전문성 제고나 직제 개선, 승진제도의 개선, 직위분류제적 요소의 개선 등 일부 긍정적 성과가 인정되지만 당시의 변화가 상당 부분 정치적 목적이나 관료사회 길들이기의 측면에서 무소불위의 권력에 의한 일방적 개혁으로 진행됐다는 측면에서 문제와 한계를 보인다고 할 수 있다.

제 4 절 전자정부

전자정부에 대한 논의가 본격적으로 시작된 것은 1993년 미국의 클린턴(Bill Clinton) 행정부의 고어(Al Gore) 부통령이 위원장으로서 발표한 보고서부터다(Gore, 1993). 미국에서 전자정부에 대한 논의는 기본적으로 정부가 제공하는 서비스의 질이나 내용은 큰 차이가 없음에도 국민이 부담하는 세금은 지속적으로 증가하는 상태를 극복해 더 나은 서비스를 더 적은 비용으로 제공하기 위해 정보통신기술을 행정 분야에 적용시키려는 노력이었다. 우리나라에서는 1994년 초고속정보통신기반 구축사업이 본격적으로 논의되면서 '행정정보화'라는 개념으로 초기 전자정부 기반이 구축되다가 김대중 정부 말기 전자정부특별위원회가 구성돼 '전자정부 11대 과제'가 추진됐고, 노무현 정부에 들어서 '전자정부 31대 로드맵 과제'가 추진되면서 오늘날의 전자정부 모습을 갖추게 됐다.

전두환 정부에서는 정보화의 개념조차 소개되지 않았던 시기였으므로 전자정부라는 용어는 전혀 사용되지 못했다. 그러나 전두환 정부에서는 이후 역대 정부가 대통령 의제로 삼아 중점적으로 추진하게 될 정보통신 혁명의 씨앗이 뿌려진 시기로서 이 시기에 체신부에서 제공하던 통신 서비스를 공사화한 한국전기통신공사(오늘날의 KT)의 설립과 데이콤의 설립을 통한 국가 독점에 의한 통신시장을 경쟁 구도로 전환 등 굵직굵직한 의사결정이 이뤄졌다. 또 1986년 국가기간전산망사업을 추진할 전산망조정위원회를 출범시키면서 1987년부터 5대 국가기간전산망사업(1차)을 시작하는 등 오늘날 정보통신대국으로 성장한 대한민국 정보화의 초석을 마련했다.

행정정보화는 1978년 시작된 행정 각 부서에 대한 컴퓨터 도입사업부터라고 할 수 있다. 당시까지 정부의 문서는 대부분 손으로 쓰거나 타이프라이터로 작성됐다. 각 부서에는 타이프를 치는 여직원들이 있어 1분에 몇 백 타를 친다는 등이 자랑으로 기록되던 시절이었다. 사무자동화의 형태로 처음 도입되기 시작한 컴퓨터는 네트워크 개념이 결여된 한마디로 워드프로세서 수준의 정보화였다. 이러한 행정정보화가 1980년대 초반부터 시작된 통신 분야의 비약적 발전에 힘입어 1987년부터 국가기간전산망사업을 시작으로 하는 정보통신 혁명의 토대가 됐다.

1970년대 말까지 우리나라의 통신 부문은 후진성을 면치 못했다. 정부에 의해 독점적으로 공급되던 통신 서비스는 전화 적체가 심각할 정도에 이르러 도저히 감당하지 못하는 상황에 이르자[10] 박정희 정부는 국산 전자교환기 개발사업을 시작했고, 이를 토대로 1980년대 중반 아시안게임과 서울올림픽을 전후해 일시에 전화 적체를 말끔히 해소할 수 있었다.[11]

1980년대 통신혁명은 크게 다음과 같은 네 가지 측면에서 살펴볼 수 있다. 첫째, 정보통신 분야의 정책을 독립적으로 관리할 수 있는 정책 추진체계의 마련, 둘째, 기본통신 서비스(유선전화 위주)의 확충, 셋째, 정보사회에 대비한 정보통신 기반의 구축, 넷째, 정보통신 관련 기술 개발 및 산업 육성이다.[12]

정보통신정책 추진체계의 확립은 체신부 내에 통신정책국이 설치된 것과(1982년 1월 1일) 체신부로부터 한국전기통신공사를 독립시켜 통신 서비스를 공기업으로 전환한 것, 그리고 전기통신법을 비롯한 유관 법률을 개정해 체신부가 주무부처로서 전파를 비롯한 통신자원의 효율적 관리와 통신산업 육성, 통신기술개발 등을 전담하도록 한 것을 들 수 있다.

기간통신 서비스의 확충 및 개선은 고질적인 전화 적체를 완전히 해소하고 1가구 1전화 시대를 연 것으로 대표되는데 전두환 정부는 1981년부터 매년 1조 원 이상을 투입해 100만 회선 이상을 증설했고, 그 결과 올림픽 직전인 1987년에는 1천만 회선을 돌파해 세계 10위의 전화 보유국으로 발돋움했다. 이러한 급속한 전화 적체 해소는 뒤에 설명할 국산 전전자교환기(TDX)의 성공적 개발과 보급이 있었기에 가능한 일이었다. 또한 소비자의 전화기 선택권을 부여하기 위한 단말기 자급제를 실시했는데, 이전까지는 체신부가 독점적으로 공급함에 따라 검정색과 회색의 두 가지 전화기만 있었으나 단말기 자유화가 실시된 이후 소비자들은 시장에서 마음대로 구입할 수 있게 됨으로써 전화기 제조업의 급속한 발전도 이뤄졌다.

정보통신 기반 체제의 구축은 데이터통신 전담 업체를 순수 민간기업으로 설립한 것,

10) 전화는 집 다음으로 값비싼 재산목록 2호였다. 전화 서비스를 신청한 후 적어도 3개월에서 6개월이 걸리던 시절이었고, 이에 따라 급행료가 붙기도 했다. 당시 소유권을 인정해준 백색전화는 소유권 없이 임대권만 있는 청색전화에 비해 훨씬 값이 비쌌는데, 요즘에도 아무리 이사를 해도 전국 어디서나 같은 번호로 이전할 수 있는 전화가 바로 백색전화다. 백색전화를 사고파는 데는 많은 프리미엄이 붙기도 했는데, 한때 전화를 팔면 집값의 1/3에 달했다는 에피소드도 있었다.

11) 1980년대의 통신 분야에서 나타난 다양한 개혁은 한국 사회에 '혁명'이라고 부를 정도의 변화를 가져왔다. 통신 분야에 대한 전두환 정부의 관심과 투자는 우리나라의 산업경쟁력 제고에 큰 기여를 했음은 물론, 1990년대의 정보화 및 전자정부를 통한 정보통신대국으로 성장하는 밑거름이 됐다. TDX의 성공적 개발을 비롯한 1980년대의 통신혁명에 관련한 상세한 내용은 이기열(1995)과 고경민(2001) 참조.

12) 이하의 내용은 김정수(2000: 19-50)에서 발췌 · 요약했다.

1983년 3월 21일부터 팩스나 모뎀, PC 등 데이터 통신을 일반 전화망에 접속해 사용할 수 있도록 망을 개방한 것, 1982년 12월부터 무선호출 서비스(일명 삐삐)를 시작으로 1983년 9월에 코드 없는 전화기(cordless phone), 1984년 5월에는 차량용 이동무선전화사업을 허가하는 등 전파 이용의 개방 및 확대를 포함한다. 아울러 공공부문에서는 1987년부터 전술한 5대 국가기간전산망 사업을 추진하기 시작했는데, 이 사업은 국가사회 정보화의 효시가 됐다.[13]

정보통신기술 개발 및 산업 육성은 전술한 국산 전전자교환기의 성공적 개발과 연구개발을 위한 전자통신연구소의 설립 및 통신정책 연구의 전문화를 위한 통신개발연구원(현 정보통신정책연구원)의 설립이 대표적이다. 박정희 정부 때부터 전화 적체 해소를 목적으로 외국산 전전자교환기의 도입을 추진해 왔지만 비용이나 기술 이전 면에서 한계에 부딪힌 상황에서 1980년대 초 김재익 청와대 경제수석과 오명 체신부 차관의 합의에 따라 1982년부터 총 240억 원의 예산과 연인원 1,000여 명의 연구진을 투입하는 대규모 연구개발계획을 수립해 본격적으로 추진되기 시작했다. 1986년 1만 회선 규모의 TDX-1A가 개발·보급됐고, 1986년부터 560억 원의 예산을 투입해 10만 회선 규모의 TDX-10 개발사업이 시작돼 1991년부터 상용화됐다. 한편 1985년 3월 26일, 기존의 전기통신연구소와 한국전자통신기술연구소를 통합해 전자통신연구소(ETRI)를 설립했는데, ETRI는 명실상부한 정보통신 분야의 대표적 국책연구개발기관으로서 이후 TDX, 초고집적반도체(DRAM), CDMA 등 한국의 정보통신 분야를 선도하는 핵심 기술을 개발하거나 개발을 지원하는 중추적 연구기관으로 성장했다. 1985년 2월 설립된 통신정책연구소는 통신 분야에서 KDI의 역할을 수행하다가 1988년 통신개발연구원(KISDI)로 확대 개편됐고, 1997년 정보통신정책연구원으로 개칭해 오늘에 이른다.

전두환 정부의 정보통신기반 구축사업 성공의 열쇠는 탁월한 정책 리더십과 적절한 재원 동원의 두 가지 측면에서 설명될 수 있다. 리더십의 측면에서는 육사 출신의 테크노크라트인 오명과 신고전주의 경제학자인 김재익이라는 두 걸출한 인물이 전두환 정부의 초기에 만나면서 통신과 경제의 시너지 효과가 극대화되면서 비롯됐다. 재원의 측면에서는 매년 1조 원 이상의 신규 투자재원을 확보하기 위해 1979년 제정된 「공중전

13) 5대 기간망은 행정망, 금융망, 교육연구망, 국방망, 공안망을 의미하며 1983년 7월에 확정됐다. 이후 1986년 5월, 「전산망 보급 확장과 이용 촉진에 관한 법률」이 제정되어 전산망조정위원회가 망 구축사업을 주관하게 됐고, 1987년 1월 한국전산원(한국정보화진흥원)이 설립되어 행정전산망 사업의 타당성 조사를 비롯한 감리, 표준화 등의 업무를 담당하게 됐다.

표 3-2-3 전두환 정부의 통신 분야 투자재원의 변화 추이(1979~1987) (단위: 억 원, %)

연도	통신 투자(A)	총투자(B)	A/B(%)
1979	2,317	110,913	2.27
1980	5,733	118,357	4.84
1981	8,171	129,310	6.32
1982	10,875	154,865	70.2
1983	10,591	184,796	5.73
1984	13,675	207,950	6.58
1985	15,760	224,363	1.02
1986	16,677	262,457	6.35
1987	15,392	289,210	5.30

자료: 김정수(2000: 41).

기통신시설 확장에 관한 임시조치법」을 1981년 개정하여 신규 전화 설치 시에 가입자가 일정액의 채권(서울은 20만 원)을 매입하도록 의무화하고, 전화요금을 현실화해 시내 도수료를 12원에서 20원으로 인상했다. 이를 통해 통신 분야의 투자재원은 1979년 2,317억 원(총투자 대비 2.27%)이었으나 1981년 8,171억 원(6.32%), 1982년 10,875억 원(7.02%), 1983년 10,591억 원(5.73%) 등으로 1조 원 이상의 투자가 계속됐고, 1987년에는 15,392억 원(5.30%)까지 확대됐다.

결론적으로 전두환 정부는 전화 적체 해소와 시장 개방을 통해 통신서비스산업의 발전을 추진함으로써 통신 기반을 질적·양적으로 확충했고, 이를 바탕으로 1986년부터 5대 국가기간전산망 사업이 본격적으로 추진되면서 이후 1990년대 중반부터 시작된 초고속 정보통신기반 구축사업의 기초를 닦았고, 나아가 전자정부의 발전에 기반이 됐다고 평가할 수 있다.

제 5 절 규제개혁

전두환 정부는 역대 정부 중 규제개혁을 체계적으로 추진한 최초의 정부였다. 전두환 정부는 대내적으로는 1960년대 이후 국가 주도형 발전에서 시장 중심의 발전으로의 패러다임 전환을 모색해야 했고, 1970년대의 중화학공업화정책 추진을 통한 과도한 투자 집중의 폐해를 해소해야 했으며, 대외적으로는 거세지는 자유무역과 신자유주의적 영향에 대응해야 하는 시대적 과제를 안고 출범했다. 이에 전두환 정부는 김재익, 서상철, 김기환, 사공일 등 40대 경제학자들을 대거 요직에 기용해 시장화, 개방화, 자율화를 모토로 한 경제 및 산업정책 전반의 패러다임 전환을 추진했으며, 그 과정에서 민간의 창의와 활력, 자율을 제고하기 위한 규제개혁은 필연적인 과제로 부상했다.

1981년 4월, 국무회의에서 전두환 대통령은 "우리 국정의 각 분야에서 성장과 발전을 저해하는 법령, 제도, 관습, 행정 선례 등 비능률적이고 불합리한 요소를 과감히 개선"하도록 내각에 지시했다.[14] 이에 따라 1981년 5월, 국무총리를 위원장으로 한 '성장 발전 저해 요인 개선 심의위원회'가 구성됐고, 청와대 비서실에는 '제도개선지원반'을 설치하여 규제개혁에 대한 대통령의 강한 의지를 뒷받침했다. 제도 개선은 당초 1981년 말까지 시행할 것으로 예정돼 있었으나 계속 연장돼 1983년 5월 이후에는 '성장 발전을 위한 제도개선위원회'로 명칭이 변경돼 제5공화국 기간 내내 상설화돼 운영됐다. 그 결과 제5공화국 전 기간 동안 120건의 주요 정책과제와 1,434건의 부처별 일반 과제 등 총 1,554건의 제도가 개선됐다.[15]

표 3-2-4 전두환 정부의 제도 개선 추진 실적

	1981	1982	1983	1984	1985	1986	총계
주요 정책과제	23	23	26	17	15	16	120
부처 일반과제	635	125	257	172	127	118	1,434
계	658	148	283	189	142	134	1,554

자료: 대한민국정부(1987: 28); 최병선(1992: 805)에서 재인용.

개선 대상이 되는 제도(정부규제 포함)의 선정 기준은 위원회가 거듭되면서 약간의 수정을 거쳤지만 대체로 아래의 일곱 가지 기준이 적용됐다.

① 국민편의성(대다수 국민에게 불편을 주는 법령 및 제도)
② 자율성/생산성(국민의 자율성을 저해하는 지원 및 규제제도)
③ 현실적합성(행정환경 변화에 부적합한 법령 및 제도)
④ 국민정신의 건전성(건전한 가치관과 정신문화를 해치는 제도나 관습)

---

14) 이하의 내용은 최병선(1992: 804-812); 전정환(1999: 166-168)에서 발췌 및 재구성.

15) 추진 실적은 법령 정비나 특정 제도의 개선 등 다양한 범위와 내용이 포함돼 있어 이 숫자가 모두 규제개혁이라고 볼 수는 없다.

⑤ 국민 신뢰와 화합(사회 정의의 실현을 저해하는 법령 및 제도)
⑥ 행정의 민주성(하향적, 일방적인 정책결정 방식)
⑦ 행정의 능률성(정부 내부의 비능률적 · 비민주적 법령 및 제도)

이러한 기준은 당시의 정책환경을 고려할 때 시의적절한 것이었다고 할 수 있다. 그러나 상세히 들여다보면 이 기준들은 누구도 반대할 수 없는 기준이기는 하지만 "지나치게 수사적인 성격"을 가지고 있어 이를 그대로 현실에 적용하기에는 모호하다는 한계가 있었고, '성장 발전을 촉진'한다는 위원회의 명칭에서도 보듯이 지나치게 행정효율성이나 능률성을 제고하기 위한 제도의 개선에 초점이 맞춰져 있어 사회적 형평이나 안전 등에 대한 고려가 부족한 측면이 있었다(최병선, 1992: 806). 그러다보니 규제 폐지와 각종 행정절차의 간소화가 강조된 나머지 꼭 필요한 정부규제가 완화되거나 졸속으로 폐지되는 부작용도 일어났다. 대표적으로 경제 개발을 위해 토지 이용이나 환경 등 분야의 규제를 완화하고 철폐하다보니 시간이 지나면서 환경오염이 심각해지고 무계획한 토지 활용이 나타나기도 했다. 최병선(1992: 807-810)에 의하면, 이러한 한계에 따른 문제점이 여러 제도 개선 사례에 나타나고 있음을 알 수 있다. 예를 들면, 수도권지역 공업배치제도의 개선 사례를 보면, 수도권의 인구 집중을 억제하기 위해 만들어진 대도시 지역의 공장 신증설 억제제도가 기업활동을 위축시키는 결과로 나타나자 전두환 정부가 1981년 공업배치법 시행령을 개정해 제한지역에서의 공장 신증설에 대한 규제를 완화했다. 이것은 공업재비치정책의 후퇴를 가져왔고 인구 과밀과 도시 주거환경의 질과 교통난 등의 문제를 더욱 악화시키는 결과를 초래했다. 또 관계 부처 간의 협의를 거쳐 지정한 개발 대상 지역 내에서 그 용도에 맞는 개발을 할 경우, 토지 개발 관련 9개 개별법상의 인허가를 면제하도록 한 규제 완화도 개발업자에 대한 개발이익 독점화나 부동산 투기 등의 부작용을 초래하기도 했다.

'성장 발전을 위한 제도개선위원회'는 각종 인허가제도의 개선, 건축행정의 개선, 수출입관리제도의 개선, 중소기업 지원제도의 개선, 세제개편과 조세행정의 개선, 보고제도의 개선, 환경보건제도의 개선, 민법과 상법의 정비 등을 통해 다양한 규제를 완화 · 철폐 · 개선했고, 이에 따라 행정의 체계화와 권한 위임, 위탁 등 행정 추진체제를 혁신했다. 또한 각종 민원제도의 개선을 통해 국민들의 번거로운 관청 출입 횟수를 감소시키는 등 국민 편의 위주의 행정 체제를 확립했으며, 광복 후 37년간 시행되던 야간통행금지를 해제해 국민생활을 정상화하는 등 국민이 체감할 수 있는 생활 불편 해소를 중점적으로 추진했다(김정수, 1992: 72-73).

전두환 정부의 규제개혁은 정부 주도의 발전에서 시장화와 개방화를 통한 경제 성장 기조를 지속시키기 위해 경제활동의 자유화에 집중됐다. 1970년대부터 증폭돼 온 선진국의 압력에 대응하고 기업들의 시장 진입을 용이하게 하기 위해 산업정책의 기본 방향을 특정 산업에 대한 포괄적 지원 방식에서 기능별 지원 방식으로 전환해 산업의 종류와 관계없이 연구개발, 자동화시설, 인력 양성 등 활동별 지원정책이 나타났다. 또 각 산업별로 개별 산업육성법을 통해 시장 진입을 제한하는 행정규제들을 대폭 간소화하기 위해 개별 산업육성법을 일괄 폐지하고 공업발전법을 제정했으며, 1983년 외자도입법 전면 개정과 1986년 대외무역법 제정을 통해 수입자유화 확대, 관세 인하, 외국인 직접투자제도 개선, 자본시장 개방 등 경제자유화와 개방화와 관련된 규제를 한꺼번에 완화했다. 또 중화학공업화의 핵심적 정책 수단이었던 정책자금을 철폐해 금융시장의 자율화와 함께 정책자금의 분배 과정에서 나타났던 부패 등 규제와 관련된 지대(rent) 추구를 어렵게 만들었으며, 고정환율제를 변동환율제로 전환함으로써 외환시장에서의 규제도 개혁했다. 1986년 5월 제정된 「중소기업 창업지원법」은 창업 과정에서 적용됐던 17개 법령에 의한 26개 인허가 처리를 생략하도록 함으로써 중소기업 창업을 위한 뭉텅이 규제를 완화했다는 평가를 받았다(김정수, 1992: 74).

한편 제5공화국의 사회적 규제의 대표적 입법인 소비자보호법이 1980년 1월, 국가보위입법회의를 통해 제정됐다. 그러나 동법 시행령은 1982년 9월에서야 마련됐는데 이것은 전두환 정부의 출범 과정에서 나타난 정통성 시비를 무마하기 위해 소비자보호법을 조기에 통과시켰으나 이를 시행하기 위한 기반의 마련에 많은 시간이 걸렸음을 의미한다. 전두환 정부 말기인 1986년 12월에 소비자보호법을 개정해 소비자보호위원회를 폐지하고 소비자보호원이 설립됐다.

1981년에는 「독과점규제 및 공정거래에 관한 법률」이 제정됨으로써 시장경제의 질서를 확립하고 공정경쟁을 위한 제도적 기반을 마련했다. 정부조직 개편 부분에서 논의한 바와 같이 초기 공정거래위원회는 경제기획원 산하에 설치됐고, 경제기획원 차관이 위원장을 겸직하도록 했다. 이것은 경제정책의 연장선에서 공정거래 관련 규제가 이뤄지도록 하고, 갑작스러운 변화보다는 점진적인 진화를 통해 공정거래 질서를 확립하려는 전두환 정부의 기본 입장을 반영한 것이지만, 동시에 공정거래 질서 확립을 위한 경제경찰의 역할이 과다할 경우, 경제 성장을 저해할 수 있기 때문에 이를 제한하기 위한 것으로도 볼 수 있다. 어쨌든 공정위의 설치는 1970년대 중화학공업화 과정을 통해 재벌로 성장한 대기업의 독과점 구조에 따른 대기업의 횡포와 중소기업과의 하도급 관계에서 나타날 수 있는 불공정 거래에 대한 규제가 본격적으로 시행되는 계기가 됐다.

결론적으로 전두환 정부의 규제개혁은 전반적으로 경제성장 기조를 유지한 상태에서 경제의 효율성 증대와 시장화, 개방화를 지향해 정부 개입의 능률성과 효과성을 증대하는 방향으로 추진됐다고 할 수 있다. 그리고 출범 초기에는 정권의 정통성 위기를 극복하기 위해 사회적 형평성의 증대나 소비자 보호 등의 사회적 규제를 강화하는 것도 규제개혁의 핵심을 이뤘다.

전두환 정부의 규제개혁에서 눈길을 끄는 것은 노동활동과 관련된 규제의 경우 박정희 정부 때보다도 더욱 강화함으로써 노동자의 권익에 대한 보호가 약화됐다는 점이다. 즉, 노동관계법의 개정을 통해 노동활동의 자유를 진작시키기는 했지만 실질적으로는 경제 성장 기조를 유지한 채 안정화 · 시장화 · 개방화를 추진하기 위해 다양한 노동규제가 강화됐고, 물가 안정을 목적으로 임금이 농산물 가격 등에 대한 통제도 사실상 대규모 수출기업에 성장과 물가 안정의 혜택이 집중되는 현상이 나타났다. 또 수입자유화는 대기업이 수입에 주력하도록 함으로써 경쟁력이 취약했던 중소기업이나 농업 부문에는 부정적 영향을 미치는 결과를 초래한 측면이 있다. 이에 따라 전두환 정부의 물가안정정책과 경제자유화정책이 소득 분배를 악화시켰다는 연구도 있다(최대용, 2004: 76-77). 최병선(1992: 812)은 그 원인으로 규제개혁의 정책 과정이 관료와 대기업을 중심으로 한 핵심 경제 주체들에 의해 주도되면서 노동조합이나 농민, 소비자 등 경제적 약자들이 소외됐기 때문이라고 분석했다. 결국 전두환 정부의 규제개혁은 1980년대 초반 추락하던 한국 경제를 급속히 되돌리는 데 기여한 것이 사실이지만 그 과정에서 중소기업이나 경제적 약자보다는 대기업과 경제적 강자들에 그 편익이 집중되면서 사회적 통합에는 부정적 영향을 미쳤다고 볼 수 있다.

제 6 절 공기업 개혁[16)]

우리나라의 공기업은 과거 철도와 도로, 통신, 전력 등 국가사회의 기반구조를 구축

16) 이 절에서의 논의는 한국개발연구원(1982.8) 및 송대희(1989: 1990.8)를 참조하여 작성했다.

하고 운영하기 위해 설립돼 운영되다가, 박정희 정부에 들어서면 공기업의 역할이 경제 개발의 촉진으로 확대돼 대한통운주식회사(1961), 대한항공공사(1962), 한국전력공사(1961), 대한석유공사(1962), 한국석유개발공사(1977), 대한중석공사(1961), 광업진흥공사(1967), 포항종합제철주식회사(1968), 호남비료주식회사(1963), 한국비료(1963), 대한주택공사(1962), 한국도로공사(1969), 대한무역진흥공사(1962) 등이 설립 · 운영됐다. 또 경제 개발을 위한 투자재원의 확보를 위해 중소기업은행(1962), 국민은행(1963), 대한재보험공사(1963), 한국주택은행(1967), 외환은행(1967), 한국신탁은행(1968), 한국산업은행(1969), 수출입은행(1976) 등이 설립 · 운영됐다(송대희 1990.03: 9-12). 박정희 정부는 민간자본의 축적이 부족하고 민간기업인의 경영 능력이 취약한 상태에서 공기업을 통한 정부 주도적 개발전략을 채택하고 이를 강력히 추진함으로써 1970년대까지 수출 지향적 경제 개발과 중화학공업화를 이끌어 왔다고 할 수 있다.

1962년 경제 개발이 본격적으로 추진된 이후 1970년대까지 우리나라의 공기업의 비중은 국내 총 자본 형성에서 20.1%(1961~71), 23.0%(1975~79)를 차지하는 등 확대되다가 전두환 정부가 들어선 이후 15.6%(1980~84)으로 줄어들었다. 공공부문 전체의 자본 형성에서 공기업이 차지하는 비중도 53.6%(1967~71), 65.3%(1975~79)에서 51.5%(1980~84)로 줄어들었는데, 이는 전두환 정부의 시장화와 민영화 정책의 직접적인 결과로 이해할 수 있다(송대희, 1990: 20-21). 이에 따라 1970년대까지 국가로부터 지원을 받아왔던 공기업은 1980년대 이후 역으로 국가를 지원하는 형태로 바뀌게 된다. 즉, 전두환 정부에 들어서 시장화 정책의 결과에 따라 공기업은 더 이상 정부재정의 지원을 받는 대상이 아니라 오히려 정부를 재정적으로 지원해 주는 위치로 역전된다. 구체적으로 보면, 1984년까지는 정부로부터 공기업으로의 금융자산 이전이 1982년 4,941억 원, 1983년 6,689억 원, 1984년 4,008억 원이었으나, 1985년에는 오히려 공기업으로부터 정부로의 이전이 시작돼 592억 원이 이전됐고, 1986년에는 그 규모가 2,325억 원으로 크게 확대됐다.

공기업에 대한 관리정책도 전두환 정부에 들어서면서 근본적인 변화가 나타난다. 1982년 8월, 한국개발연구원은 당시의 정부투자기관 관리제도의 문제와 개선 방안을 보고했다(한국개발연구원, 1982.8). 이에 따르면 당시 공공기관 관리제도는 임원이나 이사회의 구성과 운영 등에서 자율성이나 최고경영자를 견제할 능력이 없고, 예산 운용에도 신축성이 없으며, 물자 조달 절차도 매우 경직적이어서 자율경영이 불가능했다. 또 과다한 업무 감독과 감사로 인해 사실상 주무부처의 지시에 의해 경영되고 있으며, 경영평가제도도 경영진의 능력 범위를 벗어난 변화가 경영평가에 절대적 영향을 미치는 등 불합리하고 인센티브 제도가 미흡한 문제가 있었다. 이에 따라 당시 연구진은 정부통제의 완화, 내부 경영 체제의 강화, 정부투자기관 평가조정위원회의 설치, 평가 및 인센티브 제도의 개선, 정부투자기관의 최고 경영층 개편 등의 방안을 제시했고, 이를 주요 공기업들에 적용하여 각 기업별 개선 방안도 함께 제안한 바 있다.

이러한 노력의 결과, 1983년까지 「정부투자관리법」의 적용을 받던 공기업들이 1984년 새로 제정된 「정부투자관리기본법」의 적용을 받기 시작했다. 기존의 관리법과는 달리 새 기본법은 정부투자기관의 자율성과 책임경영을 강조하고 주무부처나 관리감독 기관의 경영 개입을 최소화하기 위한 방안을 강구했다는 점에서 큰 차이가 있다.

먼저 조직관리의 측면에서 살펴보면, 임원의 종류에서 기존의 상임사장과 상임감사와 더불어 비상임이사와 이사장 등을 설치해 내부의 감시 감독 기능을 강화했고, 투자기관에 따라 들쭉날쭉하던 임원의 임기를 전 투자기관에 걸쳐 기본법이 정하는 바에 따라 통일시켰다. 이사회를 최종 의결기관으로 역할을 명확히 하여 집행기관과 의결기관으로의 이원화를 통해 자율적 경영을 보장했다. 또 사장과 부사장, 집행간부 등 경영진에도 과거에는 외부임용이 일반적이었지만 개정된 기본법에 의하면 부사장을 포함한 집행간부의 임용은 내부에서만 기용하도록 함으로써 외압으로부터 기관의 독립성과 직원들의 사기 진작이 이뤄질 수 있도록 했다. 예산의 심의와 확정도 이사회에서 최종적으로 결정하도록 했고, 과거 조달청에서 담당하던 정부투자기관의 물품 구매와 공사계약 등은 각 투자기관들이 스스로 결정할 수 있도록 했다.

새 기본법에서는 경영관리 측면에서도 큰 변화가 있었다. 과거 각 정부부처들은 산하 공기업의 경영관리에 대해 직접적인 통제와 관리 권한을 갖고 있었다. 그러나 새롭게 제정된 기본법에서는 정부에 의한 사전적 경영관리 통제는 크게 줄어들었고, 대신 경영평가심의위원회를 설치해 사후적으로 경영 실적에 대한 평가제도를 실시하게 됐다. 이것이 오늘날의 공기업 및 공공기관에 대한 경영평가의 효시였다. 경영평가의 결과를 인센티브 지급과 연계하려는 노력도 가시화돼 1983년 이후 정부의 경영평가 결과에 따라 인센티브 상여금을 차등 지급하도록 했다. 이러한 방침이 각 공기업과 공공기관에서 현실화되기에는 많은 시간이 필요했다. 조직 내에 상존하는 관대화 경향과 온정주의, 연고주의 등 문화적 특성으로 인해 객관적인 평가가 실시되기까지 시간이 필요했고, 특히 공공성으로 인해 개인 업무 실적에 대한 평가가 명확히 이뤄지기 어려운 상황에서 그 결과에 따른 인센티브 지급이라는 대원칙이 현실화되기에는 많은 어려움이 있었다. 다만 오늘날과 같은 공기업 경영관리가 정착되기까지 전두환 정부에서 처음 실시했던 기본법이 그 모태가 됐다는 점을 부인할 수는 없다.

제 7 절 반부패 개혁

사회정화운동의 일환으로 추진된 전두환 정부의 반부패 개혁은 개발연대를 거치면서 누적된 공직사회의 무사안일과 부패 척결을 위한 윤리의식 제고를 목표로 추진됐다. 그리고 새 정부의 출범을 계기로 과거의 누적된 악습과 폐해를 척결하겠다는 명분을 세우고 공직사회를 포함한 사회 전반의 정화를 실시해야 한다는 입장에서 광범위하고 급진적인 사회정화운동을 전개했다. 그러나 출범 시 정권의 정통성 시비에 대한 대응이라는 측면과 새 정부 출범과 함께 공직사회의 기강을 잡는다는 정치적 요인도 강하게 작용했다.

전두환 정부는 출범 전인 1980년 12월 29일, 대통령령으로 '공무원 윤리헌장'을 공포했고, 정부 수립 직후인 1981년 9월에는 '80년 사회정화 기본 정책'을 발표했다. 기본정책은 사회정화운동의 효과적 추진을 위해 신뢰받는 공직풍토의 조성, 공정한 보상 체계의 확립, 합리적 사회제도의 건설, 명랑한 생활환경의 보장, 국민의 바람직한 가치관 함양 등 다섯 가지 부문별 목표를 설정했고, 사회정화의 기본 추진 방향으로 비리척 결과 국민운동 지원을 설정했다(이유봉, 2013: 27). 이어서 1981년 12월 31일, 역대 정부 중 처음으로 「공직자윤리법」을 제정, 공포했는데 여기에는 지금은 익숙해진 공직자 재산등록제도, 선물신고제도, 퇴직자 취업제한제도 등 공직자들의 윤리성 제고를 위한 여러 규정이 도입됐다.[17)]

전두환 정부 초기에 설치된 반부패 관련 기구에는 국가보위비상대책상임위원회, 사회정화위원회 및 현대사회연구소 등이 있다. 전두환 정부의 공식 출범 이전에는 신군부 세력의 핵심 권력기구였던 국가보위입법회의가 정치적 숙정을 비롯한 반부패정책을 주도했지만, 정부 수립 이후에는 사회정화위원회가 반부패정책의 주관기관으로서 자리매

---

17) 제정 당시 「공직자윤리법」은 3급 이상 공무원(세무공무원은 5급 이상)을 재산등록 대상으로 규정했고, 등록된 재산은 비공개를 원칙으로 했다. 외국인으로부터 받은 선물은 신고하도록 했으며, 퇴직 전 2년간 담당한 업무와 관련된 유관 사기업체에 대한 취업을 2년간 제한했다. 또 공직자윤리위원회를 설치하여 윤리 위반이나 부패 관련 사안을 심의하도록 했고, 위원 9명 중 2명은 반드시 민간인으로 임명하도록 규정했다(이유봉 2013: 33-34). 역대 정권에서의 공직자 윤리 관련 정책의 변화에 대해서는 전수일(2001) 참조.

김했다. 국가보위입법회의는 정치풍토 쇄신을 위한 권력형 부정축재자에 대한 조치, 공직자 정화, 폭력배 · 토착 비리행위자 · 사기범 · 밀수행위자 등 사회악 사범 소탕, 과외금지 등 교육정상화, 인 · 허가 등 대민행정절차 간소화 등을 추진했는데, 이 과정에서 정치적 걸림돌이 될 수 있는 많은 정치인의 활동을 중지시키거나 사회악을 척결하는 수단으로 도입한 삼청교육대에서 초법적 · 반인륜적 가혹행위가 자행되기도 했으며, 특히 배당된 인원을 채우기 위해 무고한 국민들이 억울하게 붙잡혀 입소되는 등의 부작용이 있었다(사회정화위원회 1988: 15-18).

1980년 10월 28일 공식적으로 출범한 사회정화위원회는 국보위의 기능을 대체하는 기구로서 한시적인 성격을 띠고 설치됐다. 사회정화위원회의 주요 기능은 ① 사회정화 업무에 관한 연구 및 기획, ② 대통령령 및 국무총리령에 의한 사회정화 업무에 관한 관계 행정기관, 공공단체 및 그 산하단체에 대한 조정과 통제, ③ 사회정화운동 추진을 위한 교육 및 홍보 및 ④ 기타 사회정화에 관한 수명 사항을 처리하는 것 등이었다. 여기에서 알 수 있는 바와 같이 사회정화위원회는 사실상 전두환 정부 초기 사회정화운동 및 반부패정책의 주관기관으로서 대통령과 청와대와 직결되는 막강한 힘을 행사할 수 있었다. 사회개혁기구로 설치된 사회정화위원회는 직장마다 정화추진위원회를 두어 부조리 추방과 청탁 배격사업을 전개했고 공직사회에 대한 대대적인 숙정작업을 실시하는 등 정부 초기 공직 기강 확립을 추진했다. 아울러 부패 척결을 위한 제도적 기반을 도입했는데, 대표적으로 공직자윤리법과 공무원윤리헌장의 제정, 고위공직자 재산등록제 실시, 그리고 중앙정부기관들에 대한 청렴도 측정 등을 전격 실시했다.

현대사회연구소는 공직사회의 부패 현황을 진단하는 체제를 구축하고 운영하는 역할을 담당했다. '공직사회 진단 체제'란 특정 기관에 공직사회 청렴도의 주기적인 측정 분석을 위임해 그 결과를 기초로 하여 공직사회 정화를 위한 대응책을 마련하는 제도 구축을 의미한다. 전두환 정부 초기 사회정화를 추진하던 신군부 주체 세력은 과거 박정희 정부에서 추진된 서정쇄신 작업이 성과를 거두지 못한 주요 원인 중의 하나가 부정 · 비리에 대한 계층별 · 부서별로 심층적 인과분석과 각 주체별 부조리에 대한 종합적이고 체계적인 진단이 미흡해 바람직한 해결책을 마련할 수 없었기 때문이라고 판단했다. 동일한 실책을 반복하지 않고 반부패정책의 효과적 추진을 위해 전두환 정부는 현대사회연구소에 위탁해 정기적으로 공직사회 청렴도 등을 사회정화도 측정이라는 작업으로 진행하도록 했다(사회정화위원회, 1988: 150).

전두환 정부의 공직윤리 및 반부패 정책의 특성은 반부패 활동이 구 정치인들의 활동을 통제하고 신군부 인사들을 중심으로 한 새로운 정치질서를 창출하기 위한 수단으로 활용된 측면이 있지만 동시에 부패 척결을 기치로 사회정화운동과 함께 광범위하게 추진돼 국민생활을 위협하는 범죄와 부패 해소를 이룰 수 있었다. 또 부패통제가 법에 규정된 부정부패행위에 한정되지 않고 국민과의 관계에서 정권의 정당성 확보의 차원에서의 사회정화라는 윤리적이고 도덕적인 측면을 포괄하는 일종의 전 국민 계몽운동 차원에서 전개됐다. 그러나 사정활동을 중심으로 한 반부패 통제활동이 사정기관의 주도로 법령, 혹은 제도상 근거에 입각해 객관적으로 공정하게 이뤄지기보다는 대통령을 중심으로 한 집권자의 개인적 의지와 정치적 필요에 의해 추진됐다는 점은 한계로 볼 수 있다. 결국 정권 초반의 강력한 추진 동력은 후반으로 가면서 크게 줄어들었고, 강압적인 숙정활동으로 공직사회의 부패나 비리가 더욱 음성화하고 뇌물의 금액이 커지는 등의 부작용도 나타났다. 초기 과격한 숙정활동에 의한 피해자들 중 상당수는 노태우 정부의 출범 이후 다시 복직되거나 보상을 받게 됐다.[18]

제 8 절 지방행정 개혁

과거 관치지방행정 체제를 근간으로 발전해 온 우리나라 지방행정은 정부 수립 후 지방행정에 관한 임시조치법(1948.11.17., 법률 제8호)과 이를 대체한 지방자치법(1949.07.04, 법률 제32호)에 따라 지방자치로 변화됐고, 이후 박정희 정부를 거치면서 지방자치가 전면 폐지돼 중앙정부에 예속된 지방행정 체제가 구축됐다. 지방자치와 지방행정 분야에서 전두환 정부의 개혁은 박정희 정부에서 통일이 될 때까지 유보돼 온 지방자치를 1980년 개헌에서 지방자치단체의 재정자립도를 감안해 실시한다는 것으로 개정된 것으로 대표된다. 이 조항은 1987년 개헌에 의해 삭제됨으로써 지방자치제의 실시의 장애요인이 사라지게 된다.

1980년 헌법은 지방자치에 관한 기본적 내용, 즉 지방자치를 보장하고 이의 방식은 법률로 정한다는 것과 지방의회의 설치 근거를 마련한 것이 가장 큰 변화였다. 그러나

18) 노태우 정부 출범 이후 전두환 정부에서 숙정된 공직자들 가운데 1,322명이 원래의 직급으로 특별 채용됐고, 6,113명에게는 총 1,053억 원의 보상금을 지급했다(국무총리행정조정실, 1993: 32).

「지방자치에 관한 임시조치법」을 제정해 지방자치를 유보하고, 자치단체의 장은 박정희 정부에서와 마찬가지로 중앙에서 임명했다. 지방의회는 기초단체의 경우, 상위자치단체가 지방의회의 역할을 수행하도록 했고, 상위단체의 경우 서울특별시는 국무총리가, 광역단체는 주무부처(당시는 내무부)의 장관이 수행하도록 했다. 다만 부칙에서 지방자치의 실시를 지방의 재정자립도를 감안해 실시한다고 규정하고 그 시기는 법률로 정한다고 규정함으로써 박정희 정부에서 규정한 '통일이 될 때까지'보다 완화시켜 실시의 가능성을 높이기는 했지만 사실상 전두환 정부에서는 지방자치가 실시되지 못했다. 이후 1988년 노태우 정부에서 지방자치법이 개정돼 지방행정의 구조를 2층제(광역 및 기초)로 하고 서울특별시, 직할시, 도를 광역자치단체로, 시·군·구를 기초자치단체로 설정했다(이승종, 2008: 5-21).

결론적으로 전두환 정부 시기의 지방행정은 1961년 박정희 정부 이후 지속돼 온 중앙정부에 예속된 지방행정 체제가 근간을 이뤘고, 지방자치의 실시는 민주화 이후로 미뤄졌다. 이에 따라 중앙-지방의 관계도 여전히 예속적이었으며, 이를 가능하게 한 제도적 기반은 광역 및 기초단체장 모두를 대통령과 내무부 장관이 임명하도록 한 것과 지방의회의 역할을 상위 단체장이나 국무총리 및 내무부 장관이 수행하도록 한 것이라고 할 수 있다. 여기에 이 절에서 논의하지는 않았으나 지방교부세를 비롯한 지방재정에 대한 완전한 통제도 중앙정부의 지방자치단체에 대한 영향력을 강화한 제도적 기초라고 하겠다.

제 9 절 민영화

박정희 정부는 수출 주도형 경제발전전략에 따라 부족한 민간부문의 역량을 대신하여 정부가 직접 주요 산업 및 생산활동에 참여하기 위한 공기업 또는 정부투자기관을 대거 설립했고, 동시에 부족한 민간부문의 투자재원을 공급하기 위한 금융기관을 직접 설립하여 운영하는 방식으로 공기업이 대폭 증가했다. 경제 발전을 위한 자본 축적이 크게 부족한 상황에서 이러한 전략은 매우 유용했으며 당시 공기업들은 경제 발전을 선도적으로 견인하는 역할을 적절히 수행했다.

전술한 바와 같이 전두환 정부는 박정희 정부에서 이뤄진 중화학공업 분야에 대한

과도한 투자와 시장경제에 대한 과도한 정부 개입, 그리고 두 차례에 걸친 석유파동의 영향과 점증하는 보호무역주의로 악화된 경제 상황을 안고 출발했다. 이를 극복하기 위한 대안으로 전두환 정부는 시장화·개방화·안정화를 모토로 민간 주도형 경제 발전으로 경제정책의 기본 방향을 전환했다. 이러한 민간 주도형 경제 발전 과정으로의 전환 과정에서 가장 두드러진 변화를 보이는 것이 공기업 민영화 정책이다.

전두환 정부의 공기업 민영화는 시장 원칙의 적용이라는 기본 방향에 따라 효율성 제고와 자율성 확대를 원칙으로 정부의 개입을 축소하는 방향으로 추진됐다. 그러나 산업 분야에 직접 투자돼 생산을 담당하던 공기업 중 전두환 정부 시기에 민영화된 기업은 그리 많지 않다. 직접적 민영화보다는 민영화의 전 단계로서 과거 정부조직에서 직접 제공하던 재화나 서비스를 공기업으로 전환한 경우가 많았기 때문인데, 따라서 이 시기는 이후 노태우 정부에서 본격 추진되기 시작한 민영화를 위한 준비 과정을 진행시킨 시기였다고 할 수 있다.

전두환 정부의 주요 성과는 우선 과거 정부가 직접 제공하던 서비스를 공사화한 것을 들 수 있다. 이에 따라 과거 정부조직의 일부였던 체신부의 통신사업 부문을 한국전기통신공사(1981)로 분리·독립시켰다. 이때 대한재보험공사, 대한석유공사, 대한준설공사 등 3개 기관도 정부조직에서 공사 형태로 떨어져 나왔다. 반면, 주식회사 형태로 유지됐던 한국전력주식회사(1982)는 그 공적 성격의 중요성에 따라 역으로 다시 정부가 지분을 전량 매입해 공사로 전환시킨 경우다. 또 석탄과 석유 위주의 에너지 사용이 가스로 확대되면서 한국가스공사(1983)를 신설했고, 농어촌개발공사의 기능을 조정해 농수산물의 유통 과정 효율화를 위해 농수산물유통공사(1987)를 신설하는 등 공기업은 오히려 증가했다.

에너지 분야에서는 1962년 설립된 대한석유공사의 민영화가 진행됐다. 대한석유공사는 세계적 에너지기업인 미국 걸프사와 25%의 지분 투자를 포함한 포괄적 제휴 관계를 맺고 출범한 공기업이었다. 1970년 대한석유공사가 상법상의 주식회사로 전환되면서 걸프사의 지분은 50%로 상향 조정됐다. 1980년 정부의 민영화 방침에 따라 걸프가 철수하게 됐는데, 걸프사의 지분 50%를 경영권과 함께 당시 선경(주)이 인수했고, 이후 1982년 유공(주)으로 상호를 변경했다가 1997년 SK(주)로 변경하여 지주회사로 전환했고, SK에너지를 분사해 오늘에 이르고 있다.

좀 더 근본적인 개혁은 1980년대 초반부터 그동안 정부가 공기업의 형태로 운영해 경제 개발 과정에서 선별적인 장기 저리 융자(정책금융)를 주도해 온 금융기관들을 전면 민영화함으로써 금융에 대한 정부 개입을 대폭 축소하기 위해 했다는 점이다. 전두환 정부는 경제자유화와 안정화 정책의 일환으로 금융기관의 민영화, 각종 금융 관련 규제의 철폐 및 완화, 금융산업의 국제화, 국내 자본시장의 성장 등을 정책 목표로 추진했다. 이에 따라 1981년 한일은행을 시작으로 제일은행(1982), 서울신탁은행(1982), 조흥은행(1983) 등을 민영화했고, 이에 따라 1972년 이미 민영화된 한국상업은행과 더불어 5대 시중은행을 모두 민영화했다. 이어서 노태우 정부 때인 1988년에는 한국증권거래소를 민영화했다(송대희, 1990: 34). 금융기관의 민영화는 필연적으로 재벌기업의 금융기관 소유 및 지배력 강화라는 부작용을 낳을 수 있었다. 이에 따라 전두환 정부는 대주주의 소유 지분 한도를 5%로 설정하여 재벌기업의 금융기관 지배를 원천적으로 차단하려 했는데, 목적은 좋았지만 이에 따라 오히려 민영화된 금융기관들에 대해서도 정부의 영향력을 유지하는 빌미가 됐다는 점에서 한계가 있다.

전두환 정부에서 기획되어 1987년 이후 노태우 정부 시절 본격 추진된 민영화에서는 한국전력, 한국통신(현재 KT), 포항제철(현재 POSCO)을 비롯한 11개 우량 공기업이 대상이 됐다. 민영화의 방식은 국민들을 대상으로 주식을 공모하는 국민주 방식을 채택했는데, 이는 대기업이나 재벌기업에게 일방적으로 유리한 방식으로의 민영화를 지양하기 위한 것으로 매우 성공적이었다고 평가할 수 있다. 국민주 방식을 통해 당시 포항제철은 총 주식의 34.1%, 한전은 21%가 소액 단위로 국민들에게 직접 매각됐다. 이 방식은 많은 국민에게 환영을 받았고 민영화되는 우량 공기업들에 대한 재벌기업의 지배력을 제한할 수 있는 장점이 있었던 반면, 재정수입 확충과 국민주 보급을 통한 서민층의 재산 형성에 대한 관심의 집중으로 정작 중요한 민영화의 목표인 공기업의 경영효율성 제고나 경쟁 도입, 규제 완화 등에 대한 관심이 상대적으로 미흡했다고 평가된다.

결론적으로 금융기관의 민영화를 비롯한 전두환 정부의 민영화정책은 이후 경제정책은 물론 산업정책 전반의 정책 수단을 전반적으로 변화시키면서 시장 중심의 경제 운용을 가능하게 하는 기반이 되었다고 평가할 수 있다.

참고 문헌

고경민(2001). 한국 텔레커뮤니케이션 자유화의 정치경제학. 서울: 커뮤니케이션북스.
국무총리행정조정실(1993). 제6공화국 국정평가 및 향후 과제.

김정수(1992). 우리나라 규제완화, 그 역사와 평가. 규제완화, 9월(창간호): 72-74.

______(2000). 한국의 정보통신혁명: 오명의 리더십 연구. 서울: 나남출판.

______(1987.01). 성장발전을 위한 제도개선백서, 제3집.

사회정화위원회(1988). 사회정화운동사.

송대희(1990). 우리나라 공기업부문의 역사적 변천: 1945-1988, KDI 정책연구시리즈 90-10.

______(1989). 한국의 공기업관리정책. 서울: 한국개발연구원.

신윤창(2009). 한국정부의 행정개혁에 관한 탐색적 연구: 이승만 정부에서 이명박 정부까지. 한국행정과 정책연구, 7(2): 183-223.

안해균(1991). 한국행정체제론. 서울: 서울대학교출판부.

윤윤규·이재호(2005). 성장, 기술혁신 및 사회구성의 상호관계에 대한 연구. 한국개발연구원.

이기열(1995). 소리없는 혁명 80년대 정보통신 비사. 서울: 전자신문사.

이승종(2008). 지방정부 형태와 조직의 변화 60년. 한국지방자치학회보, 20(2): 5-21.

이유봉(2013). 공직윤리제도 개선을 위한 법제분석. 한국법제연구원. 법제지원연구, 13-25-①.

이장규(2008). 경제는 당신이 대통령이야(개정증보판). 서울: 올림.

전수일(2001). 공직윤리에 대한 역대정권별 조명. 한국행정사학지, 10: 231-250.

전정환(1999). 한국 정부의 규제개혁과 평가: 제5공화국에서 김대중 정부까지. 광주·전남 행정학회보, 6: 165-184.

주경일·이병량·함요상(2004). 우리나라 정부관료제의 인사체제에 대한 역사적 고찰. 정부학연구, 10(1): 86-136.

총무처(1982). 총무처연보.

최대용(2004). 규제개혁의 조직화와 운영규칙에 관한 연구: 행정쇄신위원회와 규제개혁위원회 사례를 중심으로. 고려대학교 대학원 박사학위 논문.

최병선(1992). 정부규제론. 서울: 법문사.

하태수(2011). 제5공화국 출범 시기의 중앙정부조직 개편분석. 한국정책연구, 11(1): 89-122.

한국개발연구원(1982). 정부투자기관 관리제도 개선방안. 단기정책보고 1982.08. 82-14.

한국행정연구원(2008). 한국행정 60년, 1948~2008」, 2편 국정관리. 서울: 법문사.

경향신문(1981.07.16). 공무원 교육, 의식개혁 위주 개편.

중앙일보(2010.09.23). [강준식의 정치비사] 대통령 이야기 전두환.

Gore, Al (1993). *The Gore Report on Reinventing Government: Creating a Government That Works Better and Costs Less*. Washington D.C.: Times Books Random House.

법제처 국가법령정보센터 http://www.law.go.kr/main.html (검색일: 2014.08.12).

제3장

정부개혁에 대한 성과 및 평가

김현준
고려대학교

제1절 전두환 정부 정부개혁의 의의

전두환 정부의 개혁은 행정 체계의 문제점을 기술적 측면에서 개선해 행정의 능률성을 향상시키는 데는 긍정적인 성과를 내기도 했고, 비록 강압적인 수단과 방법을 동원했지만 정권 초기의 비리 척결에 단기적 효과를 거뒀다고 볼 수 있다(오석홍, 1990: 74). 하지만 전반적으로 긍정적인 평가를 받고 있지는 못하다. 그 원인은 제5공화국 출범의 태생적인 한계에서 찾을 수 있다. 비민주적 과정을 통해 집권한 전두환 정부는 통치 기간 내내 반대 세력의 저항에 부딪혔으며 이를 억제하기 위해 공권력의 물리적 억압을 늦출 수 없었고, 정권 말기에는 외부적으로는 본격적인 민주화 투쟁을 겪으며 정권의 유지에 힘겨워 했고, 내부적으로는 많은 부패에 시달리고 있었다(오석홍, 2002: 281). 또한 전두환 정부가 공식적으로 천명한 '선진 민주행정'의 구현과 상반되게 실제 정치와 행정 체제는 권위주의적 억압에 의존해 민주화 시대에 부응할 수 있는 행정의 역량을 키우는 데 실패했다(오석홍, 1990: 74). 따라서 전두환 정부는 초기의 조직 정비 수준을 넘어서서 국가 기능을 재편하는 단계로까지 정부개혁이 전개되지 못했고, 이전 정권의 정부개혁과 마찬가지로 정권의 정당성 확보를 위한 명목적 수단으로 행정 체제의 개편에 머물렀고, 권위주의적인 중앙집권 체제와 관료문화를 고착화하는 결과를 낳았다고 볼 수 있다(안해균, 1989: 2).

이 장에서는 전두환 정부가 추진한 정부개혁의 두 축이었던 '10 · 15 행정개혁'으로 대표되는 행정조직의 개혁과 제도 개선작업을 중심으로 개혁의 공(功)과 과(過)를 평가하고자 한다. 이와 더불어 개별 정책 영역과 기능 분야에서 이뤄졌던 정부개혁의 의의에 대해서도 논하고자 한다. 또한 정부개혁의 성과는 개혁 당시에 즉각적으로 나타났던 효과뿐만 아니라 당시 정부개혁이 이후의 정부개혁에 미친 영향까지도 따져봐야 그 의의와 가치를 판단할 수 있을 것이다. 따라서 전두환 정부의 정부개혁이 우리 정부의 정부개혁사에 차지하는 역사적 의미를 검토할 필요가 있다.

제2절 행정개혁(행정조직 개편)의 성과

전두환 정부의 조직개편 작업은 급속히 확대되고 있던 경제 규모와 산업구조의 고도화에 부응해야 한다는 사회적 요구에 부응하기 위해서는 제3, 4공화국과 같이 정부가 경제활동 전반에 효율적으로 개입할 수 없다는 문제 제기를 수용한 것이었다(문태훈, 1994: 181). 이에 대응으로 시작한 '10 · 15 행정개혁'의 가장 주목할 만한 성과는 지속적으로 팽창돼 온 정부의 조직과 인력 규모를 사상 처음으로 축소하고자 한 점이다. 전두환 정부가 개혁의 이념으로 제시한 '작은 정부'의 원리에 따라 추진한 축소 지향적 정부조직 개편이 전두환 정부 행정개혁의 핵심이었다고 볼 수 있다. 그 결과 총 34개 중앙행정기관과 7개 기타 기관의 조직 개편 및 인력 감축이 이뤄졌고 대통령 비서실 기구와 보직 또한 축소했다.

'10 · 15 행정개혁'이 실시된 7년 후에 발간된 총무처의 『대한민국 정부조직 변천사』는 전두환 정부의 행정개혁이 행정상의 가치 체계의 변화를 가져왔고, 더불어 행정 외적인 변화를 이끌어냈다고 평가한다. 불필요한 조직과 인력의 감축은 상위 직급이나 상급기관에 집중되어 있던 권한과 책임을 분산시킴으로써 공무원의 책임의식을 강화시켰고, 인위적 인력 감축을 위한 인사 조치에 따라 공무원의 무사안일주의를 근절하고 자기계발을 촉진하는 성과를 거뒀다는 것이다. 또한 행정조직 외부에도 긍정적인 영향을 끼쳤다고 평가했다. 행정조직의 개혁은 행정기관뿐만 아니라 공기업은 물론 사기업에도 조직혁신과 경영합리화를 유발했고, 행정부의 변화는 입법부와 사법부의 행정조직(국회사무처 · 법원행정처)에도 영향을 주었다고 분석했다. 그 밖에도 정부의 지원과 감독을 받는 산하기관 · 조합 · 단체 등의 자율성이 강화됐고, 유사 기관들이 통폐합되고 대형화하는 효과도 가져왔다(총무처, 1987: 119). 하지만 이 문헌에는 이러한 긍정적인 효과가 나타났다는 근거가 제시되지 않아 그 효과의 실재했는지 그 영향은 충분히 유의미했는지 판단하기는 어렵다.

비록 행정 외적인 요인에 의해 촉발된 측면이 강한 행정개혁이었지만 이전 정부와는 매우 다른 이념적 지향을 가진 행정개혁이었다는 점에서는 '10 · 15 행정개혁'의 역사적 의미를 찾을 수 있다. 최초의 공무원 인력 감축, 최초의 규제개혁 등 전두환 정부의 정부개혁에는 '최초'라는 수식어가 유난히 많이 등장했다. 이를 정치적 정당성 확보에 절박했던 전두환 정부의 태생적 한계를 드러내는 증거라고도 볼 수 있을 것이다. 그럼에도 불구하고 양적 팽창과 외형적 성장에 몰두할 수밖에 없었던 이전 시기의 한계를 인식하고 새로운 정부와 행정의 모형을 탐색하는 것이 필요하다는 시대적 인식이 당시 지배 엘리트들에게 공유되고 있었고, 이것이 최소한 개혁의 계획서 상에는 공식화된 것만으로도 큰 의의가 있었다고 하겠다.

이후의 행정개혁과의 연관성을 고려할 때 특히 주목할 만한 점은 1980년대를 거쳐 이후 문민정부는 물론 최근까지도 주요 행정개혁의 테마 중 하나였던 '작은 정부'론이 공식적으로 행정개혁의 이념으로 등장했다는 점이다. 작은 정부의 의미는 보통 정부 규모의 축소와 정부 기능의 축소로 대별될 수 있는데, 전두환 정부는 팽창해 오던 정부 규모를 축소하기 위해 대국대과주의를 지향해, 중앙행정기관의 하위 조직을 통합하고 공무원 수를 줄이는 데 집중했다. 이와 동시에 새로이 사회적 요구가 강화되고 있던 정책 영역에 관련된 기관의 확대 또한 눈에 띈다. 노동청을 노동부로 승격시키고, 환경부를 보건사회부의 외청으로 설치해 이전 정부에서까지 큰 비중을 차지하지 못했던 복지 기능을 정부의 중요 기능으로 포함시켰다. 비록 이러한 정부조직의 개편은 '10 · 15행정개혁' 이전에 실시된 것이지만 당시 정부개혁이 정부의 새로운 역할을 탐색하고자 했던 노력을 반영하고 있다 할 것이다.

'10 · 15 행정개혁'이 이전 정부로부터 누적돼온 기구의 비대화, 관리직 간부 직위의 과다 등의 문제를 일정 부분 해소함으로써 행정의 효율성을 향상시키는 데 기여했다고 볼 수 있다. 하지만 이러한 초기의 노력에도 불구하고 집권 말기에 이르러서는 다시 조직과 인력 규모가 증가하는 현상이 나타났다. 집권 초기인 1981년에 39개였던 중앙행정기관의 수는 1987년에 40개로 다시 증가했고, 인력 규모 역시 657,167명에서 693,597명으로 늘어났다(김연수 · 이명석, 2007: 48)는 점은 간과해서는 안 될 것이다. 이러한 현상은 애초의 계획과는 달리 행정개혁이 조직개편 수준에 그친데도 일부 원인이 있다고 볼 수 있다.

'10 · 15 행정개혁'은 애초에 2단계로 구상됐다. 제1단계의 '조직 정비'의 성공을 기반으로 해서 국가 기능의 전면적인 재검토와 그에 따라 정부 부처 간의 기능을 재분배하고 합리적 · 과학적 관리제도를 개발하는 제2단계로 나아가고자 했다. 비록 권위주의적이고 다분히 획일적인 조직 정비에는 명목적인 성과를 거뒀으나, 제2단계의 행정개혁이 추진됐다는 증거는 찾아보기 어렵다. 이러한 한계는 행정개혁의 추진의 가장 중요한 동인이 정권의 정당성 확보와 관료제의 통제에 있었다는 정치적 배경에 기인했다고 볼 수 있다. 또한 전두환 정부의 전 시기에 걸쳐, 특히 말기로 갈수록 정치적 격변에 휩싸여들었기 때문에 정부의 재설계를 지향하는 행정개혁을 추진할 정치적 역량이 부재했던 점도 그 이유가 될 것이다. 만일 '10 · 15 행정개혁'의 이상이 민주적 정당성을 확보한 정부에 의해 추진됐더라면 본격적인 정부 기능 재정립을 위한 기초를 전두환 정부 시기에 확립하는 것이 가능했을 수도 있을 것이다.

다른 한편으로는 전두환 정부의 행정개혁의 폐쇄성이 행정개혁의 성과의 한계를 가져왔다는 지적도 있다. 조석준(1990: 82)은 '10 · 15 행정개혁'에 따른 조직개편이 집권자의 정치적 필요에 의해 정치적으로 추진된 정치적 개혁이었다고 평가한다. 행정개혁의 실체를 명확히 분석하기 위해서는 공식 자료를 통해 개혁의 진행 상황이 밝혀져야 함에도 충분한 자료가 공개돼 있지 않다는 점은 행정개혁 수행 당시에 행정개혁을 위한 세부적인 의사결정 과정과 집행 과정이 폐쇄적이었다는 반증이 될 수 있다. 당시 조직개편에 따라 행정쇄신위원회가 폐지돼 총무처의 행정조사연구실로 흡수되고, 이해관계가 엇갈릴 수밖에 없는 부처 간의 대립을 해소하기 위한 작업은 총무처의 주도로 이뤄졌지만, 다분히 정치 권력의 핵심이 관여하는 가운데 이뤄졌을 것이라는 짐작은 당시의 정치적 상황을 고려하면 상당히 높은 타당성을 가진 추론이라고 할 것이다(조석준, 1990: 82).

'10 · 15 행정개혁' 당시, 다수의 조직이 통폐합되고 동시에 많은 공무원이 공직을 떠나게 된 과정을 돌이켜보면, 이 시기의 조직개편은 민주적 토대가 취약한 당시 정부가 정치적 정당성 확보를 위해 개혁을 추진한 정권적 차원의 동기가 지배적으로 작동했고, 행정의 합리성을 지향하는 관료 엘리트와 행정전문가의 가치는 명목적인 역할에 국한됐다고 비판할 수 있을 것이다. 그렇기 때문에 관료적 합리성이 온전히 발현되지 못해 부처급의 통폐합은 추진되지 못했으며 방계조직, 국장급 이하, 지방기관 등만이 개편의 대상에 포함됐다는 것이다(조석준, 1990: 90-91).

전두환 정부의 행정개혁은 개혁을 촉발한 정권의 태생적 한계와 추진 과정에 나타는 권위주의적 성격으로 인해 급진적·대증적 요법이었다는 비판을 받는다. 대한민국 정부 수립 이후 누적된 관료제의 병폐를 근본적으로 치유하기 위한 개혁이라기보다는 현상적 문제에 주목한 개혁이었고, 문제적 현상이 발현하게 된 근본적 원인에 착목한 개혁이 아니었기에 문제 간의 포괄적 연관성을 충분히 고려하지 못한 개혁이었다는 비판 역시 간과해서는 안 될 것이다(오석홍, 1990: 277).

제3절 제도개혁의 성과와 평가

전두환 정부가 막을 내리고 이듬해인 1988년 2월에 발간된 『성장 발전을 위한 제도 개선백서』 마지막 호인 제4집에서는 7년간의 제도 개선 성과 노력이 "행정의 효율성을 제고하여 예산절약과 행정 능률을 향상"시켰고, 우리 정부로 하여금 "급변하는 국제화 추세에 적응할 수 있는 능력"을 갖추게 됐다고 자평한다. 이 백서에서 정리한 '성장 발전을 위한 제도개선위원회'의 운영 실적, 제도 개선 추진 실적, 법령 정비 실적을 보면 전두환 정부가 제도 개선을 위한 활동의 양적인 측면에서는 활발한 노력을 경주했다고 볼 수 있다. 제도 개선을 주도한 공식기구였던 제도개선위원회는 전두환 정부 초기부터 정권 말기인 1986년에 이르기까지 꾸준히 연 6회에서 8회까지 개최됐다. 제도 개선 추진 실적 역시 개혁 첫 해인 1981년에는 600건이 넘는 매우 높은 수준의 실적을 보이고 이후에는 점차 체감하는 경향을 보인다. 이는 정권 초기에 제도 개선의 실적을 적극적으로 보임으로써 정권의 개혁 의지를 국민들에게 보여주기 위한 목적과 더불어, 초기에는 과거로부터 누적된 불합리한 제도의 이후보다 상대적으로 컸기 때문인 것으로 볼 수 있다. 이러한 현상은 제도 개선 결과가 실현되기 위해 필요한 법령 정비 숫자 역시 정권 말기로 갈수록 줄어든 점에서도 동일하게 나타난다.

표 3-3-1 성장발전을 위한 제도개선위원회 운영 실적

구분	계	1981	1982	1983	1984	1985	1986	1987
회의 개최 수	45회	7회	7회	7회	6회	8회	7회	3회
심의 안건 수	176건	33건	20건	24건	20건	28건	31건	20건

자료: 대한민국정부(1988: 30).

표 3-3-2 제도 개선 추진 실적

과제 구분/연도	총계	1981	1982	1983	1984	1985	1986	1987
계	1,669	658	148	283	189	142	134	115
주요 정책과제	132	23	23	26	17	15	16	12
부처 일반과제	1,537	635	125	257	172	127	118	103

자료: 대한민국정부(1988: 30).

표 3-3-3 제도 개선 관련 법령 정비 실적

구분	계	1981	1982	1983	1984	1985	1986	1987
계	2,787	65	1,364	295	323	277	268	195
법률	462	35	124	36	84	32	107	44
대통령령	559	16	275	45	67	61	43	52
부령	373	3	101	50	56	79	45	39
기타	1,393	11	164	164	116	105	73	60

자료: 대한민국정부(1988: 30).

표 3-3-4 주요 정책과제의 유형별 분류

유형	건수	유형	건수
봉사행정 기반 구축	22	교육·사회복지	20
재정·경제	20	군사·보수	7
농림·상공·자원	15	법률생활·권익 보호	9
건설·교통·체신	21	행정능률	18

자료: 대한민국정부(1988: 30).

동 백서는 전두환 정부의 제도 개선의 내용적 측면에서 가장 주목할 만한 성과를 제도 개선의 제1단계와 제2단계로 구분해 적시했다. 제1단계에서 가장 중요한 성과로는 관위 주의 규제가 국민 위주로 전환됐고, 비능률적인 행정절차와 예산관리제도가 개선됐으며, 공무원의 부정부패를 억제하고 대민봉사의 자세를 제고할 제도가 마련됐다고 평가했다. 제2단계의 주요 성과로는 민원업무 처리 절차의 간소화, 각종 규제 완화, 중앙행정기관의 전문사무를 연구기관이나 민간전문단체에 위임, 기관 간 업무협조의 제도화, 유사 기능의 통합·정비, 업무 처리의 과학화를 통한 사무자동화 기틀 마련 등이 꼽혔다. 그 밖에 개별 정책 영역에서는 기업의 대외경쟁력 제고를 위한 제도 개선, 국제화 시대에 해외 진출 촉진을 위한 제도 마련, 소규모 자영농민과 영세어민을 위한 지원제도의 구비 등을 주요 성과로 제시했다.

전두환 정부가 보여준 양적인 측면의 제도 개선 성과에 대해서는 전두환 정부가 비록 민주정부로서의 정통성은 매우 취약했으나 실천하는 의지력, 특히 대통령의 지지와 지원이 강했기 때문이라는 긍정적인 분석도 있지만, 당시 추진했던 제도 개선의 과제가 시민 일반의 일상적 생활과 밀접히 관련된 법령과 제도의 개선에 중점을 두었기 때문에 가능했다는 평가가 있다(조석준, 1990: 90). 이는 전두환 정부의 정부개혁이 조직개편에 초점을 맞춘 '10·15 행정개혁'과 조직개편을 제외한 제도의 개선의 양축으로 진행됐다는 점에 기인한 것으로 보인다. 상대적으로 정치적 어려움이 있는 조직개편은 집권 초반기에 추진하고, 개혁의 범위가 넓은 제도 개선은 제도 개선 과제의 발굴부터 추진에 이르는 과정을 집권 전 기간에 걸쳐 추진함으로써 상대적으로 개혁에 대한 반발의 정도를 완화시켰다고 볼 수 있다.

제4절 전두환 정부의 정부개혁 종합평가

정부개혁의 성과는 여러 측면에서 평가될 수 있다. 우선적으로는 개혁이 추구한 목표를 달성했는가라는 효과성의 측면에서 평가가 가능할 것이고, 더불어 최소한의 자원을 동원하여 최소한의 비용으로 그 개혁의 효과를 달성했는가라는 효율성 측면의 효과를 평가할 수 있을 것이다. 또한 개혁의 수단과 절차가 민주적 행정의 원리에 충실하며, 행정개혁의 모든 과정이 투명하고, 개혁 도구의 선택에 광범위한 공감대가 형성됐으며, 행정개혁의 과정과 결과로 인해 개인의 안전과 권리가 침해되지 않았는지도 중요한 판단 기준이 될 것이다. 시대적 특수성으로 인해 전두환 정부 시기의 정부개혁의 공과를 평가하는 데는 이러한 일반적 기준에 따른 평가 외에도 정권의 출범 자체의 반민주성으로 인한 태생적 한계의 영향이 어느 정도까지 개혁의 추진 과정에 영향을 미쳤느냐가 평가에 영향을 미치는 중요한 요인이 될 것이다.

전두환 정부가 수행한 정부개혁의 긍정적 측면을 살펴보자면, 이전 정부로부터 누적된 행정적 폐단 중 일부 기술적인 측면의 병폐를 제거하고 국정을 능률적으로 전개하는 데 단기간의 효과를 보였다고 볼 수 있다. 행정개혁과 제도 개선이 동시에 추진됐기에 공직사회 전반에 변화에 대한 정치적 압박이 강하게 작용했고, 개혁 초기에는 집권 세력의 직접적인 관여와 최고 의사결정권자의 관심으로 인해 정부개혁의 실적은 양적인 측면에서는 가시적 성과를 보이게 됐다. 또한 비록 권위주의적 정권 하에서 매우 제한된 범위이긴 했으나 정부제도의 개선작업에는 관료 엘리트의 합리적 개혁 욕구가 반영됐다는 점도 긍정적으로 평가받을 수 있을 것이다. 또한 전두환 정부의 모태가 된 신군부 세력뿐만 아니라 전문 관료들에게도 일정한 권한이 부여됐기 때문에 일부 미래 지향적인 개혁의 이념이 계획 수준에서나마 담기게 됐다고 본다. 그 결과 전두환 정부가 추진한 '10 · 15 행정개혁'의 조직개편과 7년간 지속적으로 추진된 제도 개선의 노력은 우리 정부 운영의 효율성을 높이는 데 유의미한 기여를 했고, 당시 행정개혁과 제도 개선이 제기했던 많은 과제가 이후 정부에서도 정부개혁의 중요 과제로 꾸준히 등장했다는 점을 고려할 때 이후 시대의 행정개혁을 설계하고 추진하는 데 중요한 선행 사례로 자리매김했다고 하겠다.

개별 정책 영역과 기능 분야에서도 비교적 광범위한 개혁의 시도가 있었다. 전두환 정부 시기 추진된 5대 국가기간전산망 사업은 이후 우리나라가 전자정부 분야의 선도적 국가로 발돋움할 수 있는 기반이 됐다. 또한 개발연대가 남겨준 국가 주도형 발전모형의 유산을 극복하기 위한 시장화 · 자율화 · 개방화와 규제개혁 노력은 우리 경제의 경쟁력을 높이는 데 일정 부분 기여한 것도 사실이다. 물가 안정 기조를 유지하며 비록 제한적이었지만 재정 투입의 점진적 변화를 추진함과 동시에 경제 규모의 양적 성장을 집권 기간 내내 유지했던 점도 주목할 만하다.

전두환 정부의 개혁은 이렇듯 긍정적인 효과를 보이긴 했으나 그것이 정부의 역량을 실질적으로 강화하고, 사회 전반의 발전을 미래 지향적으로 이끌었다고 보기는 어렵다. 정권 내내 민주화 · 자유화의 기운을 억압한 가운데 추진한 정부개혁이었기에 궁극적으로는 우리 정부의 잠재력을 억제하는 개혁이 될 수밖에 없었다. 정권의 유지와 정부의 개혁과 발전이 충돌할 경우는 다분히 정치적 목표가 우선시되어 집권 초기에 시도됐던 정부개혁의 시도 역시 집권 후반부로 갈수록 퇴색됐다. 그 결과, 정부개혁 주체가 공식적으로 내세운 '정의사회 구현'과 같은 국정목표와는 상반되게 사회 전반에 불신과 권위주의의 기운을 조장했고, 그 여파가 여전히 우리 사회의 곳곳에 남아 있으며, 정부에 대한 뿌리 깊은 불신의 씨앗을 심어 놓았다는 점에서 전두환 정부의 정부개혁의 긍정적인 효과는 빛을 바랜다.

참고 문헌

김연수 · 이명석 (2007). 한국 행정개혁의 경로의존성 분석: 최근 3대 정부의 정부조직 개편 및 인력변화를 중심으로. 한국행정학회 하계학술대회 발표논문집.

문태훈 (1994). 한국 정부조직의 변천과 개편 방향. 노정현 · 박우서 · 안용식(편). 행정개혁론: 이론과 실제(171-190). 서울: 나남출판.

대한민국정부 (1988). 성장 발전을 위한 제도개선 백서 제4집. 대한민국정부.

안해균 (1989). 제6공화국 행정개혁안에 대한 반론과 제언: 행정개혁위원회의 개혁건의안을 중심으로. 행정논총, 27(2): 1-8.

오석홍 (1990). 대한민국정부의 행정개혁. 행정논총, 28(1): 52-78.

______(2002). 한국의 행정. 서울: 법문사.

조석준 (1990). 행정개혁위원회의 조직 방법과 성과에 관한 연구. 행정논총, 28(2): 75-93.

총무처 (1987). 대한민국 정부조직변천사. 총무처.

찾아보기

[ㅂ]

[ㅅ]

[ㅇ]

『대한민국 역대 정부 주요 정책과 국정운영』 편찬위원 및 참여 인력

발행인: **이은재**(한국행정연구원 원장)

자문위원(가나다순)

김석준(안양대 총장)
박영희(건국대 명예교수)
안병만(전 교육과학기술부 장관)
윤정길(건국대 명예교수)
이달곤(가천대 교수)
정정길(울산대학교 재단이사장, 전 대통령 실장)
정형근(전 국회의원)

편집위원(가나다순)

김성배(숭실대 교수)
박양호(홍익대 교수)
이대희(광운대 교수)
주재현(명지대 교수)
최흥석(고려대 교수)
하미승(건국대 교수)
한표환(충남대 교수)

집필위원

서론: **안병만**(전 교육과학기술부 장관)

이승만 정부

김종철 연세대학교 법학전문대학원 교수(jkim386@yonsei.ac.kr)
남정옥 군사편찬연구소 책임연구원(yalu5812@hanmail.net)
박태균 서울대학교 국제대학원 교수(tgpark3@gmail.com)
박희봉 중앙대학교 행정학과 교수(hbpark@cau.ac.kr)
신윤창 강원대학교 공공행정학과 교수(ycshin@kangwon.ac.kr)

이대희 광운대학교 행정학과 교수(nulbo@hanafos.com)
이서행　한국학중앙연구원 명예교수(leeslow@aks.ac.kr)
이주천 원광대학교 사학과 교수(jucheon@wonkwang.ac.kr)
최신융 숙명여자대학교 행정학과 교수(shinyung@sookmyung.ac.kr)

장면 정부
김정렬 대구대학교 도시행정학과 교수(jykim@daegu.ac.kr)
백학순 세종연구소 수석연구위원(hspaik@sejong.org)

박정희 정부
강　욱 경찰대학교 행정학과 교수(kangmsu@gmail.com)
김재훈 서울과학기술대학교 행정학과 교수(jhkim@snut.ac.kr)
배용수 공주대학교 행정학과 교수(ysbae@kongju.ac.kr)
소순창 건국대학교 행정학과 교수(sosoon74@kku.ac.kr)
소진광 가천대학교 행정학과 교수(sojk514@gachon.ac.kr)
이원희 한경대학교 행정학과 교수(wonheeldaum@daum.net)
이종수 한성대학교 명예교수(jlee@hansung.ac.kr)
임도빈 서울대학교 행정대학원 교수(tobin@snu.ac.kr)
임동진 순천향대학교 행정학과 교수(djlim@sch.ac.kr)
하미승 건국대학교 행정학과 교수(hms5555@konkuk.ac.kr)

전두환 정부
강일규 한국직업능력개발원 선임연구위원(kangig@krivet.re.kr)
권용수 건국대학교 행정학과 교수(yskwon@konkuk.ac.kr)
김현준 고려대학교 행정학과 교수(joonk@korea.ac.kr)
박진근 연세대학교 명예교수(pck@yonsei.ac.kr)
박치성 중앙대학교 행정학과 교수(csp7111@gmail.com)
오재록 전주대학교 행정학과 교수(jaerokoh@gmail.com)
임태성 한양대학교 예체능대학 생활스포츠학부 교수(limts@hanyang.ac.kr)
임혁백 고려대학교 정치외교학과 교수(hyugim@korea.ac.kr)
홍성걸 국민대학교 행정학과 교수(sghong@kookmin.ac.kr)

노태우 정부
김규륜 한국통일연구원 선임연구위원(krkim@kinu.or.kr)
김근세 성균관대학교 행정학과 교수(seogam@skku.edu)
김태룡 상지대학교 행정학과 교수(trkim@sangji.ac.kr)
박양호 홍익대학교 스마트도시과학경영대학원 교수(yhpark@gri.re.kr)

변병설 인하대학교 행정학과 교수(byun@inha.ac.kr)
심상용 국방대학교 교수(sysim60@hanmail.net)
서순탁 서울시립대학교 도시행정학과 교수(stsuh@uos.ac.kr)
이 송 서울시립대학교 명예교수(scugeo@uos.ac.kr)
하태수 경기대학교 행정학과 교수(taesooha@hanmail.net)

김영삼 정부
김병문 안동대 행정학과 교수(byungmk@andong.ac.kr)
금창호 한국지방행정연구원 선임연구위원(gch@krila.re.kr)
심익섭 동국대 행정학과 교수(shim@dongguk.edu)
이남국 부경대학교 행정학과 교수(namkuk@pknu.ac.kr)
이상록 국사편찬위원회 편사연구사(rok@mest.go.kr)
이창원 한성대 행정학과 교수(gosoo717@daum.net)
최진욱 고려대학교 행정학과 교수(jinchoi@korea.ac.kr)
한표환 충남대학교 국가정책대학원 교수(hph1234@cnu.ac.kr)
황지환 서울시립대학교 국제관계학과 교수(whang38@gmail.com)

김대중 정부
김병숙 건국대학교 행정대학원 교수(mishell572@hanmail.net)
김성재 연세대학교 김대중도서관 석좌교수(mooksan11@gmail.com)
문정인 연세대학교 정치외교학과 교수(cimoon@yonsei.ac.kr)
박종철 한국통일연구원 선임연구위원(pjc@kinu.or.kr)
서원석 한국행정연구원 선임연구위원(swonseok@kipa.re.kr)
송하중 경희대학교 행정학과 교수(hahzoong@khu.ac.kr)
이인실 서강대학교 경제학과 교수(insill723@sogang.ac.kr)
이주헌 서울시립대학교 행정학과 교수(jules529@uos.ac.kr)
최흥석 고려대학교 행정학과 교수(hschoi@korea.ac.kr)

노무현 정부
류석진 서강대학교 정치외교학과 교수(sjlew@sogang.ac.kr)
주재현 명지대학교 행정학과 교수(jhjoo61@mju.ac.kr)
변창흠 세종대학교 행정학과 교수(changbyeon@sejong.ac.kr)
성경륭 한림대학교 사회학과 교수(cosmos201@gmail.com)
안성호 대전대학교 행정학부 교수(shahn@dju.ac.kr)
이수훈 경남대학교 극동문제연구소 교수(leesh@kyungnam.ac.kr)
장지호 한국외국어대학교 행정학과 교수(jhufs@hufs.ac.kr)
장혜경 한국여성정책연구원 선임연구위원(hkchang@kwdimail.re.kr)

황혜신 한국행정연구원 선임연구위원(hwanghs@kipa.re.kr)

이명박 정부

김관보 가톨릭대학교 행정학과 교수(kwanbo@catholic.ac.kr)

김동욱 서울대학교 행정대학원 교수(dong@snu.ac.kr)

김상협 KAIST 경영대학원 교수(conanstory@gmail.com)

김성배 숭실대학교 행정학과 교수(graal@ssu.ac.kr)

김영한 성균관대학교 경제학과 교수(kimyh@skku.edu)

박정수 이화여대학교 행정학과 교수(parkj@ewha.ac.kr)

박천오 명지대학교 행정학과 교수(chpark@mju.ac.kr)

안형기 건국대학교 행정학과 교수(hkahn01@kku.edu)

윤창현 한국금융연구원 원장(jisun@kif.re.kr)

하혜수 경북대학교 행정학과 교수(hasoo@knu.ac.kr)

결론: **김석준**(안양대 총장)

사업총괄 책임

양현모 한국행정연구원 선임연구위원

정부별 간사

이승만/장면 정부: 조세현 한국행정연구원 부연구위원

박정희 정부: 황혜신 한국행정연구원 선임연구위원

전두환 정부: 김영록 한국행정연구원 부연구위원

노태우 정부: 윤종설 한국행정연구원 부연구위원

김영삼 정부: 임성근 한국행정연구원 부연구위원

김대중 정부: 오윤경 한국행정연구원 부연구위원

노무현 정부: 허준영 한국행정연구원 부연구위원

이명박 정부: 최순영 한국행정연구원 연구위원

사업총괄 지원

장지원 한국행정연구원 전문연구원

행정 지원

김두진 한국행정연구원 행정원

김유진 한국행정연구원 위촉연구원

대한민국 역대 정부 주요 정책과 국정운영

제3권: 전두환 정부

펴낸날: 제1판 제1쇄 2014년 12월 31일
엮은이: 한국행정연구원
펴낸이: 임춘환
펴낸곳: 도서출판 대영문화사
주소: 서울특별시 용산구 청파로 61길 5 (청파동 1가) 제일빌딩 2층
등록: 1975년 12월 26일 제3-16호
전화: (02)716-3883, (02)714-3062
FAX: (02)703-3839
홈페이지: http://www.dymbook.co.kr

ISBN 978-89-7644-507-0
ISBN 978-89-7644-513-1(세트)

[값 18,000원]